2024 공무원 시험 대비 봉투모의고사

▌제1회~8회▐

응시번호	
성 명	

문제책형

제1과목	국어	제2과목	영어	제3과목	한국사
제4과목		제5과목			

응시자 주의사항

1. **시험시작 전 시험문제를 열람하는 행위나 시험종료 후 답안을 작성하는 행위를 한 사람**은 「공무원임용시험령」 제51조에 의거 **부정행위자**로 처리됩니다.
2. **답안지 책형 표기는 시험시작 전** 감독관의 지시에 따라 **문제책 앞면에 인쇄된 문제책형을 확인** 한 후, **답안지 책형란에 해당 책형(1개)**을 '●'로 **표기**하여야 합니다.
3. **답안은 문제책 표지의 과목 순서에 따라 답안지에 인쇄된 순서(제1·2·3·4·5과목)에 맞추어 표기**해야 하며, 과목 순서를 바꾸어 표기한 경우에도 **문제책 표지의 과목 순서대로 채점**되므로 유의하시기 바랍니다.
4. 시험이 시작되면 문제를 주의 깊게 읽은 후, **문항의 취지에 가장 적합한 하나의 정답만을 고르며,** 문제내용에 관한 질문은 할 수 없습니다.
5. 답안지의 모든 기재 및 표기 사항은 **컴퓨터용 흑색 싸인펜을 사용**하며, 반드시 <보기>의 **올바른 표기 방식**으로 답안을 작성해야 합니다.

   <보기> 올바른 표기: ● 잘못된 표기: ⓥ ⊗ ◑ ⊙ ◍ ⚆ ③

6. **답안을 잘못 표기하였을 경우**에는 **답안지를 교체하여 작성**하거나 **수정할 수 있으며,** 표기한 답안을 수정할 때는 **응시자 본인이 가져온 수정테이프만을 사용**하여 해당 부분을 완전히 지우고 부착된 수정테이프가 떨어지지 않도록 손으로 눌러주어야 합니다. **(수정액 또는 수정스티커 등은 사용 불가)**
   - **불량한 수정테이프의 사용과 불완전한 수정처리**로 발생하는 **모든 문제는 응시자 본인에게 책임이 있습니다.**
7. **시험시간 관리의 책임은 응시자 본인에게 있습니다.**

   ※ 문제책은 시험종료 후 가지고 갈 수 있습니다.

정답공개 및 이의제기 안내

1. 정답공개: 정답가안 3.23.(토) 13:00, 최종정답 4.1.(월) 18:00 / 사이버국가고시센터
2. 이의제기: 3.23.(토) 18:00 ~ 3.26.(화) 18:00 / 사이버국가고시센터
   - 구체적인 이의제기 방법은 정답가안 공개 시 공지 예정
3. 가산점 등록기간: 3.23.(토) 13:00 ~ 3.25.(월) 21:00
4. 가산점 등록방법: 사이버국가고시센터 → [원서접수 → 가산점 등록/확인]

영 어

[1~2] 밑줄 친 부분의 의미와 가장 가까운 것을 고르시오.

1.

> What is considered <u>impertinent</u> behavior when dealing with citizens during public service, and how would you handle such a situation?

① intricate ② insolent
③ impromptu ④ immediate

2.

> The increased revenue from the new product line <u>shored up</u> the company's financial position, providing a much-needed boost to its overall stability.

① contrived ② elucidated
③ bolstered ④ fabricated

[3~4] 밑줄 친 부분에 들어갈 말로 가장 적절한 것을 고르시오.

3.

> The issue at hand may seem __________ to most people, yet in reality, the accumulation of small details can wield a significant impact.

① negligible ② impeccable
③ amenable ④ omnipresent

4.

> She tends to ________________ almost everything, often overlooking the positive aspects of situations.

① stake out ② find fault with
③ make over ④ take it out on

5. 밑줄 친 부분 중 어법상 옳지 않은 것은?

> Though advancements in medical procedures have extended the lifespan of ① <u>those</u> with end-stage organ ailments through organ transplants, some argue that perceiving transplantation as a one-time fixed event ② <u>oversimplifies</u> the reality. Rather than a mere procedure that concludes upon successful organ replacement, the process is ③ <u>far</u> more intricate and ongoing. It involves a dynamic interaction between the transplanted organ and the recipient's body, ④ <u>impacts</u> not only their physical health but also their emotional well-being and lifestyle.

6. 어법상 옳지 않은 것은?

① She didn't want to be lain in bed all day, so she went for a walk.
② It has been ten years since I started learning how to play the guitar.
③ The number of accidents is proportionate to the increased volume of traffic.
④ However bright the day seemed, dark clouds gathered in the afternoon.

7. 우리말을 영어로 잘못 옮긴 것은?

① 그들은 지역 보호소에 상당한 양의 의류를 기부했다.
→ They donated a large amount of clothing to the local shelter.
② 그 오래된 참나무 옆에는 기이한 별장이 있다.
→ Next to the old oak tree stands a quaint cottage.
③ 그 선수는 이번 경주에서 다른 어떤 대회보다도 더 빨리 뛰었다.
→ The athlete ran faster in this race than any other competitions.
④ 그는 그들이 유명한 추상화 작품을 그리는 화가라고 말한 사람을 알고 있었다.
→ He knew the artist who they said was renowned for his abstract paintings.

[8~9] 밑줄 친 부분에 들어갈 말로 알맞은 것을 고르시오.

8.

> A: It was nice having lunch outside the office.
> B: Yes. It feels so good now that fall is in the air. Shall we take a walk as usual before going back to the office?
> A: I'd love to, but I can't today.
> B: Is it too cold? Your jacket does look thin.
> A: No, I'm okay. This jacket is warmer than it looks.
> B: Then, are your allergy symptoms bothering you again?
> A: Not really. I had a runny nose, but I've already seen a doctor. It's okay now.
> B: ____________________________
> A: Actually, I need to visit the police station. I got a text message saying that my new driver's license is ready.

① So, why not today?
② All right. Just be sure to return it tomorrow.
③ Sure. I'll arrange the business trip for you and your team.
④ Never mind. I'll bring a new copy for you.

9.

> A: Jason Theater. How may I help you?
> B: Hi, this is William Parker from Breezeville Senior Center.
> A: Oh, Mr. Parker. You called yesterday about bringing your seniors to see the play.
> B: Yes. Before I book, I'd like to double check the title. It's The Shiny Moments, right?
> A: That's right. Have you decided on the date?
> B: Yes. Could I reserve seats for 25 people on December 27th?
> A: Absolutely. But in that case, ____________________
> B: Okay. You said admission tickets for seniors are $30 each.
> A: That's correct. I'll send you the link for the payment.
> B: Thank you. I'll pay tonight.

① here's my credit card.
② how much is it?
③ you'll need to pay today.
④ is the music ready?

10. 두 사람의 대화 중 자연스럽지 않은 것은?

① A: Excuse me. Can you tell me where the non-fiction books are?
B: Sure. They're right over here.
② A: You'll be an inspiration to many people our age.
B: I'm so flattered.
③ A: How about the traffic safety handouts?
B: I've already printed them out.
④ A: Can I use your phone?
B: Yes, by the skin of my teeth.

11. 다음 글의 제목으로 알맞은 것은?

The defining element of disasters is the magnitude of the harmful outcomes they cause. In efforts to prevent or mitigate societal damage from disasters, substantial efforts and technical sophistication are often employed to assess and communicate the size and scope of potential or actual losses. These efforts assume that people can comprehend and appropriately act upon resultant numbers. However, recent behavioral research questions these fundamental assumptions. Many individuals struggle to grasp large numbers, as significant figures are found to lack meaning and are underestimated in decision-making unless they have personal relevance. This creates a paradox that rational models of decision-making fail to capture. On one hand, we respond strongly to aid a single individual in need. On the other hand, we often fail to take adequate measures to prevent large-scale tragedies or reduce potential losses from natural disasters.

① Insensitivity to Mass Tragedy
② The Power of Actual Numbers
③ Ways to Provide Assistance to People in Urgent Need
④ Preventing Potential Losses Through Technology

12. Mount Vesuvius 화산 분출에 관한 다음 글의 내용과 일치하지 않는 것은?

In 79 AD, when Mount Vesuvius erupted, nearly 2,000 people in the nearby ancient Italian cities of Pompeii and Herculaneum lost their lives to the molten rock, fiery debris, and toxic gases of the volcano. However, not everyone perished. So where did the refugees go? Considering this was the ancient world, they didn't travel far. According to new research, most stayed along the southern coast of Italy, settling in neighboring communities. Determining the exact destinations of the refugees was a monumental task due to scattered historical records. To ascertain where people went, researchers devised criteria, meticulously examining historical records. They also looked for traces of the unique culture that emerged in Pompeii and Herculaneum after the volcanic eruption. Public infrastructure projects that emerged during this period, seemingly to accommodate the sudden influx of refugees, provided clues to resettlement.

① Some people in nearby cities survived when Mount Vesuvius erupted.
② Refugees would not have gone far because it happened in ancient times.
③ Researchers studied historical records to determine where refugees went.
④ No clues were found in infrastructure projects revealed after the volcanic eruption.

13. 다음 글의 요지로 알맞은 것은?

The degree to which the human brain is naturally wired for speech remains uncertain. Although our brains are larger than those of many animals, sheer size isn't the sole determinant. Larger-brained animals like elephants and whales don't possess language abilities. Some argue that the brain-body ratio is crucial, noting that an adult human brain constitutes over 2 percent of total weight, while a chimpanzee's is less than 1 percent. However, ratios can be deceiving, as animals with large energy reserves, like camels with humps, defy simplistic intelligence comparisons.

① High intelligence is not a prerequisite for speaking.
② Humans can speak because of their special body structure.
③ The size or proportion of the brain does not guarantee language ability.
④ The greater the proportion of the brain to the body, the higher the intelligence.

14. 밑줄 친 부분에 들어갈 말로 알맞은 것은?

Homonyms are words that sound the same but have different meanings. Examples like two, to, and too are familiar, but there are less-known pairs, such as "team" and "teem." While a team is a group, "teem" means to be full of or to swarm. Learning homonyms in pairs or groups aids memory retention, as the brain benefits from __________________. For instance, noting that "teem" implies a larger amount than its homonym "team" can be helpful. Creating sentences highlighting the distinct meanings of homonyms facilitates memorization, making it easier to grasp and remember both words.

① connected information
② specific patterns and rules
③ the appropriate use of images
④ the integration of five sense

15. 다음 글의 주제로 알맞은 것은?

Initially, it's just a text message. Then, your calls end up in voice mail. You might start to worry about your friend. What happened to them? Eventually, you find out through a social media update or a mutual friend that your friend is alive and well. However, they've mysteriously disappeared from your life; they're ghosting you. Ghosting means completely cutting off communication without an explanation, and the term has recently become popular. While it started in dating, ghosting also happens in friendships and professional relationships. Ghosting is an odd behavior. Why would someone treat someone they like so coldly or leave work without a simple note? Psychologists are investigating this behavior, and you might have recently noticed that ghosting is a common way to end relationships. But why? Researchers suggest that technology has altered how we interact. They also point out that people have ignored each other for a long time, and it's just more noticeable now due to social media and technology.

① Ghosting is common and can happen to anyone.
② Ghosting gained popularity in our workplace.
③ Ghosting is an outdated way for people to break up.
④ Ghosting will tell you how you treat other people.

16. 다음 글의 흐름상 어색한 문장은?

Rice is often the food you end up eating the next day, eventually becoming part of leftover meals. However, there's no need to complain, as leftover rice tastes just as good as leftover fries. ① But what most people don't know is that leftover rice is highly susceptible to food poisoning. This is not related to the way rice is reheated and has nothing to do with how it's stored after initially being cooked. ② Bacillus cereus can cause food poisoning and can survive on cooked rice even after it's been cooked. Symptoms of food poisoning, which can start within a few hours after consuming contaminated food, often include nausea, vomiting, or diarrhea. ③ The issue arises when rice is left at room temperature right after cooking. ④ If left at room temperature, spores can grow and proliferate into bacteria, potentially causing food poisoning when you consume leftover rice the next day. The longer rice is left unattended after cooking, the higher the risk of food poisoning. Experts recommend not leaving cooked rice unattended for more than 1 hour and placing it in the refrigerator as soon as possible.

17. 밑줄 친 부분에 들어갈 말로 알맞은 것은?

Artists often face a pivotal moment when their long-sought destination for their work is achieved, only to be unexpectedly removed. For instance, an artist striving for a solo exhibition at a major art museum may find that, upon achieving this goal, the motivation to create diminishes. Such stories underscore the irony of success leading to depression. To avoid this outcome, it's crucial ______________________. For individual artworks, leaving unresolved elements to explore in subsequent pieces is key. In physically demanding art forms, like dance, developing alternative interests becomes a prudent strategy in case of injury.

① to try to make many friends in various fields
② to postpone arriving at the destination on purpose
③ not to obsess about the exhibition of your artwork
④ not to let a singular goal become the sole focus

18. 주어진 글 다음에 이어질 글의 순서로 알맞은 것은?

While economic factors are crucial, the pivotal role of technological realities in shaping products cannot be overstated.

(A) Examining these complex issues involving conflicting goals sheds light on the intricate interplay between engineering, economics, and the environment. While a single aluminum can seems straightforward, its impact becomes profound when considered alongside its billions of counterparts.
(B) Take the example of designing a aluminum drink container : engineers need to create a can that securely holds the drink, withstands rough shipping, and remains leak-free. Simultaneously, it must be user-friendly for easy opening and pouring.
(C) Despite the convenience of aluminum cans, their usage poses significant concerns about raw material waste, energy consumption, and the challenges of litter and waste disposal.

① (B) − (A) − (C)
② (B) − (C) − (A)
③ (C) − (A) − (B)
④ (C) − (B) − (A)

19. 다음 글의 내용과 일치하는 것은?

When scientists drilled the deepest hole ever made in the Antarctic continent, they weren't trying to break a world record. Instead, they hope to better predict how the region will respond to climate change in the coming years by exploring below the ice. On January 8, after 63 hours of continuous drilling with a hot-water drill, a large tool that melts the ice, they penetrated the base of the Rutford Ice Stream in Western Antarctica. Ice streams are frozen rivers where ice moves faster than the surrounding area. The team reached a depth of 2,152 meters and threaded instruments through the hole to record water pressure and ice temperature. Both the Antarctic continent and our planet's other polar ice sheet, Greenland, are melting at an accelerated rate due to climate change. However, scientists are still uncertain about the extent of future ice melt and its contribution to sea-level rise. By drilling deep, the team hopes to find out how long ago the Antarctic ice sheet disappeared and how water and sediments may push the ice towards the sea.

① 과학자들은 남극의 동부에 있는 곳에 구멍을 뚫었다.
② 대륙빙하 조사는 미래의 기후 변화에 대한 준비이다.
③ 그린란드는 녹는 속도가 일정하다.
④ 과학자들은 미래의 바다 수면의 상승폭을 예측할 수 있다.

20. 주어진 문장이 들어갈 위치로 알맞은 것은?

Rather than focusing solely on the constituents of living things, such as cells and matter, it is essential to comprehend the meaning of living things and the distinctive realms they inhabit.

It is crucial not to overlook the inherent wholeness of the integrated body. While it can be dissected and analyzed down to cells, atoms, and electrons, reducing it to these components fails to capture the complex phenomena manifested by the integrated body. (①) For instance, attempting to explain the flight of birds or the swimming of fish solely in terms of cells, which lack the ability to fly or swim, proves nonsensical. (②) One realm pertains to the world of matter and cells that constitute living entities or the life of living things, existing at a lower level and in a different dimension compared to the integrated world of living things. (③) Physics and chemistry, disciplines dealing with matter, emerged earlier and independently of biology. (④) While cellular research remains within the domain of biology presently, envisioning a future where cytology evolves into a distinct interdisciplinary field, bridging the gap between living things and matter, is conceivable.

박문각

영 어

[1 ~ 2] 밑줄 친 부분의 의미와 가장 가까운 것을 고르시오.

1. The discovery of a new renewable energy source could have a <u>significant</u> impact on reducing carbon emissions worldwide.

① gregarious ② consequential
③ sensational ④ contentious

2. We can all be confident that Mike's deep technical knowledge, his <u>ingenuity</u>, and market intuition will help us to become number-one in the industry.

① scarcity ② tranquility
③ hospitality ④ originality

[3~ 4] 밑줄 친 부분에 들어갈 말로 가장 적절한 것을 고르시오.

3. You should take in an appropriate amount of protein to ________________ the loss in energy.

① touch off ② factor out
③ make up for ④ make do with

4. Attending the inclusion school helped me ________________ my prejudice against the disabled.

① coincide with ② give way to
③ get rid of ④ keep up with

5. 밑줄 친 부분 중 어법상 옳지 않은 것은?

Conserving natural habitats is more critical than ever, especially considering the alarming rate ① <u>at which</u> biodiversity is declining worldwide. Protecting ecosystems, which are essential for supporting various species and maintaining ecological balance, ② <u>requires</u> concerted efforts. Governments should enforce stricter regulations ③ <u>prevent</u> further degradation of the environment, ④ <u>while</u> individuals can contribute by adopting sustainable practices and reducing their carbon footprint, thereby promoting a healthier planet for future generations.

6. 어법상 옳지 않은 것은?

① The store displayed various fruits, and most of which were imported from tropical regions.
② Without their collaboration, I wouldn't have succeeded in the presentation.
③ Under no circumstances should we ignore the urgency of conserving natural habitats.
④ So imperative is the safety protocol that everyone must strictly adhere to it.

7. 우리말을 영어로 잘못 옮긴 것은?

① 참석자들은 행사 최소 15분 전에 도착해야 한다.
→ Attendees are requested to arrive at least 15 minutes prior to the event.
② 지난 주에 심한 눈이 오지 않았더라면, 오늘 길이 이렇게 얼지 않았을 것이다.
→ If it had not snowed heavily last week, the streets wouldn't be so icy today.
③ 의사는 환자에게 약을 처방하는 데 아무리 신중해도 지나치지 않다.
→ Doctors cannot be so cautious in prescribing medications to their patients.
④ 그녀는 정당방위로 그를 죽였다고 주장했다.
→ She claimed to have killed him in self-defense.

[8 ~ 9] 밑줄 친 부분에 들어갈 말로 알맞은 것을 고르시오.

8. A: Honey, do you want some apples with breakfast?
B: Sounds great. Can you save the apple peels for me?
A: Why? What do you want them for?
B: I'm going to use them to make a face pack. Apple peels are effective for improving skin condition.
A: ________________________________
B: I recently read an article about their benefits for our skin.
A: Interesting. What's in them?
B: It said apple peels are rich in vitamins and minerals, so they moisturize our skin and enhance skin glow.
A: That's good to know.

① Where did you hear about that?
② All right. I'll buy a bigger one that fits you.
③ Why did you buy the apples last time?
④ Awesome! Good luck with your new career.

9. A: Can I come in, Professor Rossini?
B: Of course. Come on in, Ben. ________________
A: I came to ask for advice on studying Italian.
B: Is there anything specific you're having trouble with?
A: Yes. I'm experiencing difficulty using words properly. Could I get some tips?
B: Sure. First, let me ask how you use your dictionary.
A: Well, I use it to look up words that I don't know the meanings of.
B: Dictionaries provide example sentences for most words. Do you read them, too?
A: No, I don't pay attention to the examples entences.

① Are you with me?
② What are you getting at?
③ What brings you here?
④ Do you have any vacancies?

10. 두 사람의 대화 중 자연스럽지 않은 것은?

① A: Excuse me. Is it OK if I help you cross the street?
B: Sure, thanks. It's very nice of you to help me.

② A: So what do you think about this car?
B: I don't know. I'm of two minds about it.

③ A: I can't thank you enough.
B: I'm sorry to hear that.

④ A: Did you decide what to do in the future?
B: Well, I'm interested in working for an international volunteer organization.

11. 다음 글의 제목으로 알맞은 것은?

When people inquire about a movie, asking, "Is it faithful to the original book?" the typical response is, "Not really." Generally, a film adaptation can only capture a small portion of the novel's richness. It's questionable whether it can delve into much of what lies beneath the surface. Consequently, we need to acknowledge that certain aspects of the novel remain beyond the reach of the film medium. Filmmakers often face constraints not only in exploring the depth of characters but also in the number of characters they can include. Additionally, when adapting a lengthy novel for the screen, time constraints often lead to the necessity of omitting complex subplots and other significant elements.

① Movie Watchers vs. Book Readers
② How to Make a Great Movie from a Book
③ Difficulties of Understanding a Great Book
④ Why Movies Are Different from Their Original Books

12. 주어진 글 다음에 이어질 글의 순서로 알맞은 것은?

While mayonnaise may not be a culinary star like ketchup or mustard, it has found an unexpected role in the efforts to protect endangered sea turtles, earning the appreciation of some animal conservationists.

(A) Remarkably, just a few days after receiving the mayonnaise treatment, the sea turtles exhibited signs of improvement. Once fully restored to health, they were released back into the wild. The mayonnaise treatment, in this instance, played a crucial role, potentially saving the lives of these endangered sea turtles.

(B) In a surprising turn of events, conservationists found that a mixture of mayonnaise and vegetable oil proved to be the most effective way to cleanse the turtles of the tar. This unique solution not only eliminated the harmful substance from their systems but also provided essential proteins and fats, promoting their recovery.

(C) The unconventional use of mayonnaise emerged in response to an oil spill along the coast of Israel, leaving the shoreline covered in sticky tar. Given the area's significance for sea turtles, these creatures soon found themselves with this toxic substance in their digestive systems.

① (B) − (A) − (C)　② (B) − (C) − (A)
③ (C) − (A) − (B)　④ (C) − (B) − (A)

13. 다음 내용과 일치하지 않는 것은?

Clara Barton, the founder of the American Red Cross, was born on Christmas Day in 1821 in Oxford, Massachusetts. Despite receiving her education at home, Clara took on the role of a teacher at the age of fifteen, instructing children in various elementary schools across Massachusetts. Before the Civil War, her most notable achievement was establishing a free public school in Bordentown, New Jersey. As the Civil War erupted, Clara resided in Washington, D.C., working at the U.S. Patent Office. Following the Baltimore Riots and the arrival of the 6th Massachusetts Regiment in Washington, Clara organized a relief program for the soldiers, marking the beginning of her lifelong career as a nurse and humanitarian.

① Clara Barton is the founder of the American Red Cross.
② Clara Barton was educated at one of the best educational institutions of her time.
③ Clara Barton has taught children since she was a teenager.
④ Clara Barton founded a free public school in New Jersey.

14. 다음 글의 흐름상 어색한 문장은?

Travelers exploring certain parts of India are often met with unexpected sights: herds of cattle roam freely. These animals can travel around the market, temporarily shut down, or cause noticeable traffic jams by taking a walk along the highway. ① While outsiders may find this behavior disturbing, Indians view it completely differently. ② In the widely practiced Hindu faith, cows have a sacred status, and their existence is considered positive. ③ Cows are treated like families, leading many Hindus to avoid eating beef, similar to how Westerners refrain from eating meat from pets such as cats and dogs. ④ Instead, Hindus can eat meat from animals other than cows, but what kind of meat they eat may depend on their beliefs and preferences. This cultural and religious respect for cattle forms a considerable social attitude, explaining their acceptance of their presence in unexpected places.

15. 다음 글의 주제로 알맞은 것은?

Various cultures may provide precise definitions of "honor," but it's rare to find a human society where the concept doesn't exist. While some sociologists argue that the notion of honor evolved to foster harmonious behavior for the cohesion and survival of social groups, I find a more self-centered explanation plausible. As mortal beings, we constantly grapple with the awareness that our lives will eventually end. With a limited time to shape how others perceive us, accumulating wealth and material possessions becomes irrelevant after we're gone. Our actions become the enduring legacy, and by living honorably, we ensure that our memory is positively remembered by those who outlive us.

① an individualistic interpretation of honor
② the importance of being evaluated properly
③ the effects of individualism on social groups
④ the uselessness of wealth and material objects

16. 주어진 문장이 들어갈 위치로 알맞은 것은?

If faith in trying to change is deeply rooted or important in your life, your subconscious can resist positive affirmation.

"Positive affirmation" consists of short, positive statements aimed at negative subconscious beliefs. These positives help replace pessimistic feelings with optimistic ones and challenge them. (①) In some ways, it is a form of "brainwashing" for oneself, but its power depends on the ability to choose which beliefs to reconstruct. (②) During this process, resistance may occasionally occur. (③) However, it becomes easier to apply positivity to less important issues. (④) In that case, a sense of joy means that positivity effectively affects your way of thinking.

17. 다음 글의 요지로 알맞은 것은?

Achieving a good night's sleep involves various strategies, such as avoiding caffeine and maintaining a consistent schedule. However, one often overlooked factor is the room temperature. Research indicates that your body has an internal thermostat that regulates your temperature while you sleep. If your body is too hot or too cold, it can disrupt the process of reaching the desired temperature, potentially waking you up. Generally, the recommended room temperature for optimal sleep is between 15 and 20 degrees Celsius. Within this range, your body can efficiently adjust its temperature, promoting better sleep quality.

① A regular lifestyle helps you sleep well.
② Caffeine intake and sleep quality are not related.
③ When you sleep, your body's thermostat is activated.
④ Bedroom temperature should be appropriate for a good night's sleep.

18. 다음 글의 내용과 일치하는 것은?

The introduction of bagpipes to Britain can be traced back to the Romans during their invasion. Surprisingly, centuries before becoming synonymous with Scottish culture, bagpipes were initially an English instrument employed by Edward I's army in the late 13th century during confrontations with the Scots. Although bagpipes enjoyed popularity across Europe in the past, it was in Scotland that the instrument's allure endured. Today, despite their global popularity, including in unexpected places like Japan, the bagpipes maintain a steadfast association with Scotland. Regardless of their widespread use worldwide, they retain a distinct identity as a quintessentially Scottish musical instrument.

① The bagpipe was first created in Scotland.
② In the late 13th century, the bagpipe was used as a military instrument in the British army.
③ The bagpipe is currently popular across Europe.
④ The bagpipe cannot be found being played in Asia.

[19 ~ 20] 밑줄 친 부분에 들어갈 말로 알맞은 것을 고르시오.

19.

Moral relativism is a philosophical standpoint asserting that morality is subjective, varying among individuals who uphold different moral standards. It encompasses ethical subjectivism, positing that morality is individual-centric, and cultural relativism, which contends that morality is culturally determined. Both perspectives reject the existence of universal moral absolutes applicable to all people, everywhere, and at all times. In the realm of moral relativism, no ______________ action is inherently deemed universally good or bad, and there is no objective right or wrong. Instead, moral relativism asserts that the evaluation of goodness or badness is contingent upon a specific context, implying that no action can be universally classified as either good or bad in all circumstances.

① general ② specific
③ historical ④ theoretical

20.

Recent research indicates that young children, aged 2 to 4 years, initially exhibit no specific preference for breakfast cereals sweetened with either sugar or artificial sweeteners. However, upon reevaluation in subsequent years, nearly all these children had developed a preference for sweetened cereals. Another study found that children aged 4 to 6, who were not exposed to advertisements for sweetened cereals, maintained a preference for unsweetened cereals when they reached 6 or 8 years old. These findings suggest that the inclination for sweetened foods ______________________. In essence, without exposure to sweetened foods, whether through TV commercials or at home, children might naturally avoid the primary contributors to dental cavities and obesity.

① is an inherited trait
② significantly affects growth
③ is acquired rather than inherent
④ indicates that obesity will occur

박문각

영 어

[1 ~ 3] 밑줄 친 부분의 의미와 가장 가까운 것을 고르시오.

1.

> One student said, "This educational reform will create a <u>hostile</u> class atmosphere and inflate selfishness among students."

① rudimentary ② susceptible
③ obsolete ④ belligerent

2.

> The <u>comprehensive</u> report covered every aspect of the project, detailing its inception, implementation, challenges faced, and eventual success.

① genuine ② inclusive
③ compulsory ④ distinctive

3.

> Despite the unprecedented stock market boom of the last decade and the rapid proliferation of retirement plans, typical Americans now facing retirement will be less <u>well-off</u> than previous retirees.

① unstable ② distinct
③ affluent ④ well-known

[4 ~ 5] 밑줄 친 부분에 들어갈 말로 알맞은 것을 고르시오.

4.

> The company aims to ______ profitability with sustainability, seeking ways to maximize financial returns while minimizing environmental impact.

① compromise ② reconcile
③ retaliate ④ captivate

5.

> Some __________ disorders are caused by genetic mutations, while others result from environmental factors during pregnancy.

① obscure ② haphazard
③ congenital ④ congenial

6. 밑줄 친 부분 중 어법상 옳지 않은 것은?

> When it comes to ① <u>make money</u> out of food or drink, coffee is the best. No other sector ② <u>produces</u> profits quite like it. Coffee manufacturing companies are a cash cow that ③ <u>seemingly</u> never runs out of money. At the top of the ladder, things couldn't be better. However, at the bottom, ④ <u>25 million</u> farmers are sinking deeper and deeper into poverty. In the past three years, the price of coffee on the international market has sunk to its lowest point over 100 years.

7. 어법상 옳지 않은 것은?

① It is essential that he should be prepared for this.
② She cannot help but feel excited about the upcoming trip.
③ I don't like a hot summer any more than polar bears do.
④ Only with a special permit you can enter this restricted area.

8. 우리말을 영어로 잘못 옮긴 것은?

① 나는 하루를 시작할 때마다 반드시 커피를 마신다.
→ I never start my day without drinking a cup of coffee.
② 다른 긴급한 일이 있으면 그녀는 회의에 참석할 필요가 없다.
→ She need not attend the meeting if she has other urgent tasks.
.③ 내 딸이 작년에 산 세탁기를 수리해야 한다.
→ The washing machine which my daughter bought lastyear needs repairing.
④ 내가 이 회사에 적응하는 데 일 년이나 걸렸다.
→ That took me a full year to adjust myself to this company.

9. 밑줄 친 부분에 들어갈 말로 알맞은 것은?

> A: Susan, you look down today. What's up?
> B: You don't want to know, Jake. My car was broken into last night.
> A: Oh no, that's terrible! I'm so sorry to hear that. You do have a car alarm installed, right?
> B: No, I didn't think I needed one.
> A: It's unfortunate, but in this area, having some form of security for your car is crucial.
> B: I know, I feel so naive for not considering it.
> A: Don't be so hard on yourself. Sometimes we don't think about these things until something happens.
> B: ______________________________ I just never thought it would happen to me.

① I should have been more cautious.
② The problem is that I have already pulled over the car.
③ You were inattentive about car safety.
④ I was about to set the car alarm off.

10. 두 사람의 대화 중 자연스럽지 않은 것은?

① A: Have you watched the latest action movie? It got great reviews!
B: No, I haven't. Action movies aren't really my cup of tea.
② A: Did you hear about Sarah not getting the promotion?
B: Yes, she took it on the chin though.
③ A: I ran into Joe's sister yesterday. What is his sister's name?
B: Jessica, No. Sue... no. Gee, it is the tip of an iceberg. But I can't quite remember.
④ A: How often do you bake cookies?
B: I bake cookies once in a blue moon. I'm not much of a baker, but when I do, it's usually for special occasions.

11. 다음 글의 주제로 알맞은 것은?

Bruce Abernethy and a team from Brunel University London conducted a study using fMRI to explore the brain activity of elite badminton players during anticipation skill practice. The researchers analyzed players with different skill levels, who watched obstructed video clips of badminton shots, aiming to predict where they would land on the court. Expert players demonstrated heightened brain activity in areas linked to understanding others' actions, suggesting a connection between expertise and improved anticipation. Building on these findings, the same research group extended their study to football players, using similar methods to explore performance prediction abilities. Athletes observed obscured video clips of opponents approaching with the ball, and the study revealed that the timing of clip endings significantly influenced neural activity differences between semi-professional and novice footballers. This highlights the intricate relationship between expertise, neural activity, and the development of anticipatory skills in both badminton and football players.

① effects of athletes' intelligence on performance prediction ability
② differences in performance prediction ability based on proficiency
③ importance of observing and analyzing opponents for optimal performance
④ factors affecting development and prediction ability of athletic performance

12. 다음 글의 내용과 일치하는 것은?

Renowned for his exceptional problem-solving skills in the intricate realm of number theory, Paul Erdos, a Hungarian-born mathematician, is recognized more as a solver of mathematical challenges than a creator of theories. Displaying his prodigious talent from a young age, Erdos independently discovered negative numbers at the tender age of three and mastered the ability to mentally multiply three-digit numbers. By the age of 20, he had already provided a proof for Chebyshev's theorem. Dedication to mathematics became the hallmark of Erdos's life, viewing it not just as an academic pursuit but as a social activity. Throughout his lifetime, he proved to be a remarkably prolific contributor, publishing or co-authoring around 1,500 mathematical articles. Erdos continued his mathematical pursuits until his passing in 1996, remaining engaged in formulating solutions to challenging mathematical problems until the end.

*theorem 【수학】 정리(定理)

① Paul Erdos is more famous as a theory developer than a problem solver.
② Paul Erdos understood the proof of Chebyshev's theorem at the age of three.
③ Paul Erdos considered mathematics a kind of social activity.
④ Paul Erdos was known for not co-writing papers.

13. 다음 글의 요지로 알맞은 것은?

Wilderness, untouched by human influence, doesn't demand nature conservation. It's noteworthy that when a nature conservationist praises wilderness, they may unintentionally contradict their own efforts. This is because, for conservationists, wilderness often signifies a state of non-intervention. Nature conservation and wilderness are, in many ways, opposites. Nature conservation frequently involves safeguarding a specific natural state influenced by humans against the threat of an alternative 'other nature.' In some cases, without human protection, this 'other nature' could encroach upon the area. Nature conservation, at its extreme, aims to protect the prevailing nature in a specific area from the intrusion and dominance of wilderness.

① Nature is resilient, so artificial protection is not necessary.
② True nature conservation requires human intervention.
③ Nature conservation aims to achieve balance and harmony in nature.
④ Nature should be managed in accordance with local characteristics.

14. 밑줄 친 부분에 들어갈 말로 알맞은 것은?

Recent research on saliva has unveiled ___________________. While doctors typically analyze blood for signs of disease, it turns out that saliva carries similar crucial information. Notably, saliva contains unique DNA in each individual, enabling doctors to identify susceptibility to specific diseases through DNA analysis. This genetic information in saliva is also valuable for police investigations, allowing them to determine if an individual drank from a glass or licked an envelope at a crime scene. Dentists utilize saliva data as well, predicting the likelihood of developing cavities based on its analysis. The diverse insights from saliva highlight its potential in various fields, from healthcare to criminal investigations and dental care.

① how complex and amazing DNA is
② which role saliva plays in digestion
③ how rich in information the liquid is
④ why we need to go to the dentist regularly

15. 주어진 문장이 들어갈 위치로 알맞은 것은?

During hibernation, their bodily functions significantly slow down.

Certain animals undergo hibernation as a strategy to conserve energy and reduce the need for food. Before entering hibernation, these animals typically engage in feeding to accumulate a fat store. (①) For example, the dormouse, with a body length of approximately 10cm, experiences a slowed heartbeat to just a few beats per minute. (②) Additionally, their breathing becomes slow, and their body temperature drops to just a few degrees above the temperature of the surrounding ground. (③) These physiological changes enable the small-sized animal to endure extended periods without food, reducing the demand for fuel. (④) Contrary to common belief, not all hibernating animals sleep throughout the entire winter. Many animals undergo short spurts of hibernation during winter, occasionally waking during mild weather or as frequently as three or four times a day.

16. 다음 글의 제목으로 알맞은 것은?

Research indicates that proactive individuals possess more positive energy than reactive or inactive counterparts. The amount of energy you radiate directly correlates with your impact on those around you. Positive energy, as described by Judith Orloff in "Positive Energy," holds a unique influence that transcends physical laws. According to the psychiatrist, profound transformations occur primarily on an energetic level. Orloff emphasizes, "The more positive energy we emit, the more we attract to ourselves. The same applies to negativity. Passion draws passion. Rage attracts rage. The underlying principle is that we all transmit subtle energy." The lesson is clear: life is too short to associate with negative influences. Negative individuals, often unnoticed, affect everything and everyone in their sphere. Caution is necessary, as they unwittingly drain others of their energy.

*proactive 상황을 앞서서 주도하는

① You Have a Self-Starter. Try Using It!
② Emotions Spread Quickly Among a Group of People
③ Energy Is Contagious! Choose Your Company Wisely!
④ Energy Can't Be Created or Destroyed, and It Flows

17. 밑줄 친 부분에 들어갈 말로 알맞은 것은?

Generalizations share similarities with stereotypes. While stereotypes contain a small kernel of truth, that truth doesn't convey the entire story. Relying on this partial truth to form conclusions distorts the overall reality. In writing, depending solely on broad generalizations ____________________. Ironically, generalizations serve as a necessary starting point for outlining the basic message. For instance, stating, "There are indications that business is improving" sets the stage. However, to strengthen this statement, supporting facts such as recent sales figures, consumer buying trend surveys, and concrete evidence of increased interest in products or services must follow. Generalizations, while foundational, can never stand alone conclusively without robust supporting evidence.

① is acceptable in some circumstances
② is likely to undermine your credibility
③ is important to make a specific point
④ is attempting to appeal to inappropriate authority

18. 다음 글의 흐름상 어색한 문장은?

Insects develop resistance to specific pesticides due to natural variations within their populations. ① For example, if a pesticide acts by inhibiting a specific enzyme, each insect may have a slightly different atomic arrangement around the enzyme's active site, preventing the toxin from accessing it. ② Consequently, the offspring inherit these protective traits, leading to the emergence of a significant population of resistant insects over several years, undermining farmers' pest control efforts. ③ Thus, it is urgent to develop pesticides that can weaken insect resistance. ④ If resistance genes are dominant, they can spread throughout the entire insect species. Moreover, these resistance genes may confer resistance to other pesticides, posing an even greater challenge in pest control operations.

19. 주어진 글 다음에 이어질 글의 순서로 알맞은 것은?

Advertisers have discovered a notably effective strategy that appears counterintuitive to their interests: acknowledging a minor weakness or drawback of their product in their promotional ads.

(A) Experimental evidence supports the effectiveness of this strategy, showing that when jurors hear an attorney acknowledge a weakness in their case first, they tend to perceive them as more honest and subsequently become more favorable toward the attorney's overall case in their final verdicts.
(B) However, this method is not exclusive to advertisers; attorneys employ a similar approach in court. Known as "stealing the opponent's thunder," lawyers mention a weakness in their case before the opposing counsel does, establishing a perception of honesty among jury members.
(C) By doing so, they cultivate a perception of honesty that enhances their ability to convincingly highlight the product's strengths.

① (B) − (A) − (C) ② (B) − (C) − (A)
③ (C) − (A) − (B) ④ (C) − (B) − (A)

20. 다음 (A)와 (B)에 들어갈 말로 알맞은 것은?

Every day, we encounter instances of explaining something in one area by using terms from another to clarify or enhance our understanding. (A), take the expression "Her life is a house of cards." This metaphor suggests that, like a delicate card structure, a person's life can easily collapse with the slightest disturbance, reflecting the fragility of relationships and economic stability. (B), using this metaphor has become so common that it's now a cliché, losing its impact. This raises the question: Is this still an effective metaphor? Perhaps not, especially if the audience is familiar with the cliché. It encourages us to be mindful of our audience. Skillfully comparing different terms helps us grasp the metaphor's strengths and limitations — where it works well and where it falls short.

	(A)	(B)
①	Finally	Namely
②	For instance	Namely
③	Otherwise	However
④	For instance	However

영 어

[1 ~ 2] 밑줄 친 부분의 의미와 가장 가까운 것을 고르시오.

1.

> Patent infringement refers to the unauthorized use or sale of a patented invention, violating the exclusive rights granted to the patent holder.

① legislation ② plight
③ imprisonment ④ violation

2.

> The atmosphere in the office was tense, with everyone feeling the impending pressure of the upcoming deadline for the project, knowing that they had a lot to accomplish in a short amount of time.

① nascent ② inexorable
③ compelling ④ imminent

[3 ~ 5] 밑줄 친 부분에 들어갈 말로 알맞은 것을 고르시오.

3.

> Please ____________ the instructions given by the teacher to ensure you understand the assignment properly.

① make light of ② pay attention to
③ give vent to ④ put up with

4.

> She decided to take additional classes to ____________ her progress in learning the new language, aiming to become fluent in a shorter period of time.

① accelerate ② avert
③ annul ④ aggravate

5.

> After the heavy storms, the river overflowed and _________ the nearby farmlands, causing significant damage to crops and infrastructure.

① substituted ② inundated
③ divulged ④ ameliorated

6. 어법상 옳지 않은 것은?

① The policies implemented in this country are different from those in neighboring nations.
② The person finishing the questionnaire will be given a gift card.
③ Go quickly, and you'll lose your chance to buy those tickets.
④ They have to reject the notion that greed can be a good thing.

7. 밑줄 친 부분 중 어법상 옳지 않은 것은?

> Do you know where your freedom comes from? It seems to be largely determined by the number of alternatives that you have developed ① in case your first choice doesn't work. ② The more options and alternatives you develop, the more freedom you have. If one course of action doesn't produce ③ the results you expected, you can switch to something else without hesitation when you are prepared. That's why you should develop ④ as much alternatives as possible.

8. 우리말을 영어로 잘못 옮긴 것은?

① 폐와 인간과의 관계는 잎과 식물과의 관계와 같다.
→ Lungs are to human beings what leaves are to the plant.
② 그녀의 문제 해결 방식은 그의 것보다 더 혁신적이다.
→ Her approach to problem-solving is more innovative than him.
③ 나는 그가 화났을 때, 그가 소리치는 것을 참을 수 없다.
→ I can't stand his shouting when he is angry.
④ 시나리오가 좋다고 항상 좋은 영화가 되는 것은 아니다.
→ A good script doesn't always lead to a good movie.

9. 밑줄 친 부분에 들어갈 말로 알맞은 것은?

> A: Did you figure out what to give Susan for her anniversary?
> B: ______________________________ but I'm at a loss for what she'd appreciate.
> A: What about a handmade quilt? She adores cozy things like that.
> B: That's brilliant! I didn't even consider that. Thanks for the idea!

① You'd better hang about with her
② It was really incredible and actually very romantic
③ I've been racking my brain trying to think of just the right gift
④ Well, actually it's been a long time since I heard from her

10. 두 사람의 대화 중 자연스럽지 않은 것은?

① A: What are you doing?
B: I'm going to change the light bulb. It burnt out.
② A: Have you ever seen Rachel lose her temper?
B: Not really, she's usually very composed.
③ A: Did you hear about Mike's accident yesterday?
B: Yes, he narrowly avoided a collision with another car. It is too far to walk.
④ A: Have you seen the prices for those concert tickets?
B: Yeah, they cost an arm and a leg. I don't think I can afford them.

11. 다음 글의 제목으로 알맞은 것은?

Winning the lottery is a common dream, especially during financial uncertainties when the prospect of solving money troubles appears enticing. Many share this fantasy, but the reality for numerous lottery winners is quite different. Paradoxically, some face more financial problems post-win, with many forced to declare bankruptcy. The primary issue often stems from a lack of knowledge on managing newfound wealth. Upon winning, many hastily purchase homes, cars, and other expensive items without considering the substantial maintenance costs that follow, such as insurance for luxury cars, a capable crew for boats, and high property taxes for vacation homes. The key challenge for lottery winners is learning to manage their money wisely for lasting financial stability.

① The Best Investments for Lottery Winners
② Harmful Effects of Purchasing Luxury Items
③ The Richest Lottery Winners in the World
④ Why Many Lottery Winners Are in Financial Trouble

12. Alcatraz에 관한 다음 글의 내용과 일치하지 않는 것은?

Alcatraz, commonly known as "The Rock," is a rocky island situated in San Francisco Bay. Predominantly occupied by a former military fortress, in 1934, it underwent a transformation into a federal prison housing dangerous criminals. The prison cells on Alcatraz were extremely confined, each measuring less than 2 meters in width, 3 meters in length, and approximately 1.8 meters in height. Inhabitants endured perpetual darkness, unable to discern whether it was day or night. Despite occasional escape attempts, no prisoner ever succeeded. Even those who managed to reach the water faced insurmountable odds, as none survived the one-kilometer swim to the shore. While economic reasons led to the closure of the prison in 1963, today, tourists can explore the remnants of the old jail cells on this historic island.

① 현재 군사 요새로 사용되고 있다.
② 1934년에 흉악범들을 수용하는 교도소로 바뀌었다.
③ 교도소의 감방은 빛이 들어오지 않았다.
④ 어떤 죄수도 탈옥에 성공하지 못했다.

13. 밑줄 친 부분에 들어갈 말로 알맞은 것은?

In many countries, attempting to escape from prison is considered a grave offense, with potential consequences of significantly lengthened sentences for those who make such attempts. However, the situation differs in Mexico, where the legal framework is rooted in the philosophy that all individuals inherently yearn for __________ Consequently, Mexican law generally does not penalize prisoners caught in the act of escaping. While there are critics within Mexico who view this policy as a weakness in the justice system, there are also many supporters who believe it upholds the fundamental human rights of prisoners.

① reason ② purity
③ freedom ④ legal justice

14. 다음 글의 주제로 알맞은 것은?

The Vietnam War had a profound impact on over 2 million Americans, serving as a life-changing experience for both soldiers and those on the home front. Soldiers grappled with a range of challenges, including tension, boredom, drug issues, and the widespread brutality against the Vietnamese. Beyond the battlefield, young Americans who didn't directly participate in the fighting were still deeply affected, dedicating a significant part of their late adolescence or young adulthood to concerns about the draft or actively trying to evade involvement in the conflict. While a greater number of men stayed at home than went to Vietnam, the war gave rise to profound divisions within an entire generation. Those who served often harbored resentment toward those who didn't, while those who avoided Vietnam sometimes looked upon those who did go with scorn and pity.

① problems with compulsory military service
② the anti-war movement and the Vietnam War
③ influences of the Vietnam War on American lives
④ pros and cons of the wars against Asian countries

15. 다음 글의 흐름상 어색한 문장은?

Breast cancer has complex causes, making it difficult for doctors to pinpoint individual causes of the disease. Nevertheless, certain substances or conditions are associated with an increased risk of developing this cancer. ① One of the risk factors theorized is exposure to artificial light at night. ② The association between this environmental stimulus and disease revolves around melatonin, a hormone that regulates our sleep-wake cycle. ③ Exposure to artificial night light has been shown to reduce melatonin levels, a phenomenon commonly observed in breast cancer patients. ④ Obesity can increase the risk of developing breast cancer, especially after menopause. This theory supports a lower incidence of breast cancer among women in developing countries with less artificial night light compared to those in developed countries.

16. 다음 글의 내용과 일치하는 것은?

The name "America" has an interesting origin tied to Amerigo Vespucci, despite his association with deception. Vespucci published an account of a fictitious voyage in 1497, and later, when asked to document actual voyages led by Portuguese explorer Coelho, he falsely claimed leadership and omitted Coelho from his writings. In 1507, a French geography professor named the New World "America" after Amerigo. By the time Columbus was widely recognized as the true discoverer, the name had already stuck, forever connecting the continent's nomenclature to Vespucci's misleading accounts.

① In 1497, Vespucci completed his voyage and published an account of the expedition.
② The King of Portugal asked Coelho to record the details of the voyage.
③ Coelho participated in two voyages led by Vespucci.
④ In 1507, a French geographer named the New World America.

17. 주어진 글 다음에 이어질 글의 순서로 알맞은 것은?

From causing fatal forms of cancer to staining your teeth and fingers yellow, cigarettes are widely known to be unhealthy, but researchers have now found yet another way that smoking impacts health: increasing snoring.

(A) A study looking at this connection compared a group of smokers to a similar group of nonsmokers and confirmed that smoking cigarettes does indeed lead to a higher incidence of snoring among subjects.
(B) In conclusion, tobacco-induced stimulation leads to inflammation and swelling, disrupting normal breathing processes during sleep and increasing the likelihood that smokers experience snoring.
(C) It seems that cigarette smoke irritates the smoker's respiratory passageways in the nose and throat, where some cells were even shown to experience nerve damage as a result of nicotine exposure.

① (A) − (B) − (C)
② (A) − (C) − (B)
③ (B) − (C) − (A)
④ (C) − (A) − (B)

18. 다음 글의 요지로 알맞은 것은?

When delving into a science fiction novel, one anticipates encountering an array of words and phrases borrowed from the realm of science. Interestingly, there are instances where this linguistic exchange is reversed, and the field of science adopts terms originating from the creative minds of novelists. For instance, the phrase "deep space" first appeared in Edward Smith's novel, Triplanetary, describing the vast, empty expanses between galaxies. In contemporary science, it is used to denote any part of space beyond our solar system. Another term, "zero gravity," coined by Jack Binder in a 1938 short story, maintains an identical meaning in both fiction and reality. This phenomenon underscores the idea that scientific terminology can emerge just as likely from the pens of writers as from the minds of actual scientists.

① The meaning of scientific terms is misused in literature.
② Some scientific terms are actually derived from literature.
③ Science can be easily understood through science fiction.
④ Novelists take inspiration from new scientific discoveries.

19. 주어진 문장이 들어갈 위치로 알맞은 것은?

Consequently, doctors attempted to reduce children's thymuses by exposing them to high doses of radiation.

During the 1920s and 1930s, a tragic and costly mistake unfolded in medical history while attempting to prevent sudden infant death syndrome (SIDS). (①) Researchers studying SIDS, a perplexing condition where babies inexplicably die during the night, believed they had identified the cause. (②) Many of the deceased infants were found to have what was deemed an enlarged thymus gland upon examination. (③) Situated next to the esophagus, the assumption was that an excessively large thymus could obstruct airflow to the lungs under the pressure of a sleeping child's throat. (④) Unfortunately, the theory of enlarged thymus was based on inadequate data, as the thymuses considered "enlarged" were actually of normal size. This erroneous approach led to between 20,000 and 30,000 deaths from radiation-induced throat cancer over the subsequent decades.

20. 밑줄 친 부분에 들어갈 말로 알맞은 것은?

For some individuals, initiating social interactions can be daunting, as it may feel like they're implicitly asking, "Do you like me?" This dynamic can make them perceive the other person as having all the power in the interaction. However, a strategic approach to reclaim control involves starting by asking the other person to make a small investment. This entails ____________________, such as passing a piece of cake or holding a drink briefly. Surprisingly, this simple act often results in the other person forming a more positive impression of you. Contrary to common belief, people tend to develop a greater liking for someone after doing them a favor, revealing that the balance of influence can be subtly shifted in your favor through such reciprocal actions.

① requesting a minor favor
② leaving him or her alone
③ being kind to him or her
④ listening to what he or she says

영 어

[1～3] 밑줄 친 부분에 들어갈 말로 알맞은 것을 고르시오.

1.

The detective praised the witness for her ___________ memory, as she could vividly recall the events from weeks ago.

① impeccable ② fragile
③ supercilious ④ competent

2.

The lecture was challenging as the professor discussed ______________ concepts, leaving the students perplexed.

① objective ② felicitous
③ obscure ④ precocious

3.

Tom's hasty decision-making __________ a chain of events that led to unforeseen consequences, impacting not only his work but the entire team's progress.

① contemplate ② precipitate
③ appreciate ④ simulate

[4～5] 밑줄 친 부분과 의미와 가장 가까운 것을 고르시오.

4.

She decided to <u>turn down</u> the job offer due to the long commute, opting for a position closer to home.

① commit ② expunge
③ assent ④ reject

5.

The firefighters managed to <u>put out</u> the raging fire in the forest, employing various strategies and resources to control the blaze.

① vanish ② exaggerate
③ extinguish ④ manipulate

6. 밑줄 친 부분 중 어법상 옳지 않은 것은?

Although handshakes are often overlooked and forgotten, they matter and a strong one can make a big difference in a relationship. And it is also important to shake hands right. Above all, keep your hand ① <u>open</u> and make sure that your handshake will be a hand shake, ② <u>not a finger or palm shake.</u> This means ③ <u>getting</u> the joint of your thumb nestled into the joint of the other's thumb, allowing you ④ <u>have</u> a full handshake.

7. 어법상 옳지 않은 것은?

① The company, together with its partners, organized a charity event last month.
② Mary, along with her friends, go to the concert once a month.
③ Making promises is one thing, and keeping them is another.
④ The cost of living in this city is higher than that in the rural areas.

8. 우리말을 영어로 잘못 옮긴 것은?

① 그녀는 시험에 떨어지지 않도록 열심히 공부했다.
→ She studied diligently lest she should fail the exam.
② 우리 회사와 협업한 회사는 상을 받았다.
→ The company with which our firm collaborated won the awards.
③ 그 자체의 아름다움을 가지지 않는 장소는 없다.
→ There is no place but doesn't have its own unique beauty.
④ 그녀는 차를 운전하는 것은 말할 것도 없고 자전거도 탈 지 모른다.
→ She can't even ride a bike, much less drive a car.

9. 밑줄 친 부분에 들어갈 말로 알맞은 것은?

A: Is there a reason why you haven't been picking up my calls? I've been wanting to have a conversation with you.
B: I apologize, but I believe we might benefit from some time apart.
A: What are you trying to say? Are you suggesting we should end things?
B: No, _____________ I still care deeply for you, but I feel the need to have some time alone.

① don't reject me ② don't get me wrong
③ don't lean on me ④ don't leave me behind

10. 두 사람의 대화 중 자연스럽지 않은 것은?

① A: Have they announced the winners yet?
B: Not that I know of. I haven't heard anything about it.
② A: Let's go for a hike tomorrow morning!
B: I'd love to, but I'm feeling under the weather. Can I have a rain check on that?
③ A: Thank you for helping me move to my new place.
B: Don't mention it. That's what friends are for.
④ A: Where were we in terms of organizing the event?
B: Just walk down the street, and then turn right at the first intersection.

11. 다음 글의 제목으로 알맞은 것은?

Ancient Egyptian wall paintings portray soldiers marching alongside dogs, while Persian historians detail how dogs were instrumental in alerting soldiers to approaching Greek invaders. Centuries later, during Napoleon's European invasion, a dog named Moustache displayed remarkable bravery by defending the French flag against an enemy soldier, forcing the intruder to flee. In World War I, a British dog named Stubby received a medal for capturing a German spy. Moreover, during World War II, over ten thousand dogs served in the U.S. Army, fulfilling crucial roles as guards, message carriers, and integral members of search and rescue missions.

① The Use of Animals as Spies
② War Pictures of Ancient Times
③ A Dog's Death in a Fierce Battle
④ Dogs' Contributions during Wartime

12. 다음 글의 주제로 알맞은 것은?

Consumption holds significance not only in the formation of identity but also in how specific goods or services are culturally woven into an individual consumer's social world. This cultural embedding can influence the manner and reasons behind consumption, and the realm of tourism is no exception. Once exclusive to the affluent, tourism has undergone a process of 'democratization,' becoming a widely accepted and expected element of contemporary social life. Additionally, the meaning of tourism varies among consumers based on their personal cultural contexts. For some, it may symbolize spiritual rejuvenation, while for others, it fulfills dreams or fantasies. Furthermore, tourism can be a way to engage with a (temporary) social world alongside fellow tourists, intentionally sought for shared experiences.

① the necessity of reducing waste in tourism
② negative effects of tourism on local people
③ how tourism functions as a consumer good
④ why local identities are weakened by global tourism

13. 다음 글의 흐름상 어색한 문장은?

Streams usually have plenty of oxygen, even without green plants, thanks to their large surface area exposed to air and constant water movement. This makes it easy for aquatic organisms to breathe. ① However, the animals in running water can be affected when oxygen levels drop. ② Consequently, stream communities are highly sensitive to organic pollution, which can diminish the oxygen supply. ③ Dumping large quantities of organic matter, like sewage or waste from industries such as paper mills, into streams leads to the rapid depletion of oxygen as it is used up in the bacterial decay process. ④ The stench from these decaying processes has the potential to cause respiratory diseases in people. This type of stream pollution poses a significant challenge, particularly in densely populated and industrialized regions.

14. 다음 글의 요지로 알맞은 것은?

Life is governed by rules, and outright refusal to follow them is often seen as foolish. Yet, there's a balance to strike, as adhering too rigidly to these rules can lead to patterns that no longer suit life, stifling our creative potential. To foster creativity, it's essential to challenge these rules. In the movie "IQ," Walter Matthau, playing Einstein, advised his niece, played by Meg Ryan, to "Question everything!" This wisdom holds true-historical breakthroughs often stem from individuals challenging established norms. Columbus discovered America by challenging navigation rules, Martin Luther initiated the Reformation by challenging church rules, and Einstein formulated the theory of relativity by challenging Newtonian physics. Creativity often emerges from the realization that we need not adhere to conventional approaches.

① Only creative and daring individuals can propel the progress of history.
② Creativity is not a product of chance but the result of continuous effort.
③ Embracing desirable societal norms contributes to the cultivation of creativity.
④ Questioning and challenging existing rules enhances creativity.

15. 다음 글의 내용과 일치하는 것은?

The city-state of Athens, situated in Attica, holds the distinction of being the birthplace of modern democracy. Initially governed by kings, Athens underwent a transformation from rule by tyrants who showed little regard for the people. In 594 BC, the renowned statesman Solon replaced the tyrants, implementing a new set of rules. However, in 510 BC, the esteemed Athenian Cleisthenes introduced reforms that went beyond Solon's principles. Cleisthenes reorganized the division of tribes into a territorial structure, dividing Attica into districts and further subdividing them into smaller areas, each represented by an appointed individual. Additionally, he replaced Solon's Council of 400 with the Council of 500, representing ten tribes with 50 members from each, thereby diluting the power of the aristocracy and fostering a more equitable distribution of wealth. These transformative changes laid the groundwork for the emergence of democracy in Athens.

① Athens transitioned from rule by dictators to a monarchy.
② Solon was the most powerful dictator.
③ The Attica region was divided into tribal centers in 510 B.C.
④ Cleisthenes increased the number of representatives forming the council.

16. 주어진 글 다음에 이어질 글의 순서로 알맞은 것은?

The primary catalyst for shifts in social structures is the escalating trend of commercialization.

(A) However, the advent of commercialization gradually dismantles this traditional culture. As farmers transition from cultivating rice for personal sustenance to pursuing profit, there is a diminishing inclination to allocate resources-be it time, money, or rice-towards commemorating traditional religious beliefs.
(B) Eventually, they adopt a perspective akin to many farmers in industrialized nations, viewing food production merely as a means to financial gain. The success of a rice crop becomes reduced to the outcome of investing in fertilizers, pesticides, machinery, or irrigation, eroding the once deeply rooted cultural and spiritual connections to the agricultural cycle.
(C) Take, for instance, traditional farmers whose reverence for rice extends to viewing it as a divine gift and the very sustenance of life. These agrarian communities intricately organize their societal and religious events around the annual rice-growing cycle.

① (B) − (A) − (C)
② (B) − (C) − (A)
③ (C) − (A) − (B)
④ (C) − (B) − (A)

17. water retention에 관한 다음 글의 내용과 일치하지 않는 것은?

"Water retention" refers to a condition where fluid seeps from a person's blood into their tissues, typically around the legs or feet, resulting in accumulation. Under normal circumstances, this fluid is naturally drained through tubes, but if this process is hindered, the tissues become swollen. Women tend to experience water retention more frequently than men, possibly due to estrogen levels. Factors contributing to water retention encompass salt intake, high temperatures, nutritional deficiencies, and side effects of certain prescription medications. However, in some instances, water retention might signal a more severe illness, such as a condition affecting the heart, liver, or lungs.

① 수분이 혈액에서 조직으로 새어 들어가는 것이다.
② 주로 손이나 팔 부근에서 일어나는 증상이다.
③ 남성보다 여성에게서 더 많이 발생한다.
④ 심장 관련 질환의 징후로 나타날 수도 있다.

18. 주어진 문장이 들어갈 위치로 알맞은 것은?

Yet, this doesn't imply that drinking milk directly contributes to a longer life.

The challenge of determining whether correlation implies causation leads to numerous misunderstandings. Without a specific mechanism illustrating how A causes B, it's prudent to consider any correlation as accidental or recognize that both A and B may independently relate to a third factor. (①) For instance, the correlation between drinking milk and cancer rates is often misconstrued, with some arguing that drinking milk causes cancer. (②) However, a more plausible explanation is that cancer diagnoses and milk consumption both positively correlate with increased age. (③) On average, milk drinkers tend to live longer than non-milk drinkers, and as age rises, the likelihood of developing cancer also increases. (④) It's possible that milk drinkers have better access to quality healthcare or adopt healthier lifestyles compared to non-milk drinkers.

[19~20] 밑줄 친 부분에 들어갈 말로 알맞은 것을 고르시오.

19. The best order for a report, paper, or other technical document is one that is logical, emphasizing connection and sequence. While some may equate logical with chronological, this is a misconception. Beginning documents with extensive reviews of previous work is often tactically weak. Most readers are already familiar with the subject, making such reviews unnecessary for them. The more engaging approach is to start with new information, presenting the latest findings and conclusions. Providing a lengthy chronological account of work or procedures is suitable only when the essential point of the paper revolves around the chronological sequence. In essence, the order should prioritize the reader's interest in fresh and pertinent information rather than assuming a rigidly ________________.

① creative outlets
② safety precautions
③ powerful motivators
④ chronological structure

20. Contrary to Plato's idea of direct access to "eternal truths," our minds lack such access. Instead, our senses, particularly vision, hearing, and touch, serve as the gateways to reality. While these senses are essential, they are not infallible and can lead us astray. Vision, for instance, is susceptible to errors because what we perceive is influenced by our pre-existing beliefs. The saying "seeing is believing" doesn't always hold true, as our expectations can shape what we perceive. In a notable 1949 experiment by psychologists Jerome Bruner and Leo Postman, subjects viewing quick glimpses of trick playing cards often misidentified them due to expectations. For example, a black three of hearts might be perceived as a normal three of spades, or a normal three of hearts might be seen as having the wrong color. This demonstrated how expectations can ____________________.

① interfere with accurate perception
② decrease the confidence of the subjects
③ affect performance both positively and negatively
④ improve efficient and effective recognition

박문각

영 어

[1~2] 밑줄 친 부분에 들어갈 말로 알맞은 것을 고르시오.

1.

His ______________ behavior during the meeting shocked everyone; he displayed a complete lack of respect towards the senior executives.

① auspicious ② vigilant
③ impudent ④ submissive

2.

She is a ____________ student who always completes her assignments on time and with great attention to detail.

① conscientious ② conciliatory
③ inimical ④ destitute

[3~5] 밑줄 친 부분과 가장 의미가 가까운 것을 고르시오.

3.

They reckon the best time to visit the beach would be early morning to avoid the crowds and enjoy the sunrise.

① impair ② consider
③ conform ④ assimilate

4.

The company's expansion plans encountered a formidable obstacle in the form of stringent regulations imposed by the government.

① infantile ② inadvertent
③ indisposed ④ invincible

5.

The leading company introduced innovative strategies to stave off competition from emerging market players.

① pay off ② take off
③ show off ④ ward off

6. 밑줄 친 부분 중 어법상 옳지 않은 것은?

Acro dance got its well-deserved fame and spotlight ① via contemporary circus productions such as Cirque du Soleil and through professional dance theaters in the 1800s. Just as every dance has its special costumes to aid dancers in their performance, ② so has Acro dance. The dancer's hair is mostly tied up into a ponytail ③ so that it is away from and out of the face at all times, ④ in order to avoid any accidents and distractions during the routine.

7. 어법상 옳지 않은 것은?

① Had they arrived on time, they would have caught the train.
② Annoyed by the constant interruptions, he asked for silence.
③ I should have finished my assignment earlier to avoid the last-minute rush.
④ She is believed to sing at the event last night.

8. 밑줄 친 부분이 어법상 옳지 않은 것은?

① Can you tell me where a good Italian restaurant is around here?
② The doctor suggested to them that they should change their diet.
③ I think she has already finished your homework, don't I?
④ Not until the guests had left did she realize her mistake.

9. 밑줄 친 부분에 들어갈 말로 알맞은 것은?

A: Do you know what Mary's phone number is?
B: Oh, Mary's phone number? I don't have my address book on me. ________________________.
A: That's too bad! I've got to find him. It's urgent. If I can't find him today, I'll be in trouble!
B: Well, why don't you call Beatrice? She has his phone number.
A: I've tried, but no one answered.

① I'll not let you down
② I've got to brush up on it
③ I can't think of it off hand
④ Don't forget to drop me a line

10. 두 사람의 대화 중 자연스럽지 않은 것은?

① A: Have you seen the new smart phone model? It's amazing!
B: Yes, and the price is unbelievably low. That's a steal!
② A: I just bought this jacket, but it seems too expensive.
B: Let me see... Oh, you got ripped off. This brand is usually cheaper elsewhere.
③ A: Can you understand this manual for the new device?
B: Yes. It's all Greek to me.
④ A: I don't think I can finish this project by the deadline.
B: Take your time. I'm sure you can make it.

11. 다음 글의 내용과 일치하지 않는 것은?

While the commonly held belief attributes Napoleon's death to stomach cancer, recent evidence suggests he might have been deliberately poisoned. In his book "The Murder of Napoleon," Sten Forshufvud contends that a rival orchestrated Napoleon's poisoning. The examination of Napoleon's body revealed an enlarged liver, a telltale sign of arsenic overdose. Napoleon's family recounted that during his last years, he exhibited symptoms consistent with arsenic poisoning, including sleepiness, insomnia, swollen feet, and excessive weight gain. Dr. Forshufvud's chemical analysis of Napoleon's preserved hair, provided by relatives, unveiled elevated levels of arsenic. The most startling evidence emerged in 1840 when Napoleon's coffin was reopened, revealing a well-preserved body-an effect associated with arsenic poisoning. This challenges the conventional narrative of Napoleon's demise and introduces the possibility of foul play through arsenic poisoning.

*arsenic 비소(독성이 강한 화학 물질)

① Napoleon's cause of death is known as stomach cancer.
② Napoleon was suspected of being poisoned.
③ Evidence has been found that arsenic has promoted the decay of Napoleon's body.
④ Napoleon's hair analysis revealed a high amount of arsenic residue.

12. 다음 글의 주제로 알맞은 것은?

The struggle for dominance in North America between the British and French spanned over a century before the onset of the American War of Independence. When the American colonists declared their independence from England in 1776, the French were quick to extend active support. The pivotal role played by the French in the war is exemplified by the 1781 Battle of the Chesapeake. American forces had laid siege to Yorktown, Virginia, where the principal British commander and his army were stationed. In an attempt to break the siege, British warships sailed from New York, only to be thwarted from entering the Chesapeake Bay by French warships. The French navy effectively guarded the bay, compelling the British general in Yorktown to surrender to the American colonists. This event underscored the crucial support provided by the French to the American cause during the War of Independence.

① the French invasion of Great Britain
② France's role in America's independence
③ why British colonists emigrated to America
④ the friendship between the Americans and British

13. 다음 글의 제목으로 알맞은 것은?

The notion that good things consistently happen to certain individuals isn't due to carrying a lucky charm or finding a four-leaf clover; those are merely superstitions. In reality, luck is about exerting control over seemingly uncontrollable elements. Taking initiative often reveals the ability to positively influence these factors. Furthermore, luck is tied to perception. Individuals with a positive attitude tend to consider themselves lucky, concentrating on the positive events in their lives. Conversely, those with negative attitudes often overlook the good and fixate on the negative, leading them to feel unlucky. Ultimately, luck is not a result of chance but a product of one's efforts and perspective.

① Don't Trust Your Perception
② Luck Is a Matter of Attitude
③ You Can't Control Everything
④ The Truth behind Superstitions

14. 주어진 문장이 들어갈 위치로 알맞은 것은?

A key factor is the setting, often in familiar movie theaters, where viewers anticipate what to expect.

Many people find enjoyment in watching horror movies despite the films' explicit goal of inducing fear. (①) Unlike real-life fear, the experience of watching a horror movie differs in significant ways. (②) By willingly paying to enter the theater and being surrounded by like-minded individuals, the audience creates a shared experience as they witness the unfolding of terrifying scenes. (③) This controlled and communal environment acts as a buffer, mitigating the fear elicited by the on-screen content. (④) The result is an exhilarating level of terror, carefully balanced to provide thrills without triggering a genuine real-life fear response.

15. crowned lemur에 관한 다음 글의 내용과 일치하는 것은?

The crowned lemur, when compared to its lemur relatives, attains an average size. Male crowned lemurs typically display a dark reddish-brown hue, while females are lighter and grayer. Both genders share a distinctive orange head pattern, from which the lemur derives its name. Primarily active during the day, the crowned lemur also engages in a brief two-hour activity period at night. While it spends the majority of its time in the lofty branches of forest trees, it frequently descends to the ground for foraging and movement. These lemurs form small, mixed-sex groups comprising adults and offspring, with group sizes occasionally reaching up to 15 members. Indigenous to the northern forests of Madagascar, the crowned lemur thrives in the natural habitats of this African island nation.

① 등에 왕관 모양의 주황색 무늬가 있다.
② 낮보다는 주로 밤에 활동하는 편이다.
③ 나무 위에서 활동하고 땅으로 내려오지 않는다.
④ 암수가 섞인 작은 무리를 이루어 생활한다.

16. 주어진 글 다음에 이어질 글의 순서로 알맞은 것은?

In a savings account, the growth of your money is exponential, with initial deposits earning interest that, in turn, earns its own interest as the savings amount increases.

(A) However, unlike the indefinite accumulation of money in a savings account, populations, whether human, animal, or plant, face limitations. The growth of all populations is constrained by the availability of resources in the environment.
(B) Similarly, population growth follows an exponential pattern, where new members eventually grow up, reproduce, and contribute to further population growth.
(C) Consequently, when essential resources like food or water become scarce, the population's exponential growth is curtailed, leading to stabilization or decline due to factors such as disease and starvation. This highlights the crucial role of environmental resources in shaping the growth dynamics of populations.

① (A) − (C) − (B)
② (B) − (A) − (C)
③ (B) − (C) − (A)
④ (C) − (A) − (B)

17. 다음 글의 흐름상 어색한 문장은?

Deforestation, driven by activities like agriculture and logging, poses a severe threat to biodiversity and disrupts ecosystems globally. The rapid clearance of forests contributes to climate change, endangering the delicate balance of the environment and escalating the global climate crisis. ① Indigenous communities, dependent on forests for their livelihoods, face displacement and resource loss, perpetuating the cycle of poverty. ② Due to the loss of resources, it has become an urgent problem to provide a place and means of livelihood to accommodate indigenous people who have to migrate. ③ Depletion of forests hampers the Earth's ability to absorb carbon dioxide, a critical factor in climate regulation. ④ Loss of habitat due to deforestation leads to the extinction of numerous species, disrupting the interconnected web of life essential for ecological balance. Global efforts are crucial to combat deforestation, preserve biodiversity, address climate change impacts, and ensure the well-being of vulnerable communities.

18. 다음 글의 요지로 알맞은 것은?

While nanotechnology has existed for many years, its practical applications are only now emerging. These applications are poised to impact a broad spectrum of products, potentially influencing everything from clothing to batteries. Nanotechnology's transformative potential lies in its ability to lead to the development of novel materials, as familiar substances exhibit peculiar properties when reduced to nanosize. For instance, when aluminum foil is reduced to approximately 20 to 30 nanometers, it deviates from our expectations and can even explode. Although not all nanosized materials undergo such dramatic changes, scientists are enthusiastic about exploring those that do, aiming to create innovative and beneficial materials.

① The areas where nanotechnology is applied are fixed.
② It must go through the verification phase before putting the technology into practical use.
③ Aluminum foil reduced to nanoscale can explode.
④ Through nanotechnology, different and useful materials can be developed.

[19~20] 밑줄 친 부분에 들어갈 말로 알맞은 것을 고르시오.

19.

The Black Plague, which occurred in Europe during the 13th and 14th centuries, resulted in multiple outbreaks, leading to the death of over one-third of the continent's population. This devastating event caused significant societal changes, with some being __________. One notable change was the reform in the medical profession, which had previously struggled to alleviate the suffering caused by the plague. Many doctors either perished or fled during the outbreak, leaving universities without medical professors. This created opportunities for new individuals to enter the field with innovative ideas. Simultaneously, ordinary people began obtaining medical texts and actively managing their health. Over time, these texts started appearing in languages other than Latin, making medical knowledge more accessible to the general population.

① harmful
② inevitable
③ beneficial
④ insignificant

20.

Similar to a computer, the human mind possesses two fundamental types of memory: working memory for assessing information in the present moment and long-term memory for retaining it over extended periods. Despite common assumptions, our brains do not record every detail of our experiences. The human memory functions as a filter, allowing us to forget a substantial portion of the information we encounter daily. Most of what we perceive briefly resides in our working memory, akin to a computer's RAM, before being deleted. Working memory facilitates tasks such as mental calculations or temporarily storing phone numbers for dialing. Like RAM, it enables analysis and innovation without __________________.

① dialing the telephone
② creating a lasting record
③ working on our computer
④ recording everything in detail

박문각

영 어

[1 ~ 3] 밑줄 친 부분과 가장 의미가 가까운 것을 고르시오.

1.

> The unexpected announcement caused a <u>commotion</u> in the office, stirring up concerns about job security among the staff.

① turmoil ② humility
③ outcome ④ calamity

2.

> The unexpected delay in the project will <u>engender</u> frustration among the team members.

① get ahead of ② get rid of
③ get on with ④ give rise to

3.

> Due to the <u>reckless</u> behavior of the civil servant, difficulties arose in implementing the policy. The official tended to proceed with decisions without investigation or review.

① autocratic ② indiscreet
③ conducive ④ lethargic

[4 ~ 5] 밑줄 친 부분에 들어갈 말로 알맞은 것을 고르시오.

4.

> After saying their goodbyes, it was time to ____________ and start their journey across the country.

① hit the sack ② hit the road
③ hold water ④ hold good

5.

> The company is known for its commitment to ____________ practices that prioritize environmental sustainability.

① skeptical ② eccentric
③ ethical ④ lukewarm

6. 밑줄 친 부분 중 어법상 옳지 않은 것은?

> During his lifetime, Freud developed theories about how the unconscious mind ① <u>affects</u> the conscious decisions in our daily lives. As a child, Freud wanted to become a soldier and ② <u>help</u> his country fight against Germany. His father often took him down to the train station, and together they would watch the wounded soldiers ③ <u>to return</u> from fighting. All of the images of the bleeding and wounded soldiers had a lasting impact on the young boy. He finally chose to study medicine and become a doctor. It was through his study of the human body ④ <u>that</u> Freud began to develop an interest especially in the human mind.

7. 어법상 옳지 않은 것은?

① Don't forget to reserve a seat if you want to attend the workshop.
② Using the new Enter-K app upon your arrival at the airport.
③ Outdoor activities make it difficult for them to spend quality time with their family.
④ This includes educating employers and employees regarding their rights and responsibilities.

8. 밑줄 친 부분에 들어갈 말로 알맞은 것은?

> In Rome, Italy, a store burglary suspect, when caught in a store after closing hours, ______________________ a desire to sleep constantly and had fallen asleep inside the store. To prove his point, he kept falling asleep during police questioning.

① explained the police that he suffered from
② explained to the police that he suffered from
③ explained to the police that he was suffered from
④ explained the police that he was suffered from

9. 밑줄 친 부분에 들어갈 말로 가장 알맞은 것은?

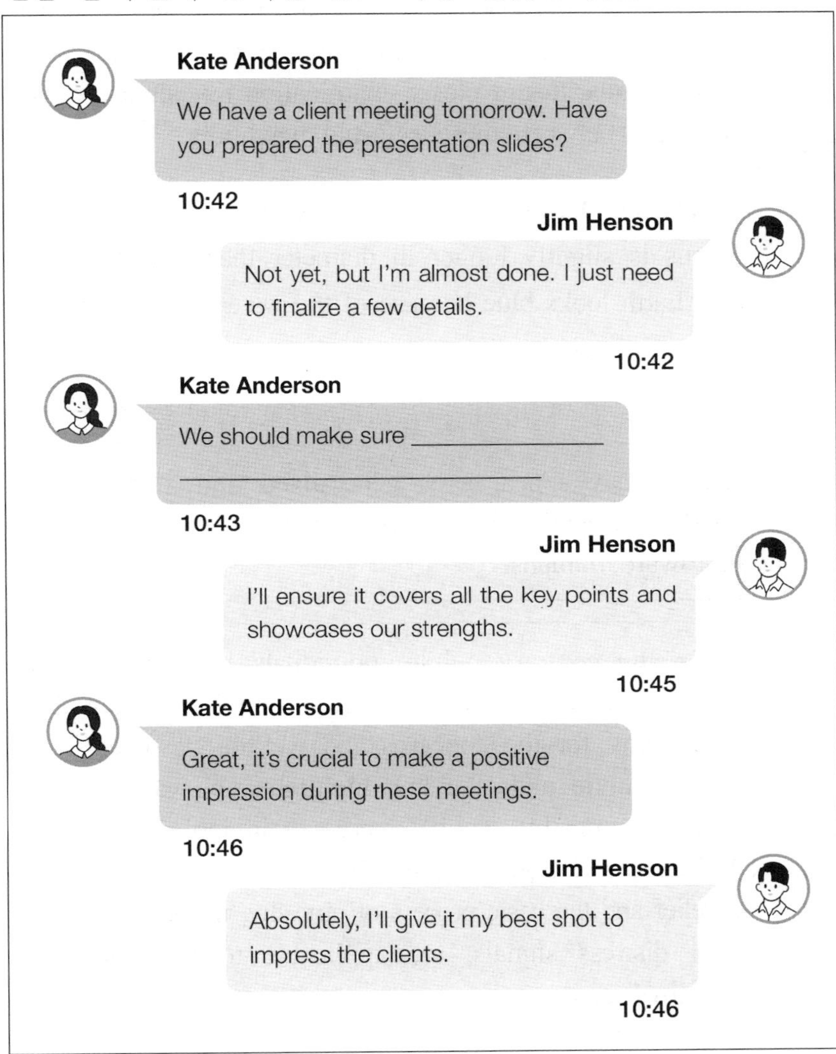

Kate Anderson
We have a client meeting tomorrow. Have you prepared the presentation slides?
10:42
Jim Henson
Not yet, but I'm almost done. I just need to finalize a few details.
10:42
Kate Anderson
We should make sure ______________ ______________________
10:43
Jim Henson
I'll ensure it covers all the key points and showcases our strengths.
10:45
Kate Anderson
Great, it's crucial to make a positive impression during these meetings.
10:46
Jim Henson
Absolutely, I'll give it my best shot to impress the clients.
10:46

① it's comprehensive and addresses all their concerns.
② I'm a step ahead of you.
③ Here's the list of our responsibilities.
④ get it off your chest.

10. 두 사람의 대화 중 자연스럽지 않은 것은?

① A: Why are you looking so blue?
B: I failed my driving test.

② A: How did your presentation go?
B: I nailed it! I passed with flying colors.

③ A: As beginners, we just have to take it on the chins and move on.
B: Don't talk around.

④ A: I'm so nervous about the exam results coming out tomorrow.
B: Don't worry. Break a leg! I'm sure you did well.

11. 다음 글의 내용과 일치하는 것은?

Venus and Earth have earned the moniker of "twin planets" due to several shared characteristics. Similarities include their comparable size and color, with only a modest difference of approximately 650 km in diameter, Earth being slightly larger. Both planets exhibit a blue hue, attributed to Earth's water presence and Venus' upper atmospheric clouds creating a white-blue appearance. Despite their shared "terrestrial" classification, denoting solidity, their atmospheres diverge significantly. Venus possesses an atmosphere a staggering 90 times denser than Earth's, marking it as the most atmospherically dense among the terrestrial planets in our solar system. While the initial impression may suggest striking similarities, a closer examination reveals a plethora of differences between these celestial neighbors.

① Venus and Earth are very different in color.
② Venus is slightly longer in diameter than Earth's.
③ The Earth looks blue because of the water it is a component of.
④ Venus has no land.

12. 주어진 글 다음에 이어질 글의 순서로 알맞은 것은?

Empathy may appear as a generalized trait, and individuals who show empathy for animals are likely to extend the same trait toward humans.

(A) On the contrary, while individuals have deep affection and empathy for animals, they sometimes show limited empathy for the concerns and welfare of others.
(B) This subtle understanding highlights the various ways in which empathy can be expressed in individuals.
(C) This correlation suggests that the value placed on pain relief and the basic process of empathy, including recognition of distress signals, are applicable to both human and animal contexts.

① (B) − (A) − (C)
② (B) − (C) − (A)
③ (C) − (A) − (B)
④ (C) − (B) − (A)

13. 다음 글의 제목으로 알맞은 것은?

While science is commonly perceived as being grounded in objective descriptions of physical laws, the historian of science Thomas Kuhn highlighted that scientific facts are intricately intertwined with cultural practices or paradigms. Science does not exist in isolation, devoid of cultural influence, and is subject to the context in which it thrives. In the realm of biomedicine, for instance, physicians base their diagnoses on assumptions shaped by their cultural environment. A seemingly healthy individual with an enlarged spleen might be suspected of having mononucleosis in the United States, Chagas' disease in South America, or Ewing's tumor in Ethiopia-all of which could be accurate diagnoses. However, placing an American physician in sub-Saharan Africa or a Saudi physician in Nebraska could pose challenges, as they might struggle to make precise diagnoses due to their unfamiliarity with the cultural nuances of the host land. The practice of biomedicine is, therefore, inseparable from the cultural context in which it operates, and physicians may find themselves like fish out of water when transplanted into different cultural environments, not fully attuned to the cultural norms of their new surroundings.

① Science Cannot Transcend Cultural Bias
② Scientific Knowledge and Cultural Diversity
③ The Key to Scientific Information: Cultural Context
④ Science: A Tool for Interpreting Cultural Differences

14. 다음 글의 주제로 알맞은 것은?

The concept of slow ageing aims to redefine the ageing process as a positive and enriching journey, diverging from the prevalent association with decline and degeneration. In contrast to the anti-ageing movement, which often portrays 'getting old' as something to be dreaded, slow ageing encourages a shift in perspective. The anti-ageing movement capitalizes on people's anxieties and tends to lack practical solutions. This negative approach is both unrealistic and unnecessary. Instead, the focus should be on slowing down the ageing process without instilling fear. The most crucial element in healthy ageing is attitude. A positive mindset not only influences healthy behavior but also grants us a sense of control over our lives. A positive attitude can compensate for various challenges that may arise with age. Ageing should be reconceptualized as a valuable experience, benefiting not only individuals but also society as a whole. It is entirely possible to embrace and even love the ageing process, reframing it as a positive journey. By taking control, we can age with pleasure, resilience, and continuous personal growth.

① biological causes of aging and age-related diseases
② importance of having positive attitudes towards ageing
③ effective strategies to help slow down the ageing process
④ the importance of knowledge of ageing among elderly people

15. 다음 글의 요지로 알맞은 것은?

World history teachers understand the necessity of selective coverage, realizing it's impossible to encompass the entire global history without making choices. The challenge lies in allocating limited time effectively; for instance, devoting only a few minutes to the histories of Malaysia, Singapore, and Thailand individually is impractical. However, in U.S. history classes, educators often feel compelled to delve into an overwhelming number of details, akin to teaching numerous "twigs" instead of focusing on a smaller number of "trees" and a handful of "forests." This compulsion may stem from statewide standardized tests emphasizing specific details. Paradoxically, attempting to cover more topics tends to diminish students' retention. Fragmenting history into isolated "facts" hampers students' ability to connect historical events to their own lives. As a professor specializing in first-year courses, I've observed that students taught U.S. history in the conventional way tend to forget most details by the time they reach college, retaining only broad strokes like the chronological sequence of World War I and World War II. This highlights the need for a more focused and integrated approach to teaching history.

① History education should allocate time equally across countries.
② History education should focus on the history of the nation more than world history.
③ The materials used in history education should be as fact-based as possible.
④ History education should teach broad themes rather than peripheral details.

16. 다음 글의 내용과 일치하지 않는 것은?

Visiting Tristan da Cunha offers an experience akin to stepping into another world, life, and time. With a population just shy of 300, the islanders share only seven surnames: Hagan, Rogers, Glass, Lavarello, Swain, Green, and Repetto. Most inhabitants reside in the capital city, Edinburgh, which exudes a centuries-old ambiance while embracing modern conveniences. Despite English being the native language, it's spoken in an unusual, old-fashioned version. Tristan da Cunha boasts self-sufficiency, a robust economy, and low income tax, with minimal unemployment and virtually no serious crime. Alongside fishing, a primary source of income stems from the sale of postage stamps, highly coveted by collectors worldwide.

① There are only seven surnames among the residents.
② Edinburgh lacks modern amenities.
③ Crime and unemployment are almost nonexistent.
④ Fishing and stamp sales are major sources of income.

[17~18] 밑줄 친 부분에 들어갈 말로 알맞은 것을 고르시오.

17.

In medical practice, doctors often encounter individuals more inclined towards seeking pills to alleviate symptoms rather than addressing the root cause, which may be a stressful lifestyle. Some patients perceive themselves as victims of their conditions rather than acknowledging their responsibility for them. Certain physicians, particularly those with a psychological orientation, highlight the significance of choice and responsibility in influencing both physical and psychological well-being. These doctors challenge patients to examine the impact of their behaviors, such as lack of exercise and substance intake, on their bodies. While they may prescribe medication to address immediate concerns, they emphasize the limitations of medication and stress the necessity for a fundamental lifestyle change. Patients are encouraged to ________________, fostering a collaborative approach between the physician and the individual.

① give a full account of their symptoms to the physician
② do what they want and trust physicians regarding health
③ share in the responsibility for maintaining their health
④ talk with their doctor about side effects expected from medication

18.

In her book "We Don't Play With Guns Here," early years researcher Penny Holland contends that play fighting, gun play, and rough-and-tumble play in younger children should not be viewed as primitive displays of animal aggression or mindless imitations of televised content. Instead, she posits that these activities are outward manifestations of a sophisticated and largely unconscious learning process. Psychologists argue that such forms of play offer children a context ________________ without the risk of real harm. For example, these activities provide children with invaluable experience in interpreting facial expressions and body language, allowing them to grasp their position and status within their peer group. Additionally, researchers have observed that children quickly become adept at discerning the body language of play fighting, a skill that adults may find challenging as they differentiate between play and genuine conflict.

① to perfect crucial social skills
② to release their flood of energy
③ to reinforce and increase aggressive behavior
④ to solve conflicts through the use of violence

19. 다음 글의 흐름상 어색한 문장은?

The efficiency and elegant simplicity with which a forest sustains its life force are truly remarkable. Trees harness energy from the sun, blending it with nutrients and water drawn from the soil to create bark, limbs, and leaves, facilitating their growth and prosperity. ① In the cyclical rhythm of nature, leaves shed in autumn gracefully fall to the ground, where bacteria decompose them, transforming them into nutrients that replenish the soil and nourish the trees once again. ② This intricate process extends to fallen branches or even entire trees, contributing to the creation of nutrient-rich soil that becomes the sustenance for the succeeding generation. ③ The biodiversity created by the ecosystem of forests created through the efforts of trees for the next generation also becomes a necessary resource for our human race. ④ With a relatively constant supply of water and sunlight, a forest can perpetuate itself for thousands of years, showcasing a self-sustaining harmony that requires minimal external resources.

20. 주어진 문장이 들어갈 위치로 적절한 것은?

While both developed and developing countries have embraced the concept of sustainable development, their approaches often differ.

The pursuit of economic growth, ecological conservation, and cultural preservation is widely acknowledged as essential. These interconnected systems cannot be addressed in isolation, requiring a holistic approach that considers all three goals. (①) The intricate web of globalization and industrialization, driven in part by the expanding human population, further intertwines these aspects. (②) In 1987, the term 'sustainable development' was coined by the World Commission on Environment and Development in their report, "Our Common Future." (③) Sustainable development was defined as a type of progress that "meets the needs of the present without compromising the ability of future generations to meet their own needs." (④) Nonetheless, the shared objective is to safeguard and enhance the long-term well-being of both humans and ecosystems.

영 어

[1 ~ 3] 밑줄 친 부분에 들어갈 말로 가장 알맞은 것을 고르시오.

1.

The discovery of penicillin by Alexander Fleming was a significant __________ in the field of medicine.

① concession ② bonanza
③ predisposition ④ breakthrough

2.

Climate change is regarded as one of the most __________ issues of our time due to its far-reaching implications for the planet.

① consequential ② trivial
③ spurious ④ condescending

3.

Successful leaders are often those who are not only knowledgeable but also ________ to feedback, adapting their strategies based on constructive criticism and new perspectives

① servile ② amenable
③ exorbitant ④ arduous

[4 ~ 5] 밑줄 친 부분과 가장 의미가 가까운 것을 고르시오.

4.

In a debate, it's crucial to provide pertinent evidence to support your argument and convince the audience.

① innate ② relevant
③ concise ④ furtive

5.

The team's morale and productivity were at an all-time high until the sudden change in management strategy caused employee satisfaction to take a nosedive, resulting in a decline in overall team performance."

① defuse ② menace
③ plummet ④ confound

6. 밑줄 친 부분 중 어법상 옳은 것은?

It is probably no surprise that declining rates of literary reading ① coincide with declining levels of historical and political awareness among young people. One of the surprising findings of "Reading at Risk" was that literary readers are markedly more civically engaged than nonreaders, scoring two to four times more likely to perform charity work, visit a museum, or ② attending a sporting event. One reason for their higher social and cultural interactions may ③ lies in the kind of civic and historical knowledge that comes with literary reading. The evidence of literature's importance to civic, personal, and economic health is too strong ④ to ignore it.

7. 어법상 옳지 않은 것은?

① The more frequent you exercise, the healthier you'll become.
② Her painting skills are superior to those of her peers.
③ It is essential that he submit the report by Friday's deadline.
④ Drive slowly lest you lose control on the slippery road.

8. 우리말을 영어로 잘못 옮긴 것은?

① 그녀는 엄격한 선생님보다는 오히려 따뜻한 조언자이다.
→ She never so much as touched the dessert on her plate during dinner.
② 자신의 관점을 바꾸는 것은 바로 그 갑작스러운 깨달음이다.
→ It is that sudden realization that change one's perspective.
③ 만약 그가 작년에 더 많은 돈을 저축했다면, 지금 새 차를 살 수 있었을 것이다.
→ If he had saved more money last year, he would be able to buy a new car now.
④ 이 세계 어디에도 이와 같은 장소를 찾을 수 없다.
→ Nowhere in the world can you find a place like this.

9. 밑줄 친 부분에 들어갈 말로 알맞은 것은?

A: Daniel, I'm sorry but can we reschedule our project meeting? I cannot attend it tomorrow.
B: Oh. It's impossible to have this meeting without your presentation, Ms. Robinson. May I ask what the problem is?
A: Well, there was a last minute change to my business trip schedule. I'll be available any day after next Monday.
B: ______________________________

① Thanks for offering. I'll be happy to join your team.
② Okay. I'll reschedule the meeting and let you know.
③ Too bad. There's no ticket available for your trip.
④ Terrific! I'm glad we're done with the project.

10. 두 사람의 대화 중 자연스럽지 않은 것은?

① A: Who did the company promote to the managerial position?
B: They chose John. He's considered the cream of the crop in terms of leadership skills and experience.
② A: I heard you started as a software developer. How's that going?
B: Honestly, I'm struggling. I don't think I'm cut out for coding and programming languages.
③ A: Good afternoon! Are you ready for the presentation?
B: I jump on the bandwagon.
④ A: How did you sleep last night?
B: Amazingly! I slept like a log. I didn't even hear the storm outside.

11. 다음 빈칸에 들어갈 말로 알맞은 것은?

Imagine your brain as a small, empty attic, waiting to be furnished with the knowledge you choose. If the brain held onto every piece of information it received, it would quickly run out of space, unable to accept anything new. Unlike a wise individual who carefully selects and organizes their knowledge, a foolish person accumulates every piece of information they encounter. As a result, valuable knowledge gets crowded out or entangled with irrelevant details, making it challenging to access when needed. Don't be misled into thinking that the little room in your brain ______________.

① will be messed up with every detail
② is not accessible without any permission
③ cannot be adjusted to whatever you need
④ has elastic walls capable of infinite expansion

12. 다음 글의 제목으로 알맞은 것은?

Ecotourism aims to educate tourists about the natural environment of their travel destination and involve them in its protection. However, some forms of ecotourism may not align with these objectives. Environmentalists argue that certain activities labeled as ecotourism can have negative impacts on the environment. Take deep-sea fishing excursions, for instance, often marketed as ecotourism for providing intimate access to the marine environment. While trip organizers advocate for a catch-and-release policy to prevent harm to wildlife, opponents highlight the environmental toll, such as pollution from fishing boats' fuel affecting both air and water. Additionally, the stress and physical injury from the catch-and-release process can lead to the death of a significant number of released fish.

① Why Is Ecotourism Becoming Popular?
② Ecotourism Activities on the Open Ocean
③ Ecotourism: Really Good for the Environment?
④ Ecotourism and Its Effects on the Fishing Industry

13. 다음 글의 주제로 알맞은 것은?

For a considerable period, computer scientists have been dedicated to developing artificial intelligence (AI). Initially, their approach was predominantly logic-based, emphasizing the formal reasoning and problem-solving capabilities of computers. Despite the advantages of this approach, it has inherent limitations. Such systems can excel only in extremely specific fields of knowledge, unable to encompass the broad spectrum of human reasoning in computer code. Additionally, they lack the capacity to make connections beyond logic, a crucial aspect of genuine intelligence. Operating on a series of "if-then" decisions, they may struggle in real-world situations where identifying the factors necessary for decision-making isn't always feasible.

① how the first artificial intelligence was made
② logical methods for solving abstract problems
③ why computers are not as intelligent as humans
④ the problems with logic-based artificial intelligence

14. 다음 글의 요지로 알맞은 것은?

The world we inhabit today owes much to science, facilitating breakthroughs like disease cures, lunar exploration, and instantaneous global communication. Consequently, scientific research announcements are often unquestioningly accepted as facts. However, it's crucial to recognize that genuine scientific progress unfolds gradually over an extended duration. In this journey, mistakes occur, corrected later with improved methods. News-revealed findings are as prone to missteps as they are to breakthroughs. While science is undeniably remarkable, approaching it with skepticism remains prudent.

① It is necessary to publicize the achievements of scientific research.
② The commercialization of science and technology should be actively promoted.
③ More financial support is needed in the scientific field.
④ New scientific research results should not be trusted unconditionally.

15. The Tour de France에 대한 다음 글의 내용과 일치하는 것은?

The Tour de France, inaugurated in 1903 to boost sales for L'Auto magazine, has endured as an annual event, interrupted only by the two world wars. Spanning 21 to 23 days, with just two rest days, cyclists cover approximately 3,500 kilometers, navigating through Paris, the Alps, and the French countryside. Despite the rigorous mental and physical strain and high speeds, fatalities among racers are rare. Interestingly, the three deaths at the Tour de France since 2000 involved spectators. The race remains one of Europe's most beloved sporting events, drawing millions of fans along the route each year.

① 자전거 판매량을 늘리기 위해 조직되었다.
② 1903년 이후로 매년 개최되었다.
③ 대회 기간 동안에는 휴식일이 허용되지 않는다.
④ 자전거 선수들이 사망하는 사고는 드물다.

16. 주어진 글 다음에 이어질 글의 순서로 알맞은 것은?

By conducting a simple experiment with readily available materials, you can illustrate the concept of buoyancy, the upward force influencing whether an object sinks or floats in a liquid.

(A) Despite their identical size and liquid volume, observe that the diet soda can floats while the regular soda can sinks.
(B) Begin by placing cans of regular and diet soda in a sink filled with water.
(C) This discrepancy arises from the higher concentration of artificial sweeteners in diet soda compared to the sugar in regular soda, resulting in the diet soda's lower average density and greater buoyancy, allowing it to float.

① (A) － (B) － (C)　② (A) － (C) － (B)
③ (B) － (A) － (C)　④ (B) － (C) － (A)

17. 다음 글의 흐름상 어색한 문장은?

Human responses to massive outbreaks of disease have exhibited striking similarities throughout history. Attributing illness to divine providence, various societies developed rituals, sacrifices, and processions to appease the gods. ① Christian communities, in particular, often organized religious processions as a common response to epidemic diseases. ② During these processions, clergy and laypeople would carry images of saints through the streets, fervently praying for divine mercy. ③ The historical description of this procession remains to this day with many paintings that can be called masterpieces. ④ A notable example occurred in Paris in 1466 when thousands witnessed the remains of Saints Crepin and Crepinien paraded through the streets amid an epidemic. Ironically, although these public gatherings were intended to seek divine intervention, they inadvertently facilitated the spread of contagious diseases, potentially exacerbating epidemics rather than alleviating them.

18. Laurent Clerc에 관한 다음 글의 내용과 일치하지 않는 것은?

Born in a small village near Lyons, France, in 1785, Laurent Clerc faced adversity early in life when, at one year old, he fell into a fire, resulting in the loss of both his hearing and sense of smell. At the age of 12, he entered the Royal Institution for the Deaf in Paris, demonstrating exceptional academic prowess. Following his graduation, the school recognized his talents and invited him to become an assistant teacher, a role he embraced with great dedication. Meanwhile, in America, Thomas Hopkins Gallaudet was dismayed by the absence of schools for the deaf in the country. During a visit to the Royal Institution for the Deaf in Paris, he encountered Laurent and proposed the idea of teaching in America. Laurent agreed, and together they established the first school for the deaf in the United States. This collaborative effort laid the foundation for deaf education in America.

① She was born in France.
② She was born with a hearing impairment.
③ She worked as an assistant teacher at the nursery school she graduated from.
④ She founded the first nursery school in the United States with Thomas.

19. 주어진 문장이 들어갈 위치로 적절한 것은?

However, as they immerse themselves in the linguistic environment surrounding them, infants gradually narrow their focus to the sounds prevalent in their native language.

Infant language acquisition is a critical process that occurs during the first year of life. (①) Studies indicate that newborns possess the ability to distinguish among the various sounds found in languages worldwide. (②) This selective process leads to a diminished awareness of sounds not present in their linguistic surroundings. (③) Consequently, individuals may encounter challenges with sounds absent from their native language, exemplified by Japanese speakers struggling with English's R and L sounds or English speakers grappling with the vowel sounds in French. (④) This phenomenon stems from the infants' early concentration on their native language, resulting in a diminished capacity to perceive distinctions in certain sounds.

20. 밑줄 친 부분에 들어갈 말로 알맞은 것은?

Chimpanzees, like humans, prefer to use their right hands. This came as a surprise to a group of Spanish scientists who recently published a study about the trait. During their research, the researchers watched more than 100 chimpanzees in rescue centers in both Spain and Zambia. To find out which hand the chimpanzees favored, scientists gave them food placed deep inside tubes. Then, they watched the primates remove the food and recorded which hand they used. In a significant majority of cases, the chimpanzees preferred to use their right hands. Before this, scientists had assumed that only humans had this trait, since they believed that the difference was caused by unique aspects of the human brain, such as the ability to perform difficult tasks using both hands in different ways. However, according to the researchers, this tells us that chimpanzees and humans have ______________ characteristics that determine how their brains function.

① linguistic
② discrete
③ shared
④ substantial

박문각

수고하셨습니다.
당신의 합격을 응원합니다.

2024 공무원 시험 대비 봉투모의고사

▌제1회~8회▐

응시번호	
성 명	

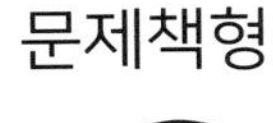

제1과목	국어	제2과목	영어	제3과목	한국사
제4과목		제5과목			

응시자 주의사항

1. **시험시작 전 시험문제를 열람하는 행위나 시험종료 후 답안을 작성하는 행위를 한 사람**은 「공무원임용시험령」 제51조에 의거 **부정행위자**로 처리됩니다.
2. **답안지 책형 표기는 시험시작 전** 감독관의 지시에 따라 **문제책 앞면에 인쇄된 문제책형을 확인** 한 후, **답안지 책형란에 해당 책형(1개)**을 '●'로 **표기**하여야 합니다.
3. **답안은 문제책 표지의 과목 순서에 따라 답안지에 인쇄된 순서(제1·2·3·4·5과목)에 맞추어 표기**해야 하며, 과목 순서를 바꾸어 표기한 경우에도 **문제책 표지의 과목 순서대로 채점**되므로 유의하시기 바랍니다.
4. 시험이 시작되면 문제를 주의 깊게 읽은 후, **문항의 취지에 가장 적합한 하나의 정답만을 고르며,** 문제내용에 관한 질문은 할 수 없습니다.
5. 답안지의 모든 기재 및 표기 사항은 **컴퓨터용 흑색 싸인펜을 사용**하며, 반드시 <보기>의 **올바른 표기 방식**으로 답안을 작성해야 합니다.

   <보기> 올바른 표기: ● 잘못된 표기: ⓥ ⊗ ◑ ⊙ ◍ ◌ ③

6. **답안을 잘못 표기하였을 경우**에는 **답안지를 교체하여 작성**하거나 **수정할 수 있으며,** 표기한 답안을 수정할 때는 **응시자 본인이 가져온 수정테이프만을 사용**하여 해당 부분을 완전히 지우고 부착된 수정테이프가 떨어지지 않도록 손으로 눌러주어야 합니다. **(수정액 또는 수정스티커 등은 사용 불가)**
   - **불량한 수정테이프의 사용과 불완전한 수정처리**로 발생하는 **모든 문제는 응시자 본인에게 책임이 있습니다.**
7. **시험시간 관리의 책임은 응시자 본인에게 있습니다.**

   ※ 문제책은 시험종료 후 가지고 갈 수 있습니다.

정답공개 및 이의제기 안내

1. 정답공개: 정답가안 3.23.(토) 13:00, 최종정답 4.1.(월) 18:00 / 사이버국가고시센터
2. 이의제기: 3.23.(토) 18:00 ~ 3.26.(화) 18:00 / 사이버국가고시센터
   - 구체적인 이의제기 방법은 정답가안 공개 시 공지 예정
3. 가산점 등록기간: 3.23.(토) 13:00 ~ 3.25.(월) 21:00
4. 가산점 등록방법: 사이버국가고시센터 → [원서접수 → 가산점 등록/확인]

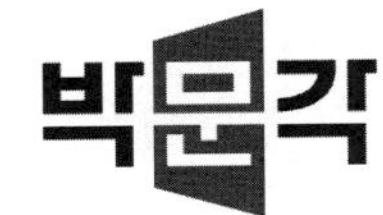

한 국 사

1. 밑줄 친 '이 시대'에 대한 설명으로 옳지 않은 것은?

> 이 시대에는 이전 시기보다 농업을 더욱 중시하였다. 사람들은 농사의 풍요를 기원하며 하늘에 제사를 지냈고, 군장은 청동검과 청동방울 · 청동거울 등을 착용하고 제사를 주관하였다.

① 정착 생활을 하기 시작하였다.
② 민무늬 토기에 곡식을 저장하였다.
③ 도랑과 같은 방어 시설을 만들었다.
④ 부족 간에 전쟁이 빈번하게 발생하였다.

2. (가)와 (나) 사이에 들어갈 고구려의 정치 상황으로 옳은 것은?

> (가) 고구려가 요동의 서안평을 공격해 차지하고, 낙랑군을 한반도에서 몰아내었다.
> (나) 고구려가 후연을 공격하여 요동으로 진출하고, 동북쪽으로는 숙신을 복속시켰다.

① 을파소 등용 ② 부여 복속
③ 국내성 천도 ④ 율령의 반포

3. 다음 (가), (나) 왕의 업적으로 옳지 않은 것은?

> 신라에서는 여러 왕호를 사용하다가 (가) 때부터 중국식 칭호인 왕을 사용하였다. 다음 국왕인 (나) 재위 후반에는 대왕(태왕)이라는 칭호를 사용하기도 하였다. 신라에서 왕권이 점차 강화되었음을 보여주고 있다.

① (가) : 나라 이름을 신라로 정하였다.
② (가) : 소를 이용한 경작을 장려하였다.
③ (나) : 중앙 관청을 22부로 확대하였다.
④ (나) : 상대등을 두어 화백 회의를 이끌게 하였다.

4. 다음 일화와 관련 있는 승려에 대한 설명으로 옳은 것은?

> 그는 당나라 유학길에 떠났으나, 도중에 무덤 사이에서 잠이 들었다. 심한 갈증을 느껴 어둠 속에서 물을 마셨는데, 물맛이 좋고 시원하였다. 하지만 날이 밝고 보니 그것은 해골에 고인 물이었다. 이때 그는 홀연히 모든 것은 마음에 달려있다는 깨달음을 얻어 다시 돌아왔다.

① 『화엄일승법계도』를 저술하였다.
② 선덕여왕 때 대국통으로 임명되었다.
③ 아미타 신앙을 대중에게 직접 전도하였다.
④ 인도에 들어가 각지를 순례하고 돌아왔다.

5. 다음 사건 이후에 전개된 역사적 사실로 옳은 것은?

> 그는 금산사를 탈출하여 고려의 영역인 금성(나주)으로 들어가 왕건에게 귀순하였다. 왕건은 그에게 높은 벼슬을 주고, 금 · 은 · 비단 · 노비 등을 하사하였다.

① 거란의 공격을 받아 발해가 멸망하였다.
② 왕건은 철원에서 송악으로 수도를 옮겼다.
③ 견훤은 신라 금성을 습격하여 경애왕을 죽였다.
④ 왕건은 후백제군에 맞서 일리천에서 승리하였다.

6. 다음 시기에 집권했던 국왕의 업적으로 옳은 것은?

> 거란의 소배압이 10만 군대를 동원하여 침략하였다. 고려는 강감찬을 상원수로, 강민첨을 부원수로 삼아 영주에서 막게 하였다. 고려는 흥화진과 대동강 부근 등에서 거란군을 격퇴하였다.

① 귀법사를 창건하였다.
② 별무반을 조직하였다.
③ 지방 제도를 정비하였다.
④ 의창과 상평창을 설치하였다.

7. 밑줄 친 방법으로 만든 도자기에 대한 설명으로 옳은 것은?

> <u>상감 기법</u>은 나전칠기와 은입사 기법을 자기에 적용한 것으로, 그릇 표면에 홈을 파서 문양이나 그림을 새기고 백토, 흑토, 적토 등을 정교하게 메우고 초벌구이를 한 뒤에 청자유를 입혀 재벌구이를 하는 방법이다.

① 원 간섭기 이후에 등장하였다.
② 청자에 백토의 분을 칠한 것이다.
③ 생산지로는 전남 강진과 부안이 유명했다.
④ 순백의 고상함을 풍겨 선비의 취향에 어울렸다.

8. 다음은 고려 시대의 토지 제도를 표로 정리한 것이다. (가)~(라)에 들어갈 용어가 바르게 짝지어진 것은?

종류	내용	종류	내용
(가)	문무 관리에게 보수로 지급, 18등급을 구분	(나)	하급 관료와 군인의 유가족에게 지급
(다)	왕실 경비 충당	(라)	각 관청의 경비 충당

	(가)	(나)	(다)	(라)
①	과전	한인전	내장전	공해전
②	공음전	한인전	공해전	내장전
③	과전	구분전	내장전	공해전
④	공음전	구분전	공해전	내장전

9. 다음 자료의 (가) 국왕 때의 사실로 옳은 것은?

> 사가독서제도는 (가) 때 처음 실시하였는데, (가) 는 "각각 맡은 직무로 인해 독서에 전심할 겨를이 없으니 지금부터 본전에 나오지 말고 집에서 전심으로 글을 읽고 성과를 내어 내 뜻에 맞게 하라." 라며 그 뜻을 밝혔다.

① 『고려사』, 『고려사절요』가 편찬되었다.
② 자격루, 앙부일구, 간의 등이 만들어졌다.
③ 왕족, 공신이 소유한 사병을 혁파하였다.
④ 6조 직계제를 실시하여 왕권을 강화하였다.

10. 다음 시기의 정치 제도에 대한 설명으로 옳지 않은 것은?

> ○○ 시대에는 중앙에 5위를 두어 수도를 방어했으며, 지방에는 병마절도사와 수군절도사가 각각 육군과 수군을 지휘하였다.

① 이조의 관원은 인사 업무를 담당하였다.
② 춘추관은 역사서 편찬과 보관을 담당하였다.
③ 의금부에서는 반역죄, 강상죄 등을 다루었다.
④ 승정원은 경연을 주관하고 왕의 자문 역할을 하였다.

11. 다음 정책을 실시한 국왕 때의 사실로 옳은 것은?

> 왕과 신하 사이의 의리를 바로 세워야 한다며, 붕당을 없애자는 논리에 동의하는 탕평파를 중심으로 정국을 운영하였다. 그리고 산림의 존재를 인정하지 않았고, 그들의 본거지인 서원을 대폭 정리하였다.

① 정계가 시파와 벽파로 나누어졌다.
② 왕을 지지하던 소론이 집권하였다.
③ 박세채가 탕평론을 처음으로 주장하였다.
④ 송시열 등 노론의 핵심 인물들이 처형되었다.

12. 밑줄 친 인물에 대한 설명으로 옳은 것은?

> 소수 서원은 중종 재위 기간인 1541년에 풍기군수 주세붕이 안향을 배향하기 위해 세운 백운동 서원이 그 시초였다. 백운동 서원은 이후 명종 때 풍기군수로 부임한 <u>그</u>의 건의에 따라 '소수 서원'으로 사액되었다.

① 기를 중심으로 세계를 이해하였다.
② 일본의 성리학 발전에 크게 이바지하였다.
③ 박연 폭포, 황진이와 함께 송도 삼절로 불렸다.
④ 그의 문하에서 정인홍, 곽재우 등이 배출되었다.

13. 다음 (가)에 들어갈 내용으로 가장 적절한 것은?

관련 이미지

· 명칭 : 조 · 일 수호 조규
· 체결 연도 : 1876년
· 협상 대표 : 신헌, 구로다 기요타카
· 주요 내용 : ______(가)______

① 최혜국 대우
② 치외법권 인정
③ 일본 화폐의 유통
④ 곡식의 무제한 유출

14. 다음 상황 이후에 전개된 역사적 사실로 옳은 것은?

> 홍참판이 우정총국에서 개국 연회를 열었다. 그 동안에 담장 밖에서 화재가 발생했다. 민참판은 양해를 구한 뒤 화재 진압을 돕기 위해 밖으로 나갔다. 그러나 민참판은 일본 공사를 호위하기 위해 온 일본 병사들에게 공격을 받았고, 몸 여러 군데에 자상을 입었다.

① 일본과 한성 조약을 체결하였다.
② 이항로가 척화주전론을 주장하였다.
③ 김기수를 수신사로 일본에 파견하였다.
④ 고종이 흥선 대원군에게 정권을 넘겨주었다.

15. 다음 조약을 계기로 일어난 의병 활동에 대한 설명으로 옳은 것은?

> 대일본 제국 정부는 그 대표자로 하여금 대한제국 황제의 밑에 1명의 통감을 두되, 통감은 오직 외교에 관한 사항을 관리하기 위해 한성에 주재하고 친히 대한제국 황제 폐하를 알현하는 권리를 가진다.

① 13도 창의군이 조직되었다.
② 최익현, 민종식이 활약하였다.
③ 서울 진공 작전을 전개하였다.
④ 고종의 해산 명령으로 해산하였다.

16. 다음 시기의 일제 정책으로 옳은 것은?

> 이 시기, 일제는 범죄 즉결례 · 경찰범 처벌 규칙 · 조선 태형령을 활용하여 재판을 거치지 않고 한국인에게 벌금 · 태형 · 구류 등을 즉결 처분하였다.

① 10호 단위로 애국반을 편성했다.
② 문관 총독을 임명할 수 있게 하였다.
③ 군인인 헌병이 경찰 행정을 담당하였다.
④ 학교와 관공서에서 조선어 사용을 금지하였다.

17. 다음 사건들을 순서대로 바르게 나열한 것은?

> ㉠ 만주 길림에서 의열단이 조직되었다.
> ㉡ 신채호가 「조선혁명선언」을 작성하였다.
> ㉢ 김원봉 등이 황포군관학교에 입학하였다.
> ㉣ 의열단이 중심이 되어 민족혁명당을 만들었다.

① ㉠-㉡-㉢-㉣　② ㉠-㉡-㉣-㉢
③ ㉠-㉣-㉡-㉢　④ ㉡-㉢-㉠-㉣

18. 다음 목표로 활동한 군대에 대한 설명으로 옳지 않은 것은?

> ▸ 우리는 분산된 무장 역량을 총집중하여 조국 광복 전쟁을 전면적으로 전개시킬 것
> ▸ 중국 항전에 참가하여 중국 항일군과 연합하여 왜적을 박멸할 것
> ▸ 정치, 경제, 교육을 평등으로 한 신민주국가 건설에 무력 기간이 될 것

① 국내 정진군을 편성하였다.
② 지청천을 총사령관으로 삼았다.
③ 영국군과 공동 작전을 전개하였다.
④ 중국 공산당의 팔로군과 연합하였다.

19. 다음 주장이 등장하게 된 원인으로 가장 적절한 것은?

> 동포여! … 신탁 관리제를 배격하는 국민 운동을 전개하여 자주독립을 완전히 획득하기까지 3천만 전 민족의 최후의 피 한 방울까지라도 흘려서 싸우는 항쟁 개시를 선언한다.

① 김구가 경교장에서 암살되었다.
② 미국이 한국 문제를 유엔 총회에 상정하였다.
③ 미 · 소 공동 위원회가 양측의 의견 차이로 결렬되었다.
④ 미 · 영 · 소 외상들이 모스크바에서 한반도 문제를 협의하였다.

20. 다음 인물에 대한 설명으로 옳은 것을 모두 고르면?

> ○○○은/는 시를 잘 짓고 전고에도 밝았다. 『발해고』를 지어서 인물과 군현, 왕실 계보의 연혁 등을 상세하게 정리하여 두루 모아놓았다. 그런데 그의 말에 왕씨가 고구려의 옛 강역을 회복하지 못하였음을 탄식한 부분이 있다. 왕씨가 옛 강역을 회복하지 못하니 계림과 낙랑의 옛터가 단절되었다는 것이다.

> ㉠ 강화학파를 성립하였다.
> ㉡ 『해동역사』를 저술하였다.
> ㉢ 규장각의 검서관으로 활동하였다.
> ㉣ 남북국이라는 용어를 처음 사용하였다.

① ㉠, ㉣　② ㉡, ㉢
③ ㉡, ㉣　④ ㉢, ㉣

한 국 사

1. 다음 사건 이후에 전개된 역사적 사실로 옳지 않은 것은?

> 노관이 한나라를 배반하고 흉노로 들어가자, 연나라 사람 위만도 망명하여 호복(胡服)을 하고 동쪽의 패수를 건너 준왕에게 나아가 투항하였다. … 위만은 망명자의 무리를 꾀어내어 무리가 점차 많아지자 … 마침내 준왕을 공격하였다. 준왕은 위만과 싸웠지만 상대가 되지 못하였다.

① 진번과 임둔 등을 정복하였다.
② 연나라 장수 진개가 침략하였다.
③ 철기 문화를 본격적으로 수용하였다.
④ 한반도 남부의 진과 한나라 사이에서 중계무역을 했다.

2. 밑줄 친 '그'의 재위 기간에 있었던 사실로 옳은 것은?

> 그는 승려 도림을 몰래 보내 백제 왕을 설득하여 궁궐과 누각을 화려하게 만들게 하여 국력을 피폐하게 하였다. 이어 그는 군사 3만 명을 거느리고 백제의 수도 한성을 정벌하여 백제의 왕을 죽이니, 이로부터 거의 10년 동안 두 나라 사이에 전쟁이 그치지 않았다.

① 영토를 확장하여 옥저를 정복하였다.
② 전연과 백제의 공격을 받아 위기를 맞았다.
③ 중국의 남조, 북조와 각각 우호 관계를 맺었다.
④ 내물왕의 요청에 따라 신라에 침입한 왜를 격퇴하였다.

3. 밑줄 친 '이 나라'에 대한 설명으로 옳은 것은?

> 이 나라는 다양한 나라들과 접촉하고 교류했기 때문에 이 나라의 문화는 그만큼 국제적이고 복합적인 성격을 지녔다. 정혜 공주의 무덤 구조, 기와류의 문양, 온돌 장치에서 당나라 문화를 계승한 측면도 찾을 수 있으며, 중앙아시아나 말갈의 문화의 영향을 받기도 하였다.

① 지방을 5방으로 정비하였다.
② 군사 · 행정상의 요지에 5소경을 설치하였다.
③ 정당성 장관인 대내상이 국정을 총괄하였다.
④ 집사부에서 왕명 출납, 국가 기밀 등을 담당하였다.

4. (가)와 (나) 사이에 들어갈 역사적 사실로 옳은 것은?

> (가) 신라와 당의 군사들이 의자왕의 도성을 에워싸기 위하여 소부리 벌판으로 나아갔다. 소정방이 꺼리는 바가 있어 전진하지 않자 김유신이 그를 달래었다.
> (나) 다식 등을 신라로 보내어 고하기를, "지금 신 등이 나라의 귀족 안승을 받들어 임금으로 삼았습니다. …" 라고 하였다. 신라 왕은 그들을 금마저에 정착하게 하였다.

① 김춘추가 왕으로 즉위하였다.
② 평양성이 함락되고, 남산이 항복하였다.
③ 고구려는 안시성 전투에서 당군을 물리쳤다.
④ 신라는 매소성에서 당의 군대를 격파하였다.

5. 제시된 자료와 관련 있는 국왕에 대한 설명으로 옳은 것은?

> 사원은 모두 도선의 의견에 의하여 국내 산천의 좋고 나쁜 것을 가려서 창건한 것이다. 신라 말에 사원들을 야단스럽게 세워서 지덕을 훼손하였고, 나라가 멸망하였으니 어찌 경계할 일이 아니겠는가?

① 외척인 왕규의 반란을 진압하였다.
② 자 · 단 · 비 · 녹색으로 공복을 구분하였다.
③ 최승로 등 신라 출신의 유학자들을 중용하였다.
④ 혼인 정책과 사성 정책을 통해 호족을 포섭하였다.

6. 제시된 자료의 (가)와 관련된 사실로 옳은 것은?

> (가) 의 군주가 크게 군사를 일으켜 정벌하러 오자 왕이 남쪽으로 피란하였는데, (가) 의 군대는 여전히 송악성에 주둔하고 물러가지 않았습니다. … 대장경판을 새겨서 완성할 것을 맹세한 뒤에야 적의 군대가 스스로 물러갔습니다.
> – 『동국이상국집』

① 고려에 군신 관계를 요구하였다.
② 고려는 강화도로 도읍을 옮겼다.
③ 박위를 보내 (가)의 근거지를 토벌하였다.
④ (가)와의 외교 담판으로 강동 6주를 획득하였다.

7. 빈칸에 들어갈 국왕의 업적으로 옳은 것은?

> 『경국대전』은 ○○ 때 양성지의 건의로 '육전상정소'가 설치되면서 편찬이 시작되어 호전과 형전이 먼저 완성되었다. 이후 예종과 성종 초에 보완 작업을 계속하여 1485년에 반포되었다.

① 창경궁을 새로 건설하였다.
② 의정부 서사제를 시행하였다.
③ 원각사지 10층 석탑을 건립하였다.
④ 공법을 제정하여 세금을 공평하게 부과하였다.

8. 다음 주장이 제기된 배경으로 가장 적절한 것은?

> 대신들 뜻이 모두 국조 전례에 자식을 위하여 3년복을 입는 제도는 없고 고례(古禮)로 하더라도 명명백백하게 밝혀 놓지 않았기 때문에, … 차라리 국조 전례를 그대로 따르는 것이 좋다고 하였습니다. 그리하여 신도 다른 소견 없이 드디어 기년제로 정했던 것입니다.

① 중종반정이 일어나 연산군이 폐위되었다.
② 인조의 차남인 봉림대군이 왕으로 즉위하였다.
③ 후금과 명나라 사이에서 중립 외교 정책을 추진하였다.
④ 동인은 정여립 모반 사건을 계기로 정치적 탄압을 받았다.

9. 다음 (가), (나)에 대한 설명으로 옳지 않은 것은?

> 각 도에 교사를 보내 삼수기법을 훈련시키고 초군을 배치하였다. 앞서 서울에는 (가) 을/를 설치하여 군사를 모집해서 포수, 사수, 살수로 나누어 훈련시켰다. 이때에 이르러 지방에도 (나) 을/를 설치했는데, 신분을 막론하고 장정을 선발하여 정원을 채웠다.

① (가) : 척계광의 『기효신서』를 참고하였다.
② (나) : 유성룡의 건의에 따라 설치되었다.
③ (가) : 임진왜란을 계기로 최고 기구가 되었다.
④ (나) : 위로는 양반부터 아래로는 노비에 이르기까지 편제되었다.

10. 다음 시기의 사회 모습에 대한 설명으로 옳은 것은?

> 이 시기에는 동전의 발행량이 상당히 늘어났는데도 제대로 유통되지 않아 시중에서 동전 부족 현상(전황)이 나타났다. 이는 지주나 대상인들이 화폐를 고리대나 재산 축적에 이용하였기 때문이었다.

① 향회가 부세 자문기구로 변질되었다.
② 여성의 재가는 비교적 자유롭게 이루어졌다.
③ 사족들이 형성한 동족 마을이 점차 감소하였다.
④ 불교의 신앙 조직인 향도가 널리 확산되었다.

11. 다음과 관련된 학문에 대한 설명으로 옳은 것은?

> 본래 사람의 생리 속에는 밝게 깨닫는 능력이 있기 때문에 스스로 두루 잘 통해서 어둡지 않게 된다. … 이것이 본래 가지고 있는 덕이며, 이른바 양지(良知)라고 하는 것이니, 또한 인(仁)이라고도 한다. -『하곡집』

① 성리학적 질서를 절대적 가치로 내세웠다.
② 유 · 불 · 선 3교의 장점을 채택하여 만들어졌다.
③ 기의 차별성을 강조하여, 청을 오랑캐로 보았다.
④ 정제두가 체계적으로 연구하여 학파를 형성하였다.

12. 다음 무덤 양식에 대한 설명으로 옳은 것은?

> 신라에서 주로 만든 무덤으로 지상이나 지하에 시신과 껴묻거리를 넣은 나무덧널을 설치하고 그 위에 냇돌을 쌓은 다음에 흙으로 덮었다. 대표적으로 천마총, 서봉총, 호우총 등이 있다.

① 도굴이 어려워 많은 껴묻거리가 발굴되었다.
② 벽과 천장에 사신도와 같은 그림을 그려 넣었다.
③ 천장은 각을 줄여 쌓은 평행 고임 구조로 되어 있다.
④ 무덤 주위에 둘레돌을 두르고 12지 신상을 조각하였다.

13. 다음 개혁안들을 시대 순으로 바르게 나열한 것은?

> ㉠ 호조로 재정을 일원화할 것을 주장하였다.
> ㉡ 태양력을 채용하고 우편 사무를 재개하였다.
> ㉢ 탁지아문에서 재정을 일원적으로 관장하였다.
> ㉣ 내장원에서 광산, 철도 등의 수입을 관리하였다.

① ㉠-㉡-㉢-㉣　② ㉠-㉢-㉡-㉣
③ ㉢-㉠-㉡-㉣　④ ㉢-㉣-㉠-㉡

14. 다음 조약과 관련된 내용으로 옳은 것은?

> 제1조 동양의 평화를 확립하기 위하여 대한제국 정부는 일본 제국 정부를 확신하고 시정 개선에 관하여 그 충고를 들을 것
> 제3조 대일본 제국 정부는 대한제국의 독립과 영토 보전을 확실히 보증할 것

① 외교와 재정 분야 등에 외국인 고문을 두었다.
② 일본은 군사상 필요한 지역을 마음대로 점령하였다.
③ 일본의 중재 없이 국제적 조약을 체결할 수 없게 되었다.
④ 미 · 영 · 러 열강에서 한국 지배를 독점적으로 인정받은 후 체결하였다.

15. 다음 (가)~(다)에 들어갈 말이 적절하게 짝지어진 것은?

1930년대 남만주에서는 (가) 이 이끄는 조선 혁명군이 중국 의용군과 연합하여 영릉가 전투에서 일본군을 크게 격파하였다. 북만주에서는 (나) 의 한국 독립군이 쌍성보 전투에서 일본군을 격퇴하였다. 이후 한국 독립군은 (다) 의 요청으로 중국 본토로 이동하였다.

	(가)	(나)	(다)
①	지청천	양세봉	한국광복군
②	지청천	양세봉	임시 정부
③	양세봉	지청천	임시 정부
④	양세봉	지청천	한국광복군

16. 다음은 어느 민족 운동의 원인, 의의를 정리한 것이다. 이 운동에 대한 설명으로 옳은 것은?

원인	한국인 학생에 대한 민족 차별과 식민지 교육
의의	3·1 운동 이후 국내 최대 규모의 민족 운동

① 광주에서 시작되어 전국으로 확산되었다.
② 사전에 발각되어 조선공산당 간부들이 체포되었다.
③ 국내에서 민족 유일당 운동이 전개되는 계기가 되었다.
④ 탑골공원에 모인 학생들과 시민들이 독립선언식을 하였다.

17. 다음 (가)에 들어갈 종교에 대한 설명으로 옳은 것은?

공의 이름은 인영인데, 뒤에 철로 고쳤다. … 보호 조약이 체결된 뒤에 동지와 함께 오적(五賊)의 처단을 모의하였는데 … 뒤에 (가) 을/를 제창하고 교주를 자임했는데 … 북간도에 가서 그의 무리와 함께 발전을 도모하였다.

① 개벽, 어린이 등의 잡지를 발행하였다.
② 배재학당을 세워 신학문을 보급하였다.
③ 단군 신앙을 기반으로 만들어진 종교였다.
④ 프랑스와 수교한 이후 선교의 자유가 허용되었다.

18. 밑줄 친 '이 전쟁' 중에 있었던 역사적 사실로 옳지 않은 것은?

"보슬비가 소리도 없이 이별 슬픈 부산정거장 … 한많은 피난살이 설움도 많아 …" 라는 애절한 가사의 '이별의 부산 정거장'은 이 전쟁의 휴전협정이 체결된 다음 해에 발표된 노래로, 낯선 부산에서의 피난살이를 마치고 서울로 떠나는 피란민의 심정을 묘사했습니다.

① 이승만은 자유당을 창당하여 지지 세력을 결집하였다.
② 대통령 직선제를 골자로 하는 발췌개헌안이 통과되었다.
③ 친일파 청산을 위한 반민족 행위 처벌법이 제정되었다.
④ UN의 안전 보장 이사회는 북한의 남침을 평화에 대한 파괴 행위로 규정하였다.

19. 다음 취임사를 발표한 정부 때의 일로 옳은 것은?

노태우 대통령을 비롯한 전직 대통령, 그리고 이 자리에 참석하신 내외 귀빈 여러분, 오늘 우리는 그렇게도 애타게 바라던 문민 민주주의의 시대를 열기 위하여 이 자리에 모였습니다. … 이제 민족 진운의 새봄이 열리고 있습니다. 우리에게 새로운 결단, 새로운 출발을 요구하고 있습니다. 저는 신한국 창조의 꿈을 가슴 깊이 품고 있습니다.

① 경제 협력 개발 기구(OECD)에 가입하였다.
② 유화 정책의 일환으로 통행금지가 해제되었다.
③ 서울대생 박종철이 고문으로 사망한 사건이 일어났다.
④ 남북 정상 회담이 개최되었고, 금강산 관광이 시작되었다.

20. 밑줄 친 '이 법령'과 관련된 내용으로 옳은 것은?

제헌 국회와 대한민국 정부의 연구, 검토를 거쳐 국회 제21차 본회의에서 이 법령이 통과되었다. 이에 따른 개혁의 취지는 경작 농민이 직접 농지를 소유함으로써 농지 집중의 폐해를 제거하자는 것이다.

① 농지 이외의 임야도 포함되었다.
② 무상매수, 무상분배의 방식으로 실시되었다.
③ 3정보 이하 농지는 매수 대상에서 제외하였다.
④ 귀속 농지 분배를 위해 신한공사를 설치하였다.

한 국 사

1. 다음 (가) 국왕에 대한 설명으로 옳은 것은?

> 발해는 건국 초부터 당과 대결하며 고구려 옛 땅을 회복하는 데 주력하였다. 당나라는 흑수말갈과 신라를 이용하여 발해를 견제하였다. 이에 (가) 은/는 당의 등주를 선제공격하고 요서 지방에서 당군과 격돌하였다.

① '인안'이라는 연호를 사용하였다.
② 당나라가 발해국왕으로 책봉하였다.
③ 정효 공주 묘지에는 (가)를 '황상'이라고 표현하였다.
④ 대부분의 말갈족을 복속시키고, 요동 지역으로 진출하였다.

2. (가)~(라) 시기에 들어갈 역사적 사실로 옳은 것은?

살수대첩		당나라 건국		안시성 전투		무열왕 즉위		백제 멸망
	(가)		(나)		(다)		(라)	

① (가) : 고구려 국경에 천리장성을 쌓았다.
② (나) : 영류왕이 쫓겨나고 보장왕이 즉위하였다.
③ (다) : 신라는 매소성에 주둔한 당군을 격파하였다.
④ (라) : 백제 · 왜 연합군은 나 · 당 연합군과 백강에서 격전을 벌였다.

3. 밑줄 친 인물의 신분에 대한 설명으로 옳지 않은 것은?

> 나는 절친한 친구와 20살에 관직 생활을 시작하였다. 나와 내 친구는 누구보다 능력이 뛰어났기에 붉은색 관복까지 입을 수 있었다. 그러나 몇 년 뒤 친구가 와서 대아찬으로 승진했다는 말을 하는 순간 나는 그 자리에서 얼어붙고 말았다. 신분의 한계로 나는 죽어도 오를 수 없는 자리였다.

① 득난이라고 불리었다.
② 아찬까지만 승진할 수 있었다.
③ 화랑이 되어 낭도들을 이끌었다.
④ 중앙 관부의 장관이 될 수 없었다.

4. (가), (나)에 들어갈 국왕에 대한 설명으로 옳은 것은?

> 성리학은 (가) 때 안향이 고려에 처음 소개하였다. 또한, (나) 의 부름을 받은 이제현은 원나라의 수도인 연경에서 학자들과 교류하면서 성리학에 대한 이해 수준을 높였다.

① (가)는 정치도감을 두어 개혁을 추진하였다.
② (나) 때 『삼국유사』, 『제왕운기』 등이 편찬되었다.
③ (가) 때 철령 이북의 땅을 무력으로 되찾았다.
④ (나)는 사림원을 설치하여 왕명 출납, 인사 등을 맡겼다.

5. 밑줄 친 '이 왕' 때의 일로 옳지 않은 것은?

> 이 왕 때 7재를 두었는데 주역을 공부하는 여택재, 성서를 공부하는 대빙재, 모시(毛詩)를 공부하는 경덕재, 주례를 공부하는 구인재, 대례를 공부하는 복응재, 춘추를 공부하는 양정재, 무학을 공부하는 강예재이다.

① 속현에 감무를 파견하였다.
② 도교 사원인 복원궁을 세웠다.
③ 주전도감을 설치하여 화폐를 주조하였다.
④ 윤관이 별무반을 이끌고 여진족을 정벌하였다.

6. 다음 밑줄 친 '왕' 때의 일로 옳은 것은?

> 가을 9월에 고구려 왕 사유가 보병과 기병 2만 명을 거느리고 치양(雉壤)에 와서 진을 치고 군사를 나누어 민가를 약탈하였다. 왕이 태자를 보내어 군사를 거느리고 지름길로 가서 치양에 이르렀다. 불시에 공격하여 그들을 격파하고 적병 5,000여 명의 머리를 베었다. 사로잡은 적들은 장병들에게 나누어 주었다.

① 불교를 수용하였다.
② 6좌평제를 마련하였다.
③ 한강 유역을 통합하였다.
④ 고흥이 『서기』를 편찬하였다.

7. 밑줄 친 '그'에 대한 설명으로 옳은 것은?

> 무신 정권 기간에 활동한 그는 정치 · 경제적으로 타락한 불교를 개혁하려고 하였다. 그는 예불과 독경은 물론 노동에도 힘을 쓰자고 하면서 결사를 제창하였다.

① 유 · 불 일치설을 주장하였다.
② 일심 사상을 바탕으로 화쟁의 논리를 펼쳤다.
③ 깨달음을 얻은 뒤에도 꾸준히 수행하라고 하였다.
④ 자신의 행동을 참회하는 법화 신앙을 강조하였다.

8. 다음 (가)~(다)에 들어갈 말이 바르게 짝지어진 것은?

> 조선 시대의 문과는 3년마다 실시하는 (가) 와 부정기 시험인 증광시, 알성시 등이 있었다. 『경국대전』에 따르면 (나) 는 초시에서 각 도의 인구 비례로 선발한 후, 2차 시험인 복시에서 33인을 선발한 다음, (다) 앞에서 실시하는 전시에서 순위를 결정하였다.

	(가)	(나)	(다)
①	격년시	소과	국왕
②	식년시	대과	국왕
③	격년시	대과	의정(재상)
④	식년시	소과	의정(재상)

9. 다음 시기의 정치 상황으로 가장 적절한 것은?

> 유자광이 … 왕께 아뢰기를 "김종직이 우리 전하(세조)를 헐뜯는 것이 이에 이르렀으니, 그 부도덕한 죄는 마땅히 대역으로 논해야 하고, 그가 지은 다른 글도 세상에 남아 있는 것이 마땅치 못하오니, 아울러 모두 불태워 버리소서." 하니 왕이 이를 허락하였다.

① 도교 기관인 소격서가 폐지되었다.
② 김일손 등 사림 세력들이 큰 피해를 입었다.
③ 폐비 윤씨 사건과 관련된 자들이 제거되었다.
④ 외척 세력인 윤임과 윤원형이 서로 대립하였다.

10. 밑줄 친 '우리 주상전하' 때의 문화 양상으로 옳은 것은?

> 세종대왕께서는 집현전 유신(儒臣)들에게 명하여 오례의를 상세히 정하게 하셨다. … 예종대왕과 우리 주상전하께서 선왕의 뜻을 이어 이 방대한 책을 완성하게 하셨다. … 예를 기술한 것이 3,300가지나 되지만, 그 요점은 길례 · 흉례 · 군례 · 빈례 · 가례 다섯 가지일 뿐이다.

① 강희맹이 『금양잡록』을 저술하였다.
② 경복궁 동쪽에 창덕궁을 새로 건립하였다.
③ 갑인자, 경자자 등의 금속활자를 만들었다.
④ 간경도감을 설치하여 불교 경전을 번역하였다.

11. 다음 시기에 볼 수 있는 경제 모습으로 옳지 않은 것은?

> 근래 세상의 도리가 점차 썩어, 돈 많고 힘 있는 백성들이 군역을 피하고자 한다. 간사한 아전과 한통속이 되어 뇌물을 쓰고 호적을 위조하여 '유학'이라고 거짓으로 올리고 면역하거나 다른 고을로 옮겨가서 스스로 양반 행세를 한다.

① 청나라 상인과 거래하는 만상
② 지폐인 저화로 물건을 구매하는 농민
③ 물주의 자금으로 광산을 경영하는 덕대
④ 여러 장시를 돌며 물품을 판매하는 보부상

12. 다음 역사적 사실들을 순서대로 바르게 나열한 것은?

> ㉠ 청나라에서 고금도서집성을 수입하였다.
> ㉡ 이인좌가 청주에서 대규모 반란을 일으켰다.
> ㉢ 청의 요청으로 조총 부대를 영고탑으로 파견하였다.
> ㉣ 훈련별대를 정초군과 통합하여 금위영을 설치하였다.

① ㉢-㉣-㉠-㉡　② ㉢-㉣-㉡-㉠
③ ㉣-㉢-㉠-㉡　④ ㉣-㉢-㉡-㉠

13. (가)와 (나) 사이에 들어갈 역사적 사실로 옳은 것은?

> (가) 전봉준과 농민들은 고부 관아를 습격하여 군수를 내쫓고 아전들을 징벌하였다.
> (나) 동학 농민군은 청 · 일 양군에 대한 철병 요구와 폐정 개혁을 조건으로 관군과 전주 화약을 맺었다.

① 청 · 일 전쟁이 발발하였다.
② 1차 김홍집 내각이 성립되었다.
③ 전봉준이 전라도 무장에서 봉기하였다.
④ 논산에 남접과 북접의 동학 농민군이 집결하였다.

14. 다음 자료가 발표된 이후의 역사적 사실로 옳지 않은 것은?

> • 외국인에게 의지하지 말고 관민이 협력하여 전제 황권을 공고히 할 것.
> • 국가 재정은 탁지부에서 관장하고 예산과 결산을 인민에게 공포할 것.

① 고종이 경운궁으로 환궁하였다.
② 한 · 청 통상 조약을 체결하였다.
③ 이범윤을 북변간도관리사로 임명하였다.
④ 토지 조사를 위해 지계아문을 설치하였다.

15. 다음 자료가 발표된 배경으로 가장 적절한 것은?

> 함경도 관찰사로부터 보고를 받았는데, 그 내용은 다음과 같았습니다. "큰 수해를 당하여 조만간 여러 곡식의 피해가 클 듯한데, 콩 등은 더욱 심하여 모두 흉작이 될 것이라고 고하고 있으니 궁핍하여 식량난을 겪을 것이 … 잠정적으로 유출을 금지하여 백성들의 식량 사정을 넉넉하게 하는 것이 마땅할까 합니다. …."

① 일본이 황무지 개간권을 요구하였다.
② 아관파천 이후 열강들이 각종 이권을 침탈하였다.
③ 백동화 남발로 인한 대한제국의 재정 문란이 원인이 되었다.
④ 일본으로 곡물이 유출되어, 조선의 곡물 가격이 크게 올랐다.

16. 다음 (가)에 대한 설명으로 옳은 것은?

> 백산 상회는 안희제가 1914년에 부산에 세운 민족 기업이다. 국내와 만주 지역에 지점을 두었으며, 독립운동 자금을 지원하였다. 특히, 3 · 1 운동 이후에는 (가) 의 군자금을 조달하였다.

① 미국에 구미 위원부를 설치하였다.
② 자기회사와 태극서관을 설립하였다.
③ 서전서숙을 세워 민족 교육을 실시하였다.
④ 이상설을 대통령으로, 이동휘를 부통령으로 선출하였다.

17. 다음 (가) 운동이 추진된 시기의 정치 상황으로 옳은 것은?

> 일제는 춘궁 퇴치, 차금 퇴치, 차금 예방의 세 가지 목표를 내세우고 조선 농촌의 자력갱생을 도모하는 (가) 운동을 추진하였다. 그러나 그 본질은 농민의 생활을 통제하여 긴축 생활과 납세 이행을 독려하고 소작 쟁의를 약화시키고자 한 것이었다.

① 국민정신 총동원 연맹을 조직하였다.
② 병력 보충을 위해 징병제를 도입하였다.
③ 보통학교의 수업 연한을 4년으로 하였다.
④ 회사를 설립할 때 조선 총독의 허가를 받도록 하였다.

18. 밑줄 친 인물이 속한 단체에 대한 설명으로 옳지 않은 것은?

> 1929년 10월 전남 광주에서 광주 고등 보통학교 학생과 광주 중학교 생도 사이에 갈등이 생겼다. … 피고 <u>허헌</u>은 다른 간부들과 함께 친히 광주까지 가서 정황을 조사하였다. … 시위운동을 감행하고자 모의하였다.

① 원산 노동자 총파업을 지원하였다.
② 만주와 일본에도 지회를 두고 활동하였다.
③ 조선학 운동 등 문화 · 학술 활동에 주력하였다.
④ 비타협적 민족주의자들과 사회주의자들이 참여하였다.

19. 밑줄 친 문서와 관련된 내용으로 가장 적절한 것은?

> **대통령, 내일 북한 대표단 접견**
>
> ○○○ 대통령은 오늘 남북 고위급 회담 타결 상황을 보고받고, 내일 북한 대표단을 접견하기로 했습니다. 청와대 고위 관계자는 <u>남북 사이의 화해와 불가침 및 교류 협력에 관한 합의서</u> 채택에 완전히 합의한 것은 남북 관계에 큰 전환을 이룬 것이라고 평가했습니다.

① 김대중 정부 때 발표되었다.
② 남북 이산가족 상봉이 최초로 이루어졌다.
③ 남북한이 유엔에 동시 가입하기로 하였다.
④ 남북한 관계를 잠정적 특수 관계로 규정하였다.

20. 밑줄 친 인물에 대한 설명으로 옳은 것은?

> <u>나</u>는 1942년 4월부터 12월까지 일본 도쿄를 방문한 적이 있었다. 그때 미국 공군기가 공습하는 모습을 목격하고, 일본의 패망이 멀지 않았음을 직감하였다. 일본의 패배에 확신을 가진 <u>나</u>는 징병 · 징용 거부자와 학생들을 모아 비밀 조직인 조선 건국 동맹을 만들었다.

① 한국 민주당을 창당하였다.
② 남북 연석회의를 주도하였다.
③ 좌우 합작 위원회를 구성하였다.
④ 「3천만 동포에게 읍고함」을 발표하였다.

한 국 사

1. 다음 밑줄 친 단체의 결성 이후에 전개된 역사적 사실로 옳은 것은?

> 재미 한족 연합 위원회와 동지회는 협력하여 조직위원회를 형성하며 협력하여 대미 외교사절의 새로운 관리 규정에 의지하여 한국외교 외교위원부를 개조하기 위하여 미국, 하와이, 멕시코, 쿠바 등지의 대표대회를 소집할 것.

① 김구가 한국 국민당을 창당하였다.
② 조선 민족 전선 연맹이 결성되었다.
③ 인도·미얀마 전선에 한국광복군을 파견하였다.
④ 임시 정부는 헌법을 개정하여 주석제로 바꾸었다.

2. (가) 단체에 대한 설명으로 옳은 것은?

> 이승훈은 1907년 어느 날 평양에 나갔다가 “나라가 없이는 집도 몸도 있을 수 없고, 민족이 천대받을 때에 나 혼자만 영광을 누릴 수는 없소.” 라는 안창호의 연설을 듣고 깊이 감명 받았다. 그는 안창호의 영향으로 (가) 의 회원으로 활동하면서 자신의 고향 평안북도 정주에 오산 학교를 설립하였다.

① 통감부의 탄압으로 해산되었다.
② 고종 퇴위 반대 운동을 전개하였다.
③ 일본의 황무지 개간 요구를 철회시켰다.
④ 공화정 체제의 국가 건설을 목표로 하였다.

3. 다음 계획에 따라 추진된 정책의 시행 기간에 있었던 사실로 옳은 것은?

> 일본의 인구는 해마다 약 70만 명씩 증가하고 있을 뿐만 아니라 1인당 소비량도 역시 점차 증가하게 될 것은 필연적인 대세이다. 따라서 장래 쌀 공급은 계속 부족해질 것이고 그러므로 지금 미곡의 증수 계획을 수립하여 일본 제국의 식량 문제를 해결하는 데 도움을 주는 것은 진실로 국책상 급무라고 믿는다.

① 황국 신민 서사를 만들었다.
② 국가 총동원법을 제정하였다.
③ 토지 가옥 증명 규칙을 제정하였다.
④ 흥남에 조선 질소 비료공장을 세웠다.

4. 다음과 같이 주장한 사람에 대한 설명으로 옳은 것은?

> 오늘날 우리 민족 모두가 우리 조상의 피로써 골육을 삼고 우리 조상의 혼으로 영혼을 삼고 있으니 우리 조상은 신성한 교화가 있고 신성한 정법이 있고, 신성한 문사(文事)와 무공이 있으니, 우리 민족이 그 다른 것에서 구함이 옳다고 하겠는가. 무릇 우리 형제는 늘 잊지 말며 형체와 정신을 전멸시키지 말 것을 구구히 바란다.

① 서북학회의 기관지에 많은 논설을 발표하였다.
② 양기탁의 추천으로 제국신문의 주필을 지냈다.
③ 유물사관에 바탕을 두고 정체성론을 비판하였다.
④ 고대사 연구에 매진하여 『조선상고사』를 저술하였다.

5. 다음 지도의 (가)~(라)에 대한 설명으로 옳지 않은 것은?

① (가) – 백동화를 주조하였다.
② (나) – 미국인 알렌이 운영하였다.
③ (다) – 갑신정변 때 폐지되었다.
④ (라) – 국내 최초의 서양식 극장이다.

6. 다음 역사적 사실들을 순서대로 바르게 나열한 것은?

> ㉠ 이회영 등은 삼원보에 경학사를 만들었다.
> ㉡ 신흥강습소가 신흥무관학교로 개편되었다.
> ㉢ 연해주에서 대한 광복군 정부가 조직되었다.
> ㉣ 임시 정부의 직할 부대로 참의부가 성립되었다.

① ㉠-㉡-㉢-㉣
② ㉠-㉢-㉡-㉣
③ ㉢-㉠-㉡-㉣
④ ㉢-㉠-㉣-㉡

7. 밑줄 친 인물이 집권했던 시기에 있었던 사실로 옳지 않은 것은?

> 그는 세도 정치의 그늘에서 갖은 수모를 받으면서 생활하였다. 안동 김씨를 비롯한 세도가들에 눌려 살아야 했던 그는 왕실의 허약함을 몸소 체험하였다. 그리하여 그가 정권을 장악한 후에 가장 먼저 추진한 것은 왕실의 권위를 회복하는 일이었다.

① 만동묘를 철폐하였다.
② 호포제를 실시하였다.
③ 무위영과 장어영을 설치하였다.
④ 동학 교주 최제우를 처형하였다.

8. 다음 사건들 이후에 전개된 역사적 사실로 옳지 않은 것은?

> 1월 김신조를 포함한 북한 무장 간첩들이 청와대를 습격하였고, 곧이어 미국 첩보함 푸에블로호가 북한 영해를 침범하였다는 이유로 북한에 나포되었다. 그해 가을에는 120여 명의 무장 공비가 울진과 삼척에 침투하였다.

① 남북 조절 위원회가 설치되었다.
② YH 무역의 여공들이 신민당사에서 농성하였다.
③ 한 · 일 국교 정상화에 반대하는 시위가 전개되었다.
④ 통일 주체 국민회의 의원들이 대통령을 선출하였다.

9. 다음 자료에서 설명하고 있는 비석의 이름은?

> 한반도에 있는 유일한 고구려 비석으로 고구려가 한반도 중부 지역까지 영토를 확장한 뒤에 세운 것이다. 이 비석에는 고구려가 태왕의 나라로 신라가 고구려에 복속된 동이라고 표현되어 있으며, 이를 통해 고구려가 당시 신라를 압박하고 있음을 보여준다.

① 임신서기석 ② 사택지적비
③ 중원 고구려비 ④ 광개토대왕릉비

10. 밑줄 친 '이 나라'에 대한 설명으로 옳은 것은?

> 이 나라는 … 그 도장에 예왕지인(濊王之印)*이라고 새겨져 있다. 그 나라에는 오래된 성이 있는데, 이름을 예성(濊城)이라고 한다. 본래 예맥의 지역인데 이 나라가 그 가운데 왕으로 있었다.
>
> — 『삼국지』 위서 동이전
>
> * 예왕지인: 예왕(濊王)의 인장

① 영고라는 제천행사를 지냈다.
② 신성지역인 소도가 존재하였다.
③ 혼인 풍속으로 서옥제가 있었다.
④ 호랑이를 신으로 여겨 제사 지냈다.

11. 밑줄 친 인물에 대한 설명으로 가장 적절한 것은?

> 여융(餘隆)이 사신을 보내 표문을 올려 말하기를, "여러 차례 고구려를 물리쳤습니다." 라고 하였다. 도성을 고마라 하였으며, 읍을 담로라 하였다. 담로는 중국 말의 군현과 같은 것이다.
>
> — 양직공도

① 신라 이벌찬 비지의 딸을 왕비로 맞이하였다.
② 중국 남조의 양나라와 외교 관계를 강화하였다.
③ 22부의 중앙 관청을 두고, 관등제를 재정비하였다.
④ 탐라국이 공납을 바치지 않자 군대를 보내 복속시켰다.

12. (가)와 (나) 사이에 들어갈 역사적 사실로 옳은 것은?

> (가) 웅천주 도독 헌창이 아버지 주원이 왕이 되지 못함을 이유로 반란을 일으켜, 국호를 장안이라 하고 연호를 세워 경운 원년이라 하였다.
> (나) 나라 안의 모든 주군에서 공물과 부세를 보내지 않아 … 왕이 관리를 보내 독촉하니 … 원종, 애노 등이 사벌주를 근거지로 반란을 일으켰다.

① 완도에 청해진을 설치하였다.
② 북원소경과 금관소경을 설치하였다.
③ 당나라 연호를 사용하기 시작하였다.
④ 인재 등용을 위해 독서삼품과를 실시하였다.

13. 밑줄 친 '왕' 때의 사실로 옳은 것은?

> 왕이 교서를 내려 말하기를, "… 12목에 각각 경학박사 1명과 의학박사 1명을 뽑아 보낼 것이다. … 가르치고 배울만한 재주 있는 아이를 둔 자들은 이에 응해 선생으로부터 열심히 수업을 받도록 훈계해야 한다." 라고 하였다.

① 송나라와 외교 관계를 맺었다.
② 청천강 유역까지 영토를 넓혔다.
③ 거란의 침입에 대비해 광군을 설치하였다.
④ 2성 6부제를 토대로 중앙 통치 조직을 정비하였다.

14. 고려의 지방 제도에 대한 설명으로 옳은 것을 모두 고르면?

> ㉠ 도 아래에는 부, 목, 군, 현을 두었다.
> ㉡ 일반 행정 구역에는 병마사를 파견하였다.
> ㉢ 북쪽 국경 지역에는 동계와 북계를 두었다.
> ㉣ 주현보다 지방관이 파견되지 않은 속현이 더 많았다.

① ㉠, ㉡ ② ㉡, ㉣
③ ㉢, ㉣ ④ ㉠, ㉢, ㉣

15. 다음 역사서에 대한 설명으로 옳은 것은?

> 신라 · 고구려 · 백제 삼국이 서로 솥발처럼 대립하면서 예를 갖추어 중국과 통하였으므로 범엽의 한서나 송기의 당서에 모두 삼국의 열전이 있습니다. 그러나 중국의 나라 안 일은 자세하게 다루고 다른 나라에 대해서는 간략하게 서술하였기 때문에 삼국의 역사는 상세히 실리지 않았습니다. … 인재를 구하여 일관된 역사를 완성하고 만대에 물려주어 해와 별처럼 빛나도록 해야 하겠다" 라고 하셨습니다.

① 성리학적 역사관이 반영되었다.
② 발해와 후삼국 시대까지 서술하였다.
③ 국왕들을 본기가 아닌 세가로 분류하였다.
④ 유교적 합리주의 사관에 따라 기전체로 서술되었다.

16. (가)와 (나) 사이에 들어갈 역사적 사실로 옳지 않은 것은?

> (가) 이성계는 위화도에서 회군하여 개경으로 돌아와 최영을 제거하고 정권을 장악하였다.
> (나) 이성계는 나라의 이름을 조선이라고 정하고, 한양으로 도읍을 옮겼다.

① 과전법을 제정하였다.
② 공양왕을 왕으로 옹립하였다.
③ 정몽주가 선죽교에서 암살되었다.
④ 화통도감을 두어 화포를 만들었다.

17. 밑줄 친 '그'의 재위 기간에 있었던 사실로 옳은 것은?

> <u>그</u>는 태조의 5남으로, 어머니는 신의왕후 한씨. 비는 민제의 딸 원경왕후이다. 태조가 (이복동생) 방석을 세자로 책봉하자, 이에 불만을 품고 정도전, 남은 등을 살해하고 이어 강씨 소생의 방석, 방번을 귀양 보내기로 하고 도중에 죽였다.

① 관찬 법전인 『경제육전』을 편찬하였다.
② 사간원을 독립시켜 신권을 견제하였다.
③ 4군 6진을 설치하여 국경선을 확대하였다.
④ 홍문관을 두어 집현전을 계승하게 하였다.

18. 밑줄 친 인물이 중심이 되어 형성된 붕당에 대한 설명으로 옳은 것은?

> 선조 때의 이조전랑 <u>김효원</u>은 왕실의 외척이라는 이유로 심의겸의 동생인 심충겸이 자신의 후임자가 되는 것을 반대하였다.

① 인조반정으로 주도권을 잡았다.
② 광해군의 중립 외교를 지지하였다.
③ 이이와 성혼의 문인이 가담하였다.
④ 신진 사림을 중심으로 개혁에 적극적이었다.

19. 다음 시기에 집권했던 국왕 때의 일로 옳지 않은 것은?

> 오라총관 목극등이 … 국경을 정하기 위하여 백두산에 이르렀다. 우리나라에서는 접반사 박권, 함경도 순찰사 이선부, 역관 김경문 등을 보내어 응접하게 하였다.

① 황해도를 중심으로 장길산이 난을 일으켰다.
② 중인과 서얼을 수령에 등용하도록 조처하였다.
③ 대동법을 충청도와 전라도까지 확대 시행하였다.
④ 이순신에게 현충이라는 시호를 내리고, 강감찬 사당을 건립하였다.

20. 밑줄 친 '이 법'에 대한 설명으로 옳은 것은?

> <u>이 법</u>의 실시에 따라 양반 지주의 부담이 증가했으며, 토지가 없는 농민의 부담은 감소하였다. 또한, 공인이 등장하여 활발히 활동함에 따라 상품 화폐 경제가 크게 발전할 수 있었다.

① 토지 1결당 쌀 12두를 거두었다.
② 토지 소유자에게 결작을 부과하였다.
③ 군역의 폐단을 바로잡기 위해 실시하였다.
④ 조정 신하와 지방의 촌민에 이르기까지 18만 명의 의견을 반영하였다.

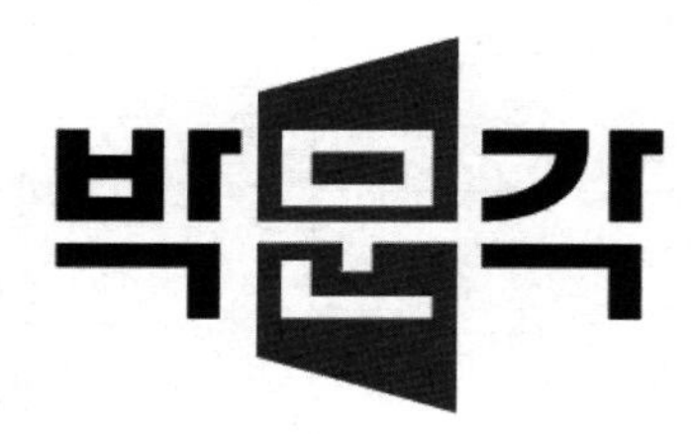

한 국 사

1. 밑줄 친 '이 시대'에 볼 수 있는 사회 모습으로 옳은 것은?

> 이 시대의 사람들은 야생 동식물 채집에 의존해 온 생활 형태에서 벗어나 가축을 기르고 곡식을 재배하기 시작하였다. 자연의 섭리도 생각하게 되면서 애니미즘, 토테미즘, 샤머니즘 등이 등장하였다.

① 홈자귀로 땅을 파는 남자
② 하늘에 제사를 지내는 군장
③ 조개껍데기 가면을 만드는 여자
④ 찍개를 가지고 동물을 사냥하는 사람들

2. 다음 시기에 신라에서 집권하고 있던 왕에 대한 설명으로 옳은 것은?

> 왕 31년 7월에 신라가 동북쪽 변경을 빼앗아 신주를 설치하였다. … 이듬해 7월에 왕이 신라를 습격하려고 몸소 보병과 기병을 거느리고 밤에 구천에 이르렀다.

① 우산국을 복속하였다.
② 한강 유역을 차지하였다.
③ 울진 지역을 영토로 편입하였다.
④ 백제에게 대야성 등 여러 성을 빼앗겼다.

3. 밑줄 친 국왕에 대한 설명으로 옳은 것은?

> 국왕이 당에 반란을 일으킨 고구려의 무리를 받아들이고, 또한 백제의 옛 땅을 차지하고서 사람을 시켜 지키게 하니, 당 고종이 크게 화를 내어 조서를 내려 임금의 관작을 깎아 없앴다. 그리고 당의 서울에 있던 국왕의 동생 김인문을 신라왕으로 삼아 귀국하게 하고 병사를 일으켜 토벌해왔다.

① 14부의 중앙 통치 조직을 완성하였다.
② 개국, 대창 등의 독자적 연호를 사용하였다.
③ 당나라 고종을 칭송하는 오언태평송을 지었다.
④ 백제 부흥 운동의 본거지인 주류성을 함락하였다.

4. 다음 가계도에서 설명하고 있는 국왕의 업적으로 옳은 것은?

> 태조 왕건의 아들이며, 어머니는 신명순성왕후 유씨이다. 3대 국왕인 정종의 동생으로, 두 사람은 같은 어머니에게서 태어난 형제 사이이다. 원래의 이름은 왕소(王昭)이다. 배우자는 대목왕후와 경화궁부인이다.

① 관리의 공복을 제정하였다.
② 문무산계를 정식으로 채택하였다.
③ 최초로 철전인 건원중보를 제작하였다.
④ 호장, 부호장과 같은 향리직제를 마련하였다.

5. 다음 역사적 사실들을 순서대로 바르게 나열한 것은?

> ㉠ 서경 유수 조위총이 반란을 일으켰다.
> ㉡ 사병 집단인 도방이 처음 설치되었다.
> ㉢ 교정도감을 설치하여 반대 세력을 제거하였다.
> ㉣ 의종이 폐위되고, 의종의 동생(명종)이 왕이 되었다.

① ㉠-㉡-㉢-㉣　② ㉠-㉣-㉡-㉢
③ ㉣-㉠-㉡-㉢　④ ㉣-㉡-㉠-㉢

6. 다음 밑줄 친 '왕' 때의 사실로 옳은 것은?

> 왕이 말하기를 "세상의 습속은 점점 각박해지고 백성들은 다투어 사치와 호화를 일삼고 오로지 외래품의 진귀한 것만을 숭상하고 … 예절이 분수에 넘치는 데 빠지고 풍속이 파괴되는 데에까지 이르렀다. 이에 옛날 법에 따라 엄한 명령을 내리는 것이니, 그래도 만약 일부러 범하는 자는 진실로 응당한 형벌이 있을 것이다." 라고 하였다.

① 녹읍이 다시 부활하였다.
② 최치원이 시무 10조를 건의하였다.
③ 장보고를 청해진 대사로 임명하였다.
④ 김헌창을 웅천주 도독으로 임명하였다.

7. 다음 시기의 사회 모습에 대한 설명으로 옳지 못한 것은?

> 박유가 "청컨대, 여러 신하, 관료로 하여금 여러 처를 두게 하되, 품위(品位)에 따라 그 수를 점차 줄이도록 하여 보통 사람에 이르러서는 1처 1첩을 둘 수 있도록 하며, 여러 처에서 낳은 아들도 역시 본처가 낳은 아들처럼 벼슬을 할 수 있게 하기를 원합니다. …" 라고 하였다.

① 윤회봉사, 외손봉사 등이 행해졌다.
② 태어난 순서대로 호적에 기재하였다.
③ 사위가 처가의 호적에 입적하는 경우도 자주 있었다.
④ 재가한 여성들의 자식들은 관직 진출에 제약을 받았다.

8. 밑줄 친 '이 제도'에 대한 설명으로 옳은 것은?

> 국왕이 말했다. "나는 일찍부터 이 제도를 시행해 여러 해의 평균을 파악하고 답험(踏驗)의 폐단을 영원히 없애려고 해왔다. 신하들부터 백성까지 두루 물어보니 반대하는 사람은 적고 찬성하는 사람이 많았으므로 백성의 뜻도 알 수 있다."

① 현직 관리에게만 수조권을 지급하였다.
② 지방의 토산물을 집집마다 부과하여 거두었다.
③ 호적에 등재된 16세 이상의 정남에게 부과하였다.
④ 토지 비옥도와 풍흉의 정도에 따라 조세를 납부하게 하였다.

9. 밑줄 친 '임금'의 업적으로 옳은 것은?

> 지금 임금께서 왕위에 오르시자 먼저 예문관을 열어 옛 집현전의 제도를 회복하고, 날마다 경연에 참석하시어 문적을 깊이 연구하고, 유술(儒術)을 높이며 인재를 양육하니 옛날에 비하여 보아도 더하였다.

① 의정부 서사제를 폐지하였다.
② 천상열차분야지도를 제작하였다.
③ 종로에 대규모 상가인 시전을 조성하였다.
④ 향촌 질서의 안정을 위해 유향소를 부활하였다.

10. 연표의 (가), (나) 시기에 대한 설명으로 옳은 것은?

	삼포왜란		임진왜란		병자호란	
		(가)		(나)		

① (가) – 영창대군이 사망하였다.
② (가) – 탕평 정치가 본격적으로 실시되었다.
③ (나) – 사림이 동인과 서인으로 분화되었다.
④ (나) – 북인은 실리적 중립 외교를 지지하였다.

11. 빈칸에 들어갈 왕 때의 역사적 사실로 옳은 것은?

> 조선 후기의 서얼들은 수차례에 걸쳐 집단으로 상소하여 관직 진출의 제한을 없애 줄 것을 요구하였다. 그리하여 [　　　] 때에는 유득공, 이덕무, 박제가 등 서얼 출신이 규장각 검서관으로 등용되어 제각기 능력을 발휘할 수 있었다.

① 산림의 존재를 부정하고, 서원을 정리하였다.
② 영조의 계비인 정순왕후가 수렴청정을 하였다.
③ 『대전통편』을 편찬하여 통치 체제를 정비하였다.
④ 남인, 소론, 지방 선비들을 권력에서 배제하였다.

12. 다음 작품을 저술한 학자에 대한 설명으로 옳지 않은 것은?

> 어느 고을에 벼슬을 좋아하지 않는 듯한 선비가 있으니 그의 호는 북곽 선생이었다. … 그 고을 동쪽에 동리자라는 과부가 살았는데 … 그 아들들은 북곽 선생이 밤에 과부를 찾아올 일이 없으니 여우가 둔갑한 것으로 여기고 잡으려 하였다. 북곽 선생이 놀라 도망치다가 거름 구덩이에 빠지고 말았다.
>
> –『호질전』

① 화폐 유통의 필요성을 강조하였다.
② 청나라에서 다녀온 후 『열하일기』를 저술하였다.
③ 제주도에서 유배 생활을 하면서 「세한도」를 그렸다.
④ 자유로운 문체를 구사하여 양반전 등의 한문 소설을 썼다.

13. 다음 자료의 단체에 대한 설명으로 옳은 것은?

> 우리 대한이 종전에 자강지술을 강구하지 않아 인민이 스스로 우매함에 묶여있고 국력이 쇠퇴하여 금일의 험난한 지경에 이르러 외국인의 보호를 당하게 되었으니 … 자강의 방법을 생각해보면 다름 아니라 교육을 진작함과 식산흥업에 있다.

① 보안법에 의해 강제로 해산되었다.
② 태극서관을 세워 서적을 출판하였다.
③ 일본의 황무지 개간권 요구를 저지하였다.
④ 공화정체 국민 국가 건설을 목표로 하였다.

14. (가) 시기에 들어갈 역사적 사실로 적절하지 못한 것은?

> 급료로 지급된 쌀에 겨와 모래가 섞여 있자, 분노한 구식 군인들이 폭동을 일으켰다.

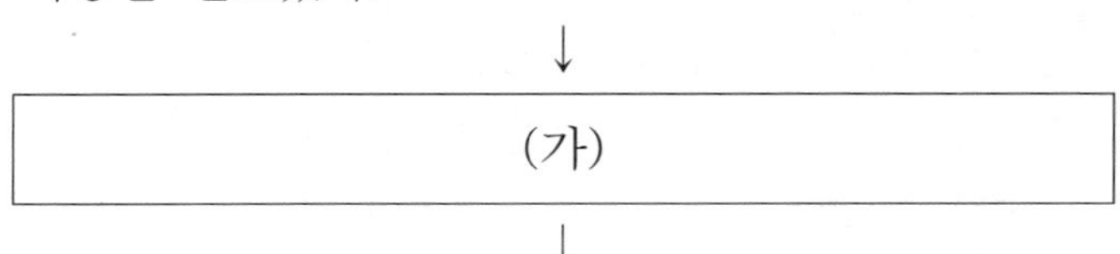

> 청은 조선에 군대를 계속 주둔시키고, 조·청 상민 수륙 무역 장정을 체결하였다.

① 통리기무아문이 폐지되었다.
② 별기군의 일본인 교관이 살해되었다.
③ 청나라와 일본은 톈진 조약을 체결하였다.
④ 고종은 흥선 대원군에게 사태 수습을 맡겼다.

15. 다음 특징을 가진 근대의 언론 기관에 대한 설명으로 옳은 것은?

> • 의병 운동에 호의적이었다.
> • 순한글로도 발행되어 한글 보급에 기여하였다.
> • 을사늑약의 부당함을 호소하는 고종의 밀서를 실었다.

① 갑신정변으로 발행이 중단되었다.
② 영국인 베델을 발행인으로 내세웠다.
③ 서재필이 정부의 지원을 받아 창간하였다.
④ 천도교 기관지로, 민족의식 고취에 이바지하였다.

16. 밑줄 친 '새로운 정책'으로 옳은 것은?

> 신임 총독은 전임 총독이 시행한 정책에 대신해 새로운 정책을 실시하였다고 말한다. … 지방 제도를 개정해 일정 금액 이상의 세금을 내는 조선인들에게 선거권을 주고 부협의회 선거를 처음으로 실시한 것 정도이다. 하지만 그것도 자문 기구에 불과하다.

① 산미 증식 계획을 중단하였다.
② 황국 신민 서사의 암송을 강요하였다.
③ 조선인에 한해 태형령이 적용되었다.
④ 신은행령을 발표하여 조선인 은행을 합병하였다.

17. 다음 빈칸에 들어갈 인물에 대한 설명으로 옳은 것은?

> < 독립 운동가 ○○○ 선생의 항일 투쟁 >
> • 서전서숙 설립과 민족 교육 실시
> • 네덜란드 헤이그에서 열린 만국 평화 회의에 특사로 파견

① 일본에서 2 · 8 독립 선언을 발표하였다.
② 연해주에서 권업회라는 단체를 조직하였다.
③ 북간도 지역에서 대한 독립군을 결성하였다.
④ 신흥무관학교의 교관이 되어 많은 독립군을 양성하였다.

18. 다음 정책과 관련된 내용으로 옳지 않은 것은?

> 임시 토지 조사국은 토지대장 및 지도를 작성하고 토지의 조사 및 측량에 대해 사정(査定)으로 확정한 사항 또는 재결을 거친 사항을 이에 등록한다.

① 신고주의 원칙에 따라 진행되었다.
② 조선총독부의 지세 수입이 크게 늘어났다.
③ 토지 소유권을 보장하는 지계를 발급하였다.
④ 근대적인 토지 소유권 확립을 목표로 하였다.

19. 다음 자료 발표 이후에 전개된 역사적 사실로 옳지 않은 것은?

> 조선을 독립 국가로 재건설하며 조선을 민주주의적 원칙 하에 발전시키는 조건을 조성하고 일본의 장구한 조선 통치의 참담한 결과를 가급히 속히 청산하기 위하여 … 임시 조선 민주주의 정부를 수립할 것이다.

① 조선 인민 공화국 수립을 선포하였다.
② 신탁 통치를 둘러싼 좌 · 우의 갈등이 심화되었다.
③ 여운형과 김규식이 좌우 합작 위원회를 만들었다.
④ 미 · 소 공동 위원회가 입장 차이를 좁히지 못하고 결렬되었다.

20. 다음 표에서 (가)~(다)에 들어갈 내용으로 적절한 것은?

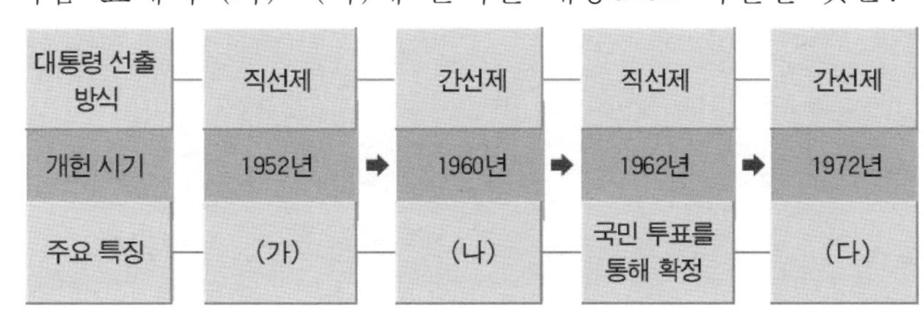

대통령 선출 방식	직선제	간선제	직선제	간선제
개헌 시기	1952년	1960년	1962년	1972년
주요 특징	(가)	(나)	국민 투표를 통해 확정	(다)

① (가) – 5년 단임
② (나) – 장면 내각에서 발표
③ (다) – 사사오입 논리로 통과
④ (다) – 대통령 종신 집권 가능

박문각

한 국 사

1. 다음 (가) 국왕에 대한 설명으로 옳은 것은?

> 발해와 당의 대립 관계는 (가) 이/가 즉위하면서 해소되었다. (가) 은/는 당의 선진 문물과 제도를 받아들여 중앙 통치 체제를 정비하였으며, 신라와의 상설 교통로를 개설하여 대립 관계를 개선하였다.

① 당나라에 의해 발해군왕으로 봉해졌다.
② 일본에 보낸 국서에서 천손임을 자랑하였다.
③ 5경 15부 62주의 지방 행정 제도를 정비하였다.
④ 고구려 유민을 이끌고 동모산에 도읍을 정하였다.

2. 밑줄 친 '대왕'의 업적으로 옳은 것은?

> 원광이 말하기를, "자기가 살고자 남을 멸하는 것은 승려로서의 적합한 행동은 아니지만, 제가 대왕의 땅에서 살고 대왕의 물과 풀을 먹고 있으니 감히 명을 따르지 않겠습니까" 라고 하면서, 이에 글을 지어 아뢰었다.

① 분황사와 분황사 모전 석탑을 세웠다.
② 한강을 차지하고, 북한산비를 설치하였다.
③ 진종설을 유포하여 왕권의 안정을 도모하였다.
④ 국왕 직속의 최고 관부인 집사부를 설치하였다.

3. 다음 밑줄 친 승려의 이름으로 옳은 것은?

> 왕이 큰 공사를 일으켜 도성을 새로이 정비하려 하자, 그가 말하기를, "비록 초야에 살더라도 정도(正道)만 행하면 복업(福業)이 오래 갈 것이요, 만일 그렇지 못하면 여러 사람을 수고롭게 하여 성을 쌓을지라도 아무 이익이 없을 것입니다." 라고 하면서 백성들을 위해 만류하였다. 왕은 이에 성 쌓는 일을 그만두었다.

① 원효　② 의상
③ 지눌　④ 원광

4. 밑줄 친 '이들'의 침입과 관련된 내용으로 옳은 것은?

> 거란족 일부가 이들에게 쫓겨 고려 국경을 침입해 왔다. 고려는 이들과 연합하여 서경 부근의 강동성에 있는 거란족을 물리쳤다. 이를 계기로 고려는 이들과 공식적인 외교 관계를 맺었다.

① 흥화진에서 양규 등이 적에 맞서 싸웠다.
② 윤관이 정벌을 단행하여 동북 지방에 9성을 쌓았다.
③ 처인성 전투에서 김윤후가 적장 살리타를 사살하였다.
④ 최무선이 화통도감에서 화기를 제작하여 이들을 격퇴하였다.

5. 다음 (가)에 들어갈 국왕 때의 사실로 옳지 않은 것은?

> 원나라 위왕의 딸인 노국 공주는 (가) 와 결혼한 후 함께 고려로 들어왔다. 노국 공주는 (가) 와 함께 원의 간섭에서 벗어나 자주권을 회복하고 왕권을 강화하기 위한 각종 정책을 추진하였다.

① 정동행성 이문소와 정방을 혁파하였다.
② 첨의부를 다시 중서문하성으로 고쳤다.
③ 최고 정무 기관인 도평의사사를 설치하였다.
④ 신돈이 전민변정도감의 책임자로 임명되었다.

6. 다음 시기의 경제 모습으로 가장 적절치 못한 것은?

> 의붓아버지가 가난을 이유로 공부시키지 않고 … 이승장의 어머니는 그럴 수 없다며 고집하기를, "… 학문에 뜻을 둘 나이가 되었으니, 그 친아버지가 다니던 사학에 입학시켜 뒤를 잇게 해야 합니다. …" 라고 하였다. 마침내 이승장을 솔성재에서 공부하게 하니, 전 남편의 옛 학업을 뒤따르게 한 것이다.

① 경시서를 두어 상행위를 감독하게 하였다.
② 수공업 생산 방식으로 선대제가 유행하였다.
③ 일반 거래에서는 곡식이나 삼베가 사용되었다.
④ 국경 지대의 각장에서 거란과의 무역이 이루어졌다.

7. 다음 수취 제도에 관련된 내용으로 옳은 것은?

> 양인들의 군역에 대한 절목 등을 검토하고 유생의 의견을 들었으며, 개선 방향에 관한 면밀한 검토를 거친 후 담당 관청을 설치하고 본격적으로 시행하였다. 핵심 내용은 1년에 백성이 부담하는 군포 2필을 1필로 줄이는 것이었다.

① 지역별로 총액을 정해서 수취하였다.
② 이를 관할하는 관청으로 선혜청을 두었다.
③ 부족분은 어염세, 결작, 선무군관포로 채웠다.
④ 전국적으로 확산되는데 100여 년이나 걸렸다.

8. 조선 후기의 국학 연구에 대한 설명으로 옳지 않은 것은?

① 김정호의 대동여지도는 10리마다 눈금을 표시하였다.
② 한치윤은 『연려실기술』에서 조선의 정치사를 기사본말체로 서술하였다.
③ 안정복은 『동사강목』에서 고조선부터 고려 말까지의 역사를 정리하였다.
④ 한백겸은 『동국지리지』를 저술하여 고구려의 발상지가 만주라는 것을 고증하였다.

9. 빈칸에 들어갈 인물의 재위 기간에 대한 설명으로 옳은 것은?

> 명은 한때 원이 차지하였던 철령 이북의 땅을 돌려 줄 것을 고려에 요구하였다. 그러나 당시 고려에서 최영 등은 이를 거절하고, 요동 지방까지 수복하고자 군사를 출동시켰다. 그러나 요동 공격을 반대하던 [　　　]은/는 위화도에서 군사를 돌려 개경으로 돌아와 반대파를 몰아내고 정치적 실권을 잡았다.

① 공신이나 왕족이 소유한 사병을 혁파하였다.
② 황희, 맹사성 등 유능한 재상들을 등용하였다.
③ 원의 역법인 수시력이 전래되어 이를 채용하였다.
④ 도첩제를 실시하여 국가에서 승려를 관리하였다.

10. 다음은 어느 책의 목차 일부이다. 이 책의 저자에 대한 설명으로 옳은 것은?

> 1. 원시 씨족 공산체의 잉태
> 2. 삼국의 정립 시대의 노예 경제
> 3. 삼국 시대 말기 경부터 최근세에 이르기까지의 아시아적 봉건 사회의 특질
> 4. 아시아적 봉건국가의 붕괴 과정과 자본주의 맹아 형태

① 민족 정신을 '혼'으로 파악하였다.
② 식민 사학의 정체성론을 반박하였다.
③ 『조선상고사』, 『조선사 연구초』를 저술하였다.
④ 정약용의 저서를 모은 『여유당전서』를 간행하였다.

11. 밑줄 친 '왕' 때의 역사적 사실로 옳은 것은?

> 부원수 이괄이 금부도사 고덕상 · 심대림, 선전관 김지수, 중사 김천림 등을 죽이고 군사를 일으켜 반역하였다. … 이괄 부자(父子)가 역적의 우두머리라는 고변이 있었으나, 왕은 이괄이 반역하지 않으리라고 생각하여 그 아들 이전을 서울로 데려오라고 명하였는데 … 이괄이 도사 등을 죽이고 여러 장수들을 위협하여 난을 일으켰다.

① 갑인예송을 계기로 남인이 정권을 잡았다.
② 청 태종이 군대를 이끌고 조선을 침입하였다.
③ 『속대전』을 편찬하여 법률 체제를 정비하였다.
④ 삼정의 문란을 해결하기 위해 삼정이정청을 설치하였다.

12. 밑줄 친 '왕' 때 전개된 사실로 옳지 않은 것은?

> 왕은 노론과 소론, 남인을 두루 등용하였으며, 젊은 관료들을 재교육하기 위해 초계문신제를 실시하였다.

① 장용영을 설치하였다.
② 수원 화성을 건설하였다.
③ 창덕궁 안에 규장각을 세웠다.
④ 6만여 명의 공노비를 해방시켰다.

13. 다음 내용이 규정된 조약에 대한 설명으로 옳은 것은?

> 제5조 무역을 목적으로 조선국에 오는 미국 상인 및 상선은 모든 수출입 상품에 대하여 관세를 지불해야 한다.

① 최초의 근대적 조약이었다.
② 개항장에 일본인 거류지가 설정되었다.
③ 일본 공사관에 경비병 주둔을 허용하였다.
④ 영사 재판권과 최혜국 대우가 규정된 불평등 조약이었다.

14. 다음 조약 체결 이후에 전개된 역사적 사실로 옳지 않은 것은?

> 일본국 정부는 그 대표자로서 한국 황제폐하의 아래에 1명의 통감(統監)을 두되, 통감은 오로지 외교에 관한 사항을 관리하기 위하여 서울에 주재하고, 직접 한국 황제 폐하를 궁중에서 비밀리에 알현할 권리를 가진다.

① 대한제국의 군대가 해산되었다.
② 고종이 강제 퇴위되고, 순종이 즉위하였다.
③ 초대 통감으로 이토 히로부미가 부임하였다.
④ 일본의 기습공격으로 러 · 일 전쟁이 발발하였다.

15. 밑줄 친 '이 운동'에 대한 설명으로 옳은 것은?

> 이 운동의 사상적 도화수가 된 것은 누구인가? … 적어도 중산 계급의 이익에 충실한 대변인인 지식 계급 아닌가. … 그네는 자본가 중산 계급이 양복이나 비단 옷을 입는 대신 무명과 베옷을 입었고, 저들 자본가가 위스키나 브랜디나 정종을 마시는 대신 소주나 막걸리를 먹지 않았는가?

① 이광수, 최린, 김성수 등이 주도하였다.
② 문맹 퇴치와 미신 타파를 목표로 하였다.
③ 각지에서 자작회, 토산장려회 등 단체가 생겨났다.
④ '한민족 1천만이 한사람이 1원씩'이라는 구호를 내세웠다.

16. 다음 상소문이 쓰여진 해의 역사적 사실로 옳은 것은?

> 러시아 공사관으로 거처를 옮기시고 해가 바뀌었습니다. 그곳 유리창과 분칠한 담장은 화려하지만, 그을음 나는 석탄을 때는 전돌은 옥체를 보호하기에 적합하지 않는 듯 합니다. … 바로 환궁하여 끓어오르는 여론에 부응하시고 영원히 누릴 태평의 터전을 공고히 만드소서.

① 관민 공동회가 개최되었다.
② 서재필이 독립신문을 창간하였다.
③ 고종이 연호를 '광무'라고 하였다.
④ 일본과 청은 시모노세키 조약을 맺었다.

17. 다음 일제의 정책들을 순서대로 바르게 나열한 것은?

> ㉠ 회사 설립을 허가제에서 신고제로 바꾸었다.
> ㉡ 국가 총동원법을 만들어 전시 통제 체제를 강화하였다.
> ㉢ 근대적 토지 소유권 확립을 위해 토지 조사국을 설치하였다.
> ㉣ 치안유지법을 제정하여 사회주의 사상과 민족 운동을 탄압하였다.

① ㉠-㉡-㉢-㉣
② ㉡-㉣-㉢-㉠
③ ㉢-㉠-㉡-㉣
④ ㉢-㉠-㉣-㉡

18. 밑줄 친 '이 단체'에 대한 설명으로 옳은 것은?

> 이 단체에서 무엇보다도 큰 힘을 기울여 추진한 일은 우리말 사전 편찬 작업이었다. 단체의 회원들은 조선어 사전을 펴내기 위한 기초 작업으로 우리나라 최초로 '한글 맞춤법 통일안'을 정하였다.

① 민립 대학 설립 운동을 추진하였다.
② 가갸날을 만들고, 잡지 한글을 창간하였다.
③ 주시경이 한글 연구와 보급을 위해 만든 단체이다.
④ 일제는 이 단체를 독립운동 단체로 간주하여 회원들을 체포하였다.

19. 다음 헌법의 내용으로 옳지 않은 것은?

> 제39조 ① 대통령은 통일 주체 국민 회의에서 토론없이 무기명 투표로 선거한다.
> ② 통일 주체 국민 회의에서 재적 대의원 과반수의 찬성을 얻은 자를 대통령 당선자로 한다.

① 대통령 직선제
② 긴급조치권 부여
③ 대통령 중임 제한 철폐
④ 대통령의 국회 해산 가능

20. 다음 통일 정책에 대한 내용으로 옳은 것은?

> 남과 북은 나라의 통일을 위한 남측의 연합제 안과 북측의 낮은 단계의 연방제 안이 서로 공통성이 있다고 인정하고 앞으로 이 방향에서 통일을 지향해 나가기로 하였다.

① 남북 조절 위원회가 설치되었다.
② 1차 남북 정상 회담 때 발표되었다.
③ 남북한이 비핵화 공동 선언을 체결하는 계기가 되었다.
④ 자주적, 평화적, 민족 대단결의 통일 원칙에 처음으로 합의하였다.

박문각

한 국 사

1. 밑줄 친 '이 나라'에 대한 설명으로 옳은 것은?

철(凸)자형 집터는 이 나라의 주거 양식으로, 주로 동해안 주변에서 보인다. 방과 출입구의 경계에 폭이 좁아져 문을 만든 것으로 추정하고 있다.

① 은력이라는 달력을 사용하였다.
② 옥저를 정복하여 공물을 받았다.
③ 간음한 자와 투기가 심한 부인은 사형에 처하였다.
④ 씨족 사회의 전통이 남아있어 족외혼을 엄격히 지켰다.

2. 밑줄 친 인물에 대한 설명으로 옳은 것은?

당 태종은 직접 군대를 이끌고 요동성과 백암성 등 여러 성을 정복하고 안시성에 이르렀다. 이에 그는 15만 명의 군사를 파견하였으나 대패하였다. 고립된 안시성의 주민은 성주의 지휘 속에서 80여 일간 당군에게 항전하였다.

① 당나라에 의해 요동 도독으로 임명되었다.
② 우중문에게 오언시(여수장우중문시)를 보냈다.
③ 정변을 일으켜 영류왕과 반대 세력을 제거하였다.
④ 백제 아신왕을 굴복시켜 한강 이북의 땅을 차지하였다.

3. 밑줄 친 '그'의 재위 기간에 있었던 사실로 옳은 것은?

그는 신라의 17대 왕으로, 재위 기간은 356년부터 402년까지였다. 13대 미추 이사금에 이어 김씨로는 두 번째로 왕위로 올랐으며 그의 집권 이후로는 김씨만 왕이 되었고, 왕의 호칭도 이사금에서 마립간으로 바뀌었다.

① 왕위 계승의 부자 상속제가 확립되었다.
② 신라 영토 안의 고구려군을 축출하였다.
③ 관리의 복색을 정하고, 17관등제를 완성하였다.
④ 낙동강 동쪽의 진한 지역을 거의 차지하였다.

4. 밑줄 친 '이 문서'에 대한 설명으로 옳지 않은 것은?

통일 신라의 이 문서는 당시 촌락의 경제 상황과 조세 행정을 알 수 있는 자료이다. 현재 남아있는 것은 서원경 부근의 4개 촌락을 조사한 일부분으로 일본 도다이사의 쇼소인(정창원)에서 발견되었다.

① 3년마다 촌주가 작성하였다.
② 호는 상상호에서 하하호까지 6등급을 나누었다.
③ 문서의 모든 자료가 촌락을 기준으로 작성되어 있다.
④ 각 촌락의 둘레, 호구의 수, 말과 소의 수를 기록하였다.

5. 다음 빈칸에 들어갈 국왕에 대한 설명으로 옳은 것은?

문벌 귀족인 경원 이씨는 왕실과의 중첩된 혼인을 통해 권세를 쌓았다. 이자연은 세 딸을 문종의 왕비로 들였고, 이자연의 손자인 이자겸도 둘째 딸을 예종의 비로 들였다. 또 외손자인 [   ]에게도 두 딸을 왕비로 들여 외척 관계를 맺었다.

① 개경에 나성을 쌓아 방어를 강화하였다.
② 국자감에 전문 강좌인 7재를 설치하였다.
③ 지방에 경학박사와 의학박사를 파견하였다.
④ 김부식으로 하여금 『삼국사기』를 편찬하게 하였다.

6. 다음 자료의 인물에 대한 설명으로 옳은 것은?

그는 상주 가은현 사람이다. 아버지 아자개는 농사를 지으며 살다가 후에 가문을 일으켜 장군이 되었다. … 군대를 따라 서울에 들어왔다가 서남 해안을 지키러 갔을 때 창을 베고 자면서 적을 기다렸고, 그의 용기는 항상 병졸보다 앞섰으므로 그 공로로 비장이 되었다.

① 발해의 유민들을 대대적으로 포용하였다.
② 오월, 거란, 일본 등에 외교 사절을 보냈다.
③ 송악의 호족 출신으로, 궁예의 부하가 되었다.
④ 무태, 수덕만세 등 독자적인 연호를 사용하였다.

7. 다음 중 전근대 시대의 승려에 대한 설명으로 옳은 것을 모두 고르면?

㉠ 고대 시대에 인도를 다녀온 승려로는 겸익, 혜초 등이 있다.
㉡ 신라 승려 원광은 계율종을 개창했으며, 대국통이 되어 활약하였다.
㉢ 요세는 천태종 승려로, 참회 수행과 염불을 통한 극락왕생을 주장하였다.
㉣ 지눌은 불교와 유교가 심성 수양이라는 면에서 본래 차이가 없다고 보았다.

① ㉠, ㉢ ② ㉠, ㉣
③ ㉡, ㉢ ④ ㉢, ㉣

8. 다음 지역에서 전개된 역사적 사실로 옳은 것은?

> 고대 : 고구려의 수도
> 고려 : 묘청의 난, 조위총의 난
> 근현대 : 제너럴셔먼호 사건

① 국채 보상 운동이 시작되었다.
② 안창호가 대성 학교를 세웠다.
③ 백제 성왕이 이곳으로 수도를 옮겼다.
④ 지눌이 수선사 결사 운동을 전개하였다.

9. 다음 자료는 이 관직의 주요 임무를 규정한 것이다. 이 관직에 대한 설명으로 옳은 것은?

> 임금이 말하기를, "이른바 칠사(七事)라는 것은 무엇인가?" 하니, 변징원이 대답하기를, "농상(農桑)을 성(盛)하게 하고, 학교를 일으키며, 사송(詞訟)을 간략하게 하고, 간활(奸猾)을 없애며, 군정을 닦고, 호구를 늘게 하며, 부역을 고르게 하는 것이 바로 칠사입니다." 라고 하였다.

① 감사 또는 방백이라고 불렀다.
② 지방 관아에 소속되어 행정 실무를 처리하였다.
③ 자신의 출신 지역에는 부임할 수 없게 하였다.
④ 각 도에 파견되어 행정·감찰·사법을 장악하였다.

10. 다음 역사적 사실들을 순서대로 바르게 나열한 것은?

> ㉠ 문정왕후와 외척들이 정국을 주도하였다.
> ㉡ 승과와 소격서를 폐지하고, 경연을 강화하였다.
> ㉢ 김종직의 조의제문을 구실로 사림들이 축출되었다.
> ㉣ 폐비 윤씨 사사 사건에 관련된 인사들이 제거되었다.

① ㉢-㉣-㉠-㉡　　② ㉢-㉣-㉡-㉠
③ ㉣-㉡-㉢-㉠　　④ ㉣-㉢-㉡-㉠

11. 다음 정치 기구에 대한 설명으로 옳지 않은 것은?

> 명칭은 '변방의 방비를 담당하는 것'이라고 하면서 과거 시험에 대한 판하(判下)나 비빈을 간택하는 등의 일까지도 모두 여기를 경유하여 나옵니다.

① 을묘왜변을 계기로 청사를 따로 두었다.
② 의정부와 6조의 행정 체계가 유명무실해졌다.
③ 전·현직 정승, 대제학 등 고위 관리들이 참여하였다.
④ 임진왜란 때 척계광의 『기효신서』를 참고하여 편성되었다.

12. 다음 자료와 관련된 인물에 대한 설명으로 옳은 것은?

> 무릇 1여(閭)의 토지는 여민이 함께 농사하고 경계를 나누지 않는다. 여장은 매일 개개인의 노동량을 장부에 기록하여 두었다가 가을이 되면 수확물을 여장의 집에 가져온 다음에 분배한다. … 노동 일수에 따라 여민(閭民)에게 분배하도록 한다.

① 『의산문답』을 저술하였다.
② 사농공상의 직업적 평등을 주장하였다.
③ 많은 제자를 양성하여 성호학파를 형성하였다.
④ 박제가와 함께 종두법을 연구하고 실험하였다.

13. 다음 칙령에 따라 성립된 내각에서 추진된 개혁의 내용으로 옳지 않은 것은?

> 제3호 내가 동짓날에 백관들을 거느리고 태묘에 나아가 우리나라가 독립하고 모든 제도를 이정한 사유를 고하고, 다음 날에는 태사에 나아가겠다.
> 제4호 박영효를 내부대신으로, 서광범을 법부대신으로 … 삼도록 하라고 명하였다.
> 이상은 총리대신 김홍집, 외부대신 김윤식, 탁지부 대신 어윤중, 학부대신 박정양이 칙령을 받았다.

① 재판소를 설치하였다.
② 원수부를 설치하였다.
③ 의정부를 내각으로 고쳤다.
④ 8도를 23부로 개편하였다.

14. 다음 특징을 가진 의병 활동에 대한 설명으로 옳은 것은?

> 해산된 군인의 참여로 의병의 전력이 보다 강화되었다. 이때의 의병은 비록 복장이나 무기 등이 통일되지는 않았으나 유생, 군인, 농민, 상인, 포수 등 각계각층이 참여하여 적극적인 항일 투쟁을 전개하였다.

① 평민 출신의 의병장이 처음 등장하였다.
② 최익현은 제자인 임병찬과 함께 봉기하였다.
③ 위정척사 사상을 가진 양반 유생들이 주도하였다.
④ 13도 창의군을 편성하고 서울진공작전을 단행하였다.

15. 다음 운동에 대한 설명으로 옳은 것은?

> 국토가 한번 없어진다면 다시는 찾을 길이 없을 뿐만 아니라, … 이를 갚을 길이 있으니 수고롭지 않고 손해 보지 않고 재물을 모으는 방법이 있습니다. 2천만 인민들이 3개월 동안 흡연을 금지하고 그 대금으로 한사람에게 매달 20전씩 거둔다면 1천 3백만 원을 모을 수 있습니다.

① 총독부의 탄압으로 중단되었다.
② 사회주의자들은 이 운동을 비판하였다.
③ 회사령 폐지와 관세 철폐가 그 원인이었다.
④ 대구에서 시작되어 전국으로 확대되었다.

16. 밑줄 친 인물의 속한 단체에 대한 설명으로 옳은 것은?

> **강보에 싸인 두 병정에게**
> 너희도 만일 피가 있고 뼈가 있다면
> 반드시 조선을 위해 용감한 투사가 되어라.
> 태극의 깃발을 높이 드날리고
> 나의 빈 무덤 앞에 찾아와
> 한잔의 술을 부어 놓아라
> 그리고 너희들은 아비 없음을 슬퍼하지 마라.
> – 윤봉길 의사의 편지 中 –

① 사이토 조선 총독에게 폭탄을 투척하였다.
② 임시 정부의 침체를 극복하기 위해 조직되었다.
③ 중국 관내에서 결성된 최초의 한인 군사 조직이다.
④ 단원인 나석주가 동양 척식 주식 회사에 폭탄을 던졌다.

17. (가), (나) 사이에 있었던 역사적 사실로 옳지 못한 것은?

> (가) 청산리 일대에서 일본군과 독립군 간에 전투가 벌어졌다. 6일간 백운평 전투, 고동하 전투 등 10여 회의 전투에서 1,200~1,500여 명의 일본군을 사살하였다.
> (나) 만주의 군벌과 총독부의 경무국장 사이에 미쓰야 협정이 체결되었다.

① 밀산부에서 대한독립군단이 조직되었다.
② 임시 정부의 직할 부대로 참의부가 조직되었다.
③ 악질 지주를 상대로 암태도 소작쟁의가 일어났다.
④ 소련은 연해주의 한인들을 중앙아시아로 강제 이주시켰다.

18. 다음 민주화 운동에 대한 설명으로 옳은 것은?

> 이번 4월의 참사는 학생 운동 사상 최대 비극이요, 이 나라의 정치적 위기를 극복하기 위한 중대 사태이다. 이에 대한 철저한 반성 없이는 이 민족의 불행한 운명을 도저히 만회할 길이 없다. 우리 전국 대학교 교수들은 이 비상시국에 대처하여 양심의 호소를 하는 바이다.

① 계엄령 철회와 김대중 석방 등을 요구하였다.
② 장면 내각의 무능과 사회 혼란이 원인이 되었다.
③ 대통령 직선제를 골자로 하는 개헌이 이루어졌다.
④ 이승만이 하야 성명을 발표하고, 대통령직에서 물러났다.

19. 다음 강령을 내세운 단체에 대한 설명으로 옳지 않은 것은?

> 1. 부호의 의연 및 일본인이 불법 징수하는 세금을 압수하여 무장을 준비한다.
> 2. 만주에 사관학교를 설치하여 독립 전사를 양성한다.
> 3. 중국, 러시아 등에 의뢰하여 무기를 구입한다.

① 공화주의를 목표로 활동하였다.
② 군자금 모집, 친일 부호 처단 등의 활동을 하였다.
③ 조선국권회복단과 대한광복단을 합쳐 만든 단체이다.
④ 설립 당시 회장은 이상재, 부회장은 홍명희가 맡았다.

20. 다음 법령이 존속하던 기간에 볼 수 있었던 모습으로 옳은 것은?

> 회사가 본령이나 본령에 의거하여 발하는 명령과 허가 조건에 위반하거나 또는 공공질서와 선량한 풍속에 반하는 행위를 할 때, 조선 총독은 회사의 해산을 명할 수 있다.

① 영화 '아리랑'을 관람하는 학생들
② 조선 형평사 행사에 참석한 백정들
③ 조선 식산 은행 창립식에 참석한 관리
④ 도시 변두리에 토막집을 짓고 사는 빈민들

박문각

한 국 사

1. 밑줄 친 '그 나라'에 대한 설명으로 옳은 것은?

> 그 나라에는 왕이 있고, 벼슬로는 상가 · 대로 · 패자 · 고추가 · 주부 · 우태 · 승 · 사자 · 조의 · 선인이 있으며 신분의 높고 낮음에 따라 각각 등급을 두었다.

① 사출도라는 행정 구역이 있었다.
② 매년 10월에 무천이라는 제천행사를 열었다.
③ 제가회의를 통해 국가 중대사를 결정하였다.
④ 살인, 절도 등의 죄를 다스리는 범금 8조가 있었다.

2. 밑줄 친 '이 나라'에 대한 설명으로 옳은 것은?

> 우륵은 이 나라의 음악가로서 가야 음악 12곡을 지었는데, 이 나라가 멸망하기 직전인 신라 진흥왕 때 가야금을 가지고 신라에 투항하였다. 그는 국원소경(충주)에서 여러 제자를 길러 가야의 음악을 신라에 전하였다.

① 김수로가 건국하였다.
② 신라 법흥왕과 결혼 동맹을 맺었다.
③ 고구려의 공격을 받아 큰 타격을 입었다.
④ 낙랑과 왜를 연결하는 중계무역이 발달하였다.

3. 빈칸에 들어갈 국왕의 업적으로 옳은 것은?

> 성덕왕에서 [　　] 왕에 이르는 시기는 통일 신라 문화의 전성기로서 당과의 관계도 원활하였으며, 사회가 안정되고 문화가 융성하였다. 동시에 신라인의 해외 활동도 활발하였으며, 불교 예술은 극치를 이루었다

① 문무 관리들에게 관료전을 지급하였다.
② 의상을 지원하여 부석사를 창건하였다.
③ 향가 모음집인 『삼대목』을 편찬하였다.
④ 중앙 관부와 관직 이름을 중국식으로 바꾸었다.

4. (가)에 들어갈 무덤 양식에 대한 설명으로 옳은 것은?

> 고구려는 초기에 주로 [(가)]을/를 만들었으나 점차 굴식 돌방무덤으로 바뀌었다. 백제도 한성 시대에는 고구려의 것과 유사한 [(가)]을/를 만들었으나 차츰 굴식 돌방무덤으로 바뀌었다.

① 중국 남조의 영향을 받은 무덤양식이다.
② 나무로 관을 짜고, 그 위에 돌을 얹었다.
③ 청동기 시대부터 삼국 시대까지 만들어졌다.
④ 대표적인 무덤으로 천마총, 호우총 등이 있다.

5. 고려의 정치 제도에 대한 설명으로 옳은 것을 모두 고르면?

> ㉠ 어사대는 서경, 간쟁, 봉박을 담당하였다.
> ㉡ 중추원은 원 간섭기에 첨의부로 격하되었다.
> ㉢ 한림원은 화폐, 곡식의 출납과 회계를 맡았다.
> ㉣ 식목도감은 재신, 추밀 등으로 구성되어 법제를 논의하였다.

① ㉠, ㉡　　② ㉠, ㉣
③ ㉡, ㉣　　④ ㉢, ㉣

6. 다음 사건 이후에 전개된 역사적 사실로 옳지 않은 것은?

> 원종이 강화에서 개경으로 환도할 적에 장군 홍문계 등이 나라를 그르친 권신 임유무를 죽이고 왕이 정권을 되찾을 수 있도록 하였다. 좌별초, 신의군 등의 부대가 승화후를 옹립하고 반역을 도모하면서 남쪽으로 항해하여 가니 배의 행렬이 길게 이어졌다.

① 제주도에 탐라총관부가 설치되었다.
② 도병마사가 도평의사사로 개편되었다.
③ 홍건적이 침입하여 개경이 함락되었다.
④ 공주 명학소에서 망이 · 망소이가 봉기하였다.

7. 다음 자료에서 설명하고 있는 승려에 대한 내용으로 옳은 것은?

> 문종의 아들로 태어나 11세에 출가하였다. 31세에 송나라로 건너가 고승들과 불법을 토론하고 불교 서적을 수집하여 귀국하였다. 숙종 때 국청사를 창건했으며 교선 통합을 위해 심혈을 기울였다.

① 해동 천태종을 창시하였다.
② 선종을 중심으로 교종을 포용하였다.
③ 강진 만덕사에서 백련결사를 주도하였다.
④ 귀법사를 중심으로 활동하며 성상융회를 강조하였다.

8. (가)와 (나) 사이에 들어갈 역사적 사실로 옳지 않은 것은?

> (가) 삼도순변사 신립이 이끄는 관군이 탄금대에서 적군에게 패배, 충주 방어에 실패하였다. 신립은 전장에서 순절하였다.
> (나) 삼군수군통제사로 복귀한 이순신은 12척의 배를 이끌고 300여 척의 적선을 울돌목에서 대파하였다.

① 조·명 연합군이 평양성을 탈환하였다.
② 김시민이 왜의 대군에 맞서 진주성을 지켜냈다.
③ 행주산성에서 권율이 왜군과의 격전을 벌여 승리하였다.
④ 이순신이 노량 앞바다에서 철수하는 왜군에 일격을 가하였다.

9. 다음 '세자'의 재위 기간에 있었던 사실로 옳은 것은?

> 임금이 명하기를, "국운이 평안하고 태평함을 회복하여 중전이 복위하였으니, 백성에게 두 임금이 없는 것은 고금을 통하는 도리이다. 장씨에게 내렸던 왕후의 지위를 거두고, 옛 작호인 희빈을 내려 주도록 하라. 다만 세자가 조석으로 문안하는 것은 폐하지 말라."라고 하였다.

① 언로를 확대하여 신문고를 부활하였다.
② 신임사화가 일어나 노론이 대거 숙청되었다.
③ 홍수에 대비하기 위해 청계천 준설 사업을 추진하였다.
④ 온건하고 타협적인 인물을 등용하여 탕평파로 육성하였다.

10. 고대의 문화유산에 대한 설명으로 옳지 않은 것은?

① 고구려의 영광탑은 탑 아래에 무덤 칸이 있다.
② 삼국 시대에는 미륵보살 반가상이 많이 제작되었다.
③ 백제 수도였던 부여에는 정림사지 5층 석탑이 있다.
④ 신라의 황룡사 9층 목탑은 백제 기술자의 도움을 받아 세운 탑이다.

11. 다음 역사서에 대한 설명으로 옳은 것은?

> 삼국 이후의 여러 역사서를 모으고 중국의 역서서에서 가려내어 연도에 따라 사실을 기록하였습니다. 범례는 『자치통감』에 의거하였고 『자치통감강목』의 취지에 따라 번잡한 것은 줄이고 … 삼국이 서로 대치한 때는 삼국기라고 하였고 … 삼한 이전은 외기라고 하였습니다.

① 태종 때 권근이 편찬하였다.
② 단군을 민족의 시조로 인식하였다.
③ 사초와 시정기를 바탕으로 실록청에서 편찬하였다.
④ 이 책에서 저자는 최초로 남북국 시대를 제안하였다.

12. 다음 사건에 대한 설명으로 옳은 것은?

> 안핵사 박규수에게 하교하기를, "얼마 전에 있었던 진주의 일은 전에 없던 변괴였다. … 신중을 기하여 혹시 한 사람이라도 억울하게 처벌받는 일이 없게 하라."라고 하였다.

① 홍경래, 우군칙 등이 주도하였다.
② 교정청이 설치되는 계기가 되었다.
③ 진주에서 시작되어 전국으로 확대되었다.
④ 서북 지방에 대한 차별 대우가 원인이 되었다.

13. 다음 주장이 등장하게 된 배경으로 옳은 것은?

> 러시아와 미국과 일본은 모두 같은 오랑캐들이니 그 사이에 누가 더하고 덜하다는 차이를 두기 어렵습니다. … 저들이 일본이 과거에 했던 전례를 따르고, 새로 맺는 미국과의 조약을 끌어다 대어 땅을 요구하면서 와서 살고 물화를 교역하기를 청한다면 장차 어떻게 거절할 수 있겠습니까.

① 일본 군함 운요호가 초지진을 공격하였다.
② 수신사 김홍집이 『조선책략』을 가지고 들어왔다.
③ 흥선 대원군이 물러나고 고종이 직접 정치에 나섰다.
④ 미국이 제너럴셔먼호 사건을 구실로 통상을 요구하였다.

14. 다음 자료와 관련된 단체에 대한 설명으로 옳지 않은 것은?

> 1. 외국인에게 의지하지 말고 관민이 힘을 합하여 전제 황권을 견고하게 할 것
> 2. 외국과의 이권에 관한 계약과 조약은 각 대신과 중추원 의장이 합동 날인하여 시행할 것
> 4. 중대 범죄는 공개 재판하되, 피고가 죄를 자백한 후에 시행할 것

① 황국 협회 회원들과의 충돌로 해산되었다.
② 러시아의 절영도 조차 요구를 철회시켰다.
③ 자유 민권 운동과 국민 참정권 운동을 전개하였다.
④ 국가 재정을 탁지아문에서 관할할 것을 결의하였다.

15. 다음 자료와 관련된 정책으로 옳은 것은?

> 한국에서 유통되는 백동화에 대한 처분안을 들어보면, 갑(甲) 구 백동화는 1개당 신화폐 2전 5리의 비율로 교환한다. … 병(丙) 형체와 품질이 화폐라고 인정하기 어려운 것은 정부가 매수하지 않는다.

① 화폐 정리 사업
② 토지 조사 사업
③ 각종 전매제 시행
④ 토지 가옥 증명 규칙

16. 빈칸에 들어갈 지역에서 전개된 역사적 사실로 옳은 것은?

> • **주제** : [ ] 지역에 서린 항일 독립 운동의 흔적을 찾아서
> • **조사 내용**
> 1. 이상설이 세운 민족 교육의 요람, 서전서숙
> 2. 김약연의 명동 학교 설립과 교육 활동
> 3. 윤동주와 송몽규의 민족 의식이 싹튼 용정촌

① 대한 국민 의회가 수립되었다.
② 유인석, 이상설 등이 13도 의군을 결성하였다.
③ 대조선 국민군단이 조직되어 군사 훈련을 하였다.
④ 김좌진을 사령관으로 한 북로군정서가 조직되었다.

17. 다음 연표의 인물에 대한 설명으로 옳은 것은?

1906년	대한매일신보의 주필로 활동
1907년	국채 보상 운동에 참여
1908년	『독사신론』 저술
1913년	상해에서 동제사에 참여

① 『한국독립운동지혈사』를 저술하였다.
② 유물 사관에 입각하여 역사를 연구하였다.
③ 민족주의 사학의 연구 방향을 제시하였다.
④ 「5천년간 조선의 얼」이라는 글을 신문에 연재하였다.

18. 밑줄 친 '만세 시위'에 대한 설명으로 옳은 것은?

> 대한제국의 마지막 황제인 순종이 사망하자, 조선 공산당이 중심이 된 사회주의 계열과 천도교를 비롯한 민족주의 계열은 학생 단체와 힘을 합쳐 <u>만세 시위</u>를 계획하였다.

① 신간회에서 조사단을 파견하였다.
② 기미독립선언서를 작성하여 전국에 배포하였다.
③ 헌병 경찰과 일본군이 시위를 폭력적으로 진압하였다.
④ 국내에서 민족 유일당 운동이 전개되는 계기가 되었다.

19. 다음 자료와 관련된 단체에 대한 설명으로 옳지 않은 것은?

> 우리는 전 민족의 총의를 대표하는 새 정권이 수립되기까지 일시적 과도기에 조선의 치안을 자주적으로 유지하며, 나아가 완전한 독립 국가의 조직을 실현하기 위하여 노력한다.

① 좌 · 우 합작 7원칙을 발표하였다.
② 조선 건국 동맹을 모체로 조직되었다.
③ 친일 세력을 제외한 각계각층을 망라하였다.
④ 여운형과 안재홍 등 중도파들을 중심으로 결성되었다.

20. 다음 민주화 운동에 대한 설명으로 옳은 것은?

> 대학생들의 평화적 시위를 질서 유지, 진압이라는 명목 아래 저 잔인한 공수부대를 투입하여 시민과 학생을 무차별 살육하였고, … 일부 언론은 광주 시민의 의거를 불순배의 선동이니, 폭도의 소행이라며 몰아붙이고만 있습니다.

① 호헌 철폐, 독재 타도 등의 구호를 외쳤다.
② 서울의 대학 교수들이 시국 선언문을 발표하였다.
③ 학생과 시민의 힘으로 부패한 독재 정권을 무너뜨렸다.
④ 관련 기록물이 유네스코 세계 기록 유산으로 등재되었다.

수고하셨습니다.

당신의 합격을 응원합니다.

2024 공무원 시험 대비 봉투모의고사

▌제1회~8회▐

응시번호	
성 명	

문제책형

제1과목	국어	제2과목	영어	제3과목	한국사
제4과목		제5과목			

응시자 주의사항

1. **시험시작 전 시험문제를 열람하는 행위나 시험종료 후 답안을 작성하는 행위를 한 사람**은 「공무원임용시험령」 제51조에 의거 **부정행위자**로 처리됩니다.
2. **답안지 책형 표기**는 **시험시작 전** 감독관의 지시에 따라 **문제책 앞면에 인쇄된 문제책형을 확인** 한 후, **답안지 책형란에 해당 책형(1개)**을 '●'로 **표기**하여야 합니다.
3. **답안은 문제책 표지의 과목 순서에 따라 답안지에 인쇄된 순서(제1·2·3·4·5과목)에 맞추어 표기**해야 하며, 과목 순서를 바꾸어 표기한 경우에도 **문제책 표지의 과목 순서대로 채점**되므로 유의하시기 바랍니다.
4. 시험이 시작되면 문제를 주의 깊게 읽은 후, **문항의 취지에 가장 적합한 하나의 정답만을 고르며**, 문제내용에 관한 질문은 할 수 없습니다.
5. 답안지의 모든 기재 및 표기 사항은 **컴퓨터용 흑색 싸인펜을 사용**하며, 반드시 <보기>의 **올바른 표기 방식**으로 답안을 작성해야 합니다.

   <보기> 올바른 표기: ● 잘못된 표기: ⓥ ⊗ ◑ ⊙ ⓛ ◌ ③

6. **답안을 잘못 표기하였을 경우**에는 **답안지를 교체하여 작성**하거나 **수정할 수 있으며**, 표기한 답안을 수정할 때는 **응시자 본인이 가져온 수정테이프만을 사용**하여 해당 부분을 완전히 지우고 부착된 수정테이프가 떨어지지 않도록 손으로 눌러주어야 합니다. **(수정액 또는 수정스티커 등은 사용 불가)**
   ▪ **불량한 수정테이프의 사용과 불완전한 수정처리**로 발생하는 **모든 문제는 응시자 본인에게 책임이 있습니다.**
7. **시험시간 관리의 책임은 응시자 본인에게 있습니다.**
   ※ 문제책은 시험종료 후 가지고 갈 수 있습니다.

정답공개 및 이의제기 안내

1. 정답공개: 정답가안 3.23.(토) 13:00, 최종정답 4.1.(월) 18:00 / 사이버국가고시센터
2. 이의제기: 3.23.(토) 18:00 ~ 3.26.(화) 18:00 / 사이버국가고시센터
   ▪ 구체적인 이의제기 방법은 정답가안 공개 시 공지 예정
3. 가산점 등록기간: 3.23.(토) 13:00 ~ 3.25.(월) 21:00
4. 가산점 등록방법: 사이버국가고시센터 → [원서접수 → 가산점 등록/확인]

국 어

1. ㉠~㉥ 중 품사를 바꾸는 접미사가 포함된 것을 잘 묶은 것은?

• 그녀가 성실함이 그의 ㉠ 바람이었다.
• 그녀가 ㉡ 웃음으로써 막이 끝났다.
• 영자는 좋은 꿈을 ㉢ 꿈이 신기했다.
• 그는 ㉣ 걸음이 굉장히 빨랐다.
• 한글은 ㉤ 배우기가 쉽다.
• 그녀가 ㉥ 달리기를 잘해서 1등을 하였다.

① ㉠, ㉡, ㉣ ② ㉠, ㉣, ㉥
③ ㉡, ㉢, ㉤ ④ ㉡, ㉣, ㉥

2. 어법상 가장 자연스러운 것은?
① 성과란 것을 무조건 양적인 면만으로 따진다는 것도 문제가 없지는 않다.
② ○○시에서 급증하는 생활용수를 안정적으로 공급하기 위하여 시행하는 사업임.
③ 그는 시화전을 홍보하는 일과 시화전의 진행에 아주 열성적이다.
④ 해안선에서 200미터 이내의 수역을 제외된 상태에서 논의를 진행하겠습니다.

3. 다음 발표에 대한 설명으로 가장 적절하지 않은 것은?

여러분 반갑습니다. '천 년의 도시, 로마의 건축물'을 주제로 발표할 OO고등학교 2학년 백유리입니다. 역사 교과 자율 탐구 주제로 로마의 건축물을 조사하였습니다. 로마는 그 역사가 깊고 건축물들이 세월의 흔적을 간직하고 있습니다. 로마의 대표적 건축물인 콜로세움에서 벌어졌던 검투사 경기와 백만의 도시로 불렸던 포로 로마노의 활기찬 모습을 상상하며 들어 주시기 바랍니다.
콜로세움은 웅장한 규모가 인상적인 곳이며 세계 각지에서 관광객들이 찾아오는 장소입니다. 검투사 경기는 콜로세움의 메인 이벤트였습니다. 현대에는 검투사 경기는 진행되지 않지만, 다양한 행사가 개최되었던 콜로세움의 모습은 그대로 남아 있습니다. 포로 로마노는 상업과 문화의 중심지였는데 상품 거래뿐만 아니라 문화와 예술 활동이 활발하게 이루어졌습니다. 지금은 폐허로 보이지만, 고대 로마 시민들의 생활의 중심지였던 중요한 유적지입니다.

① 발표자는 건축물의 역사와 현재 상태를 간략히 소개하고 있다.
② 발표자는 발표 주제를 이야기한 후 자신을 소개하였다.
③ 발표자는 통계나 정확한 숫자를 바탕으로 이야기하여 신뢰도를 높이고 있다.
④ 발표자는 청중들에게 상상하도록 요청함으로써 몰입을 유도하고 있다.

4. ㉠~㉢에 들어갈 말을 바르게 연결한 것은?

제 1차 세계대전은 1914년부터 5년에 걸쳐 유럽을 중심으로 전개되었다. 이때 서방 국가들 대부분은 전쟁의 화마에 휩싸였으며 이는 근대에서 현대로의 전환에 있어 중요한 분기점이 된 역사적인 사건이기도 하다. 제1차 세계대전은 군사사, 국제정치사 두 가지 측면에서 매우 중대한 의의를 지닌다. [㉠] 우리나라를 비롯한 아시아 국가들은 제1차 세계대전을 아시아 밖에서 일어난 유럽의 전쟁으로 인식하고 그 의미를 축소시켜왔다. [㉡] 유럽 및 서구권에서는 '제 1차 세계대전(First World War)'이라는 공식적 명칭보다 '대전쟁(The Great War)'이라는 명칭을 선호할 정도로 중요하게 여기고 많은 연구를 지속하고 있다. 예상치 못했던 전쟁의 참혹한 결과에 대한 정치 지도자들의 반성과 학자들의 연구가 진행되고 있으며, 그 핵심은 '누가 전쟁의 발발에 중요한 역할을 했는가'에 대한 해답을 찾는 것에 있다. [㉢] 책임론의 대상은 오늘날 대부분의 학자들이 인정하듯, 공격적 대외정책을 추진하던 신생 독일제국에 집중되어 있다.

	㉠	㉡	㉢
①	하지만	이와 반대로	이러한
②	하지만	이와 같이	그러나
③	그리고	이와 반대로	이러한
④	그리고	이와 같이	그러나

5. ㉠~㉣중 어색한 곳을 찾아 수정하는 방안으로 가장 적절한 것은?

새끼를 과다 출산하는 개체는 유전자 전달에 불리하다. 이는 그들의 새끼 중 살아남는 수가 적기 때문에 나타나는 현상이다. 새끼를 너무 많이 낳게 하는 유전자는 같은 유전자를 지닌 새끼들 중에서 ㉠ 어른이 될 때까지 살아남는 개체가 거의 없기 때문에 다음 세대로 대량 전달되기 어렵다. 하지만 현대 복지국가에서는 ㉡ 가족의 크기가 부모의 자원에 제한되지 않는 현상이 나타나고 있다. 부부가 양육 가능한 수 이상의 아이를 낳더라도 국가에서 개입하여 아이들이 자랄 수 있도록 지원한다. 이론적으로는 물질적 자원이 전혀 없는 부부가 아이를 생리적 한계에 이를 때까지 낳아 기른다 하더라도 이를 제지할 수단은 없다. 이러한 복지국가는 ㉢ 매우 자연스러운 시스템이다. 자연 상태에서는 감당 가능한 수 이상의 아이를 가진 부모는 아이들을 충분히 먹이기 어렵기 때문에 자연스럽게 개체 수가 조절되었다. 하지만 인간은 아이들이 굶어 죽는다고 해도 아무런 조치를 취할 수 없었던 ㉣ 옛날과는 근본적으로 다른 세상에 살고 있다. 가족을 경제적인 자급자족 단위로 삼는 대신, 국가를 경제 단위로 삼음으로써 생활 보장을 사회의 문제로 끌고 온 것이다.

① ㉠: '대부분의 개체가 성체가 될 때까지 살아남기 때문에'로 수정한다.
② ㉡: '가족의 크기가 부모의 자원에 의해 엄격하게 제한되는 현상'으로 수정한다.
③ ㉢: '매우 부자연적인 실체'로 수정한다.
④ ㉣: '옛날과 질적으로 다르지 않은 세상'으로 수정한다.

6. 다음 글에서 추론할 수 있는 내용으로 적절한 것은?

> 물품의 가치는 그것이 사용자에게 주는 한계 효용에 따라 달라진다. 물은 생명 유지에 반드시 필요하지만, 저장량이 많으므로 한 방울이 많아지거나 적어진다고 해서 효용성에 큰 영향을 주지 않는다. 따라서 생수 한 병의 가격도 비교적 저렴하게 형성될 수 있다. 하지만 다이아몬드와 같은 사치품은 희소성이 있기 때문에 1캐럿을 더 사용할 때 개인이 얻는 한계 효용도 높아질 수 있다. 따라서 다이아몬드 1캐럿의 가격이 같은 무게의 물보다 비싸더라도, 소비자는 기꺼이 비용을 지불한다. 이러한 사례는 인간이 의사 결정을 할 때 이분법적인 기준을 적용하지 않는다는 것을 보여준다. 즉, 인간의 경제적 결정은 재화의 희소성을 고려하며, 비용과 한계 효용 사이에서의 고민을 거쳐 이루어진다.

① 인간의 경제적 결정은 재화의 희소성을 고려하므로, 재화의 종류에 따라 개인이 생각하는 가치가 달라질 가능성이 있다.
② 다이아몬드의 희소성 때문에 소비자는 다이아몬드의 실제 가치를 측정할 수 없다.
③ 물은 생명 유지에 반드시 필요하기 때문에, 한계 효용이 다이아몬드보다 높다.
④ 다이아몬드 1캐럿의 높은 가격은 소비자들의 과시 욕구 때문에 형성된 것이다.

7. 다음 글의 내용으로 적절한 것은?

> 농업이 경제적 기반이었던 전근대 사회에서 토지소유권은 권력의 핵심이었다. 땅을 가지고 있다는 것은 그 자체로도 재산을 가진 것이지만, 소작을 주어 대가를 취할 수 있었기 때문이다. 조선 전기에 토지를 빌린 대가로 지불해야 하는 소작료는 수확량의 절반에 달했다. 조선 후기에 이르러서도 소작료는 수확량의 3분의 1가량이었다. 농사는 오롯이 노비들의 몫이 되었는데 평소에 노비들이 농사와 집안일을 도맡아서 해주었으므로 양반은 경전을 읽고 쓰는 일에 몰두할 수 있었다. 조선 사회에서 과거에 급제하면 노비들이 일을 다 해주는 것은 물론이거니와 소작의 대가로 막대한 부를 축적할 수 있었다. 이렇듯 과거에 급제한다는 것은 조선 사회에서 단순히 사회적으로 인정받는 것 이상의 의미였다. 과거시험의 평균 경쟁률은 약 2000 대 1에 달했다고 전해지는데, 극악의 경쟁을 뚫고 붙기만 한다면 급제자는 물론이고 가문과 씨족 전체가 몇 대에 걸쳐 사회경제적 특권을 누릴 수 있었다.

① 조선 사회의 노비들은 자신이 소유한 땅에서 농사를 지었다.
② 조선 사회에서 양반이 학업에 몰두하기 위해서는 노비들의 노동이 뒷받침되어야 했다.
③ 조선 전기에서 후기로 시간이 흐름에 따라 소작료는 점차 증가하였다.
④ 조선의 양반들은 노비들에게 일을 시키지 않고 직접 농사를 짓기도 하였다.

8. 다음 밑줄 친 상황과 관련된 한자성어로 옳은 것은?

> 한편 계화는 용홀대와의 싸움 이후 <u>박씨 집의 후원에 용홀대의 머리를 베어 박부인에게 드리니</u> 부인은 그 놈의 머리를 높은 나뭇가지에 달아매어 두었다가 그 놈의 형 용골대가 와서 보고 낙망케 하라고 일렀다. 그 후 용골대가 한성으로 들어와서 동대문으로 들어오다가 용홀대가 박씨의 시비 계화에게 죽었다는 소식을 듣고 노기 충천하여 벽력 같은 호통을 치자, 박부인은 계화를 불러서 명했다.
>
> -「박씨전」-

① 刻骨難忘 ② 滄海一粟
③ 一敗塗地 ④ 去頭截尾

9. 다음 글의 제목으로 가장 적절한 것은?

> 현대 과학에는 인간이 이해하지 못하는 것들이 무척 많다. 인간이 제대로 알지 못하는 많은 것 중에는 인간 자신도 포함된다. 인간 존재인 '우리'는 이 세상을 바라보는 주체이자 현실을 관찰하고 기록하는 주체이다. 하지만 인간은 세상의 밖에서 관찰할 수 없기 때문에, 눈앞에 보이는 것을 세상의 전부라고 받아들이기 쉽다. 인간이 세상을 바라보는 관점은 지극히 내재자의 관점이다. 하지만 인간 또한 산 위의 소나무나 은하 속의 별들이 교환하는 것과 똑같은 원자와 광신호로 이루어진 존재다. 과학이 발달하면서 인간의 존재는 우주의 극히 일부라는 사실이 점점 더 많이 알려지게 되었다. 특히 20세기는 이러한 변화가 급격히 일어나던 시대였는데, 한때는 인간이 우주의 중심인 지구에 살고 있다고 믿었지만, 우주의 중심은 지구가 아니며 수많은 은하단이 존재한다는 것이 낱낱이 밝혀졌다. 또한 인간이 동물과 식물과는 구분되는 별개의 종이라고 생각했지만 인간 또한 주변에 있는 다른 생명체와 똑같은 조상으로부터 유래한 존재라는 것이 알려졌다.

① 인간 중심주의가 지배하던 20세기 과학
② 인간 지식과 우주 무한성의 연결
③ 과학의 발전과 함께 명료해진 인간 이해의 한계
④ 우주적 관점에서 재평가하는 인간의 감각

10. 다음 글의 맥락을 고려할 때 (가)와 (나)에 들어갈 말로 가장 적절한 것은?

> 1630년대 네덜란드의 경제적 상황은 투기적 안락감이 퍼지기 좋은 조건이었다. 스페인으로부터의 군사적 위협이 사라졌고, 30년 전쟁으로 강력한 경쟁자였던 동유럽의 직물 산업이 붕괴하면서 네덜란드의 직물 산업이 호황을 맞고 있었다. 동인도회사의 주가도 17세기 들어 [(가)] 를 타고 있었다. 이러한 상황에서 유럽국가 가운데 1인당 국민소득이 가장 높았던 네덜란드인들은 앞다투어 교외에 대저택을 지었으며 부동산 가격도 급등하였다. 늘어난 부에 취한 네덜란드 사람들의 머릿속에서 칼뱅주의적 검약 정신은 사라진 지 오래였으며 이들은 소비지향적 세태에 물들었다. 풍요와 오만에 젖은 네덜란드인들은 과시욕을 드러내며 더 큰 부를 안겨줄 대상을 찾기 시작했는데, 그것이 바로 튤립이다. 당시 네덜란드 노동자들이 1년 동안 벌어들이는 돈은 200~400길더 수준이었고 한 가정의 1년 생활비는 보통 300길더 정도였다. 그런데 노란색의 평범한 튤립 뿌리 1파운드는 20길더에서 단 일주일 만에 1,200길더로 치솟았고 2,000길더였던 황제 튤립 뿌리는 6,000길더에 거래되었다. 1637년 2월 3일 튤립 시장이 붕괴했고 공황을 거치면서 [(나)]

① (가) 최고의 상승세
(나) 튤립 가격은 이전보다 급격히 상승하였다.
② (가) 최고의 하락세
(나) 튤립 가격은 이전보다 급격히 상승하였다.
③ (가) 최고의 상승세
(나) 튤립 투기는 극단적인 튤립 혐오로 바뀌었다.
④ (가) 최고의 하락세
(나) 튤립 투기는 극단적인 튤립 혐오로 바뀌었다.

11. (가)~(마)를 맥락에 따라 가장 자연스럽게 배열한 것은?

> 사회의 총자산은 해마다 증가하지만, 새롭게 늘어난 부는 지역과 업계, 개인의 사회적 역할에 따라 다르게 분배된다.
> (가) 하지만 동시에 중국에서는 부의 양극화 현상이 심각하게 나타나고 있다.
> (나) 이러한 중국의 양극화를 가장 직접적으로 보여주는 지표는 임금이다.
> (다) 예를 들어, 중국은 과거 10여 년 동안 경제가 엄청난 규모로 성장했는데, 성장률만 놓고 본다면 그 어떤 국가보다도 높은 수치이다.
> (라) 1990년대에서 2000년대 초반까지만 해도 중국 대학 졸업생의 평균 월급은 60만 원 남짓이었고, 대도시 부동산은 1제곱미터당 수십만 원이어서 집 장만을 꿈꿀 수 있었다.
> (마) 하지만 현재 중국 학부 졸업생들의 평균 임금은 100만 원 남짓이지만, 부동산 가격은 1제곱미터당 2천만 원에 달한다.

① (다) - (나) - (가) - (라) - (마)
② (나) - (가) - (다) - (라) - (마)
③ (나) - (다) - (가) - (마) - (라)
④ (다) - (가) - (나) - (라) - (마)

12. 다음 작품에 대한 설명으로 적절하지 않은 것은?

> 우리는 썩어 가는 참나무 떼
> 벌목의 슬픔으로 서 있는 이 땅
> 패역의 골짜기에서
> 서로에게 기댄 채 겨울을 난다
> 함께 썩어 갈수록
> 바람은 더 높은 곳에서 우리를 흔들고
> 이윽고 잠자던 홀씨들 일어나
> 우리 몸에 뚫렸던 상처마다 버섯이 피어난다
> 황홀한 음지의 꽃이여
> 우리는 서서히 썩어 가지만
> 너는 소나기처럼 후드득 피어나
> 그 고통을 순간에 멈추게 하는구나
> 오, 버섯이여
> 산비탈에 구르는 낙엽으로도
> 골짜기를 떠도는 바람으로도
> 덮을 길 없는 우리의 몸을
> 뿌리 없는 너의 독기로 채우는구나
>
> – 나희덕, 「음지의 꽃」 –

① 의인법을 사용하여 시의 주제를 드러내고 있다.
② 말을 건네는 방식을 사용하여 시상을 형성하고 있다.
③ 유사한 어미를 반복하여 리듬감을 형성하고 있다.
④ 영탄법을 통해 독기 있는 음지의 꽃에 대한 안타까움을 드러내고 있다.

13. 밑줄 친 부분이 어법상 가장 적절한 것은?

① 수명을 <u>늘리는</u> 것에 대한 연구는 계속되고 있다.
② 고향을 <u>오랜동안</u> 떠나 있었다.
③ 그는 본인이 저지른 범죄에 <u>안절부절하는</u> 모습을 보였다.
④ 지수는 파운데이션을 얼굴에 덕지덕지 <u>처발랐다</u>.

14. 다음 작품에 대한 이해로 적절하지 않은 것은?

> 늙은 주인은 맏딸을, 정애는 아직 한 번도 본 일이 없는 맏시누이를, 영희는 언니를, 성식은 누님을 기다리고 있는 셈이었다. 그러나 사실은 그 누구도 분명하게 기다리고 있다는 의식은 없었다. 도대체 그건 말이 안 되는 소리였다. 그저 모두가 막연하게 기다리고 있다고 생각하고 있을 뿐이었다. 그런 것이라도 없으면 한집안에서 한 가족이라고 살 명분이 없게 되는 셈이었다. 이젠 이런 일에 적당히 익숙해진 터였다. 그리고 이젠 이런 일에 모두 넌덜머리를 낼 만도 하였다. 결국, 이 기다림의 향연은 늙은 주인이 역시 아직은 이 집안의 주인이라는 것을 암시해 보여 주는 대목이기도 했다. 맏딸이 돌아온다는 고집을 부리면 맞이할 준비들을 해야 하는 것이었다. 그렇게 기다리는 자세를 취하고 있으면 돌아올 것 같은 실감이 나기도 하였다.
>
> (중략)
>
> 문이 열리고 안경을 쓴 오빠가 들어서고 있었다. 안경알이 차게 번쩍였다. 역시 혼자는 못 견디겠는 모양이었다. 영희를 대하기가 난처할 것이었다. 그러나 역시 혼자 있느니보다는 나을 성싶으니까 내려왔을 것이었다.
> "오빠, 아직 안 잤수?"
> 차악 감겨드는 정겨운 목소리로 영희가 물었다. 성식은 한쪽 볼이 약간 추켜올려지며 어쩔 줄을 몰라했다. 겁겁하게 비실비실 피하는 듯한 몸짓을 하며 정애와 영희를 번갈아 쳐다보았다. 영희가 신경질적으로 말했다.
> "오빠, 언니두 알아요. 다 얘기했는 걸 뭐, 그런 게 뭐 그리 대단하우?"
> 이상한 일이었다. 정애와 마주 앉으면 명주실을 뽑아 내듯 단단한 소리가 나와지고, 오빠만 끼우면 차게 맵게 신랄해지고 싶은 것이었다.
>
> – 이호철, 「닮아지는 살들」 –

① 늙은 주인을 포함한 가족들이 맏딸을 기다리는 것은 한 가족으로 사는 명분이기도 하다.
② 가족들은 돌아오지 않을 맏딸을 기다리는 가장에게 적개심을 직접적으로 드러내고 있다.
③ 정애는 본 적 없는 가족 구성원을 기다리는 행위에 동참하고 있다.
④ 영희는 성식에게 신경질을 내며 현 상황에 대한 불만을 표출하고 있다.

15. 다음 글에서 추론할 수 있는 내용으로 적절하지 않은 것은?

> 이야기는 사회의 응집성을 형성하는 기능을 한다. 사회에서 공유하는 이야기는 의미를 제공하고 공동체를 지탱하는 가치를 전승하는 역할을 한다. 과거에는 집단이 공유하는 '신화'가 사회를 지탱했지만, 현대 신자유주의 시대에 이야기가 지닌 힘은 점점 약해지고 있다. 신자유주의는 성과를 최고의 가치로 보는 성과 서사를 직조해 낸다. 성과 서사는 사회의 응집을 방해하고 연대와 공감의 가능성을 배제한다. 자기를 최적화하고 자아실현이 중심이 되어야 하는 신자유주의 속에서 사람들은 공동체 정신보다 고립감을, 안정성보다 불안정성을 느낀다. 이에 따라 개인은 스스로가 자신을 지배하는 지도자여야 한다고 생각하며 안정적 공동체의 구성원으로 살아가는 대신 스스로를 계발하기를 택함으로써 극심한 경쟁에 내몰리게 된다.

① 현대 신자유주의적 가치관 아래에서 개인은 스스로를 계발하는 것이 중요하다고 인식하는데, 이는 경쟁적 환경에 노출되는 원인으로 작용할 수 있다.
② 신자유주의는 개인의 성과를 중심으로 하는 서사를 통해 사회의 전반적인 가치 체계를 재구성한다.
③ 성과 서사는 사회 내 연대감과 공감의 기반이 되었던 전통적 이야기의 힘을 약화할 것이다.
④ 현대의 신자유주의 사회에서는 안정된 공동체의 일원이 되는 것이 최우선적인 목표로 여겨진다.

16. ㉠~㉣의 사례로 적절하지 않은 것은?

공무원의 퇴직에는 다양한 종류가 있다. 퇴직 사유를 관계법에 미리 정해놓고 그 사유에 해당할 경우 별도의 행정처분 없이 공무원 관계가 소멸하는 당연퇴직, 정년퇴직이 대표적이다. ㉠ 명예퇴직은 장기간 근속자에게 명예로운 퇴직 기회를 부여하는 것으로, 퇴직 시 금전적 보상을 지급하여 노고에 보답한다. 이는 인사 적체를 해소하는 효과가 있다. ㉡ 조기퇴직은 20년 미만 근속한 자가 정년 전에 자진 퇴직하는 제도이다. 이 제도는 1998년 9월 19일에 처음 도입되었으며 퇴직 당시 봉급액의 6개월분에 상당하는 금액을 조기퇴직 수당으로 지급한다. 앞의 두 제도와는 달리 ㉢ 직권면직과 ㉣ 징계면직은 비자발적 퇴직에 해당한다. 전자의 경우 지방자치단체의 폐지나 예산의 감소 등에 의하여 폐직 또는 과원되었을 때, 혹은 공무원으로서의 업무 지속이 불가능하다고 판단될 경우에 해당한다. 이는 일반적인 경우가 아니므로 당해 인사위원회를 통해 규정을 시행하기 위한 절차를 엄격히 거쳐야 한다. 후자의 경우는 공무원 관계 질서를 유지하고 공무원으로서의 의무를 다하도록 강제하는 것으로, 직무상 위반행위나 기타 비행이 있을 경우 해임하거나 면직하는 것이다.

① ㉠: 20년 이상 근로한 공무원이 자발적으로 퇴직한 사례
② ㉡: 3년 차 공무원이 공기업으로 이직한 사례
③ ㉢: 직무 능력이 현저하게 부족하여 근무 성적이 지속적으로 불량한 사례
④ ㉣: 위법행위를 저지른 공무원이 사표를 제출한 사례

17. 다음 한자 표기로 옳은 것은?
① 혜선 쌤이 지방직에서도 많은 합격생들을 배출(排出)하였다.
② 함부로 그 이야기의 결론을 예단(豫斷)하지 마라.
③ 사무실 한쪽 귀퉁이에는 편철(偏綴)된 각종 신문들이 놓여 있었다.
④ 그 연예인은 신문에 난 사실을 부정(不淨)하였다.

18. 다음 작품에 대한 설명으로 적절하지 않은 것은?

형님 온다 형님 온다 분고개로 형님 온다.
형님 마중 누가 갈까 형님 동생 내가 가지.
형님 형님 사촌 형님 시집살이 어떱데까.
이애 이애 그 말 마라 시집살이 개집살이.
앞밭에는 당추 심고 뒷밭에는 고추 심어,
고추 당추 맵다 해도 시집살이 더 맵더라.
둥글둥글 수박 식기(食器) 밥 담기도 어렵더라.
도리도리 도리소반(小盤) 수저 놓기 더 어렵더라.
오 리(五里) 물을 길어다가 십 리(十里) 방아 찧어다가,
아홉 솥에 불을 때고 열두 방에 자리 걷고,
외나무다리 어렵대야 시아버니같이 어려우랴.
나뭇잎이 푸르대야 시어머니보다 더 푸르랴.
시아버니 호랑새요 시어머니 꾸중새요
동세 하나 할림새요 시누 하나 뾰족새요
시아지비 뾰중새요 남편 하나 미련새요
자식 하난 우는 새요 나 하나만 썩는 샐세.
귀먹어서 삼 년이요 눈 어두워 삼 년이요
말 못해서 삼 년이요 석 삼 년을 살고 나니,
배꽃 같던 요내 얼굴 호박꽃이 다 되었네.
삼단 같던 요내 머리 비사리춤이 다 되었네.
백옥 같던 요내 손길 오리발이 다 되었네.
열새 무명 반물치마 눈물 씻기 다 젖었네.
두 폭 붙이 행주치마 콧물 받기 다 젖었네.
울었던가 말았던가 베갯머리 소(沼) 이뤘네.
그것도 소이라고 거위 한 쌍 오리 한 쌍
쌍쌍이 때 들어오네.

– 작자 미상, 「시집살이 노래」 –

① 사촌 동생의 물음에 즉각적으로 답변하면서 결혼을 만류하고 있다.
② 과장법으로 며느리의 가사 노동 상황을 강조하고 있다.
③ 시집 식구들을 하나하나 지목하여 부정적인 생각을 드러내고 있다.
④ 결혼 후 용모가 아름다워졌으나 드러낼 일이 없음을 한탄하고 있다.

19. 다음 작품에 대한 설명으로 적절하지 않은 것은?

국진이 병을 얻어 누운 것도 당연한 이치일 터라. 이것은 전투 중에 치명적인 일로, 국진은 군중에 엄명을 내려 진문을 굳게 닫게 하고 이 어려운 지경을 어찌 구할 것인지 궁리에 궁리를 더하더라. 적은 몇 번이고 도전하니, 이쪽의 진 앞에서 호통을 지르곤 하더라. 그러나 국진의 진에서 아무런 답이 없자 백운도사와 오금도사는 장국진에게 중대한 곡절이 있음을 의심하기 시작하더라.

며칠이 지나도 국진의 신병은 조금도 차도가 없으니, 이 위급함을 무엇으로 해결하여야 한단 말인가.

이 때 어려서부터 닦아 온 천문지리가 누구보다 능통한 이 부인이 천기를 보고 있던 터라, 남편의 이런 사실을 깨닫고는 놀라움을 금치 못하더라. 더욱이 옆에 있던 유 부인 역시 남편의 위험에 애통해 하니, 장 승상이나 왕씨도 이 소식을 듣고 달려와 울 따름이더라. 육도삼략과 손오병법에도 능통한 이 부인은 생각 끝에 결연히 일어서더니, 달마국 전장으로 달려가 병을 앓는 남편을 구하고 이 싸움을 결단 지으리라 결심하더라.

이 부인은 즉시 남장을 하고 머리에 용인 투구를 쓰고, 몸에 청사 전포를 입고, 왼손에 비린도, 오른손에 홀기를 들고는, 시부모와 유 부인과 주위 사람들에게 이별을 고하고 필마단기로 달마국을 향하여 집을 떠나리라.

– 작자 미상, 「장국진전」 –

① 서술자에 의해 인물의 심리가 직접적으로 드러나 있다.
② 비범한 능력을 지닌 여성 주인공이 영웅적으로 활약하는 것은 당대 여성들에게 만족감을 주었을 것이다.
③ 이 부인이 남장을 하는 것은 여성의 사회 진출이 어려웠던 시대상을 반영한 것이다.
④ 이 부인의 남편은 이 부인이 비범한 능력을 지닌 인물임을 알고 있었다.

20. 다음 글의 글쓴이가 동의할 주장을 모두 고른 것은?

독일의 철학자 쇼펜하우어는 인간은 고통에 시달리는 이유를 외부가 아니라 자기 자신에게서 찾아야 한다고 보았다. 그는 인간을 '욕망의 존재'라고 규정하고 인간의 욕망은 끝이 없어서 기존의 욕구가 충족되는 순간의 기쁨과 행복은 오래 지속되지 않고, 곧바로 권태를 느낀다고 주장하였다. 이는 욕망이 충족되지 않을 때 고통이 생겨나는 것으로 볼 수 있다. 한 사람의 행복과 고통은 욕망의 방향에 달려 있으며, 나 자신을 안다는 것은 쇼펜하우어에 따르면 나의 욕구와 욕망을 아는 것이다.

자신의 현실이 초라하다고 느끼는 주된 이유는 사회 내에서 통용되는 '그럴듯한 삶의 모습'을 자신의 현실에서 찾지 못하기 때문이다. 사람은 다른 사람과 비교하여 자신의 부족한 점을 의식하고, 상대적 박탈감에 시달리게 된다. 상대적 박탈감을 해소하고자 하는 강렬한 열망에 시달리는 사람은, 타인보다 나은 점을 드러내기 위해서 물질적이고 외형적인 가치에 집착할 수 있다. 눈에 보이는 가치로 인정 욕구를 충족하는 것이 삶의 핵심 목표가 되면 그 삶은 고통스러워진다.

<보기>
ㄱ. 인간의 욕망에서 기인한 행복이나 기쁨은 오래 지속되기 어렵다.
ㄴ. 상대적 박탈감은 사람들이 외형적이고 물질적인 가치에 치중하게 되는 원인이 될 수 있다.
ㄷ. 쇼펜하우어는 인간의 고통이 내부 요인보다 외부 요인에서 기인한다고 보았다.

① ㄱ
② ㄱ, ㄴ
③ ㄱ, ㄷ
④ ㄴ, ㄷ

국 어

1. 다음 토론에 대한 설명으로 적절하지 않은 것은?

> 찬성 팀: 청소년이 모바일 게임을 스스로 조절하며 적절히 즐길 수 있다고 생각합니다. 게임은 스트레스 해소와 창의력 신장에 도움이 됩니다. 게임을 적당히 즐긴다면 긍정적 효과를 더 많이 경험할 수 있습니다.
> 반대 팀: 그것은 너무나 낙관적인 시각입니다. 실제로 게임 중독은 청소년들의 정신 건강에 매우 부정적 영향을 줍니다. 게임에 중독되면 학업에 지장이 생길 뿐만 아니라 사회성 또한 저하됩니다.
> 찬성 팀: 그럼에도 불구하고, 학업과 게임은 별개의 문제라고 생각합니다. 게임을 적당히 즐기면서도 학업에 최선을 다하는 청소년들도 많습니다. 게임 자체가 나쁜 것이 아니라 게임을 다루는 방식이 문제라고 생각합니다.
> 반대 팀: 그렇다고 하더라도, 청소년들의 게임 시간을 제한하고 감독하는 것은 필요합니다. 게임에 몰두하다 보면 현실을 소홀히 할 위험이 크기 때문입니다.

① 찬성 팀은 게임의 긍정적 효과를 강조함으로써 게임을 대하는 사용자의 태도가 중요함을 이야기하고 있다.
② 반대 팀은 게임 자체를 금지함으로써 청소년의 게임 중독을 막아야 한다고 주장하고 있다.
③ 논쟁의 주제를 기반으로 양측이 자신의 입장을 분명하게 표현하고 있다.
④ 양측 모두 상대방의 의견을 고려하면서도 자신의 주장이 타당함을 주장하고 있다.

2. 다음 밑줄 친 부분이 표준어로 적절한 것은?
① 철수는 가진 재산을 결국 <u>떨어먹었다</u>.
② <u>광우리</u>를 <u>설겆이</u> 하다 보니 시간이 금방 갔다.
③ 그녀의 <u>볼우물은</u> <u>강남콩</u>처럼 생겼다.
④ 들어가기 전에 <u>옷매무시</u>를 정리해야 합니다.

3. 밑줄 친 부분에 해당하는 사례로 적절하지 않은 것은?

> 전체주의는 근대 자본주의 시기의 경제 대공황 때 탄생했다. 미국은 정부가 시장에 개입하는 수정 자본주의로, 러시아는 시장을 폐지하고 정부가 강력히 경제정책을 추진하는 공산주의로 대공황을 극복하려 했다. 이 외에 특별한 해결책을 모색하기 어려웠던 국가들은 전체주의적인 모습으로 변모해 갔는데 경제위기는 필연적으로 사회를 전체주의화한다. 이탈리아에서는 대공황으로 경제위기가 초래되자 강력하고 배타적인 국가 중심의 체제를 강조하는 무솔리니가 등장하여 파시스트당을 만들었다. 현대인은 개인의 독립된 가치를 잘 알고 있기 때문에 전체주의 체제가 끔찍하다고 느낀다. 그래서 근대의 독일인과 이탈리아인, 러시아인, 일본인이 전체주의에 동조했던 것을 소수의 악마들에 의한 특수한 사건이라고 생각한다. 하지만 <u>전체주의는 인간에게서 매우 쉽게 발현되는 일반적인 태도</u>이다. 내가 소속된 집단이 위기에 처해 있고 이를 해결해줄 인물이 등장하면 개인은 이에 쉽게 동조하게 된다. 해결 방안이 비윤리적이라고 하더라도 자신에게는 책임이 따르지 않으므로, 대놓고 지지하지는 못하더라도 이를 반기게 되는 것이다.

① 학생들이 집단 따돌림에 동조한 사례
② 사회의 불안정성이 증가하자 이주민을 집단적으로 혐오하는 사례
③ 공산주의 체제에서 특정 종교를 개인적으로 싫어하는 사례
④ 흉년이 들자 마녀의 탓이라며 마녀를 화형한 사례

4. 다음 작품에 대한 설명으로 적절하지 않은 것은?

> 공후배필은 못 바라도 군자호구 원하더니
> 삼생의 원업(怨業)이오 월하의 연분으로
> 장안유협(長安游俠)의 경박자(輕薄子)를 꿈같이 만나 있어
> 당시의 용심(用心)하기 살얼음 디디는 듯
> 삼오이팔 겨우 지나 천연여질 절로 이니
> 이 얼골 이 태도로 백년기약하였더니
> 연광(年光)이 훌훌하고 조물이 다시(多猜)하여
> 봄바람 가을 물이 베오리에 북 지나듯
> 설빈화안 어디 두고 면목가증(面目可憎) 되거고나
> 내 얼골 내 보거니 어느 임이 날 괼소냐
>
> – 허난설헌, 「규원가」 –

① 화자는 자신의 외모가 변했으나 자신을 사랑해 줄 사람이 있다고 믿고 있다.
② 화자는 과거 사랑하는 사람을 만났으나 행복하게 함께하지는 못했다.
③ 화자는 흐르는 세월을 여성적 속성을 지닌 소재에 비유하여 표현하고 있다.
④ 설의법을 활용하여 슬픈 심정을 드러내고 있다.

5. "영자야. 철수가 할머니께 선물을 드렸다."의 문장을 옳게 표시한 것은?
① [주체−] [객체+] [상대−]
② [주체+] [객체−] [상대+]
③ [주체+] [객체+] [상대+]
④ [주체+] [객체−] [상대−]

6. 다음 글의 전개 방식으로 적절한 것은?

> 개미집단 최적화 알고리즘은 1992년 Marco Dorigo가 논문을 통해 발표하면서 세상에 알려지게 되었다. 이 논문의 목적은 개미들이 목표지점 사이에서 경로를 탐색하는 행동을 토대로 그래프에서 최적의 경로를 찾는 방법을 탐색한 것이다. 즉, 자연에서의 개미의 행동을 분석하여 만든 알고리즘이다. 장애물이 처음 나타났을 때에 장애물을 돌아가는 양쪽 길 중 하나를 같은 확률로 선택한다고 가정할 경우, 개미들은 더 짧은 경로로 더 많이 통과하고 이 길에 더 많은 페로몬이 누적된다. 시간이 흐르면서 긴 경로의 페로몬 증발량이 누적량보다 많아지면서 긴 경로를 택하는 개미는 줄어들고 결국 개미들은 짧은 경로만 선택하게 된다. 개미는 에이전트, 먹이는 노드, 페로몬은 경로 선택의 가중치로 대응되어 프로그래밍이 가능하다. 실제 개미 시스템에서 페로몬 증발의 영향력은 명확하게 밝혀지지 않았지만, 프로그래밍에서 이와 같은 아이디어는 유용하게 활용될 수 있다. 이러한 알고리즘의 기본 이론과 관련된 연구들이 활발해지면서 여러 산업 분야에 적용되고 있다.

① 자연현상이 기술 발전에 활용되는 사례를 소개하고 있다.
② 자연현상과 프로그래밍의 차이점을 드러내고 있다.
③ 구체적 예시를 통하여 특정 이론이 활용되는 실제 사례를 소개하고 있다.
④ 알고리즘의 단점을 열거하고 개선 방안을 제시하고 있다.

7. 다음 글을 읽고 추론할 수 있는 내용으로 적절하지 않은 것은?

> 제1차 세계대전은 1914년부터 1918년까지 약 4년 동안 지속되었다. 표면적인 원인은 오스트리아 황태자 암살 사건인데, 이 사건을 계기로 오스트리아와 독일이 러시아를 상대로 선전포고했다. 러시아가 전쟁에 휘말리자, 러시아와 동맹관계였던 영국과 프랑스가 참전하였고 미국도 전쟁에 뛰어들었다. 동아시아에서는 일본이 제국주의를 확장하고자 전쟁에 뛰어들면서 전쟁의 무대가 전 세계로 확대되었다. 일각에서는 오스트리아 황태자가 암살되지 않았다면 세계대전이 발발하지 않았을 것이라고 보기도 하지만, 이는 전쟁의 근본적 원인을 고려하지 않은 시각이다. 독일이 전쟁을 원하고 있었다는 것이 세계대전의 본질적인 이유다. 당시 독일은 뒤늦은 산업화로 식민지 경쟁에서 밀려나 있었으며, 산업화를 유지하기 위해서는 공급과잉 문제를 해소해야 했다. 당시 공급과잉 문제를 해결하기 위해 흔히 쓰이던 방법은 식민지를 만들어 공급하는 것이었다. 하지만 다른 국가들이 모두 식민지를 차지해 버려 식민지가 없는 상황에서 독일은 야욕을 불태웠고, 전쟁을 통해 식민지를 빼앗기 위해 구실을 만들어야 했다.

① 제1차 세계대전의 국제적 확산은 각 국가의 이해관계가 복잡하게 얽혀있기 때문이었다.
② 일본이 제1차 세계대전에 참전한 것은 제국주의 확장 욕구가 있었기 때문이다.
③ 러시아는 자국의 산업화 문제 때문에 세계대전에 참전하였다.
④ 오스트리아 황태자의 암살 사건은 전쟁 발발에 직접적인 기폭제 역할을 했지만, 근본적 원인은 아니다.

8. 다음 글의 제목으로 가장 적절한 것은?

> 환자가 의료에서 자기 결정권을 인정받기 위해서는 인지능력이 있음을 증명해야 한다. 인지능력을 평가하는 방법은 다양하지만, 가장 유명한 것은 애펠바움과 그리소의 방법이다. 이에 따르면 환자가 일관된 선택을 하는지, 자신들의 건강 상태와 관련한 정보를 이해하는지, 제안받은 다양한 처치법의 결과를 제대로 인식하는지, 정보를 이성적으로 처리할 수 있는지 확인해야 한다. 하지만 사이비 종교에 빠진 사람들에게는 이런 기준이 작동하지 않는다. 일부 종교에서 상처는 현대 의학으로 치료할 수 있지만, 질병은 기도로 치료될 뿐 현대 의약품으로 치료할 수 없다고 믿어 약물을 거부한다. 극단적인 경우 수혈 자체를 거부하기도 한다. 성인 환자가 종교적 이유로 치료를 거부하는 것은 그의 자기 결정권이므로 존중할 수 있다. 하지만 부모가 사이비 종교 신자일 경우 문제는 복잡해진다. 부모가 자신의 종교를 근거로 들어 자녀의 치료를 거부할 경우 아동의 생명이 위태로워진다. 최근의 법은 이를 아동학대로 간주함으로써 아동들이 치료받을 권리를 확보하기 위해 노력하고 있다.

① 종교적 신념에 기반한 대안적 치료 방법
② 종교와 의학의 공존 가능성
③ 사이비 종교와 의료 거부 : 자기 결정권과 아동 보호의 간극
④ 아동의 의료 자기 결정권으로 인한 부모의 배제

9. 다음 작품의 밑줄 친 ㉠~㉣에 대한 설명으로 적절하지 않은 것은?

> 영조께서 선희궁의 말을 들으시고, 조금도 주저하며 지체하심이 없이 창덕궁 거둥령을 급히 내신지라. ㉠ 선희궁께서는 모자의 인정을 어려이 끊고 대의를 잡아 말씀을 아뢰시고 바로 가슴을 치며 혼절하시니라.
>
> (중략)
>
> 경모궁*께서 나가신 후 즉시 ㉡ 영조의 엄노하신 음성이 들리니라. 휘령전이 덕성합과 멀지 않으니, 담 밑으로 사람을 보내니라. 경모궁께서는 벌써 곤룡포를 벗고 엎드려 계시더라 하니라. 대처분이신 줄 알고, 천지 망극하고 가슴이 찢어지니라.
>
> 거기 있어 부질없으니 세손 계신 데로 와서, 서로 붙들고 어찌할 줄을 모르더라. 오후 세 시 즈음에 내관이 들어와 밧소주방의 쌀 담는 뒤주를 내라 하신다 하니, 이 어찌 된 말인고. 황황하여 궤를 내지는 못하고, ㉢ 세손이 망극한 일이 벌어질 줄 알고 휘령전으로 들어가
>
> "아비를 살려 주소서."
>
> 하니, 영조께서
>
> "나가라."
>
> 명하시니라. 세손께서 나와서 휘령전에 딸린 왕자의 재실(齋室)에 앉아 계시니, 그 정경이야 고금 천지간에 다시 없더라. 세손을 내보낸 후 하늘이 무너지고 해와 달이 빛을 잃으니, ㉣ 내 어찌 한때나마 세상에 머물 마음이 있으리오.
>
> * 경모궁 : 사도세자
>
> – 혜경궁 홍씨, 「한중록」 –

① ㉠ 사도세자의 어머니로, 자신의 아들로 인해 속 썩여 하고 있다.
② ㉡ 사도세자의 아버지로 세손이 있는 곳으로 가 세손이 빌어도 소용없음을 말하였다.
③ ㉢ 사도세자의 아들로 할아버지께 아비를 살려달라고 애원하였다.
④ ㉣ 세손의 만류에도 일이 해결되지 않자 세상에 살고 싶은 생각을 잃고 있다.

10. 다음 글의 내용으로 적절하지 않은 것은?

> 19세기 말, 빈 미술가 협회는 오스트리아 빈의 미술사조를 주도하는 주류 세력이었다. 이들은 르네상스 시대 이후 500년간 이어져 온 고전적인 양식과 기술이 진리라고 말하며 새로운 시도는 예술로 인정하지 않았다. 하지만 프랑스 파리에서는 다른 움직임이 일어나고 있었다. 수십 년 전부터 화가가 자연에서 느낀 인상을 자유롭게 표현하는 인상주의가 무르익고 있었던 것이다. 파리에서는 이미 예술가가 자기만의 자유로운 표현을 해야 한다는 인식이 퍼져나가고 있었다. 이러한 분위기 속에서 1890년대부터 새로운 예술을 추구하는 아르누보(Art Nouveau) 운동이 펼쳐졌고, 독일에서도 젊은 예술을 하자는 유겐트스틸(Jugendstil) 운동이 확산되었다. 1897년 클림트는 빈 미술가 협회에서 완전히 분리된 분리주의(Secession) 그룹을 만들었다. 이 그룹은 전통을 답습하는 아카데미의 예술을 거부하고 새로운 시대에 걸맞은 새로운 예술을 추구하였다.

① 클림트는 새로운 예술의 방향성을 추구하기 위해 빈 미술가 협회에서 독립하여 분리주의 그룹을 만들었다.
② 19세기 말 유럽에서는 전통적인 예술 형식에서 벗어나고자 하는 다양한 운동이 활발하게 진행되었다.
③ 빈 미술가 협회는 새로운 예술 형식에 대해 보수적인 입장을 취하였다.
④ 오스트리아에서 시작된 인상주의는 유럽 전역으로 퍼져나갔다.

11. (가)~(라)를 맥락에 따라 가장 자연스럽게 배열한 것은?

> 일본의 기대 수명은 1970년 72세에서 2020년에는 85세로 늘어났는데, 이는 그 어떤 선진국보다도 기대 수명이 가장 가파르게 늘어난 것이다.
> (가) 일본인들은 이러한 구체적인 두려움에 대비하기 위하여 더욱 악착같이 돈을 모았다.
> (나) 길어진 수명 때문에 가난한 노후를 보내야 한다는 뜻의 '노후 파산'이나 나이 들어 병들고 지쳐서 생활고를 겪으며 쓸쓸히 죽음을 맞이할 수 있다는 '고독사'에 대한 두려움이 확산된 것이다.
> (다) 이처럼 늘어난 기대 수명은 일본인들에게 축복이라기보다는 노후에 대한 공포로 다가왔다.
> (라) 하지만 고령화에 대한 공포가 저축을 증가시키기만 한 것은 아니다.
> 일부 부유층은 자산 규모가 크니 자산 소득에 의존하는 기간에도 저축을 늘릴 수 있겠지만, 대부분은 현역으로 일하던 시절 모아놓은 자산에 의존해야 했다.

① (나) - (가) - (다) - (라)　② (나) - (다) - (가) - (라)
③ (다) - (가) - (나) - (라)　④ (다) - (나) - (가) - (라)

12. 다음 밑줄 친 표현의 문맥적 의미가 같은 것은?

> 그 사나이는 어디론가 종적을 <u>감추었다</u>.

① 괜찮다고 말했지만 불안한 기색을 <u>감추지</u> 못했다.
② 가을이 되니 과일 가게에 수박이 모습을 <u>감추고</u> 사과, 배가 나타났다.
③ 나에게는 아무것도 <u>감추지</u> 말고 솔직히 털어놓아라.
④ 떠나는 날 아침, 할머니는 옷 속에 <u>감추어</u> 두었던 돈을 꺼내 주셨다.

13. 다음 작품에 대한 설명으로 적절하지 않은 것은?

> 담임 선생이 교단에서 내려서고 그 대신 반장 임형우가 사뭇 엄숙한 표정으로 단 위에 섰다.
> "담임 선생님의 말씀처럼 지금 우리 친구 하나가 매우 어려운 처지에 놓여 있다. 좀 늦은 감이 있지만 지금이라도 힘을 합쳐 그 친구를 구원해 주어야 한다고 생각한다."
> 이렇게 서두를 잡은 형우는 언젠가 하굣길에서 내게 들려준 기표네 가정 형편을 반 아이들한테 이야기하기 시작했다. 그런데 놀라운 일은 형우의 혀였다. 나에게 얘기를 들려줄 때의 그런 적대감은 씻은 듯 감추고 오직 우의와 신뢰 가득한 말로써 우리의 친구 기표를 미화하는 일에 열을 올렸던 것이다.
> 기표 아버지가 중풍에 걸려 식물인간처럼 누워 있는 정경이며 기표 어머니의 심장병, 그러한 부모들을 위해서 버스 안내원을 하던 기표 여동생의 눈물겨운 얘기. 라면으로 끼니를 때우는 기표네 식구들의 배고픔이 눈에 보이듯 열거되었다. 그런 가난 속에서도 가난을 결코 겉에 나타내지 않고 묵묵히 학교에 나온 기표의 의지가 또한 높게 치하되었다. 더구나 그런 가난 속에서도 유급을 했기 때문에 일 년간의 학비를 더 마련해야 했던 그 고통스러운 얘기도 우리들 가슴에 뭉클 뭔가 던져 주었다.
> – 전상국, 「우상의 눈물」 –

① '형우'를 통해 '기표'의 사정이 드러나고 있다.
② '형우'는 '기표'에게 적대감을 가지고 있었던 인물이다.
③ '나'는 반장이 단 위에서 하는 이야기를 이전에 들은 적이 있다.
④ 반 친구들은 '기표'의 사정을 짐작하고 있었다.

14. 다음 글에서 추론할 수 있는 내용으로 적절하지 않은 것은?

> 자부심을 갖고 일할 수 있는 직업은 모든 사람이 무척 탐을 내는 것이기에, 지속 불가능하다. 너무나 적은 자리를 두고 많은 사람이 동시에 경쟁할 경우 보상 기준이 점차 낮아지더라도 그 여파는 직접 드러나지 않는다. 그 자리를 대체할 수 있는 누군가가 언제나 존재하기 때문이다. 극단적인 경우 복지를 대폭 축소하거나, 연봉을 입에 겨우 풀칠할 수준으로 낮출 수도 있다. 예술계에서는 작가가 이름을 알릴 기회를 얻기 위해서 무급으로 노동하는 경우도 많다. 한편으로 기업은 구직자의 최소 자격 조건을 점점 높이고 있다. 더 높은 학력과 학위, 더 많은 경험을 가진 사람만이 채용될 기회를 잡을 수 있다. 노동자가 더 나은 임금과 근무 조건을 쟁취하기 위해 권익을 옹호하려 하면, 그 자리를 얻고 싶어 하는 다른 누군가가 등장한다. 이러한 상황은 근무 여건을 더욱 열악하게 만드는 악순환으로 이어진다.

① 사람들이 탐내는 직업을 둘러싸고 치열한 경쟁이 벌어질 것이다.
② 기업들은 구직자의 학력과 경험보다 창의력과 혁신 능력을 더욱 중요하게 평가할 것이다.
③ 직업의 인기도와 그 직업을 둘러싼 경쟁의 강도는 유의미한 상관관계가 있을 것이다.
④ 노동시장에서 더 나은 근무 조건을 요구할 경우 노동자의 직업 안정성이 저하될 우려가 있다.

15. 다음 글의 내용에 대한 이해로 적절한 것은?

> 경제학 연구에서는 공공재 공급에서 시장이 실패하는 이유를 비배제성과 비경합성에서 초래되는 '무임승차' 때문이라고 본다. 비배제성은 누군가가 대가를 지불하지 않더라도 소비를 방해할 수 없음을, 비경합성은 어떤 사람이 소비한다고 해서 다른 사람의 소비에 지장을 초래하지 않음을 나타낸다. 공공재 무임승차 문제는 1950년대부터 나오게 되었지만 현대에도 재정정책에 대한 정부개입의 정당성을 논하는 주요 논거로 사용되고 있다. 이러한 점에서 볼 때에 경제학의 최대 기여는 생태학과 함께 무임승차의 개념을 부각시킴으로써 죄수의 딜레마, 공유재의 비극, 집단행동의 논리로 이어지는 담론을 체계화한 데에 있다고 할 수 있다.
> 이러한 무임승차의 개념은 행정학, 정책학, 교육학 등 다양한 분야에서 활용되고 있다. 특히 교육학에서는 팀 학습의 효과성 저하 문제를 해결할 방안을 찾기 위해 무임승차를 연구하고 있다. 교육 현장에서는 팀 프로젝트에 이바지하지 않고 이익만 추구하려는 개인들이 문제화되고 있다. 이렇게 누군가가 무임승차를 하게 되면 팀원들은 공정성이 결여된 상태로 인식하기 때문에 큰 불만을 느끼고 학습 의욕을 잃게 된다. 이렇듯 무임승차의 개념은 다양한 학문의 발전에 기여하고 있다.

① 공공재 무임승차라는 개념은 1930년에는 존재하지 않았다.
② 공공재 공급에서 무임승차가 일어나는 이유는 시장이 실패했기 때문이다.
③ 무임승자의 개념은 교육학에서만 쓰이고 있다.
④ 교육학에서는 팀 학습의 효과성 저하 문제를 해결할 방안으로 죄수의 딜레마를 연구하고 있다.

16. 관용 표현 ㉠ ~ ㉣의 의미를 풀이한 것으로 적절하지 않은 것은?

- 철수는 자신이 잘못해 놓고는 ㉠눈 가리고 아웅한다.
- 철수는 문제를 해결하다 ㉡코가 빠져 뻗었다.
- 영희는 너무 예뻐 집단에서 ㉢개밥에 도토리였다.
- 그는 혼자가 된 ㉣낙동강 오리알 신세였다.

① ㉠: 얕은수로 남을 속이려 한다.
② ㉡: 근심에 싸여 기가 죽고 맥이 빠져
③ ㉢: 무리 가운데에 뛰어난 사람
④ ㉣: 홀로 소외되어 처량하게 된 신세

17. 다음 작품에 대한 설명으로 적절하지 않은 것은?

호르 호르르 호르르르 가을 아침
취어진 청명을 마시며 거닐면
수풀이 호르르 벌레가 호르르르
청명은 내 머릿속 가슴속을 젖어 들어
발끝 손끝으로 새어 나가나니

온 살결 터럭 끝은 모두 눈이요 입이라
나는 수풀의 정을 알 수 있고
벌레의 예지를 알 수 있다
그리하여 나도 이 아침 청명의
가장 고웁지 못한 노래꾼이 된다

수풀과 벌레는 자고 깨인 어린애라
밤새워 빨고도 이슬은 남았다
남았거든 나를 주라
나는 이 청명에도 주리나니
방에 문을 달고 벽을 향해 숨 쉬지 않았느뇨

햇발이 처음 쏟아오아
청명은 갑자기 으리으리한 관을 쓴다
그때에 토록 하고 동백 한 알은 빠지나니
오! 그 빛남 그 고요함
간밤에 하늘을 쫓긴 별살의 흐름이 저러했다

온 소리의 앞 소리요
온 빛깔의 비롯이라
이 청명에 포근 취어진 내 마음
감각의 낯익은 고향을 찾았노라
평생 못 떠날 내 집을 들었노라

– 김영랑, 「청명」 –

① 은유법을 이용하여 가을이 가는 아쉬움을 드러내고 있다.
② 비유적 표현을 활용하여 햇빛이 쏟아지는 아름다운 풍경을 묘사하고 있다.
③ 영탄적 표현을 활용하여 시적 상황에 대한 화자의 정서를 압축적으로 드러내고 있다.
④ 청각적 심상을 사용하여 가을 아침에 대한 화자의 인상을 표현하고 있다.

18. 다음 한자 표기로 옳은 것은?
① 뗏목의 부력(富力)을 크게 만들었다.
② 철수는 놀랍게도 국가의 경제(經濟)를 책임졌다.
③ 영수는 과거(過去)에 급제하였다.
④ 철희와 영희는 성취도에 격차(格差)가 있었다.

19. 다음 글의 다음에 이어질 ㉠으로 가장 적절한 것은?

1990년대 들어 세계 유일의 패권 국가로 자리 잡은 미국은 경제 번영을 위해 세계화를 택했다. 당시 미국은 국가 간 경제적 장벽을 철폐하고 자신들의 경제 질서를 전 세계로 확산하면 더 큰 이익을 얻을 것이라고 확신했다. 대공황 때 고립주의와 자국 중심주의를 택했던 것과는 정반대의 정책을 펴기 시작한 것이다. 미국은 주요 생산 설비를 중국으로 이전하였고 중국은 자국 기업들과 미국 기업들의 기술 격차를 좁혀나가며 전 세계에서 유례없이 빠른 성장을 보였다. 이 때문에 중국은 세계화로 가장 큰 혜택을 본 국가가 되었다. 하지만 정작 세계화를 추진한 미국은 그리 큰 이익을 거두지 못했다. 제2차 세계대전부터 1960년대까지 미국은 놀라운 번영 속에서 부유층만이 아니라 중산층이나 저소득층까지도 엄청난 소득 증가를 경험할 수 있었다. 하지만 1990년대 이후 세계화로 시작된 미국의 경제 회복세는 1960년대의 호황과 크게 달랐다. 세계화와 함께 시작된 미국 경제 회복은 (㉠)

① 최상의 부유층과 서민들 모두에게 이익을 가져다주었다.
② 최상위 부유층에게만 혜택이 돌아갔고 중산층 이하 서민들은 소외되었다.
③ 중국과 미국의 경제 격차를 좁히는 결과를 낳았다.
④ 최상위 부유층의 자산을 서민들에게 분배하는 방식으로 이루어졌다.

20. 다음 글의 비트겐슈타인이 동의할 만한 주장으로 적절하지 않은 것은?

비트겐슈타인은 1921년에 출간한 대표적 저서 『논리 철학 논고』에서 '철학은 이론이 아니라 활동'이라고 주장하였다. 비트겐슈타인에 따르면 철학은 이론들의 덩어리가 아니라 생동감 있게 살아 움직이는 활동이다. 그렇기 때문에 철학을 배운다는 것은 이론을 배우는 것이 아니라, 하나의 활동 방식을 익히는 일이다. 그에 따르면 철학의 활동은 '비판'을 가리키는 것이었다. 이때 비판이라는 말은 잘못을 지적한다는 것이 아니라, 대상의 구조를 낱낱이 분해하여 하나하나 자세히 들여다본다는 의미이다. 임마누엘 칸트의 저서 『순수 이성 비판』에 나오는 '비판'도 이와 유사한 의미다.

비트겐슈타인에 따르면 인간의 언어 습관은 혼란스러운데 무의미한 말도 많고 약속된 맥락을 벗어나 사용되는 말도 많기 때문이다. 그는 여기에서 잘못된 점이나 혼란스러운 점을 찾아내어 밝히는 것이 철학의 임무라고 주장하였다. 그래서 철학은 비판적이고 분석적이어야 하며, '의미의 명료화'를 수행해야 하는 의무를 지닌다. 따라서 철학을 배워서 새롭게 얻는 것은 이전에 알지 못했던 낯선 이론들이 아니다. 철학이라는 활동은 인간의 생각을 검토하여 더욱 체계적으로 정리하고 명료한 의미를 부여하게 만든다. 이 과정에서 무의미하거나 근거 없는 생각은 폐기해야 한다.

① 인간의 언어 습관이 혼란스러워지면 철학은 의미의 명료화 임무를 갖는다.
② 칸트의 '비판'은 철학의 활동적인 성격과 관련 있다.
③ 철학은 새로운 이론을 학습하는 것이 아니라, 생각을 체계적으로 정리하고 분석하는 것이다.
④ 비판은 잘못을 지적하여 구조를 자세히 들여다본다는 것이다.

국 어

1. 다음 발표에 대한 설명으로 가장 적절하지 않은 것은?

> 안녕하세요. '기후 위기의 심각성'을 주제로 이야기할 XX대학교 기후변화연구소 이영민 연구원입니다. 현재 기후 위기 문제는 전 세계적으로 큰 위협이 되고 있으며 한겨울에도 이상기온 현상이 나타나고 있습니다. 기본적으로 온난화가 진행되고 있다는 것은 부정하기 어려운 사실이며 엘니뇨 또한 영향이 가시화되고 있습니다.
> 최근 북극해의 영구동토층이 녹기 시작했습니다. 실제로 우리 극지연구소는 북극의 동시베리아 해저 면에서 커다란 구멍을 발견했습니다. 영구동토란 지하의 토양 수분이 2년 이상 연속적으로 얼어 있는 곳을 말합니다. 이러한 영구동토는 육지에만 있는 것이 아니라 바다에도 있는데 온난화가 진행되면 영구동토층이 녹게 됩니다. 그렇게 되면 이 속에 갇혀 있던 메탄가스가 분출되고 이 과정에서 구멍이 생겨납니다.
> 이렇게 영구동토층이 녹아 메탄가스가 분출되면 지구환경에 매우 심각한 영향을 줄 수 있습니다. 아직 메탄가스의 영향은 정확하게 추산되지 않고 있지만, 관련 연구가 활발히 전개되고 있습니다. 문제가 가시적으로 드러나지 않는다고 해서 안심해서는 안 됩니다. 지구온난화가 초래할 심각한 기후 위기는 되돌릴 수 없기 때문에 여러분의 적극적인 관심과 노력이 필요합니다.

① 발표자는 청중의 관심과 노력을 촉구하며 발표를 마무리하였다.
② 발표자는 신뢰할 만한 연구기관을 인용하여 청중들에게 상황의 심각성을 역설하였다.
③ 발표자는 메탄가스의 악영향에 관한 연구 결과를 바탕으로 구체적 위협 사례를 제시하였다.
④ 발표자는 자신의 소속을 밝히고 발표를 시작하고 있다.

2. 다음에 대한 설명으로 적절한 것은?

㉠ 갔다[갇따]	㉡ 끓니[끌니]
㉢ 기-+-어 → [겨:]	㉣ 같이[가치]

① ㉠: 두 가지 유형의 음운 변동이 나타난다.
② ㉡: 음절 끝에 'ㄱ, ㄴ, ㄷ, ㄹ, ㅁ, ㅂ, ㅇ' 이외의 자음이 오면 이 7개의 자음 중 하나로 바뀌는 규칙이 적용된다.
③ ㉢: 음운 변동 전의 음운 개수와 음운 변동 후의 음운 개수가 다르다.
④ ㉣: 인접한 음의 영향을 받아 조음 방법이 비슷해지는 동화 현상이 나타난다.

3. 다음 중 밑줄 친 어휘의 쓰임이 적절하지 않은 것은?
① 그의 전화를 마음을 졸이며 기다렸다.
생선을 조린 반찬을 가장 좋아한다.
② 그는 붉은 빛을 띤 얼굴로 나를 보았다.
그녀는 책상 사이의 간격을 띄웠다.
③ 물컵을 반듯이 세워라.
합격하려면 반드시 공부를 열심히 해야 한다.
④ 그는 눈을 지그시 감고 과거를 회상했다.
영자는 나이가 지긋이 들어 보였다.

4. ㉠~㉣중 어색한 곳을 찾아 수정하는 방안으로 가장 적절한 것은?

> 소셜미디어는 현대 사회에서 새로운 사회적 실천 공간이 될 수 있다. 그 배경에는 Z세대의 참여가 증대되면서 디지털 세상에서의 ㉠ 상호작용이 활발히 전개되었고 사고의 기준과 삶의 양식에 영향을 줄 만큼 SNS의 영향력이 커졌기 때문이다. 소셜미디어 플랫폼은 ㉡ 사회적 공간이라기보다는 개인적 공간으로 자리매김하고 있다. 소셜미디어는 사용자들에게 암묵적 요구를 함으로써 상호작용 시스템에 적극적으로 참여하는 주체가 되게 만든다. 개인은 자신에게 부여된 공간을 ㉢ 매력적이고 차별적인 공간으로 만들기 위해서 꾸준히 업데이트하려 한다. 이 과정에서 소셜미디어 공간은 사적 공간인 동시에 타인과 연결된 공적 공간이라는 이중적 장소성을 갖게 된다. 또한 개인은 디지털 정체성을 수립하기 위하여 문화적 가본을 획득하고 표출하는 과정에 적극적으로 참여하게 된다. 개인들은 소셜미디어에 전시회, 음악 연주회에 다녀온 경험을 올리면서 자신이 지닌 ㉣ 문화적 자본이 얼마나 풍부한지를 적극적으로 홍보하려 한다. 이런 과정에서 소셜미디어 인플루언서가 새로운 직업군으로 자리잡게 되었다.

① ㉠: '상호작용이 점차 축소되었고'로 수정한다.
② ㉡: '개인적 공간이라기보다는 사회적 공간으로'로 수정한다.
③ ㉢: '보편적이고 진부한 공간'으로 수정한다.
④ ㉣: '문화적 자본이 얼마나 결핍되었는지를'로 수정한다.

5. 다음 글의 맥락을 고려할 때 빈칸에 들어갈 말로 가장 적절한 것은?

> 한국부동산원의 월별 부동산 매입자 통계에 따르면 2020년부터 2022년 8월까지 전체 주택거래 건수 중 2030세대 개인 매수자 거래가 전체의 34.5%를 차지하였다. 이는 40대와 50대의 주택거래 건수도 앞지른 수치이다. 2030 세대의 주택담보대출 평균 금액은 30대보다 높게 나타났고, 담보대출과 신용대출을 합한 금융 부채액은 30대에서 가장 높았다. 과거 높은 경제 성장률로 수혜를 받은 윗세대에 비해 (가) 청년세대의 상황에 비추어 볼 때, 주택을 구입하기 위하여 과도한 대출이 필요했을 것이다. 이렇듯 청년세대가 무리하게 주택을 구입한 데에는 장기적으로 (나) 이(가) 있었을 것이다. 이러한 현상이 발생한 배경을 알기 위해서는 경제주체의 주택가격 상승에 대한 기대의 형성 조건을 알아볼 필요가 있다. 주택가격 상승을 바라는 마음은 합리적 기대가 아니라, 과거의 주택가격 변화에 기초하여 형성될 가능성이 높으며 이러한 상승세가 장기적으로 이어질 것이라고 담보하기는 어렵다.

① (가) : 보유 자산이 적고 소득수준도 낮은
(나) : 주택가격이 상승할 것이라는 기대
② (가) : 보유 자산은 적지만 소득수준은 높은
(나) : 주택가격이 안정될 것이라는 기대
③ (가) : 보유 자산은 적지만 소득수준은 높은
(나) : 주택가격이 상승할 것이라는 기대
④ (가) : 보유 자산이 적고 소득수준도 낮은
(나) : 주택가격이 안정될 것이라는 기대

6. 다음 작품에 대한 설명으로 적절하지 않은 것은?

"만그이 자석이 있었으마 내가 돈을 백만 원 준다 캐도 이런 일을 안 할 낀데. 아이구, 이 망할 놈의 똥냄새, 여리가 싸놔 그런지 독하기도 하네. 이기 곡석한테 독이 될지 약이 될지도 모르겠구마."
황만근이 있었으면 군말 없이 했을 일이었다. 늘 그렇듯이 벙글벙글 웃으면서.
"만그이가 있었으모 저 거름이 우리 밭으로 올 낀데. 만그이가 도대체 어데 갔노."

(중략)

일주일 뒤에 황만근은 돌아왔다. 그의 아들이 그를 안고 돌아왔다. 한 항아리 밖에 안 되는 그의 뼈를 담고 돌아왔다. 경운기도 돌아왔다. 수레는 떼어내고 머리 부분만 트럭에 실려 돌아왔다. 황만근 아니면 그 누구도 작동시킬 수 없는 그 머리가, 바보처럼 주인을 태우지 않고 돌아왔다.
황만근, 황 선생은 어리석게 태어났는지는 모르지만 해가 가며 차츰 신지(神智)가 돌아왔다. 하늘이 착한 사람을 따뜻이 덮어주고 땅이 은혜롭게 부리를 대어 알껍데기를 까주었다. 그리하여 후년에는 그 누구보다 지혜로웠다. 그는 누구에게도 해를 끼치지 않았듯 그 지혜로 어떤 수고로운 가르침도 함부로 남기지 않았다. 스스로 땅의 자손을 자처하여 늘 부지런하고 근면하였다. 사람들이 빚만 남는 농사에 공연히 뼈를 상한다고 하였으나 개의치 아니하였다.

– 성석제, 「황만근은 이렇게 말했다」 –

① '황만근'은 마을 사람들에게 도움을 주던 인물이다.
② '황만근'은 어리석지만 근면한 인물이었다.
③ 서술자는 '황만근'의 행적을 긍정적으로 평가하고 있다.
④ 서술자는 '황만근'의 죽음은 마을 사람들의 이기심 때문이라고 여기고 있다.

7. 다음 글의 빈칸에 들어갈 사자성어로 적절한 것은?

철수는 공무원 합격을 이루기 위해 하고 싶은 것을 참아가며 부단히 노력하고 있다. 그 전에 빠져 있던 게임도 하지 않고 친구들도 만나지 않으며 미친듯이 공부에만 매진하는 (　　　　)의 자세로 매일을 살아가고 있다.

① 三旬九食　② 騎虎之勢
③ 發憤忘食　④ 四面楚歌

8. 다음 글에서 추론한 내용으로 가장 적절하지 않은 것은?

대만은 전형적으로 대외 의존도가 높은 국가이다. 무역 의존도는 100%, 수출 의존도는 50%에 육박하는데 이는 대만 경제가 수출 없이 지탱하기 어려운 구조임을 보여주는 것이다. 그런데 이러한 수출 구조를 자세히 살펴보면 대중(對中) 수출 비중이 40%에 육박하는 것을 알 수 있다. 대만 기업은 중국 본토에 투자하는 방식으로 생산시설을 확보하고 있는데 1991년 직접 투자가 허용된 이래로 2020년까지 중국에 투자하는 금액의 규모는 점차 증가해 왔다. 중국의 입장에서도 대만은 중국의 주요 교역 상대국이기에 대만과 중국 사이의 경제적 교류 협력의 수위는 꽤 높은 수준이다. 이러한 상황에서 대만 정부가 미국의 입장에 편승하기도 어려우며 미중 무역 갈등이 격화되는 상황 속에서 적절한 관계를 유지하는 것이 무척 중요한 외교 문제임을 알 수 있다. 대만의 제조업 10대 기업 중 8개 사가 전자제품과 부품을 생산하는 업체다. 이렇듯 일부 산업군에 편향된 산업 구조는 고령화가 진행되는 상황에서 적절한 탈출 전략을 찾는 것이 최대의 과제다.

① 1991년 이전에 대만은 중국에 투자를 한 적이 없었다.
② 미중 무역 갈등 속에서 적절한 외교적 균형을 유지하는 것이 대만의 생존 전략일 것이다.
③ 대만 경제는 수출에만 집중된 편향된 양상을 보이는 문제점이 있다.
④ 중국은 대만의 주요 교역국이므로 대만 정부는 중국의 입지를 간과하기 어려울 것이다.

9. 다음 글을 이해한 내용으로 가장 적절한 것은?

1900년대 일본인들은 가난한 농민들을 지원하기 위하여 브라질로의 이민을 적극적으로 장려했다. 일본이 보기에 농업에 적합한 브라질의 기후 환경은 매력적이었다. 국가 차원에서 적극적으로 브라질 이주를 장려한 덕분에 오늘날 일본인이 가장 많이 살고 있는 국가는 브라질이다. 일본인 이민자들은 브라질에서 고추와 무, 사과, 감, 딸기 등 수십 종류의 작물을 경작하기 시작하였고 이는 브라질 현지의 농민들에게도 적지 않은 영향을 주었다. 일본인들은 농업협동조합을 만들어 농산물의 유통과 판매망을 구축하기도 하였고 조합원들의 복리후생을 위한 프로그램을 운영하는 등 당대 브라질 사회에는 생소했던 혁신적인 농업 경영 방식을 전파하였다.

① 일본인이 가장 많이 살고 있는 국가는 브라질이다.
② 일본인들은 개인적인 이유로 브라질로의 이민을 많이 하게 되었다.
③ 브라질 사회는 일본 이주민에게 혁신적인 농업 경영 방식을 전파하였다.
④ 일본인들 중 부유한 계층에서 브라질 이민을 주로 떠났다.

10. 다음 작품에 대한 설명으로 적절하지 않은 것은?

(가) 하하 허허 헌들 내 우음이 졍 우음가
하 어쳑 업서셔 늣기다가 그리 되게
벗님네 웃디를 말구려 아귀 찌여다리라

– 권섭

(나) 흥망이 유수(有數)ᄒᆞ니 만월대도 추초(秋草)ㅣ로다.
오백년(五百年) 왕업(王業)이 목적(牧笛)에 부쳐시니,
석양(夕陽)에 지나는 객(客)이 눈물계워 ᄒᆞ노라.

– 원천석

(다) 두류산(頭流山) 양단수(兩端水)를 녜 듯고 이졔 보니
도화(桃花) 뜬 묽은 물에 산영(山影)조ᄎᆞ 잠겻셰라.
아희야 무릉(武陵)이 어듸오 나는 옌가 ᄒᆞ노라.

– 조식

① (가) 음성 상징어를 통해 부정적인 세태를 풍자하고 있다.
② (나) 청각적 심상을 통해 고려 왕조의 멸망을 드러내고 있다.
③ (다) 설의법을 통해 자연 친화적 삶을 강조하고 있다.
④ (다) 무릉도원 고사를 인용하여 이상적인 자연을 예찬하고 있다.

11. ㉠~㉣과 바꿔 쓸 수 있는 유사한 표현으로 적절하지 않은 것은?

• 영희가 그 방식으로 문제를 풀어가는 것은 ㉠ 자충수였다.
• 철수는 옛날의 일을 ㉡ 반추하였다.
• 수련회 장소를 미리 ㉢ 답사하여야 한다.
• 그의 열성에 가득 찬 ㉣ 사자후에 관중은 박수를 보냈다.

① ㉠: 유리한 결과를 얻게 됨.
② ㉡: 되풀이하여 생각하였다.
③ ㉢: 현장에서 조사하여야
④ ㉣: 크게 부르짖는 연설

12. 다음 글에서 추론할 수 있는 내용으로 적절하지 않은 것은?

> 최근 대기오염물질이 촉발하는 사회문제가 대두되고 있으며, 미세먼지를 중심으로 한 연구가 활발히 이루어지고 있다. 하지만 미세먼지 발생량 중 절반을 차지하는 비산먼지 연구는 미미한 실정이어서 이를 연구할 필요성이 증대되고 있다. 비산먼지란 일정한 배출구 없이 대기에 배출되는 먼지로 정의되는데, 이는 특정 오염원에서 배출되는 것이 아니라 도로 재정비, 건설공사, 나대지 등 다양한 오염원에서 발생한다. 비산먼지는 대기 중으로 배출된 후의 빛의 산란 및 흡수로 인한 시야 범위 악화 및 위해성 물질 유발 등 다양한 문제점을 가지고 있어 삶의 질에 악영향을 미친다. 이러한 비산먼지 연구는 다양한 주제로 확장되는 경향을 보이고 있는데 풍속에 따른 비산먼지 발생량을 분석한 것부터 건설 현장에서 발생하는 것, 공사 구역별 비산먼지 확산 범위 및 예측 농도를 통한 비산먼지 저감시설 운용 연구, 소규모 공사장의 비산먼지 저감방안 및 관리 규제 수립 연구 등이 있다. 이러한 연구동향을 파악하는 데에는 다양한 방법이 존재하는데 과거의 연구는 분석 대상 포함 여부를 연구자의 주관적 판단에 따라 결정했다면 최근에는 다량의 텍스트 데이터를 분석한 동향 연구가 생겨나고 있다.

① 과거의 문헌 연구 방법은 연구자의 자의적 판단에 의존하는 경향이 있었다.
② 비산먼지는 특정 오염원에서 집중적으로 배출되는 경향을 보인다.
③ 대기오염 문제가 최근 중요한 논의 주제로 떠오르고 있다.
④ 미세먼지 발생량 중 큰 비중을 차지하는 것은 비산먼지이다.

13. 다음 글의 내용으로 적절한 것은?

> 폴 고갱은 그만의 예술 세계를 개척함으로써 누가 보더라도 그의 작품임을 알 수 있도록 만들고자 했다. 고갱은 자신만의 회화를 완성할 공간을 찾아다녔고 프랑스 북서부 브르타뉴 지방의 퐁타방을 택했다. 그는 원시와 야생을 예술의 근원으로 삼고 자신의 정체성과 꿈을 그리기 시작했다. 고갱의 대표작인 <예배 뒤의 환상>을 보면 강렬한 원색과 고정관념을 깬 파격적인 구성이 감상자의 눈을 사로잡는다. 이 작품은 여인이 예배 후 영적인 환상을 보는 장면을 묘사한 것으로, 브르타뉴 지방의 전통적 복장을 한 여인, 야곱과 천사가 싸우는 성경 구절을 한 캔버스 안에 담아냄으로써 당대 미술계에 없었던 예술사조를 만들어 냈다. 하지만 고갱의 작품은 당대 사회에서 이해받지 못했고 죽기 3년 전부터 비로소 조금씩 인정받기 시작했는데 고갱은 지독한 매독에 시달리다 생을 마감하고 말았다.

① <예배 뒤의 환상>은 당대의 전통적인 미술 사조를 충실히 따른 작품이다.
② 고갱의 작품은 고갱 생전에 널리 인기를 얻었다.
③ 고갱이 가장 영감을 많이 받은 곳은 프랑스 남부 지방이다.
④ 고갱은 자신만의 독특한 예술 세계를 구축하기 위해 노력하였다.

14. (가)~(라)를 맥락에 따라 가장 자연스럽게 배열한 것은?

> (가) 이러한 유로화의 등장으로 독일은 1990년대 통일 직후부터 이어졌던 장기 불황에서 벗어날 수 있었고 스페인, 그리스, 포르투갈 등 국가에서도 성장세가 두드러지기 시작했다.
> (나) 하지만 유럽 재정위기를 거치면서 유로화는 빠른 몰락세를 보이기 시작했고 유로존 국가들은 긴축재정으로 문제를 해결해 보고자 했지만 실패하였다.
> (다) 2002년 달러에 도전하기 위해 선진 유럽 국가들을 중심으로 한 유럽연합은 유로화라는 통일 통화를 쓰기로 합의하였다.
> (라) 2000년대 초반은 일본 경제가 무너지고 달러의 패권에 대응할 적절한 통화가 없었기 때문에 유로화를 필두로 한 경제성장은 유로화를 새로운 기축통화의 지위에 올려줄 것으로 기대되었다.

① (다) - (가) - (나) - (라)　② (라) - (가) - (다) - (나)
③ (다) - (가) - (라) - (나)　④ (라) - (나) - (다) - (가)

15. ㉠~㉣의 한자로 적절하지 않은 것은?

> 사람의 '지각과 생각'은 항상 어떤 ㉠ 맥락, ㉡ 관점 혹은 어떤 ㉢ 평가 기준이나 가정하에서 일어난다. 이러한 맥락, 관점, 평가 기준, 가정을 프레임이라고 한다. 간혹 어떤 사람이 자신은 어떤 프레임의 ㉣ 지배도 받지 않고 세상을 있는 그대로, 객관적으로 본다고 주장한다면, 그 주장은 진실이 아닐 것이다.

① ㉠: 脈絡　② ㉡: 關點
③ ㉢: 評價　④ ㉣: 支配

16. 다음 작품에 대한 설명으로 적절하지 않은 것은?

> 선생의 성은 저(楮)요, 이름은 백(白)이다. 자(字)는 무점(無玷)으로, 회계(會稽) 사람이다. 한(漢)나라 중상시(中常侍) 상방령(尙方令)을 지낸 채륜(蔡倫)의 후예이다.
> 그가 태어남에 난초꽃 욕탕에서 목욕시키고 흰빛 옥구슬로 어르면서 흰 띠풀을 가지고 꾸렸으므로, 그 빛깔이 반드르르하였다.
> 같은 배에서 난 그의 아우는 전부 열아홉인데, 서로 간에 모두 친목하여 한순간도 그 순서를 잃는 일이 없었다.
> 천성이 본디 깨끗하고 조촐하니 무인(武人)을 좋아하지 않는 대신, 글하는 선비와 즐겨 노닐었다. 중산(中山)의 모학사(毛學士)가 각별히 맺어진 벗이었으니, 아무 때고 허물없이 가까웠던지라 아무리 그 얼굴에다 점을 찍어 더럽혀도 씻어 닦는 법이 없었다. 학문을 하여 천지·음양의 이치와 성현(聖賢), 성명(性命)의 근원에 통달하였으며, 제자백가의 글과 이단(異端)·적멸(寂滅)의 교의(敎義)에 이르기까지 기록해 적지 않음이 없었으니, 찾아내어 분명히 살펴볼 수 있다.
> (중략)
> 자손이 아주 많았으니, 어떤 부류는 사씨(史氏)로 대를 이었고, 또 어떤 부류는 시인 집안으로 문벌을 이루었으며, 혹은 선(禪)에 관한 기록을 산더미처럼 쌓아 놓기도 하였다. 등용이 되어 관직에 있던 자는 돈과 곡식의 수효를 맡고, 군무(軍務)에 종사하던 자는 군사의 전공을 기록했다.
> – 이첨, 「저생전」 –

① 서두에 주인공의 신원이 드러나 있다.
② 마지막 부분에 주인공 자손의 사적을 밝히고 있다.
③ 사물을 의인화하여 사건을 전개하고 있다.
④ 작중 상황을 다양한 인물들의 시각에서 서술하고 있다.

17. 다음 글에서 추론할 수 있는 내용으로 적절하지 않은 것은?

자산과 소비 수준으로 계급이 형성되고 오직 눈에 보이는 가치를 바탕으로 자신의 사회적 위치와 지위를 확인하는 사회에서는 선택의 첫 번째 기준이 '그 행동이 돈이 되는지' 여부다. 단순한 취미 생활이 아니고서는 돈이 될 것인가 하는 물음에서 자유롭기 어렵다. 사람들은 어려서는 대학에 진학하는 데 도움이 되지 않는 일을 피하려 하고 성인이 된 후에는 돈이 되지 않는 일에 큰 관심을 두지 않으려 한다. 이런 현상이 지속될수록 자신이 원하는 것이 무엇인지는 알지 못한 채로 세상을 숫자로 환산 가능한 외적 조건으로 수치화하는 데 익숙해지게 된다. 신뢰할 수 있는 영역이 일부 주변인에 한정되는 사회에서 사람들은 항상 가진 것들을 비교하면서 불행해지게 된다. 뒤처지지 않기 위한 과시적 소비와 소비를 통한 정체성 확인, 인정욕구 충족은 저신뢰 성과 중심 사회의 모습을 여실히 드러낸다. 대단한 성공이나 자아실현은 차치하더라도 사회적으로 인정받고자 하는 욕구와 '중산층'이 되고자 하는 욕망 속에서 사람들은 지금, 이 순간에도 고통받고 있다.

① 사람들은 자신의 가치를 내적 성취로 측정하는 데 더 몰두하는 경향이 있다.
② 사람들은 물질적 조건을 수치화하는 데 익숙해져 자신이 원하는 것을 잘 모르고 산다.
③ 사람들은 끊임없이 다른 이들과 자신을 비교하며 불행을 느낀다.
④ 사람들은 경제적 가치가 없는 행동에 관심을 갖지 않는 경향이 있다.

18. 다음 작품에 대한 설명으로 적절하지 않은 것은?

감나무쯤 되랴.
서러운 노을빛으로 익어 가는
내 마음 사랑의 열매가 달린 나무는!

이것이 제대로 벋을 데는 저승밖에 없는 것 같고
그것도 내 생각하던 사람의 등뒤로 벋어 가서
그 사람의 머리 위에서나 마지막으로 휘드려질까본데,

그러나 그 사람이
그 사람의 안마당에 심고 싶던
느꺼운 열매가 될는지 몰라!
새로 말하면 그 열매 빛깔이
전생의 내 전 설움이요 전 소망인 것을
알아내기는 알아낼는지 몰라!
아니, 그 사람도 이 세상을
설움으로 살았던지 어쨌던지
그것을 몰라, 그것을 몰라!

– 박재삼, 「한」 –

① 화자는 노을빛에 감정을 이입하여 정서를 구체적으로 드러내고 있다.
② '이것이 제대로 벋을 데는 저승밖에 없는 것 같고'라는 표현에서 화자가 사랑하는 대상이 이미 죽었음이 드러난다.
③ 화자는 '그 열매 빛깔'에 자신의 마음이 담았으며 그것을 상대가 눈치채지 못할 지도 모른다는 불안감을 드러내고 있다.
④ 화자는 사랑하는 대상이 행복하게 살다 갔음을 확신하며 그것이 다행이라고 여기고 있다.

19. ㉠~㉣의 말하기 방식을 설명한 내용으로 가장 적절한 것은?

임 주무관: 지방세에 대한 이해도를 높이기 위해 설명회를 개최해야 할 것 같아요.
최 주무관: ㉠ 저도 요즘 그 필요성을 절감하고 있어요. 지방세를 모르는 분들이 정말 많아요.
임 주무관: ㉡ 그런데 어디부터 설명해야 할지 고민이에요. 개념부터 설명하려니 말이 너무 길어질 것 같아요.
최 주무관: 설명회 대상을 먼저 설정하고 그에 맞게 전략을 짜야 할 것 같아요.
임 주무관: 청중의 직업군을 먼저 분류하면 좋겠어요. ㉢ 자영업자 설명회와 회사원 설명회로 나눠볼까요?
최 주무관: ㉣ 그런데 자영업자와 회사원으로 나누는 것은 너무 포괄적인 분류 아닐까요?

① ㉠: 상대의 의견을 재진술함으로써 공감을 표현하고 있다.
② ㉡: 정중한 표현을 사용하여 상대방에게 직접 질문하고 있다.
③ ㉢: 상대방의 의견을 분석하고 비판을 제기하고 있다.
④ ㉣: 의문문을 통해 자신의 의견을 우회적으로 표현하고 있다.

20. 다음 글을 읽고 추론할 수 있는 선지로 적절한 것을 모두 고른 것은?

13세기 알렉산드로스 대왕의 활약 덕택에 서구 사회에 동양의 종교가 대거 유입되었다. 동양 종교는 그리스어 문화권 세계의 사고방식을 변형시켰을 뿐만 아니라 라틴어 문화권 세계의 사고방식도 바꾸었다. 그리스도교는 이 시기 여러 종교에서 힘의 원천이 되는 요소들을 찾아서 결합하기 시작했다. 유대인에게서는 성서를 토대로 한 종교를 제외하고 다른 종교는 모두 거짓이라는 교리를 받아들였다. 또한 페르시아 이원론을 받아들이면서 이교도의 신들은 사탄의 추종자라고 보았다. 또한 동양의 제도에서 착안하여 사제에게 권력을 부여하고 세속과 분리함으로써 교회 내부의 행정 체계를 점차 구축하였다.
하지만 이러한 그리스도교의 발전은 14세기에 이르러 붕괴되기 시작하였다. 1261년 이후 콘스탄티노플은 교황의 영향권 밖에 있게 되었으며 1438년 교황이 동로마 교회와 페라라에서 연합을 선포했음에도 콘스탄티노플을 수복하지 못했다. 14세기 동안 교황은 프랑스 왕의 영향을 받는 수동적 존재에 불과하였다. 또한 부유한 상인 계급이 출연하고 지식인이 증대된 분위기 또한 교황의 입지를 위협하였다. 교황은 그리스도교가 외부로부터 수용했던 도덕적 권위를 누리지 못하게 되었으며 그럴 만한 자격도 상실하고 말았다.

<보기>
ㄱ. 그리스도교는 다른 종교들로부터 영향을 받아 교리를 발전시켰을 것이다.
ㄴ. 교황의 권위가 약화한 배경에는 당대의 정치적, 사회적 맥락이 작용했을 것이다.
ㄷ. 부유한 상인 계급과 지식인들은 교황의 권위를 존중하고 그를 지지했을 것이다.

① ㄱ
② ㄱ, ㄴ
③ ㄴ, ㄷ
④ ㄱ, ㄴ, ㄷ

국 어

1. 다음 대화 참여자의 말하기 방식으로 적절하지 않은 것은?

경수: 서연아, 지난번 취업 강의에서 함께 들었던 '자기 경영' 기억나? 나 필기한 걸 잃어버린 것 같아.
서연: 응. '자기 경영'은 개인의 효과적 목표 달성을 돕는 기술이나 도구, 방법과 지식을 말해.
경수: 아, 그렇구나. 혹시 구체적 예시를 이야기해 줄 수 있어?
서연: 일상생활에서 목표를 달성하기 위해서 계획하고 실천하는 모든 활동은 자기 경영이야. 예를 들어 아침 일찍 일어나는 습관을 들이거나 운동을 규칙적으로 하는 것도 자기 경영이 될 수 있어.
경수: 아하, 그럼 어떤 것이든 계획을 세우고 거기에 맞춰서 스스로 관리한다는 거구나.
서연: 정확해. 자신이 정한 계획에 따라 행동하고 그 과정에서 자기 자신을 점검하는 거야.
경수: 말하자면, 자기 경영은 단순한 습관을 넘어서 스스로를 개발하는 단계로 이어질 수도 있는 거네?
서연: 그렇지. 자기 경영은 개인적 성장을 이루는 토대가 될 수 있어.

① 경수는 서연에게 대화 주제와 관련된 정보를 요청하고 있다.
② 서연은 자신의 경험을 바탕으로 구체적으로 설명하고 있다.
③ 서연은 경수의 답변이 적절한지 확인시켜 주고 추가로 설명하고 있다.
④ 경수는 서연의 말을 자신의 언어로 재진술함으로써 이해 정도를 확인하고 있다.

2. 밑줄 친 부분에 해당하는 사례로 적절하지 않은 것은?

현대인에게 중요한 자원은 돈과 시간이다. 과거에는 돈이 시간보다 중요했으므로 시간을 들여서 돈을 절약하는 것은 당연한 행동으로 여겨졌다. 하지만 요즘에는 돈을 쓰더라도 내 시간을 확보하고자 하는 사람이 늘고 있다. 과거에는 발품을 팔아 절약해서 얻는 것은 현명한 소비로 여겨졌으나 요즘에는 <u>발품을 포기함으로써 확보한 시간</u>의 가치가 무궁무진해졌다. 이에 따라 사람들은 시간을 조금이라도 아껴주는 서비스를 찾기 시작했다. 코로나19 때 직장인들은 재택근무를 시행함에 따라 출퇴근 시간, 직장에서 무의미하게 보내는 회의와 회식 시간을 활용할 수 있음을 알게 되었다. 이러한 깨달음은 자신에게 주어진 시간을 회사에 올인하는 대신, 스스로의 성장을 위해 쓰고자 하는 젊은 직장인이 늘어나는 결과를 초래하였다.

① 중고 거래 플랫폼에서 맛집 줄서기 아르바이트가 거래되는 사례
② 교외에 집을 마련하는 대신 직장 근처에 세들어 살며 통근 시간을 줄인 사례
③ 직장 점심시간에 시간을 확보해 헬스를 다녀온 사례
④ 강아지 산책 및 자녀 등하교 대행 서비스가 등장한 사례

3. 다음 중 표준어가 아닌 것으로만 묶인 것은?
① 아둥바둥, 추켜올리다, 두리뭉실하다
② 윗비, 삵쾡이, 애닯다
③ 께름직하다, 우뢰, 이쁘디이쁘다
④ 계면쩍다, 쉽다, 삐지다

4. <보기>의 ㉠과 ㉡에 해당하는 예로만 묶은 것은?

<보기>
불규칙 용언은 그 활용형에 따라 ㉠ <u>어간만이 불규칙적으로 바뀌는 것</u>, 어미만이 불규칙적으로 바뀌는 것, ㉡ <u>어간과 어미 모두가 불규칙적으로 바뀌는 것</u>으로 나뉜다.

	㉠	㉡
①	(길을) 걷다	(얼굴이) 곱다
②	(목적지에) 이르다	(하늘이) 누렇다
③	(라면이) 붇다	(하늘이) 파랗다
④	(병이) 낫다[癒]	(잎이) 누르다

5. 다음 작품에 대한 설명으로 적절하지 않은 것은?

이른바 소위 규중 칠우(閨中七友)는 부인들의 방 안에 있는, 일곱 벗이다. 글하는 선비는 필묵과 종이, 벼루를 문방사우(文房四友)로 삼았으니, 규중 여자인들 홀로 어찌 벗이 없으리오.
이러므로 바느질을 돕는 것을 각각 이름을 정하여 벗으로 삼았다.
(중략)
규중 부인들이 아침에 세수하고 머리를 빗고 나면 칠우가 일제히 모여 함께 의논하여 각각 맡은 소임을 끝까지 해냈다.
하루는 칠우가 모여 바느질의 공을 의논하였다.
척 부인이 긴 허리를 재며 말했다.
"여러 벗은 들어라. 나는 가는 명주, 굵은 명주, 흰 모시, 가는 베, 아름다운 비단을 다 내어 펼쳐 놓고 남녀의 옷을 마름질할 때, 길고 짧음, 넓고 좁음이며 솜씨와 격식을 내가 아니면 어찌 이루겠는가? 이러므로 옷을 만드는 공은 내가 으뜸이다."
교두 각시가 두 다리를 빨리 놀리며 뛰어나와 말했다.
"척 부인아, 그대가 아무리 마름질을 잘한들 베어 내지 않으면 모양이 제대로 되겠느냐? 내 공과 내 덕이니 네 공만 자랑하지 말라."
– 작자 미상, 「규중칠우쟁론기」 –

① 작품 외부의 관찰자가 내용을 서술하고 있다.
② 사물을 의인화함으로써 특정 인물의 일대기를 보여주는 가전체 소설이다.
③ 규중칠우의 대화를 통해 인간의 이기적인 세태를 풍자하고 있다.
④ 척 부인은 길이를 재는 '자'를, 교두 각시는 '가위'임을 알 수 있다.

6. 다음 글의 다음에 이어질 ㉠으로 가장 적절한 것은?

기후 위기에 대한 위기의식이 커짐에 따라 농업 부문에서도 탄소 배출량을 줄이고자 하는 노력이 시도되고 있다. 탄소중립 시나리오에 따르면 우리나라의 2018년 기준 농축산부문 온실가스 배출량은 1990년 대비 4.3% 감소하였다. 2050년까지 배출량을 90% 이상 줄이는 것을 목표로 농축산부문에서는 다양한 시도가 활발하게 이루어지고 있다. 농업에는 막대한 에너지가 사용되는데 화석연료를 저탄소 에너지원으로 전환하는 것부터 시작하여 화학비료를 줄이고 친환경농업을 확대하는 것, 가축 관리로 저메탄저단백질 사료 보급을 확대하고 분뇨의 메탄을 에너지화하는 것 등이 그러한 노력에 해당한다. 기후 위기 문제와 식량 생산 문제를 동시에 해결하기 위해서는 지금까지 시행되어 왔던 방법을 벗어나려는 다양한 주체의 노력이 필요하다. 따라서 (㉠)

① 민간과 국가가 협력하여 농업 분야의 탄소중립 계획을 실천하는 동시에 생산량을 유지하는 방안을 검토해야 한다.
② 민간이 주도하여 농업시설에 투자하고 현대적이고 친환경적인 농법을 개발하여야 한다.
③ 강력한 규제를 통해 환경에 위해가 되는 방식으로 농사를 짓는 농민들을 강력하게 처벌해야 한다.
④ 농가의 가축 사육 두수를 줄임으로써 메탄가스 방출을 감축해야 한다.

7. 다음 작품에 대한 설명으로 적절하지 않은 것은?

서경(西京)이 아즐가 서경이 서울이지마는
위 두어렁셩 두어렁셩 다링디리
닦은 곳 아즐가 닦은 곳 소성경 고ㅇ괴마른
위 두어렁셩 두어렁셩 다링디리
이별할 바엔 아즐가 이별할 바엔 길쌈베 버리고
위 두어렁셩 두어렁셩 다링디리
괴시란대 아즐가 괴시란대 울면서 좇겠나이다
위 두어렁셩 두어렁셩 다링디리

구슬이 아즐가 구슬이 바위에 떨어진들
위 두어렁셩 두어렁셩 다링디리
끈이야 아즐가 끈이야 끊어지리까 나난
위 두어렁셩 두어렁셩 다링디리
천 년을 아즐가 천 년을 홀로 살아간들
위 두어렁셩 두어렁셩 다링디리
신(信)이야 아즐가 신이야 끊어지리까 나난
위 두어렁셩 두어렁셩 다링디리

대동강(大同江) 아즐가 대동강 넓은 줄 몰라서
위 두어렁셩 두어렁셩 다링디리
배 내어 아즐가 배 내어 놓느냐 사공아
위 두어렁셩 두어렁셩 다링디리
네 각시 아즐가 네 각시 음란한 줄 몰라서
위 두어렁셩 두어렁셩 다링디리
가는 배에 아즐가 가는 배에 얹었느냐
위 두어렁셩 두어렁셩 다링디리
대동강 아즐가 대동강 건너편 꽃을
위 두어렁셩 두어렁셩 다링디리
배 타 들면 아즐가 배 타 들면 꺾으리이다 나난
위 두어렁셩 두어렁셩 다링디리

– 작자 미상, 「서경별곡」 –

① 화자는 구체적인 청자에게 자신의 의도를 드러내고 있다.
② 화자는 적극적 태도로 이별을 부정하고자 하는 마음을 드러내고 있다.
③ 전체적으로 3음보 율격이 드러나 있으며 여음구를 통한 리듬감이 드러난다.
④ 의문형 어미를 사용하여 임에 대한 자신의 마음이 변할지 모른다는 우려를 드러내고 있다.

8. ㉠에 들어갈 문장으로 적절한 것은?

2014년 5월 3일 저널리스트 마시 알리네자드는 이란의 여성들에게 공공영역에서 베일을 벗고 찍은 사진들을 페이스북 페이지에 보내달라고 제안하기 시작했다. 이 페이지가 처음 열렸을 때만 하더라도 여성들은 조심스럽게 산이나 강가에서 베일을 벗은 뒷모습이나 옆모습을 공개하면서 히잡 규정에 대한 생각들을 메시지로 전달하기 시작했다. 시간이 지남에 따라 이란 여성들은 얼굴을 공개하기 시작했고 목소리에 더해 동영상 메시지까지 보내면서 이란 사회 전반에 대한 시민사회와 인권 운동을 촉발하고 있다. 이란 사회에서 여성의 히잡을 비롯한 인권 문제는 표현의 자유와 인간 본연의 인권에 대한 문제가 될 수 있다는 점에서 주목할 만하다. 실제로 이란의 히잡 문제로 대표되는 논쟁들은 히잡 착용 여부에 그치지 않고, 이란의 심각한 경제난에 대한 비판으로 이어지는 경향을 보이고 있다. 이란의 시민들은 자신의 경험을 소셜미디어를 통해 공유하고 반정부 운동, 시민사회운동을 이어가고 있다. 이는 (㉠)

① 경제 문제를 해결해야만 인권 문제를 해결할 수 있음을 보여준다.
② 표현의 자유가 그 어떤 가치보다 중요함을 보여준다.
③ 온라인 공간보다는 오프라인 공간에서의 연대가 중요함을 시사한다.
④ 소셜미디어의 발전이 이란 시민사회운동의 동력이 되고 있음을 보여준다.

9. 다음 작품에 대한 설명으로 적절한 것은?

한편에서 이렇게 경사가 있었을 때–(그야, 외딸을 남을 주고 난 그 뒤에, 홀어머니의 외로움과 슬픔은 컸으나 그래도 아직 그것은 한 개의 경사라 할 밖에 없을 것이다)–, 또 한편 개천 하나를 건너 신전 집에서는, 바로 이날에 이제까지의 서울에서의 살림을 거두어, 마침내 애달프게도 온 집안이 시골로 내려갔다.

독자는, 그 수다스러운 점룡이 어머니가, 이미 한 달도 전에, 어디서 어떻게 들었던 것인지, 쉬이 신전 집이 낙향을 하리라고 가장 은근하게 빨래터에서 하던 말을 기억하고 계실 것이다. 이를테면 그것이 그대로 실현된 것에 지나지 않는다. 그러나 다만 그들의 가는 곳은, 강원도 춘천이라든가 그러한 곳이 아니라, 경기 강화였다.

이 봄에 대학 의과를 마친 둘째 아들이 아직 취직처가 결정되지 않은 채, 그대로 서울 하숙에 남아 있을 뿐으로–(그러나, 그도 그로써 얼마 안 되어 충청북도 어느 지방의 '공의'가 되어 서울을 떠나고 말았다)–, 신전 집의 온 가족은, 아직도 장가를 못 간 주인의 처남까지도 바로 어디 나들이라도 가는 것처럼, 별로 남들의 주의를 끄는 일도 없이, 스무 해를 살아온 이 동리에서 사라지고 말았다.

한번 기울어진 가운은 다시 어쩌는 수 없어, 온 집안사람은, 언제든 당장이라도 서울을 떠날 수 있는 준비 아래, 오직 주인 영감의 명령만을 기다리고 있었던 것이므로, 동리 사람들도 그것을 단지 시일 문제로 알고 있었던 것이나, 그래도 이 신전 집의 몰락은, 역시 그들의 마음을 한때, 어둡게 해 주었다.

– 박태원, 「천변풍경」 –

① 신전집 사람들은 마을 사람들에게 낙향 계획을 미리 알렸을 것이다.
② 신전집 둘째 아들은 취직하지 못한 채 가족들과 함께 낙향했을 것이다.
③ 신전집의 낙향은 동리 사람들에게 심리적 영향을 주었을 것이다.
④ 신전집 사람들은 가족들 간의 회의를 통해 낙향할 날을 결정했을 것이다.

10. 다음 글에 <보기>의 문장을 첨가하고자 할 때 가장 알맞은 곳은?

<보기>

이는 장애인들이 특정한 질병이나 사고 때문이 아니라, 그들이 생활하는 일상의 사회 · 공간적 제약으로 인해 활동이 어려워질 수 있음을 시사한다.

도시공간은 구성원들에게 다양한 삶의 기회를 제공하고 사회적 관계를 형성하는 공간이다. 현대인들은 일상생활 속에서 다양한 형태의 도시공간을 활용하고 공간에 따라 새로운 사회적 정체성을 형성한다. ㉠ 그런데 사회적 지원과 보호가 필요한 장애인들에게는 공간적 소외현상(spatial alienation)이 나타나고 있다. ㉡ 현대 사회는 도시자원분배의 차이로 인해 도시계획적 측면에서 비장애인들의 요구가 우선적으로 반영되고 장애인들의 활동은 제한되고 있으며, 이러한 현상은 장애인이 영위하는 일상 공간이나 환경 속에서 그들을 보이지 않는 존재로 만들 수 있다는 위험성을 내포한다. ㉢ 오늘날의 도시공간은 사람들의 생활양식이 변화함에 따라 도시 계획적 측면에서 단순한 물리적 구조 그 이상으로 간주되고 있음에도 장애인의 공간적 소외현상은 되풀이되고 있다. ㉣ 이러한 문제가 대표적으로 나타나는 사례는 공공 체육시설인데 장애인 전용 체육시설은 2010년 30개소에서 2021년 68개소로 양적 팽창을 보이기는 하였으나, 체육시설까지 이동할 방법이 없어 이용하지 못하는 경우가 다수 관찰되고 있다.

① ㉠
② ㉡
③ ㉢
④ ㉣

11. 다음 대화에 대한 설명으로 가장 적절한 것은?

> A : 민준 씨, 이번 프로젝트 계획을 이번 주 안에 정리해서 팀원들에게 보내주세요.
> B : 알겠습니다. 프로젝트 계획은 PPT로 만들어서 공유하면 되겠죠?
> A : (눈썹을 찌푸리며) PPT 형식이 적절할까요?
> B : 아, PPT 형식은 너무 간략해서 프로젝트의 세부 내용을 전달하기에 부족할 수 있겠네요.

① A는 팀원에게 업무를 명료하게 전달하지 않았다.
② B는 A의 의도를 알아차리지 못해 자신의 아이디어를 고수하려 한다.
③ A는 비언어적 표현을 통해 자신의 생각을 우회적으로 표현하고 있다.
④ B는 A의 의견에 논리적으로 반박함으로써 논쟁을 지속한다.

12. 다음 고유어의 뜻이 잘못 연결된 것은?
① 저어하다 : 두려워하다.
② 마뜩잖다 : 마음에 들 만하다.
③ 시망스럽다 : 몹시 짓궂은 데가 있다.
④ 생때같다 : 아무 탈 없이 멀쩡하다. 공을 많이 들여 매우 소중하다.

13. 다음 글의 내용으로 적절한 것은?

> 노벨경제학상 수상자 Angus Deaton은 '절망사'라는 개념을 발견하고 이를 '사회적 죽음'으로 정의하였다. 절망사는 미국에서 의학의 발달로 기대수명이 증가하고 있음에도 불구하고 중장년 백인들의 약물중독과 자살, 알코올성 간질환에 의한 사망률이 높아져 결과적으로 미국인의 기대수명 증가세가 둔화되는 특이한 현상이다. 한국에서도 서구사회와 유사하게 자살과 음주 문제, 약물중독 등의 현상이 사회문제로 나타나고 있다. 한국의 2019년 자살률은 24.6명으로 OECD 평균의 2.2배에 달한다. 또한 음주에 관대한 문화가 형성되어 있어 알코올로 인한 사회적 부작용도 심각하게 나타나고 있다. 실제로 자살 시도자의 50% 가까이가 자살 시도 당시에 음주 상태였던 것으로 보고되었다. 또한 과거 마약 청정국으로 알려져 있었던 한국은 연간 마약 사범이 인구 10만 명당 20명 기준을 초과하면서 마약 청정국의 지위도 상실하게 되었다. 이처럼 약물중독과 자살, 알코올성 간질환이 심각한 사회 문제로 부상하고 있다는 것은 한국도 미국처럼 절망사 문제에 대비해야 함을 시사한다.

① 한국에서 음주 문제는 절망사와 관련 있을 가능성이 있다.
② 미국에서 기대수명은 절망사와 관련 없는 현상이다.
③ 미국에서 절망사는 주로 젊은 층에게서 관찰된다.
④ 한국은 마약이 과거에는 심각한 사회 문제였지만 현재에는 마약 청정국이 되었다.

14. 반의 관계 어휘에 대한 설명으로 옳지 않은 것은?
① '높다/낮다'의 경우, 한 단어의 의미가 다른 쪽 단어의 부정을 함의한다.
② '오다/가다'의 경우, 한 단어의 부정이 다른 쪽 단어의 부정과 모순되지 않는다.
③ '출석/결석'의 경우, 한 단어의 부정은 다른 쪽 단어의 긍정을 함의한다.
④ '무겁다/가볍다'의 경우, 두 단어를 동시에 긍정하거나 부정하면 모순이 발생한다.

15. (가)~(다)를 맥락에 따라 가장 자연스럽게 배열한 것은?

> 올여름 미국은 새로운 러다이트 운동의 물결로 뜨거웠다. 할리우드 작가들과 미국 자동차 노조, 스타벅스 노조 등이 기술 혁신에 발발해 줄줄이 파업에 도입했다. 할리우드 작가들은 콘텐츠 스트리밍 시대에 맞는 수익금 보상 체계 개편과 인공지능 활용 대본에 관한 저작권 문제 해결을 요구했다.
> (가) 리처드슨과 같은 학자들은 이러한 변화를 인공지능이 제대로 작동하려면 인간이 사고를 멈추고 인공지능 지시대로 행동해야 하는 인류 절멸의 사회라고 표현하고 있다.
> (나) 이러한 흐름은 기술의 인간적이고 윤리적인 차원이 시대의 과제로 떠오른 것으로 풀이되는데, 인간의 존엄성이 저해되고 인류가 필요하지 않은 사회가 올 수 있음을 시사한다.
> (다) 자동차 노조 또한 이와 유사하게 전기차 전면화 이후 일자리 보상을 내세웠으며, 스타벅스 노조는 스마트폰 앱 도입에 따른 주문 폭주에 반발하였다.
> 결국 기술의 인간적이고 윤리적인 차원에 대한 깊은 성찰이 필요하며, 현재 진행 중인 기술 파업은 좋은 계기가 될 수 있다.

① (다) - (나) - (가)
② (다) - (가) - (나)
③ (나) - (가) - (다)
④ (나) - (다) - (가)

16. 다음 작품에 대한 설명으로 적절하지 않은 것은?

> 산에는 꽃 피네 / 꽃이 피네
> 갈 봄 여름 없이 / 꽃이 피네
>
> 산에 / 산에 / 피는 꽃은
> 저만치 혼자서 피어 있네
>
> 산에서 우는 작은 새요
> 꽃이 좋아 / 산에서 / 사노라네
>
> 산에는 꽃 지네 / 꽃이 지네
> 갈 봄 여름 없이 / 꽃이 지네
>
> – 김소월, 「산유화」 –

① 혼자서 피는 꽃은 '꽃'은 고독한 존재로 표현되고 있다.
② '갈 봄 여름 없이'에서 의도적으로 변형한 시어를 통해 운율을 형성하고 있다.
③ '-네'라는 유사한 종결어미를 반복하여 운율감을 형성하고 있다.
④ 산에서 우는 새는 화자의 기쁜 정서가 투영된 대상이다.

17. 다음 글의 설명 방식으로 적절하지 않은 것은?

대부분의 해외원조 공여국들이 OECD에 가입된 선진국으로 알려져 있지만, 비회원 국가들도 대규모 해외원조를 제공하는 새로운 공여 국가로 부상하고 있다. 대표적인 사례가 중동의 걸프 산유국인데 이들은 석유 지대 경제를 바탕으로 창출한 막대한 부를 누리며, 세계적으로 부유한 국가로 손꼽히고 있다. 이 국가들은 부를 바탕으로 OECD 비회원국들 중 주요 공여국으로 부상하였다. 1970년대부터 본격적으로 부를 창출하기 시작한 걸프 공여국들은 주변 아랍 국가에 원조를 제공하였고, 이후 점차 영역을 확대하여 비아랍 무슬림 국가에게까지 해외원조 제공의 폭을 넓혀가고 있다. 이러한 걸프 산유국들의 해외원조 방식은 동일한 민족이나 종교 정체성에 기반을 둔 국가에 집중하는 방식이다. 하지만 이러한 원조의 이면에는 자국의 정치적 이해에 부합하는 국가들에만 원조를 집중한다는 한계가 있다.

① 걸프 산유국의 부의 출처와 세계에서 부유한 국가로 손꼽히는 이유를 기술하였다.
② 걸프 산유국 해외원조의 장기적인 목표와 비전을 중점적으로 설명하였다.
③ 걸프 산유국들이 해외원조 대상 국가를 선택하는 기준을 설명하였다.
④ 걸프 산유국들의 해외원조 방식의 한계점을 제시하였다.

18. 다음 글을 읽고 추론할 수 있는 내용으로 적절하지 않은 것은?

20세기 영국의 경제학자 케인스는 자본주의시장 실패를 예를 들며 초기 자본주의가 시장이 스스로 자기를 조절할 수 있다고 믿는 것은 잘못된 생각임을 지적하였다. 대신 정부가 적극적으로 개입해서 시장의 문제점을 해결할 것을 제안하였다. 정부는 세수를 확보하여 부를 재분배함으로써 독점을 막고 소비가 활성화될 수 있도록 보완해야 한다는 것이다. 이러한 후기 자본주의의 등장에 따라 시장 실패로 발생했던 경제 대공황은 빠르게 안정되어 갔다. 정부는 세금을 높이고 적극적인 규제 정책을 시행함으로써 시장 실패를 막으려 하였다. 또한 거대 자본이 산업을 독점하는 것을 견제하면서도 노동자의 임금을 올려 노동 환경을 개선하려 하였다. 발전과 성장만을 추구하는 것이 아니라, 사회 전체와 소외계층까지도 살펴보는 '인간적인 자본주의' 시대가 도래한 것이다. 이러한 기조는 대공황 때 시작되어 소련이 붕괴하기 전까지 이어졌는데, 각고의 노력으로 미국은 소련과의 체제 경쟁에서 자본주의를 효과적으로 보호할 수 있었다.

① 과도한 독점과 시장 실패를 방지하고자 정부는 적극적으로 시장에 개입하였다.
② 정부의 경제적 개입은 자본주의 초기 단계에서 대두되었던 시장의 자율적 조절에 대한 회의론을 반영한 것이다.
③ 러시아와의 체제 경쟁에서 미국은 자본주의의 보호와 발전을 위해 다양한 경제 정책을 적용하였다.
④ 경제 대공황은 정부의 개입 없이도 시간이 지나면 자연스럽게 회복되었을 것이다.

19. 다음 한자 표기로 옳은 것은?

① 그의 취미는 음악 감상(感想)이다.
② 철수는 계약서에 서명 날인(捺忍)을 했다.
③ 낡은 집 벽에 균열(龜列)이 있었다.
④ 부쩍 인기 많아진 영희에게 인터뷰 요청이 쇄도(殺到)하였다.

20. 다음 글에서 추론할 수 있는 것만을 <보기>에서 모두 고르면?

예수의 부활을 설명할 수 있을까? 나아가 예수의 부활이 사실임을 입증할 수 있을까? 예수의 부활은 성경에 직접적으로 기술되어 있으며, 다른 여러 사료에 부활을 목격한 사람들의 증언들이 간접적으로 기록되어 있다. 성경을 포함한 각각의 기록들은 예수의 부활에 대해 일관성 있는 진술을 담고 있다. 기록물들의 진술이 사실인 경우, 예수가 부활했을 가능성이 그렇지 않을 가능성보다 높다. 이 경우 역사적 기록물의 내용이 예수의 부활을 입증한다고 할 수 있을까?

어떤 기록이 어떤 사건을 설명하지 못한다는 것은 그 기록물이 신빙성이 없다는 것을 의미한다. 만약 기록물이 다수이고, 기록물 간 내용의 일관성이 있다면, 그 기록물들은 신빙성이 있다. 그러나 어떤 사건을 설명할 수 있다는 것은 어떤 사건을 입증할 수 있는 필요조건은 되지만 충분조건은 되지 않는다. 어떤 사건이 사실임을 입증하기 위해서는 그 사건을 경험적으로 검증할 수 있어야 한다. 경험적 검증은 실험적으로 동일한 원인으로 동일한 사건을 반복적으로 발생시킬 수 있는 경우에만 가능하다. 만약 어떤 사건을 경험적으로 검증할 수 없다면, 그 사건에 대한 설명은 과학의 영역이 아니라 믿음의 영역으로 보아야 할 것이다.

<보기>

ㄱ. 성경은 예수의 부활을 설명할 수 있다.
ㄴ. 어떤 사건을 기록한 기록물에 신빙성이 있다면, 그 사건은 경험적으로 입증된다.
ㄷ. 부활을 반복적으로 발생시킬 수 있다면, 예수의 부활은 과학의 영역이 아니라 믿음의 영역으로 보아야 한다.

① ㄱ
② ㄱ, ㄴ
③ ㄱ, ㄷ
④ ㄱ, ㄴ, ㄷ

국 어

1. 다음 글을 참고할 때, <보기>에서 아이의 말에 대한 아빠의 말이 '반영하기'에 해당하는 것은?

> 적극적인 듣기의 방법에는 '요약하기'와 '반영하기'가 있다. 화자가 자신의 상태에 대해 직접적으로 말하는 경우에는 요약하기와 같은 재진술이 가능하지만 그렇지 않으면 불가능하다. 한편 반영하기는 상대의 생각을 수용하고 상대의 현재 상태에 감정 이입을 하여 의미를 재구성하는 방법으로, 상대를 이해하고 있다는 청자의 적극적인 표현이기 때문에 원활한 의사소통에 도움이 된다.

<보기>

아이 : 아빠, 내일 수학 경시대회가 있는데 비가 온다고 해요. 괜히 걱정돼요.
아빠 : ______________________

① 비가 와도 경시대회는 진행될 거야.
② 날씨 때문에 걱정이 되는구나.
③ 비가 오면 학교 운동장이 미끄럽겠네.
④ 날씨를 걱정하는 것보다 대회 준비에 집중해야지.

2. 다음 중 사이시옷의 쓰임이 틀린 것으로만 묶인 것은?
① 키값, 노자돈, 수랏간
② 갯수, 연둣빛, 무싯날
③ 홧병, 봇둑, 하굣길
④ 쇳조각, 순댓국, 댓가지

3. 밑줄 친 ㉠~㉣중 어색한 곳을 찾아 수정하는 방안으로 가장 적절한 것은?

> 줄기를 겹겹이 두르는 나이테는 나무의 자서전이다. 나이테가 주는 정보 중 가장 중요한 것은 수령인데, 나이테가 모두 160개라면 그 나무의 수령은 160년이라는 뜻이다. ㉠ 나이테의 두께가 전반적으로 일정하다면 나무가 안정적인 환경에서 잘 생장했다는 뜻이다. 비슷한 두께의 나이테가 연속된다면 나무가 생장하기에 적합한 날씨가 지속되었을 것임을 추론할 수 있다. 하지만 ㉡ 나이테의 너비가 불규칙하다면 이는 나무의 발달이 고르지 못했다는 증거가 된다. 목질층이 제대로 축적되지 않았다는 것은 ㉢ 나무의 생장 환경이 나무에게 비우호적이었음을 증명한다. 이렇듯 나무가 생장하기 어려운 배경에는 여러 가지가 있는데 그늘에 가려졌을 수도 있고 갑작스러운 가뭄이나 홍수가 있었을 가능성도 있다. 나이테가 들쑥날쑥하다가 ㉣ 어느 시점부터 나이테가 끊겼다면 이는 날씨나 자연환경이 안정화된 것으로 볼 수 있다.

① ㉠: '나이테의 두께가 전반적으로 편차가 있다면'로 수정한다.
② ㉡: '나이테의 너비가 일정하다면'로 수정한다.
③ ㉢: '나무의 생장 환경이 나무에게 우호적이었음을'으로 수정한다.
④ ㉣: '어느 시점부터 규칙성을 회복했다면'으로 수정한다.

4. 다음 작품에 대한 설명으로 적절하지 않은 것은?

> [앞부분의 줄거리] 전과자 응칠은 성실한 농군인 아우 응오를 찾아오는데 응오는 벼를 수확하지 않았다. 그러다 그 벼를 도둑맞자 응칠은 도적놈을 잡으려고 하였다.
>
> 응칠이는 덤벼들어 우선 허리께를 내려 조졌다. 어이쿠쿠, 쿠, ─ 하고 처참한 비명이다. 이 소리에 귀가 번쩍 띄어 그 고개를 들고 팔부터 벗겨 보았다. 그러나 너무나 어이가 없었음인지 시선을 치걷으며 그 자리에 우두망찰한다.
> 그것은 무서운 침묵이었다. 살뚱맞은 바람만 공중에서 북새를 논다.
> 한참을 신음하다 도적은 일어나더니,
> "성님까지 이렇게 못살게 굴기유?"
> 제법 눈을 부라리며 몸을 홱 돌린다. 그리고 느끼며 울음이 복받친다. 봇짐도 내버린 채,
> "내 것 내가 먹는데 누가 뭐래?" / 하고 되퉁스러이 내뱉고는 비틀비틀 논 저쪽으로 없어진다.
> 형은 너무 꿈속 같아서 멍하니 섰을 뿐이다.
> 그러다 얼마 지나서 한 손으로 그 봇짐을 들어 본다. 가뿐하니 끽 말가웃이나 될는지. 이까짓 걸 요렇게까지 해 가려는 그 심정은 실로 알 수 없다. 벼를 논에다 도로 털어 버렸다. 그리고 아내의 치마이겠지, 검은 보자기를 척척 개서 들었다. 내 걸 내가 먹는다─ 그야 이를 말이랴. 허나 내 걸 내가 훔쳐야 할 그 운명도 얄궂거니와 형을 배반하고 이 짓을 벌인 아우도 아우이렷다. 에─이 고연 놈, 할 제 볼을 적시는 것은 눈물이다.
>
> ─ 김유정, 「만무방」 ─

① 일제강점기 이후 피폐해진 당대 농민들의 생활상이 드러난다.
② 감각적 묘사를 통해 공간 배경을 섬세하게 그려내고 있다.
③ 작품 밖 서술자가 인물의 내면 심리를 상세히 묘사하고 있다.
④ 주인이 도둑이 되는 상황을 통해 농촌 현실의 모순을 고발하고 있다.

5. 다음 중 자연스러운 문장은?
① 여러분이 이 문제에 관심을 갖고 토론의 계기가 되었으면 합니다.
② 택지 개발을 하면서 주위의 역사적 환경이 훼손되어 현장을 그 상태로 보존함이 타당한지 쟁점이 되고 있다.
③ 다솜이의 여름방학 숙제로 제출한 그림은 특이했다.
④ 새롭게 구워진 빵이 나에 의해서 골라졌다.

6. 다음 글의 맥락을 고려할 때 빈칸에 들어갈 말로 가장 적절한 것은?

> 최근 인공지능이 기존의 일자리 3억 개를 대체하지만, 궁극적으로는 새로운 일자리를 창출하고 생산성을 제고할 것이라는 세계적 투자은행의 보고서가 발표되었다. 이에 따르면 생성형 인공지능이 등장한 것은 [(가)] 전 세계적으로 상품과 서비스의 가치를 한 단계 더 끌어올리는 계기가 될 것으로 보인다. 또한 미국과 유럽에서는 기존의 일자리 중 3분의 2가 인공지능의 영향을 받을 것이고, 이 지역에서 사람이 하던 기존 업무의 25~50%가 인공지능으로 대체될 것이라고 전망하였다. 또한 사무 및 경영, 법률 등 분야에서 자동화율이 높을 것으로 보인다. 하지만 [(나)] 인공지능 및 자동화의 영향이 적을 것으로 보인다. 건물 및 청소관리 분야 자동화 예상률은 1%에 불과하며 건설 및 채굴 분야도 6% 정도로 사무 및 경영 분야에 비해 대체율이 낮다.

① (가) : 노동시장의 주요한 진전이며
 (나) : 일반사무 업무는
② (가) : 노동시장 역행의 시초이며
 (나) : 육체노동 업무는
③ (가) : 노동시장의 주요한 진전이며
 (나) : 육체노동 업무는
④ (가) : 노동시장 역행의 시초이며
 (나) : 일반사무 업무는

7. 다음 작품에 대한 설명으로 적절하지 않은 것은?

> 어둠은 새를 낳고, 돌을
> 낳고, 꽃을 낳는다.
> 아침이면,
> 어둠은 온갖 물상(物像)을 돌려주지만
> 스스로는 땅 위에 굴복한다.
> 무거운 어깨를 털고
> 물상들은 몸을 움직이어
> 노동의 시간을 즐기고 있다.
> 즐거운 지상의 잔치에
> 금(金)으로 타는 태양의 즐거운 울림.
> 아침이면,
> 세상은 개벽을 한다.
>
> – 박남수, 「아침 이미지 1」 –

① 동일한 시어를 반복하여 운율감을 형성한다.
② 움직임을 나타내는 서술어를 사용하여 동적인 이미지를 드러낸다.
③ 공간의 이동에 따라 시상을 전개하여 역동성을 강화한다.
④ 의인법, 공감각적 심상을 통해 대상을 생생하게 드러낸다.

8. 다음 글의 내용으로 부합하지 않은 것은?

> 1990년대 말의 IMF와 2009년 글로벌 금융위기를 거치면서, 재능 있는 젊은 인재들이 전문직이나 공무원 등 소득이 보장되고 안정적인 직업으로 쏠리기 시작했다. 실제로 선진국일수록 사회의 불평등이 고착화되므로, 젊은 세대들의 직업 선택은 소득을 기준으로 이루어지는 경향을 보인다. 안정적인 직장으로의 쏠림 현상과 파생되는 문제점들을 함께 고려하기 위해서는 임금수준과 같은 취업 결과변수뿐 아니라, 청년의 직업 선택 가치관도 함께 고려해야 한다. 이를 고려해야 하는 이유는 정부의 노동정책 변화와도 맥을 같이한다. 과거에는 실업자에게 사후 지원 방식으로 실업급여를 지원하는 소극적 노동정책이 주를 이루었다면, 최근의 노동정책은 정부가 직접 일자리를 제공하고 직업훈련을 제공하는 등 적극적 노동정책으로 변화하고 있다. 정부는 노동시장에 직접 관여하는 동시에 민간기업, 비영리 기업과 같은 다양한 경제 주체와 협업함으로써 청년층의 노동시장 진입을 돕는 주체가 된 것이다.

① 사회의 불평등 고착화는 젊은이들의 직업 선택 가치관 변화에 영향을 줄 수 있다.
② 경제 위기는 젊은 세대가 안정적인 직업을 추구하는 요인이 되었다.
③ 정부는 청년층의 취업을 돕기 위해 민간 기관과도 협력한다.
④ 최근의 노동정책 변화에도 불구하고 정부의 노동시장 개입은 소극적 노동정책 위주로 이루어진다.

9. 다음 제시문의 빈칸에 들어갈 한자 성어로 옳은 것은?

> 채만식의 소설 <미스터 방>에서 일제강점기의 주인공 방삼복은 별 볼 일 없는 신기료 장수였다가 운 좋게 S라는 미국 주둔군 소위의 통역이 되어 조선을 소개한 공로로 부귀영화를 누리게 되었다. 후에는 친일파인 백 주사에게 떵떵거리며 자신이 백 주사를 쫓아낸 동네 사람들을 무찔러주겠다고 하는데 이는 (   )의 태도를 부여주는 것이다.

① 首丘初心 ② 狐假虎威
③ 羞惡之心 ④ 男負女戴

10. 다음 글의 내용으로 적절하지 않은 것은?

> 새로운 도시 위기는 1960년대와 1970년대의 위기와는 달라질 것이다. 과거의 도시문제는 도시가 경제적 기능을 상실하는 것으로 정의되었다. 탈산업화에 따라 백인들이 도시를 떠나면서 도시 중심부가 비어버리는 도심공동화 현상이 도시 위기의 핵심이었다. 도시에서 핵심 산업이 사라지면 도시는 점점 가난해진다. 도시의 주택은 퇴락하고 범죄와 폭력이 증가하며 약물남용을 비롯한 사회문제는 급증하게 된다. 이는 도시 경제가 점차 붕괴하고 조세수입이 줄어드는 요인이 되었다. 하지만 새로운 도시 위기는 과거보다 훨씬 더 심각하고 전면적이다. 현대 도시는 뉴욕과 런던, 샌프란시스코 등의 소수의 슈퍼스타 도시와 그 외의 다른 도시로 재편되고 있다. 이러한 슈퍼스타 도시는 세계를 선도하는 고부가가치 산업과 첨단기술을 토대로 정상급 인재들을 끌어들이지만, 이 외의 도시에서는 인재가 급속히 빠져나가 도시의 경쟁력이 저하된다.

① 현대 도시 위기의 원인은 슈퍼스타 도시의 경제적 성장에 따른 세금 수입 감소다.
② 새로운 도시 위기는 이전에 비해 규모와 영향력 면에서 더욱 광범위하게 나타나고 있다.
③ 과거의 도시 위기는 중심부의 공동화로 인한 경제적 붕괴가 주된 원인이었다.
④ 슈퍼스타 도시는 첨단기술과 고부가가치 산업을 바탕으로 전 세계의 엘리트 인력을 끌어들인다.

11. 다음 작품에 대한 설명으로 적절하지 않은 것은?

> 임이 오마 하거늘 저녁밥을 일찍 지어 먹고
> 중문(中門) 나서 대문(大門) 나가 지방 위에 올라가 앉아 손을 이마에 대고 오는가 가는가 건넌 산 바라보니 거머희뜩* 서 있거늘 저것이 임이로구나. 버선을 벗어 품에 품고 신 벗어 손에 쥐고 곰비임비* 임비곰비 천방지방* 지방천방 진 데 마른 데를 가리지 말고 워렁통탕 건너가서 정(情) 옛말 하려 하고 곁눈으로 흘깃 보니 작년 칠월 사흗날 껍질 벗긴 주추리 삼대*가 살뜰히도 날 속였구나.
> 모쳐라 밤이기에망정이지 행여나 낮이런들 남 웃길 뻔하였어라.
>
> – 작자 미상, 「임이 오마 하거늘」 –
>
> *거머희뜩 : 은빛과 흰빛이 뒤섞인 모양
> *곰비임비 : 거듭거듭 앞뒤로 계속하여
> *천방지방 : 몹시 급하게 허둥대는 모양 / *삼대 : 삼의 줄기

① 조선 후기 시조의 특징인 형식의 파괴가 드러나 있다.
② 착각을 유발한 대상을 통해 오지 않는 임을 원망하고 있다.
③ 인물의 행동을 과장하여 묘사하고 있다.
④ 화자가 달려가는 모습에서 임에 대한 애틋함이 드러나 있다.

12. 다음 표준 발음이 옳은 것은?

① 낳습니다[난씀니다]

② 닫혀[다쳐]

③ 귀띔[귀띰]

④ 차례[차레]

13. 다음 글에 대한 이해로 적절한 것은?

> 캄보디아는 내부적으로는 정부의 교육전략계획을 통한 교육정책 개선을, 외부적으로는 해외원조를 토대로 한 국제개발협력 사업을 통한 교육 발전을 이루고자 노력하고 있다. 그 결과 초등교육 등록률 및 입학률이 상승하기는 하였으나, 여전히 교육의 질은 낮은 실정이다. 캄보디아 아이들의 기초학력은 여전히 낮으며 학습량 또한 턱없이 부족하다. 그렇기 때문에 공교육의 핵심인 교사를 중심으로 한 국제개발협력의 적극적인 지원이 더욱 절실하다. 국제개발협력을 통해 교육의 질을 제고하기 위해서는 교사의 내적동기와 이타적 동기를 강화할 방안을 두루 고려해야 한다. 외부에서 충분한 보상이 주어지지 않더라도 교사가 교수활동 자체에 의미를 가지고 지식을 토대로 능력을 발휘하는 것에 행복감을 느낄 수 있어야 한다. 이는 현실적으로 높은 급여나 효율적인 인센티브를 적용하기 어려운 캄보디아와 같은 개발도상국에서 매우 절실한 교육 태도이다. 교사의 교수수행 수준은 금전적 지원 및 보상을 통한 외적동기보다, 내적동기와 이타적 동기에 더욱 유의미한 영향을 받는다는 연구 결과는 이러한 견해를 뒷받침한다.

① 캄보디아 교육의 양적 지표는 향상되었으나 교육의 질은 그렇지 않다.

② 개발도상국에서 교육의 질을 향상시키기 위해서는 금전적 보상에 집중해야 한다.

③ 캄보디아의 교육 시스템은 교사보다 학생을 중심으로 개발되고 있다.

④ 캄보디아 교육 문제의 해결을 위해서는 국가 내부에서의 노력에만 집중해야 한다.

14. 다음 글의 내용에 대한 추론으로 적절하지 않은 것은?

> 지식 노동자의 노동 결과와 생산물은, 공장에서 생산하는 제품과는 다르게 객관적인 실적을 측정하기 어려웠다. 이러한 '측정 불가능성'은 지식 노동자들이 시급이 아닌 연봉으로 급여를 받는 배경이 되었다. 미국의 경제가 급격하게 성장하던 1950~1960년대의 월급 노동자들은 주당 40시간을 근무했으나 출퇴근 시간을 엄격하게 기록하지 않았다. 초과근무 수당을 요구하거나 받을 법적 권리도 전무했다. 하지만 1970년대 중반 이후 경제가 어려워지기 시작하면서 노동자들이 일터에서 보내는 시간은 점점 늘어났다. 전 영역에 걸쳐 대규모 해고가 일어나는 상황에서 모든 노동자는 자신의 상사와, 비효율을 점검하러 나온 컨설턴트들에게 자신의 가치를 증명해야 했다. 자신이 옆자리 동료보다 더욱 열심히 일하고 기업에 필요한 핵심인재라는 사실을 증명할 가장 쉬운 방법은 노동 시간을 늘리는 것이었다.

① 경제적 어려움은 노동자들이 자신의 가치를 증명해야 한다는 압박을 느끼게 했을 수 있다.

② 경제위기는 지식노동자의 노동 시간이 증가하는 요인이 되었을 수 있다.

③ 1970년대 이후 노동자들은 초과근무 수당을 받기 시작했을 것이다.

④ 노동 생산물의 가치를 측정하기 어려워진 것은 연봉제 계약에 영향을 주었을 것이다.

15. 다음 글을 읽고 알 수 없는 것은?

> 서정문학의 역사에서 1960년대는 1950년대와 1970년대 사이의 중간 단계로서 의미를 지닌다. 이것은 단순히 시대적인 중간을 넘어, 서로 다른 시의 특징들이 복합적으로 얽혀 있음을 의미하는 것이다. 1960년대는 한국전쟁 직후 새로운 국가를 건설해야 하는 시대적 과제를 수행해야만 하는 시기였으며, 4.19 혁명이 좌절되고 군사 정권의 정치적 탄압이 날로 심화되던 시기였다. 이런 상황에서 시인들은 절실하게 자유를 갈망했다. 한편으로는 일제의 식민 지배와 전쟁을 거치면서 황폐화된 경제도 일으켜야 하는 과제에 직면해 있었다.
>
> 이러한 시대적 배경은 '전쟁의 상흔'을 어루만지는 것을 넘어 새로운 사회적 이슈를 만드는 데에 기여했다. 이 시기 문학에서는 문학의 사회참여적 역할이 적극적으로 논의되는 양상을 보였다. 대표적으로 김수영과 신동엽이 쓴 참여시들이 있다. 김수영은 4.19 혁명의 좌절을 계기로 소시민적 생활을 고백하는 자아성찰적 시를 창작했다. 신동엽은 부정적 현실을 극복하기 위해 역사에서 우리 민족이 지닌 가능성을 찾아내었다. 이 외에도 신경림, 조태일, 최하림, 이성부 등의 참여시는 1970년대 민중시의 기반이 되었다.

① 1960년대 서정문학은 새로운 시문학 패러다임의 토대가 되었다.

② 1960년대 서정문학에는 당대의 시대적 배경이 반영되었다.

③ 1960년대 서정문학에서 전쟁은 다루어지지 않았다.

④ 1960년대 일부 시인들은 지식인으로서의 의무감을 가지고 있었다.

16. 다음 작품에 대한 설명으로 적절하지 않은 것은?

> 소년이 아뢰기를,
>
> "오늘 묘시(卯時)에 붉은 도포를 입은 선관이 내려와 이르기를, '남두성이 옥황상제께 득죄하여 십 년 동안 허물을 쓰고 세상을 보지 못하게 하였는데, 죄악이 다 끝났다.'하고, 허물을 벗겨 방안에 두고 이르기를, '이 허물을 가져갈 것이로되 네 부모께 뵈어 확실한 자취를 알게 하라.'하고 갔사오니, 소자가 보자기를 벗고 보온즉 허물이 곁에 놓여 있고 책 세 권이 놓였사오니, 십년 불효를 어찌 다 아뢰리이까?"
>
> 승상이 자세히 살펴보니 과연 허물이 방 안에 놓여 있고 천서(天書) 세 권이 분명히 놓였거늘, 마음에 크게 놀라고 기뻐하여 소년의 손을 잡고 마음 가득 기뻐하여 말하기를,
>
> "네가 십 년 동안을 보자기 속에 들어 있었으니 무슨 알 만한 일이 있을 것이니, 자세히 일러서 우리의 의혹을 덜게 하라."
>
> 원이 고개를 숙여 재배하고 말하기를,
>
> "소자가 보자기 속에서 십 년 동안 고행하였사오나 아무런 줄을 몰랐사오니 황송함을 이길 수 없사옵니다."
>
> 승상 부부가 그제야 원을 안고 등을 어루만지며 가로되,
>
> "네가 어이하여 십 년 고생을 이다지도 하였느냐?"
>
> 하고 못내 기뻐하였다. 내외 상하(內外上下)며 이웃과 친척 가운데 뉘 아니 기뻐하리오.
>
> – 작자 미상, 「김원전」 –

① 김원은 죄를 지어 십 년 동안 허물 속에 갇혀 있었다.

② 김원은 천상계와 관련 있는 인물일 것이다.

③ 소년은 천상계에서는 '남두성'이었을 것인데 득죄하여 적강한 것이다.

④ 승상 부부는 이웃들의 반응을 통해 김원이 아들임을 확신하였다.

17. (가)~(라)를 맥락에 따라 가장 자연스럽게 배열한 것은?

(가) 하지만 최근 능력주의를 비판하는 사회적 분위기가 형성되고 있으며, 성찰의 목소리도 나오고 있다.
(나) 이러한 능력주의는 출신이나 연고와 무관하게 능력을 중심으로 평가하는 태도이므로 자본주의 사회에서 공정함의 상징으로 각광받았다.
(다) 마이클 샌델은 능력주의가 승자에게 오만함을 주지만 패자에게는 수치와 분노를 일으키며 건전한 사회를 해칠 수 있다고 보았다.
(라) 마이클 영은 영국에서 1870년대 의무교육이 도입되고 공무원을 경쟁으로 선발하면서 '능력'으로 좋은 직업을 얻는 사회가 열렸다고 보았다.

① (다) - (가) - (라) - (나)
② (다) - (라) - (나) - (가)
③ (라) - (다) - (나) - (가)
④ (라) - (나) - (가) - (다)

18. 다음 글에서 추론할 수 있는 내용으로 적절하지 않은 것은?

밀레니얼 세대는 자기만의 꿈을 좇으라는 이야기를 듣고 자랐다. 심지어는 그저 안정적인 생존을 위한 직업을 얻고자 몰두하는 일도 '꿈을 좇는다'는 말로 포장할 수 있었다. 하지만 꿈을 좇아야 하고, 꿈을 좇아 마땅한 삶은 밀레니얼 세대가 처한 현실과는 괴리가 있었다. 역대 최고의 대학 입학률 속에서 꿈은 생활 영역 밖으로 밀려났고 최악의 청년실업률과 스펙 경쟁, 88만 원 세대라는 말이 뉴스를 통해 보도되기 시작했다. 밀레니얼 세대는 안정적인 직장을 얻지 못하거나, 미래를 보장받지 못하면 파산할 것이라는 공포감을 갖고 있다. 이들은 꿈을 좇기를 요구받았고 정치적 안정 속에서 앞선 세대보다 풍족한 유년시절을 보냈으나, 외환위기와 금융위기 앞에서 현실과 이상의 간극을 체감하게 되었다.

① 밀레니얼 세대는 미래에 대한 불확실성 때문에 꿈을 실현하기 어렵다고 느낄 것이다.
② 역대 최고의 대학 입학률에도 불구하고 밀레니얼 세대는 취업의 어려움을 경험하였다.
③ 밀레니얼 세대는 경제적 안정성을 추구하는 것도 '꿈'으로 포장해야 했다.
④ 밀레니얼 세대가 경험한 불안에는 정치적 불안정이 내재되어 있다.

19. 다음 ㉠~㉣의 한자 표기로 옳은 것은?

이야기는 사회의 ㉠ 응집성을 형성하는 기능을 한다. 사회에서 공유하는 이야기는 의미를 ㉡ 제공하고 공동체를 ㉢ 지탱하는 가치를 ㉣ 전승하는 역할을 한다.

① ㉠ 凝集
② ㉡ 祭供
③ ㉢ 指撑
④ ㉣ 戰承

20. 다음 글에서 추론할 수 있는 것만을 <보기>에서 모두 고르면?

데카르트는 동물에게 간접적인 도덕적 지위가 있다고 보았다. 간접적인 도덕적 지위는 다른 무엇과의 관계에 의해 도덕적 지위가 확보된다. 이는 인간에게 독자적으로 발생하는 직접적인 도덕적 지위와 구분된다. 그는 인간의 소유물이 되는 동물은 인간의 재산이자 소유물이므로 동물과 인간과의 관계 속에서 간접적인 도덕적 지위가 발생한다고 생각한 것이다.

데카르트에게 동물은 '자동인형'에 불과했다. 그에게 동물은 인간과 달리 마음이 존재하지 않는 존재였기 때문이다. 따라서 동물은 어떠한 고통도 느끼지 못하는 존재이며, 설령 그의 발에 차인 강아지가 신음하더라도 그것은 동물의 기계적 메커니즘에 의한 것일 따름이다. 따라서 그 어떠한 도덕적 문제도 발생하지 않는다. 그러나 그가 모든 동물을 함부로 대해도 된다는 주장을 했던 것은 아니다.

동물은 누군가의 소유물일 수 있다. 따라서 누군가의 소유물인 동물을 해하는 것은 소유자인 인간의 재산권을 침해하는 행동이다. 이것은 법적인 문제이자 도덕적인 문제이다. 이에 데카르트는 주인이 있는 동물에 한해 간접적인 도덕적 지위를 인정했던 것이다. 반면 그의 논리에 의하면 주인이 없는 동물은 어떠한 도덕적 지위도 갖지 못한다.

<보기>

ㄱ. 간접적인 도덕적 지위가 없는 동물은 주인이 없는 동물일 것이다.
ㄴ. 법적, 도덕적 문제가 발생했다면 해당 동물은 주인이 있는 동물임을 알 수 있다.
ㄷ. 어떠한 대상이 마음이 존재하지 않는다면, 그 대상은 독자적으로는 도덕적 지위를 획득하지 못한다.

① ㄱ, ㄴ
② ㄱ, ㄷ
③ ㄴ, ㄷ
④ ㄱ, ㄴ, ㄷ

국 어

1. ㉠~㉣의 말하기 방식을 설명한 내용으로 적절하지 않은 것은?

박 팀장 : 최근에 직장 내 스트레스 관리의 중요성이 강조되고 있어서, 워크샵을 개최해야 할 것 같아요.
이 대리 : ㉠ 맞아요. 요즘 스트레스 관리에 대한 관심이 높아지고 있는 것 같아요.
박 팀장 : ㉡ 하지만 워크샵을 어떻게 구성해야 참석자들에게 실질적인 도움이 될지 고민이 되네요.
이 대리 : 워크샵에 참여할 직원들의 요구와 필요를 파악하는 것이 우선일 것 같습니다.
박 팀장 : 직원들이 어떤 스트레스를 주로 경험하는지 알면 내용을 준비할 때 도움이 될 것 같아요.
이 대리 : ㉢ 그러면 직원들의 스트레스 유형을 파악하려면 어떤 정보를 수집하는 게 좋을까요?
박 팀장 : ㉣ 업무 강도, 근무 환경, 직급 등을 조사해 봅시다.

① ㉠ : 상대의 의견에 대해 공감을 표현하고 있다.
② ㉡ : 정중한 표현을 사용하여 간접적으로 반대 입장을 표명하고 있다.
③ ㉢ : 질문을 통해 추가 정보를 요청함으로써 대화를 이어가고 있다.
④ ㉣ : 어떤 정보를 수집해야할지 직접적으로 제시하고 있다.

2. <보기>의 ㉠~㉣에 대해 탐구한 것으로 적절하지 않은 것은?

<보기>

㉠ 부장님은 넥타이가 멋있으시다.
㉡ 그 여자는 미용실로 갔다.
㉢ 그녀는 광수가 공무원임을 알았다.
㉣ 광수는 영자가 만들어준 밥을 먹었다.

① ㉠에서 안은문장의 주어와 안긴문장의 주어는 다르다.
② ㉡은 주어와 서술어의 관계가 한 번 나타나므로 홑문장이다.
③ ㉢에는 목적어의 기능을 하는 안긴문장이 있고, ㉣에는 관형어의 기능을 하는 안긴문장이 있다.
④ ㉣에서 안긴문장의 목적어는 안은문장의 목적어와 다르므로 생략되지 않았다.

3. 다음은 '플라스틱 쓰레기로 인한 환경 오염'이라는 주제로 글을 쓰기 위한 개요이다. 수정·보완하기 위한 방안으로 적절하지 않은 것은?

Ⅰ. 서론 : 플라스틱 쓰레기로 인한 환경 오염
Ⅱ. 본론 :
 1. 플라스틱 쓰레기의 폐해 ································· ㉠
  가. 해양 생태계 파괴와 생물 다양성 감소의 원인
  나. 토양 오염과 토양 미생물 균형 붕괴 초래
  다. 미세 플라스틱으로 인한 질병 유발
 2. 플라스틱 쓰레기 발생 원인
  가. 플라스틱의 생산 및 소비 증가
  나. 재활용 및 쓰레기 처리 시스템 미비
  다. 텀블러와 에코백 사용 빈도 증가 ······················ ㉡
  라. 폐수처리장에서 흘러나오는 미세 플라스틱
 3. 플라스틱 쓰레기 문제를 해결하기 위한 방안
  가. 플라스틱 사용 줄이기 캠페인과 대체재 개발 ···· ㉢
  나. 재활용 및 처리 시스템 개선
  다. (   ) ······························ ㉣
Ⅲ. 결론 : 플라스틱 쓰레기 문제를 해결하기 위한 정책적 · 사회적 노력의 촉구

① ㉠의 하위 항목으로 '플라스틱 쓰레기로 인한 지하수 오염'을 추가한다.
② ㉡은 'Ⅱ-2'와 관련된 내용이 아니므로 삭제한다.
③ ㉢은 'Ⅱ-3'과 어울리지 않으므로 'Ⅱ-1'의 하위 항목으로 옮긴다.
④ ㉣에 'Ⅱ-2'와의 관련성을 고려하여 '지하수 보호를 위한 현장 위생 시스템 강화'라는 내용을 넣는다.

4. 다음 글을 이해한 내용으로 적절한 것은?

언어에 대한 인식은 시대와 문화에 따라 달라진다. 현재 세계 제1의 공용어로 지위를 굳건히 하고 있는 영어도 과거에는 조잡한 언어로 간주되었다. 16세기 영어 화자들은 희랍어나 라틴어가 가장 이상적이고 완벽한 언어라고 여겼다. 영국의 문예부흥기에 지식인들은 영어를 라틴어와 같은 수준으로 끌어올리고자 철자법을 개선하고, 학습문법을 만들기 시작하였다. 이렇듯 특정 언어를 이상적인 것으로 보고 다른 언어를 하위 개념으로 보는 현상은 우리나라의 방언 인식에서도 유사하게 나타난다. 1930년대 한글 맞춤법 통일안이 제정된 이후 방언을 배제하고 표준어를 사용해야 한다는 것이 은연중에 규범처럼 자리 잡기 시작하였다. '방언'은 16세기 영어가 그러했듯 빈약한 언어, 혹은 틀린 말로 인식되었다. 그러다 보니 수도권 이외 지역에서도 한국어 화자들은 지역 방언 사용을 자제하기 시작했으며, 지식인은 표준어를 사용해야 한다는 무언의 규범이 작동하기 시작했다.

① 16세기 영어 화자들은 영어는 라틴어와 동등한 수준으로 인정받았다.
② 1930년대 이전 한국에서 방언의 위상은 표준어보다 높았다.
③ 한국에서는 수도권 지역에서만 표준어 사용이 강조되었다.
④ 한글 맞춤법 표준안이 제정된 것은 표준어 사용이 일종의 규범으로 자리 잡는 배경이 되었다.

5. 다음 작품에 대한 설명으로 적절하지 않은 것은?

그럼 오늘 하루를 나는 어떻게 지냈던가. 이런 것은 생각할 필요가 없으리라. 그냥 자자! 자다가 불행히, 아니 다행히 또 깨거든 최 서방의 조카와 장기나 한 판 두지. 웅덩이에 가서 송사리를 볼 수도 있고, 몇 가지 안 남은 기억을 소처럼, 반추하면서 끝없는 나태(懶怠)를 즐기는 방법도 있지 않으냐.

불나비가 달려들어 불을 끈다. 불나비는 죽었든지 화상을 입었으리라. 그러나 불나비라는 놈은 사는 방법을 아는 놈이다. 불을 보면 뛰어들 줄도 알고, 평상에 불을 초조히 찾아다닐 줄도 아는 정열의 생물이니 말이다.

그러나 여기 어디 불을 찾으려는 정열이 있으며 뛰어들 불이 있느냐. 없다. 나에게는 아무것도 없고 아무것도 없는 내 눈에는 아무것도 보이지 않는다.

암흑은 암흑인 이상 이 좁은 방 것이나 우주(宇宙)에 꽉 찬 것이나 분량상 차이가 없으리라. 나는 이 대소 없는 암흑 가운데 누워서 숨 쉴 것도 어루만질 것도 또 욕심나는 것도 아무것도 없다. 다만 어디까지 가야 끝이 날지 모르는 내일 그것이 또 창밖에 등대(等待)하고 있는 것을 느끼면서 오들오들 떨고 있을 뿐이다.

– 이상, 「권태」 –

① '나'는 일상적 체험에 대한 성찰로 무기력함을 느끼고 있다.
② '나'는 식민지의 암울한 현실을 극복하고자 하는 의지를 지닌 인물이다.
③ 자신과 불나비를 대조하며 대상을 긍정적으로 그리고 있다.
④ 의문문을 사용함으로써 글의 단조로움을 피하고자 한다.

6. 다음 제시문과 관련된 한자 성어로 옳은 것은?

우리나라는 근래에 미국과 중국이 심각한 무역전쟁을 벌이면서 어떤 행동도 쉽게 하기 힘든 당혹스러운 상황에 처해 있다. 최근 일본 오사카에서 개최된 G20 정상회의에서 미중 수뇌가 만나 첨예하게 갈등하는 상황은 다행히 면하였지만, 두 나라가 충돌하는 것의 피해는 최대 교역국인 우리나라에 돌아올 수밖에 없을 것이다. 우리나라는 경제적으로는 중국과 떼려야 뗄 수 없는 관계이며, 안보적으로도 미국과의 동맹을 유지해야 하는 입장에 있기 때문이다.

① 談笑自若 ② 肝膽相照 ③ 走馬看山 ④ 間於齊楚

7. 다음 글을 읽고 추론할 수 있는 내용으로 적절하지 않은 것은?

순수예술과 대중예술은 예술에 관한 논의에서 자주 등장하는 개념인데 대부분 상반된 의미로 이해된다. 18세기 중엽에 '순수'라는 개념이 등장하기 전까지만 하더라도 예술에 종사하는 사람들은 일종의 기능인에 속했다. 그러다가 순수예술 개념이 등장하고 예술이 지적이고 숭고한 것, 천재적인 재능과 관련된 것으로 간주되기 시작하였고 예술의 의미와 향유계층도 엄격하게 구분되기 시작하였다. 이러한 순수예술과 다르게 실천적이고 일상적인 삶과 관련된 대중예술은 저급한 것으로 폄훼되었고 두 예술 간의 격차는 점점 뚜렷해졌다. 하지만 19세기에 이르러 대중예술이 순수예술의 아성을 무너뜨리면서 독자적인 영역을 구축하기 시작했다. 현재의 시점에는 순수예술과 대중예술에 관한 논쟁은 무의미하다. 그럼에도 순수예술과 대중예술이라는 개념은 여전히 쓰이고 있다. 대중예술의 수용성이 확대되고 미적 가치가 인정받고 있는 상황에서 순수예술 분야에서도 오히려 대중예술의 방법론을 수용하고자 하는 움직임이 일어나고 있다.

① 예술의 의미와 관련하여 순수예술과 대중예술 사이에는 전통적으로 격차가 존재해왔다.
② 순수예술과 대중예술 사이의 논쟁은 현재에도 예술계의 주요한 논점으로 남아 있다.
③ 19세기에 이르러 대중예술은 독자적인 영역을 형성하면서 발전하였다.
④ 대중예술의 미적 가치가 주목받기 시작하면서 순수예술 분야에서 대중예술의 방법론과 융합하려는 움직임이 늘어나고 있다.

8. 다음 작품에 대한 설명으로 적절하지 않은 것은?

"우리 사또님이 걸인을 금하였으니, 어느 양반인지는 모르오만 그런 말은 내지도 마오."

등을 밀쳐 내니 어찌 아니 명관(名官)인가.

운봉 영장이 그 거동을 보고 본관 사또에게 청하는 말이,

"저 걸인의 의관은 남루하나 양반의 후예인 듯하니 말석에 앉히고 술잔이나 먹여 보냄이 어떠하뇨?"

본관 사또 하는 말이, / "운봉의 소견대로 하오마는."

'마는' 하는 끝말을 내뱉고는 입맛이 사납겠다. 어사또 속으로,

"오냐, 도적질은 내가 하마. 오라는 네가 받아라."

운봉 영장이 분부하여, / "저 양반 듭시라고 하여라."

어사또 들어가 단정히 앉아 좌우를 살펴보니, 당 위의 모든 수령 다담상을 앞에 놓고 진양조가 높아 가는데, 어사또의 상을 보니 어찌 아니 통분하랴. 모서리 떨어진 개상판에 닥나무 젓가락, 콩나물, 깍두기, 막걸리 한 사발 놓았구나. 상을 발길로 탁 차 던지며 운봉 영장의 갈비를 가리키며,

"갈비 한 대 먹고지고."

"다리도 잡수시오." 하고는 운봉이 하는 말이,

"이러한 잔치에 풍류로만 놀아서는 맛이 적사오니 차운 한 수씩 하여 보면 어떠하오?"

– 작자 미상, 「춘향전」 –

① 풍자적 표현을 통해 부패한 관리에 대한 비판의식이 드러난다.
② 편집자적 논평을 통해 사또의 탐욕을 풍자하고 있다.
③ 작품 외부의 서술자가 인물의 행동을 객관적인 입장에서 서술한다.
④ 동음이의어를 활용한 언어유희를 통해 해학성을 형성한다.

9. 밑줄 친 부분에 해당하는 사례로 적절하지 않은 것은?

민주주의의 핵심 중 하나는 다원성이다. 포퓰리즘은 자연스럽게 대의민주주의를 위협하는 요소가 된다. 독일 출신 정치학자 얀 베르너 뮐러는 『누가 포퓰리스트인가』를 통해 포퓰리즘 개념의 명료화를 시도하였다. 그는 <u>포퓰리즘</u>이란 정치에 관한 특정한 도덕적 상상이라고 보았다. 포퓰리스트들은 '진정한 민주주의란 도덕적으로 순수하고 완벽하게 단일한 국민이, 부패하거나 도덕성 없는 엘리트에 대항하는 것'이라고 주장한다. 포퓰리스트들은 오로지 자신들만이 국민을 대표한다고 주장하고, 자신이 공동선을 실행할 수 있는 유일한 주체라고 본다. 포퓰리스트들은 자기 세력이 실제로 다수가 아니더라도, 자신의 도덕적 이상은 '진정한 국민' 다수가 지지하고 있다고 주장함으로써 권력을 쟁취하고 강화한다. 또한 정책이 가져올 재정건전성 악화에는 관심을 두지 않고 오로지 권력을 획득하는 데에만 치중한다.

① 개혁이라는 명목으로 근로자층의 임금을 올리고 복지를 과도하게 늘린 아르헨티나의 사례
② 석유 판매 대금으로 12개 분야의 빈민지원 프로젝트를 무리하게 추진한 베네수엘라의 사례
③ 북유럽 복지국가인 스웨덴과 노르웨이가 복지를 축소하기 시작한 사례
④ 독일 나치 세력이 정치범을 분류함으로써 조직적 증오를 조장한 사례

10. 다음 중 밑줄 친 부분의 사용이 옳은 것은?

① 그는 <u>설레이는</u> 마음을 가지고 길을 떠났다.
② 학교가 끝나서 집에 가는 <u>와중에</u> 친구를 만났다.
③ 우리 명산에는 곳곳에 사찰이 <u>깃들여</u> 있다.
④ 철수는 평생 사랑하는 여자를 <u>여위었다</u>.

11. 다음 글에 대한 이해로 적절한 것은?

입시를 앞둔 수험생들은 급격한 신체적, 심리적, 사회적 변화와 함께 많은 스트레스를 경험하게 된다. 입시스트레스란 대학 입시를 준비하는 과정에서 경험하게 되는 정신적 압박감으로 이가 오래 지속될 경우 두통, 피로, 현기증, 식욕부진, 과민성 대장 증후군 등의 신체 증상 및 불안, 우울, 절망감, 자살 충동 등의 심리적 증상이 나타날 수 있다. 최근 일반계 고등학교에 비해 높은 명문대 진학률을 보이는 특수목적 고등학교(이하 특목고)에 대한 학생들과 학부모들의 선호도가 급격히 높아지고 있다. 특목고는 입시 위주 교육에서 탈피해 고급 인재를 양성하기 위해 설립되었다. 대표적인 특목고가 외국어고등학교인데 이는 외국어 분야에 적성과 소질이 있는 인재를 양성하기 위한 것이다. 하지만 명문대 입시가 강조되는 상황에서 외국어고등학교 학생들은 일반 인문계 학생들보다 더욱 큰 상대적 열등감을 경험한다. 높은 입학 경쟁률 속에서 중학교 학업성적과 시험을 거쳐 선발된 성적 우수 집단 내에서 또다시 경쟁하게 되면서, 외국어고등학교 수험생들은 학업적 위치 하락과 성취 압력 속에서 높은 입시스트레스를 경험하는 것이다.

① 특목고는 주로 이공계 인재 양성에 초점을 맞추고 있다.
② 외국어고등학교 학생들은 명문대 입시 경쟁 속에서 높은 스트레스를 경험할 수 있다.
③ 일반계 고등학교 학생들이 특목고 학생들보다 높은 스트레스를 경험한다.
④ 특목고 학생들은 중학생 시절에는 학업성취 압력을 경험하지 않는다.

12. 다음 글의 내용으로 적절하지 않은 것은?

15세기 르네상스 이후로 원근법은 서양 미술의 절대 법칙으로 자리 잡았다. 2차원의 벽과 캔버스를 3차원 공간으로 만드는 원근법은 과거 비현실적이었던 회화에 마치 실재하는 현실 같은 가상공간을 탄생시키는 기술이었다. 원근법은 그림을 보는 사람의 몰입을 유도하여 그림을 더욱 생생하게 느낄 수 있게 하였다. 르네상스 시대의 화가들은 현실에 존재하지 않는 이상적인 미를 구현하기 위하여 철저히 계산한 그림을 그렸다. 마네는 르네상스 이후 이어져 온 전통적 기법에 정면으로 도전한 화가다. 그는 현실의 어두운 생활상에서 미를 발견하고 이것을 그림으로 표현하고자 했다. 마네는 캔버스는 평평하므로 평면성을 살릴 수 있다고 보았다. 또한 세밀하고 섬세한 묘사가 가장 좋은 것이라는 당대의 관념을 거부하고 색채와 붓질을 최대한 줄였다. 그는 단순함이 아름답다는 신념을 토대로 근대미술이 발전할 토대를 다졌으며, 그의 발상 전환은 인상주의와 입체주의, 추상주의 등 모든 모더니즘 회화의 기본 정신으로 이어졌다.

① 전통적 원근법은 캔버스의 본질적 평면성보다는 입체감을 강조하는 것이었다.
② 마네의 예술적 혁신은 후대 미술 사조의 발달에 영향을 주었을 수 있다.
③ 르네상스 화가들의 그림은 계산을 토대로 디자인한 것이었다.
④ 모더니즘 회화로의 이행은 시간이 지남에 따라 마네의 예술적 실천에서 독립하는 방향으로 전개되었다.

13. 다음 밑줄 친 단어의 문맥적인 의미가 같은 것은?

그는 그녀를 <u>죽자고</u> 따라다녔다.

① 그는 선생님께 <u>죽어라</u> 하고 용서를 빌었다.
② 어머니가 아끼시던 화초가 <u>죽었다.</u>
③ 라디오를 떨어뜨렸더니 <u>죽어</u> 버렸다.
④ 아저씨의 거칠던 성질이 요즈음은 많이 <u>죽었다.</u>

14. (가)~(라)를 맥락에 따라 가장 자연스럽게 배열한 것은?

(가) 또한 한국 기업들은 고도의 제조 공정과 첨단 생산 기술을 해외에서 개발함으로써 글로벌 경쟁 우위를 지속적으로 강화하였다.
(나) 한국이 이룩한 눈부신 경제성장의 밑거름은 집중적 투자와 성공적인 해외 기술 도입 덕분이었다.
(다) 하지만 산업의 고도화는 생산 요소에 기반을 둔 성장 모델이 지속되기 어렵게 만들었다.
(라) 중국을 비롯한 아시아 국가들이 저렴한 인건비를 토대로 제조업에 뛰어든 것도 한국 사회의 제조업이 지속되기 어려운 요인으로 작용하고 있다.

① (나) - (가) - (다) - (라)
② (나) - (다) - (가) - (라)
③ (라) - (가) - (나) - (다)
④ (라) - (나) - (가) - (다)

15. 다음 작품의 밑줄 친 ㉠~㉣에 대한 설명으로 적절한 것은?

덕(德)일랑 곰배에 받잡고
복(福)일랑 님배에 받잡고
덕이여 복이라 호날
나아라 오소이다
아으 동동다리

정월 ㉠ <u>나릿물</u>은
아으 어저 녹저 하는데
누리 가운데 나곤
몸하, 호올로 녈셔
아으 동동다리

이월 보름에
아으 높이 현 등(燈)불 다호라
만인(萬人) 비취실 즛이샷다
㉡ <u>아으 동동다리</u>

삼월 나며 개(開)한
아으 만춘(滿春) ㉢ <u>달래꽃</u>이여
남이 부롤 즛을 지녀 나샷다
아으 동동다리

사월 아니 잊어
아으 오실셔, ㉣ <u>꾀꼬리 새</u>여
무슴다 녹사(錄事)님은
옛 나를 잊고 계신가?
아으 동동다리

– 작자 미상, 「동동」 –

① ㉠ 감정이입의 대상
② ㉡ 주제와 밀접하게 관련 있는 후렴구
③ ㉢ 임을 사랑하는 화자 자신
④ ㉣ 임과 대조되는 객관적 상관물

16. 다음 글에서 추론할 수 있는 내용으로 적절하지 않은 것은?

개인은 공동체 속에서 살아갈 수밖에 없는 존재이다. 공동체는 공간의 의미를 넘어서 구성원 간의 상호작용, 지역사회의 문제 공유, 공동 문제를 함께 해결하는 기능을 한다. 또한 공동체는 사적인 이익보다는 공동의 이익을 추구하며, 지역사회의 빈곤을 극복하거나 사회정의를 실현하기 위하여 구성원들의 친밀감을 높이는 역할을 한다. 공동체가 목적을 달성하고 유지되기 위해서는 구성원 사이의 신뢰와 규범에 대한 순응, 결집력, 가치의 공유 등이 필요하다. 공동체는 다양한 구성원의 사회적 유대와 참여를 기반으로 형성될 수 있기 때문이다. 이러한 공동체를 이끄는 정신을 공동체 정신이라고 부른다. 현대사회에서 공동체는 매우 중요하다. 발전된 사회일수록 사람들은 일정한 공동체를 형성하고 서로 협력하며 살아가야 한다. 또한 공동체는 자연적으로 발생하는 것이 아니므로 경제적, 문화적 자원을 의도적으로 투입해야 한다.

① 현대사회에서 공동체의 역할은 점점 감소하고 있으며, 개인의 독립적 생존능력이 더욱 중요해졌다.
② 공동체의 형성과 유지를 위해서는 의도적인 자원 투입이 필요하다.
③ 공동체의 유지와 목적을 달성하기 위해서는 구성원 사이의 가치 공유가 필수적이다.
④ 공동체 정신은 구성원들의 상호협력을 증진하는 데 기여할 수 있다.

17. 다음 작품에 대한 설명으로 적절하지 않은 것은?

흔들리는 나뭇가지에 꽃 한번 피우려고
눈은 얼마나 많은 도전을 멈추지 않았으랴

싸그락 싸그락 두드려보았겠지
난분분 난분분 춤추었겠지
미끄러지고 미끄러지길 수백 번,

바람 한 자락 불면 휙 날아갈 사랑을 위하여
햇솜 같은 마음을 다 퍼부어 준 다음에야
마침내 피워낸 저 황홀 보아라

봄이면 가지는 그 한번 덴 자리에
세상에서 가장 아름다운 상처를 터뜨린다

— 고재종, 「첫사랑」 —

① 시선과 공간의 이동에 따라 시상을 전개하고 있다.
② 동일한 시어를 반복하여 리듬감을 형성하고 있다.
③ 설의적 표현을 사용하여 시적 의미를 강조하고 있다.
④ 자연물에 인격을 부여하여 시적 분위기를 형성하고 있다.

18. 다음 한자 표기로 옳은 것은?

① 혜선이는 매일 연구실에서 교정(校正)을 보았다.
② 영수는 세도가로 온갖 권세(權熱)를 부렸다.
③ 철수는 그렇게 원하던 정계(政戒)에 진출하였다.
④ 광수는 사건의 이유나 정황(政況)을 설명하였다.

19. ㉠~㉣중 어색한 곳을 찾아 수정하는 방안으로 가장 적절한 것은?

오늘날 사진 기록이 매우 ㉠ 대중적인 행위가 되면서 과거의 기록과 역사를 재구성하는 데 상당한 영향력을 끼치고 있다. 과거를 기록하는 일은 예전과 같이 일정 수준 이상의 지식을 갖춘 ㉡ 식자층만의 전유물이 아니게 되었다. 사진 기록이 역사 재구성으로까지 온전하게 이어지기는 어렵지만, 스마트폰과 SNS가 발달함에 따라 사진으로 사건을 기록하는 일은 신문, 잡지 외에도 페이스북을 비롯한 여러 소셜네트워크서비스에서 활발하게 이루어지고 있다. 특히 ㉢ 개인의 기록이 매우 제한적인 형태로 공유되면서 개인적 역사 기록과 해석은 더욱 용이해졌다. 사진을 사료로 분석하는 것은 사진가의 의도를 파악할 때 더욱 가치 있는 것이 된다. 사진가는 특정 장면을 포착할 때 어떤 대상은 프레임 안에 집어넣는 반면 어떤 대상은 프레임 밖으로 배제함으로써 대상의 존재와 부재의 의미를 동시에 해석할 여지가 생긴다. 기록으로써의 사진이 가지는 역사 재구성 함의는 ㉣ 사진가의 시선으로부터 파생되는 문제이다.

① ㉠: '전문적인 행위가 되면서'로 수정한다.
② ㉡: '지식인만의 전유물로서 가치를 공고히 했다.'로 수정한다.
③ ㉢: '개인의 기록이 온라인상에 제약 없이 공유되면서'로 수정한다.
④ ㉣: '사진가의 시선과 무관한'으로 수정한다.

20. 다음 글에서 추론할 수 있는 것만을 <보기>에서 모두 고르면?

완벽한 자율 주행이 가능할까? 완벽한 자율 주행이 되려면, 자동차가 인간의 개입이 없어야 한다. 최근 서울시에서 심야 자율 주행 버스를 도입했다. 이 버스는 시스템이 운전 조작의 모든 측면을 제어하지만, 시스템이 운전자의 개입을 요청하면, 운전자가 개입해 자동차를 제어한다. 아직 차량이 많이 없는 심야 시간대에 실험적으로 운행되고 있지만. 많은 이들이 곧 완벽한 자율 주행의 시대가 도래할 것으로 예측하고 있다. 그러나 완벽한 자율 주행의 시대가 도래하려면, 기술적 문제와 사회적 수용성의 문제를 해결해야 한다. 첫 번째로 기술적 문제를 해결하기 위해서는, 인공지능의 충분한 학습이 가능해야 한다. 인공지능의 충분한 학습이 가능하려면, 적극적인 정책적 인센티브가 제공되어야 한다. 인공지능의 충분한 학습을 위해서는 현실적인 환경에서의 데이터가 쌓여야 하는데, 시뮬레이션을 하는 실험의 각 과정마다 적절하게 규제를 완화해주는 인센티브가 필요하기 때문이다. 두 번째로 완벽한 자율 주행의 시대를 위한 사회적 수용성 문제를 해결하기 위해서는 사회적 합의가 어렵지 않아야 한다. 자율 주행의 도입과 같이 이해관계가 충돌하는 문제는 사회적 합의가 이루어지기 어렵다. 이처럼 사회적 합의가 이루어지기 어려우면, 적극적인 정책적 인센티브는 제공되지 못한다.

<보기>

ㄱ. 인간의 개입이 있는 경우에는 완벽한 자율 주행이 될 수 없다.
ㄴ. 서울시 심야 자율 주행 버스에 인간의 개입이 없어지면 완벽한 자율주행의 시대를 맞이할 수 있다.
ㄷ. 기술적 문제와 사회적 수용성의 해결은 완벽한 자율 주행의 충분조건이다.

① ㄱ ② ㄱ, ㄴ
③ ㄱ, ㄷ ④ ㄱ, ㄴ, ㄷ

국 어

1. 다음 대화에 대한 설명으로 적절하지 않은 것은?

> 상혁 : 고객사에서 미팅이 끝난 후 "다음 주에 연락드리겠습니다.' '라는 답변을 받았는데, 한 주가 다 가도록 연락이 없어요.
> 희재 : 무슨 연락을 기다리고 계신 거예요?
> 상혁 : 저는 고객사에서 제 마케팅 제안서를 승낙했다고 이해했거든요. 사업 추진을 하려면 지금쯤 연락이 와야 할 것 같은데 오지 않네요.
> 희재 : 제가 생각할 때에는 그 당시에 고객사에서 돌려서 거절한 것 같아요. 고객사 담당자가 제안서를 잘 봤다고 하기는 했지만, 요즘 같은 시기에 오프라인 마케팅은 효과적이지 않을 것 같다고 했으니까요.
> 성혁 : 아, 그렇긴 하네요. 그래도 제안서 승낙이나 거절 여부는 연락이 와야 하지 않나요? 저는 담당자 표정도 좋았고 미팅 분위기도 너무 좋아서 당연히 연락이 올 줄 알았어요.

① 상혁과 희재는 동일한 미팅 상황을 다르게 받아들이고 있다.
② 희재는 오프라인 마케팅이 효과적이지 않을 것 같다는 표현을 거절의 의미로 해석하고 있다.
③ 상혁은 비언어적 표현을 바탕으로 고객의 의사를 추정하였다.
④ 상혁은 고객의 발화 내용을 근거로 자신의 제안서가 거절되었을 것이라고 추정하고 있다.

2. ㉠, ㉡의 밑줄 친 단어의 품사가 서로 같은 것은?
① ㉠ 앞집 첫째가 공부를 그렇게 잘한대.
   ㉡ 매월 첫째 주 수요일에 혜선 쌤 수업이 있다.
② ㉠ 도대체 성격이 어떤 사람이니?
   ㉡ 어떤 생각을 하고 있니?
③ ㉠ 내일(오늘, 어제) 시험은 잘 준비했니?
   ㉡ 그들은 내일(오늘, 어제) 보기로 하였다.
④ ㉠ 그는 충분히 잠으로써 피로를 풀었다.
   ㉡ 허리가 아파 바르게 누워 자기가 어렵다.

3. ㉠~㉣중 어색한 곳을 찾아 수정하는 방안으로 가장 적절한 것은?

> 현대의 도시에서 자연을 만날 수 있는 공간은 ㉠ 대부분 공공장소이다. 하늘과 땅을 볼 수 있는 자연은 공원이나 길에서만 만날 수 있게 되었는데 이러한 공간들은 모두 공동으로 사용하는 곳이다. 그런데 이러한 장소에서만 자연을 볼 수 있다는 것은 역설적으로 ㉡ 자연에 대한 접근성이 떨어지는 것을 의미한다. 최소한의 외출준비를 하고 나가야만 자연을 볼 수 있다는 것은 타인을 어느 정도 인식해야 한다는 의미이다. 특히 코로나19와 같은 사회적 전염병이 창궐하는 시기에는 자연 공간이 역설적으로 ㉢ 가장 안전한 공간이 된다. 소셜믹스를 추구하며 조성된 자연공간은 사회적 위기가 없을 때는 공동체가 함께 즐길 수 있는 곳으로 기능하지만, 사회적 위험이 증가하는 시기에는 그렇지 않다. 국민의 50%가 마당이 없는 아파트에서 사는 상황에서 외출이 불가해질 경우, 거주방식 자체가 ㉣ 자연과 격리된 가택 연금을 유발하는 것처럼 여겨질 수 있다.

① ㉠: '대부분 사적인 장소'로 수정한다.
② ㉡: '자연에 대한 접근성이 좋아지는 것'으로 수정한다.
③ ㉢: '가장 위험한 공간'으로 수정한다.
④ ㉣: '자연과 친화적인 상황'으로 수정한다.

4. 관용 표현 ㉠ ~ ㉣의 의미를 풀이한 것으로 적절하지 않은 것은?

> • 철수가 계속 그런 식으로 행동한다면 ㉠ 경을 칠 것이다.
> • 그 문제를 해결하기 위해 철수는 ㉡ 머리가 세었다.
> • 영희는 전교 1등 주미를 보고 ㉢ 눈에서 황이 났다.
> • 그 고급 자동차에 그런 싸구려 부품은 ㉣ 개발에 편자이다.

① ㉠: 하던 일이 망할 것이다.
② ㉡: 골몰하였다.
③ ㉢: 질투가 났다.
④ ㉣: 비슷한 지위나 힘을 가지는

5. 다음 글의 내용으로 부합하지 않은 것은?

> 1997년의 IMF 이후 한국 노동계의 불평등은 심화되었다. 비정규직과 정규직의 구분, 파견근로의 확산은 노동자의 지위를 나누는 경계가 되었으며 고용 형태에 따른 복지혜택의 차이는 점차 가시적으로 드러나는 중이다. 김대중 정부의 출범 이후 한국이 비로소 복지국가의 구색을 갖추기는 하였지만 소득에 기반한 연금제도 등은 불평등을 촉진하는 동시에 복지 체제의 안착이 어렵게 만드는 요인이 되고 있다. 가령, 국민연금제도는 많이 낸 사람이 많이 받는 구조로 되어 있어 사실상 저소득층의 국민연금 소득대체율은 매우 낮다. 대기업 노동자들은 상대적으로 좋은 복지혜택을 보장받고 회사 재직기간, 그리고 퇴사 후에도 상당한 수혜를 받으며 살아갈 수 있다. 하지만 국내 대기업 일자리가 전체 일자리에서 차지하는 비중은 매우 낮은 편이므로 대부분의 국민들은 은퇴 이후 노인 빈곤에 시달릴 확률이 높다.

① 국민연금제도의 구조는 저소득층에게 불리하게 작용할 가능성이 있다.
② 한국 대기업 일자리가 전체 일자리에서 차지하는 비중은 낮은 편이다.
③ 비정규직 노동자들은 정규직에 준하는 복지혜택을 받는다.
④ IMF 이후 한국 노동계의 불평등이 심화되었다.

6. 다음 작품에 대한 설명으로 적절하지 않은 것은?

> 첩첩한 돌 사이로 미친 듯 내뿜어 겹겹 봉우리에 울리니
> 사람 말소리야 지척에서도 분간하기 어렵네
> 항상 시비하는 소리 귀에 들릴까 두려워하기에
> 일부러 흐르는 물로 하여금 온 산을 둘러싸게 했네
>
> 狂奔疊石吼重巒
> 人語難分咫尺間
> 常恐是非聲到耳
> 故敎流水盡籠山
>
> – 최치원, 「제가야산독서당(題伽倻山讀書堂)」 –

① 자연 속에서 안분지족하며 살아가는 화자의 심정이 드러나 있다.
② 1구에는 역동적인 물의 이미지가 형상화되어 있다.
③ 2구에서 화자가 사람 소리를 분간하기 어려운 이유는 물소리가 크기 때문이다.
④ 4구에는 자연 속에서 은둔하여 살아가고자 하는 화자의 생각이 드러나 있다.

7. <보기 1>을 바탕으로 <보기 2>에 들어갈 말을 적절하게 표현한 것은?

<보기 1>

1. <보기 2>의 빈칸에 들어갈 내용으로 적절한 것을 찾기
2. 두 어휘를 대비하기
3. 비유적 표현과 설의적 표현을 쓴 것을 찾기

<보기 2>

<자연에서 배우는 삶>

들판에 피어나는 온갖 꽃들이 봄을 더욱 아름답게 합니다. 갖가지 색채로 산을 물들이는 단풍은 가을을 더욱 풍요롭게 합니다. 자연은 서로 조화를 이루어 아름다운 세상을 만들어 냅니다. 하지만 우리는 (   )

① 다른 생각을 가진 사람을 멀리하려는 경향이 있습니다. 익숙함이 올바름은 아닙니다. 익숙한 것은 편안함을 주지만 편안함이 올바른 것은 아니기 때문입니다.

② 언제까지 편을 가르고 서로 배척하실 건가요? 존중해야 존중 받을 수 있습니다. 다양한 개성들이 더불어 사는 사회, 우리의 아름다운 미래를 밝혀줄 등불입니다.

③ 흑백 논리에 빠져 서로 헐뜯고 싸울 때가 있습니다. 세상은 두 가지 색깔만 존재하지 않습니다. 다양한 생각을 존중하는 사회, 우리가 지향할 사회입니다.

④ 똑같은 것이 아름답다는 편견을 드러낼 때가 있습니다. 다름과 틀림은 과연 같을까요? 다름을 인정하는 사회, 꽃처럼 아름다운 사회입니다.

8. 다음 작품에 대한 설명으로 적절한 것은?

금련은 말끝을 흐리며 주역을 펴 놓고 점을 치기 시작했습니다. 그러고는 곧 한 괘를 얻어 괘 풀이를 하였지요.

“내일 운영은 반드시 남자를 만날 것이다. 운영은 얼굴과 행동이 세상 사람들과 다른 바가 있어 대군께서 오랫동안 운영에게 마음을 기울였으나, 운영이 대군의 부인을 생각하여 죽음으로 거역하고 있고, 대군 또한 자칫 운영의 몸을 상하게 할까 두려워 감히 가까이하지 못하는 것이다.

이제 운영이 쓸쓸한 곳을 버리고 화려한 곳으로 가려 하니 장안의 활달한 소년 선비들이 그 미모를 보고는 넋을 잃고 미치지 않는 자가 없을 것이요, 비록 가까이하지는 못하더라도 손가락질을 하고 눈짓을 보낼 것이니 이는 수치스러운 일이요, 대군을 욕되게 하는 일이 아닐 수 없을 것이다. 전에 대군께서 명령하시기를 궁녀가 문을 나가거나 바깥사람이 궁녀의 이름을 알면 죽을 것이라고 했으니, 나 또한 이런 행차에는 따라갈 수가 없다.”

자란은 일이 그르친 것을 알고 상심하여 어두운 얼굴로 자리에서 일어나려고 했지요. 그런데 비경이 울면서 허리를 안고 억지로 붙잡아 앉혔지요. 그러고는 앵무 술잔에 술을 따라 자꾸 권하였지요. 다른 궁녀들도 다들 술잔을 잡았지요. 서로 다투기는 했어도 가슴 저편에 숨은 슬픔이 서로를 전염시켰던 것이겠지요.

– 작자 미상, 「운영전(雲英傳)」 –

① 금련은 이성적인 인물로 객관적 증거를 토대로 상황을 타개할 방법을 찾고자 한다.

② 대군이 운영을 가까이하지 못한 것은 자신의 안위를 염려했기 때문이다.

③ 금련의 발화를 통해 사회적으로 억압받던 당대 궁녀의 생활상이 드러난다.

④ 자란은 현실의 억압에 적극적으로 저항하는 인물이다.

9. 다음 논증의 짜임새를 옳게 분석한 것은?

㉠ 두 가지 언어가 문화적으로 대등한 관계에 놓여 있지 않아서, 한 언어가 다른 언어로부터 여러 가지 어휘를 차용하는 일은 반드시 나쁜 일만은 아니다. ㉡ 국어만으로는 충족될 수 없는 여러 가지 표현을 외래어를 활용하여 이루어 낼 수 있고, 외래어의 유입으로 국어의 어휘는 더욱 풍부해질 수 있다. ㉢ 그런데 일어계 외래어는 모어(母語)인 국어를 쓰지 못하는 상황에서 외국어인 일본어만을 쓰도록 강요당한 결과로 익히게 된 어휘들이다. ㉣ 우리가 같은 외래어라고 하더라도 하루바삐 일어계 외래어를 될 수 있는 대로 쓰지 않도록 노력해야 된다고 주장하는 근거가 여기에 있다.

① ㉠과 ㉡은 ㉢의 근거이다.

② ㉠은 ㉣의 일반적 진술이다.

③ ㉡은 ㉢의 근거이다.

④ ㉢은 ㉣의 근거이다.

10. 밑줄 친 말이 가장 자연스러운 것은?

① 오늘의 날씨는 비가 오다가 그칠 것으로 <u>예상되어집니다</u>.

② 계약에서 <u>받아들여진</u> 대로 이행하겠습니다.

③ 옷이 <u>뜯겨진</u> 채로 발견되었다.

④ 들판이 온통 눈으로 <u>덮여진</u> 광경이 장관이었다.

11. 다음 작품에 대한 설명으로 적절하지 않은 것은?

마삿등 사람들이 애써 만들어 놓은 다섯 개의 수도용 우물이 집달리가 데리고 온 인부들의 괭이에 무참히 헐리고, 대나무로 된 파이프들이 물을 문 채, 그들이 보는 앞에서 이리저리 내던져졌다.

황거칠 씨는 더 참을 수가 없었다. 그는 거의 발작적으로 일어섰다.

“이 개 같은 놈들아, 어쩌면 남이 먹는 식수까지 끊으려 하노?”

그는 미친 듯이 우르르 달려가서 한 인부의 괭이를 억지로 잡아서 저만큼 내동댕이쳤다.

그것을 계기로 부락민들도 와 몰려갔다. 집달리 일행과의 사이에 벌싸움이 벌어졌다. 경찰이 말려도 듣지 않았다.

결국 동팔이와 인부 한 사람이 이쪽 청년들의 편치에 코피가 터졌다.

경찰은 발포를 — 다행히 공포였지만 — 해서 겨우 군중을 해산시키고, 황거칠 씨와 청년 다섯 명을 연행해 갔다. 물론 강제 집행도 일시 중단되었다.

경찰에 끌려간 사람들은 밤에도 풀려나오지 못했다. 공무 집행 방해에다, 산주(山主)의 권리 행사 방해, 그리고 폭행죄까지 뒤집어쓰게 되었던 것이다. 그래서 그 이튿날도 풀려나오질 못했다. 쌍말로 썩어 갔다.

– 김정한, 「산거족」 –

① ‘부락민’은 ‘황거칠’의 행동이 부당하다고 생각하고 있다.

② ‘황거칠’은 상대방에 대한 분노를 직접 표현하고 있다.

③ ‘마삿등 사람들’이 만든 우물이 철거되면서 갈등이 심화되었다.

④ ‘경찰’은 ‘사람들’이 정당한 업무를 방해했다고 생각한다.

12. (가)~(라)를 맥락에 따라 가장 자연스럽게 배열한 것은?

미국 미시간주에서 가장 큰 도시인 디트로이트는 자동차 도시라는 별명으로도 잘 알려져 있다.
(가) 하지만 현재의 디트로이트는 산업의 쇠퇴에 따른 극심한 빈곤과 범죄로 몸살을 앓는 도시가 되었다.
(나) 디트로이트는 미국 역사상 최악의 지자체 파산을 선언하였다.
(다) 1900년대에는 미국의 최대 도시 주요 하나로 손꼽혔고 GM, 크라이슬러, 포드 등 유명한 자동차 회사들은 모두 디트로이트에서 공장을 운영하였다.
(라) 현재는 상황이 다소 나아지기는 했지만 디트로이트의 공무원들은 파산으로 인해 연금을 받을 길이 막히면서 암울한 시기를 보내고 있다.

① (가) - (나) - (다) - (라)
② (가) - (라) - (나) - (다)
③ (다) - (가) - (라) - (나)
④ (다) - (가) - (나) - (라)

13. 다음 글의 내용으로 적절하지 않은 것은?

여성문학의 범주는 어떻게 결정할 수 있을까? 통상적으로 여성문학은 여성 작가가 창작한 작품을 지칭하는 좁은 의미로 국한하여 사용된다. 그렇지만 관점에 따라 여성문학사를 규정하는 기준은 달라질 수 있다. 여성 작가가 창작한 작품만을 여성문학으로 규정하는 것은 협의의 여성문학이며, 광의의 여성문학은 작가의 성별이나 작품 주제의 지향성과 관계없이 여성에 관련된 문학을 지칭하는 의미로도 쓰일 수 있다. 하지만 고전문학의 맥락에서 보면 여성문학이란 사대부 남성 중심이었던 한문 사회에서 여성에 의해 창작된 작품을 지칭하는 용어가 된다. 이런 관점은 유교 전통이 지배하던 사회에서 목소리를 내기 어려웠던 여성들에게 주목하기 위한 것이다. 따라서 국문학계에서는 '고전여성문학사'를 규명할 때는 20세기 초까지 여성 작가들이 쓴 작품들을 대상으로 삼는다. 그런데 고전여성문학사를 연구한 자료는 아직 충분하지 않은 실정이며 『한국문학통사』, 『한국고전여성시사』 외에 문학사를 다룬 연구는 더디게 발간되고 있어 고전여성문학에 대한 관심이 필요하다.

① 여성문학을 규정하는 기준은 작가의 성별과 작품의 주제에 따라 달라질 수 있다.
② 여성문학은 통상적으로 여성 작가가 창작한 작품을 지칭하기 위해 사용하는 개념이다.
③ 고전여성문학사 연구는 충분하지 않은 실정이며 관련 연구나 서적도 많지 않다.
④ 고전문학에서의 여성문학은 남성 작가가 여성의 입장에서 쓴 것도 포함한다.

14. 밑줄 친 단어 중 어법에 맞게 사용된 것은?
① 이것을 돌절구에 빻아 가는 체로 받혀서 다시 가져오겠다.
② 공부에 흥미를 부치는 것은 어려운 일이다.
③ 배경 음악이 영화 장면을 잘 받쳐 주었다.
④ 그는 의자 밑을 종이로 받혀서 움직이지 않게 했다.

15. 밑줄 친 ㉠~㉣에 대한 설명으로 적절하지 않은 것은?

㉠ 낙엽은 폴-란드 망명정부의 지폐
포화(砲火)에 이즈러진
도룬 시(市)의 가을 하늘을 생각게 한다
길은 한 줄기 구겨진 넥타이처럼 풀어져
일광(日光)의 폭포 속으로 사라지고
조그만 담배 연기를 내어 뿜으며
새로 두 시의 급행차가 들을 달린다
포플라 나무의 근골(筋骨) 사이로
㉡ 공장의 지붕은 흰 이빨을 드러내인 채
한 가닥 구부러진 철책이 바람에 나부끼고
그 위에 세로팡지(紙)로 만든 구름이 하나
자욱-한 ㉢ 풀벌레 소리 발길로 차며
호올로 황량한 생각 버릴 곳 없어
허공에 띄우는 돌팔매 하나
기울어진 풍경의 장막 저쪽에
㉣ 고독한 반원을 긋고 잠기어 간다

- 김광균, 「추일서정」 -

① ㉠ 이국적 소재를 활용하여 화자의 고독감을 드러냄
② ㉡ 활유법을 통해 부정적인 현대 문명의 모습을 드러냄
③ ㉢ 시각적 심상을 청각적 심상으로 전이하여 가을의 쓸쓸함을 드러냄
④ ㉣ 시의 앞에서 풍경을 먼저 제시하고 화자의 정서를 뒤에 드러내는 선경후정의 시상 전개가 드러남

16. 다음 글에 대한 이해로 적절하지 않은 것은?

최근 스포츠 활동과 스트레스 간의 관계를 규명하는 연구들이 늘어나고 있다. 특히 초등학교, 중학교 재학생들은 방과 후 체육활동을 참여할 때에 스트레스 해소에 긍정적 영향을 준다는 결과가 다수 나오고 있다. 하지만 이러한 연구들은 '스포츠 활동 참여'라는 변인에만 집중하기 때문에 다른 변인들을 고려하지 못한다는 한계가 존재한다. 이에 따라 특정 종목을 주제로 연구할 필요성이 생겼고 축구를 주제로 축구클럽활동 및 축구아카데미 활동을 주제로 하는 연구들이 다수 등장하였다. 이러한 연구들에서는 축구아카데미 참여 혹은 참여 정도라는 더욱 세분화 된 변인을 설정하고 '자아실현'에 미치는 영향을 규명하였다. 그리고 스트레스 해소의 하위 요인인 신체적 스트레스 해소, 심리적 스트레스 해소가 자아실현에 통계적으로 유의한 영향을 미치는지 검증하였다. 이러한 연구 과정은 개념을 조작적으로 정의하여 추상적인 개념을 측정 가능하고 수량화 가능한 지표로 변형한 것이다. 이렇듯 사회과학 연구를 위해서는 변인을 설정하고 객관적으로 확인 가능한 지표로 만드는 과정이 필수적이다.

① 학생들은 스포츠 활동을 통해서 스트레스 해소보다 체력 향상에 더 큰 도움을 받았다.
② 학생들의 방과 후 체육활동 참여가 스트레스 해소에 도움이 된다는 연구가 존재한다.
③ 사회과학 연구를 위해서는 개념의 조작적 정의 과정이 필요하다.
④ 특정 종목 운동과 자아실현 간의 관계를 규명하는 연구가 진행되고 있다.

17. 다음 글의 맥락을 고려할 때 빈칸에 들어갈 말로 가장 적절한 것은?

> 홍콩은 아시아에서 가장 잘 사는 도시 중 하나이지만, 전 세계에서 (가) 도시이기도 하다. 홍콩의 부동산은 매우 비싼 것으로 유명한데 이러한 현상의 배경에는 부의 쏠림 현상이 있다. 아편전쟁에서 중국이 패배한 후 영국의 식민지가 된 홍콩은 당시만 하더라도 작은 어촌에 불과하였다. 하지만 선진화된 문명이 도입되고 문화대혁명을 피해 중국에서 홍콩으로 넘어온 사람들이 늘어나기 시작하면서 저임금을 기반으로 한 경제가 발달하게 되었다. 외부에서 들어온 저렴한 노동력은 실직과 일자리 경쟁, 저임금 노동을 심화하는 원인이 되었다. 영국은 당시 홍콩에서 세금과 규제를 완화하는 정책을 사용했는데 이에는 홍콩을 경제금융의 중심지로 만들고자 하는 야망이 있었다. 따라서 기업이 감당할 세금이 매우 적었기에 각국의 기업과 부자들이 홍콩으로 모여들게 되었다. 하지만 (나) 복지에 사용할 예산이 확보되지 못했고 이는 빈부격차와 삶의 질 저하 등 다양한 문제를 야기하였다.

① (가) : 빈부격차가 가장 큰
(나) : 세금이 충분하였음에도
② (가) : 빈부격차가 가장 큰
(나) : 세금이 부족하다 보니
③ (가) : 빈부격차가 가장 작은
(나) : 세금이 충분하였음에도
④ (가) : 빈부격차가 가장 작은
(나) : 세금이 부족하다 보니

18. 다음 글의 내용으로 적절하지 않은 것은?

> 한국과 중국은 극심한 청년실업에 시달리는 반면 일본은 청년실업이 아니라 오히려 고용난에 시달리고 있는 국가이다. 1990년대 버블 경제가 붕괴되면서 일본은 장기 불황의 여파로 심각한 청년실업 문제가 나타났다. 2000년대 초반 청년실업률은 10%를 넘어서며 최고치를 찍었는데 아르바이트와 같은 임시직으로 생계를 이어가는 청년들을 일컫는 '프리터'라는 용어도 등장했다. 하지만 2010년대 중반이 되면서 일본의 청년실업률은 다시 한 자릿수로 떨어졌다. 이에 따라 한국의 취업준비생들 사이에서 일본 취업 붐이 일어나기 시작하였다. 2018년 기준 일본의 유효 구인배율은 평균 2.5 정도에 달한다. 이는 구직자 일인당 구인자 수를 나타내는 지표인데 구직자는 한 명이지만 채용을 원하는 기업은 두 곳이 넘어간다는 의미이다. 일본에서는 구직자가 기업을 골라서 갈 수 있는 시장이 형성되었으며 많은 일본 기업들은 합격 통보를 받은 취준생이 입사를 포기하지 않도록 각서를 받는 등 인재를 유치하기 위해 노력하고 있다.

① 일본의 현재 취업시장은 구직자들에게 유리하게 형성되었을 것이다.
② 2010년대 중반 이후 일본의 청년실업률은 여전히 두 자릿수를 유지하고 있다.
③ 한국의 취업준비생들 사이에서도 일본 취업에 대한 관심이 증가하고 있다.
④ 일본은 고용난을 겪고 있는 반면 한국과 중국은 청년실업 문제를 겪고 있다.

19. ㉠~㉣의 한자 표기로 올바른 것은?

> • 어떤 두 대상에는 비슷한 ㉠ 속성이 있다.
> • 이번 사태에 대해 한국 정부는 ㉡ 유감의 뜻을 표했다.
> • 철수는 영희에게 잘못이 있음을 드디어 ㉢ 인식하였다.
> • 영희는 다른 사람과 구별되는 자신을 ㉣ 인상적으로 표현하였다.

	㉠	㉡	㉢	㉣
①	屬性	遺憾	認識	印象
②	屬性	有感	人識	印象
③	俗性	遺憾	認識	印相
④	俗性	有感	人識	印相

20. 다음 글을 읽고 추론할 수 있는 선지로 적절한 것을 모두 고른 것은?

> '다원적 무지'는 사회에 영향력을 행사하고자 하는 사람들이 극복해야 할 과제이다. 다원적 무지란 사회적 쟁점에 대한 소수의 의견을 대다수가 지지하는 의견인 것처럼 인지하거나 다수의 의견을 사회 구성원의 일부가 지지하는 것처럼 오인하는 현상이다. 사람들이 관행이나 전통을 따르는 경우 대부분 그것을 좋아하기 때문이라기보다는 다른 사람들도 관행을 따르고 있기 때문일 가능성이 높다. 이는 뒤집어서 생각할 경우 작은 충격으로도 사회에 변화를 불러올 수 있다는 이야기이다. 극단적인 예시로 구소련의 공산주의를 들 수 있다. 구소련의 공산주의가 지속될 수 있었던 이유는 체제 아래에서 살아가던 사람들이 공산주의를 싫어하는 사람이 얼마나 많은지 알 방법이 없었기 때문이다. 사람들은 다른 사람들이 어떻게 생각하고 있는지 알게 되면서 자신의 믿음을 드러내어 말하고 그에 따라 행동할 수 있었다.
>
> 사람들의 행동을 바꾸고자 하는 것은 생각보다 간단한 작업일지도 모른다. 다른 사람들이 사회의 주된 관습에 동의하고 있지 않으며, 의문을 품고 있다는 사실만 알려주면 되기 때문이다. 사람들이 이제 막 받아들이기 시작한 것이라고 하더라도 더 많은 사람이 지지하는 표준이나 관행은 강력한 행동 변화 동기가 될 수 있다. 이러한 전략을 민간과 공공 부분에서 활용할 경우 국민들이 더욱 성실하게 세금을 납부하게 만들거나 선한 목적을 위해 행동하도록 유도할 수도 있다.

<보기>

ㄱ. 사회적 관행이나 전통에 대한 대중의 지지는 실제보다 과대평가될 수 있으며, 이는 다원적 무지와 관련이 있다.
ㄴ. 사회적 관행에 대한 지지는 대부분 실제로 그 관행이 좋기 때문에 생기는 것이다.
ㄷ. 시민들의 긍정적 행동을 유도하기 위해 다원적 무지를 이해하고 활용할 수 있다.

① ㄱ ② ㄱ, ㄴ
③ ㄱ, ㄷ ④ ㄴ, ㄷ

국 어

1. 토론 참여자들의 주장을 가장 적절하게 분석한 것은?

> 사회자: 최근 일련의 식품 안전사고가 소비자들의 건강을 위협하고 있습니다. 이에 식품 관련 규제를 강화하는 동시에 제조업체에 대한 처벌을 강화하는 새로운 법안이 제안되었습니다. 여러분은 이 문제에 대해 어떻게 생각하십니까?
> 지훈: 소비자들이 식품 라벨을 충분히 읽지 않고 구매하는 것도 문제지만, 제조업체가 보다 명확하고 투명하게 정보를 제공해야 한다고 봅니다. 소비자 교육도 중요하지만, 현실적으로 소비자가 모든 위험성을 인지하기는 어렵습니다.
> 현아: 무엇보다 중요한 것은 제조업체가 안전한 식품을 생산하는 것이며, 이를 위한 법적 규제가 필요하다고 봅니다. 소비자가 라벨을 확인하는 것이 중요하기는 하지만 안전한 식품을 만들어 문제를 예방하는 것이 최우선 과제라고 봅니다.

① 지훈은 제조업체의 정보 제공 책임을 강조하면서, 소비자 교육도 중요하다고 생각한다.
② 지훈과 현아는 식품 안전사고의 일차적 책임이 소비자에게 있다고 본다.
③ 지훈과 현아는 식품 안전사고를 방지하기 위해 기업보다 소비자의 노력이 더욱 절실하다고 생각한다.
④ 현아는 식품 안전사고의 근본적 해결을 위해 제조업체 처벌을 강화하는 법적 규제가 필요하다고 생각한다.

2. 음운 변동에 대한 설명으로 옳은 것은?
① 직행열차[지캥녈차] : 대치, 첨가 현상이 있다.
② 밖도[박또] : 대치, 축약 현상이 있다.
③ 맑게[말께] : 탈락, 첨가 현상이 있다.
④ 맑니[망니] : 탈락, 대치 현상이 있다.

3. 다음은 '목디스크 질환'이라는 주제로 글을 쓰기 위한 개요이다. 수정·보완하기 위한 방안으로 적절하지 않은 것은?

> Ⅰ. 서론: 목디스크 질환 소개
> Ⅱ. 본론
> 1. 목디스크 질환의 원인 ··· ㉠
> 가. IT기기 사용 급증으로 인한 자세 불균형
> 나. 잘못된 앉기 습관으로 인한 척추 변형
> 다. 외부의 충격으로 인한 손상
> 2. 목디스크의 증상
> 가. 목과 어깨, 팔의 통증
> 나. 팔을 들어 올리기가 어려움
> 다. 쥐는 힘이 저하되어 물건을 놓침 ··· ㉡
> 3. 목디스크의 치료 방법
> 가. 방사선 검사를 통한 목디스크 진단 ··· ㉢
> 나. 올바른 자세를 만드는 클리닉 실시
> 다. (   ) ··· ㉣
> Ⅲ. 결론: 올바른 생활 습관 함양을 통한 목디스크 예방

① ㉠의 하위 항목으로 '목을 앞으로 내밀고 공부하는 습관'을 추가한다.
② ㉡은 'Ⅱ-2'와 관련된 내용이 아니므로 'Ⅱ-1'로 이동한다.
③ ㉢은 'Ⅱ-3'과 어울리지 않으므로 삭제한다.
④ ㉣에 'Ⅱ-1'과의 관련성을 고려하여 '물리 치료와 약물 치료 병행'이라는 내용을 넣는다.

4. 다음 글의 내용으로 적절하지 않은 것은?

> 1980년대 초반에 대학의 정문과 후문에는 사회과학 분야 도서를 전문적으로 취급하는 서점이 여럿 자리 잡고 있었다. 서울대학교, 연세대학교, 고려대학교, 성균관대학교, 동국대학교 앞에는 어김없이 크고 작은 서점이 있었으며 그 주변에는 복사점이 여럿 영업하고 있었다. 한국은 당시 파리 신문에서 선정한 해적출판 세계 1위 국가였는데 반복되는 해금과 판금조치에도 불구하고 마르크시즘 철학 사상서나 재북, 월북 문인의 도서들은 대학가에서 쉽게 구할 수 있었다. '복사기'를 중심으로 작동하는 네트워크는 해금 이전부터 대학생, 지식인들이 많은 자료를 접할 수 있는 매개였다. 해금 전후 복사기로 영인 제본한 해적판 서적을 판매하던 이들은 국문학 서적을 전파하는 주체였다. 이들은 소장가를 수소문하여 자료를 찾고 이것을 복사하여 국문학과의 대학원생과 교수에게 보급하였다. 당시 유통되었던 영인 자료집은 남북을 넘나드는 것이었고 취급하는 장르도 신문, 잡지, 작품집 등으로 매우 다양하였다. 해금 이후에 이러한 영인본과 복사본은 근대문학을 복원하는 토대가 되었다.

① 1980년대 초반 대학 주변의 서점 및 복사점은 학생과 지식인들이 사회과학 관련 자료에 접근하는 중요한 통로였을 것이다.
② 해금조치 이전의 해적출판은 마르크시즘과 같은 이념 서적뿐만 아니라, 남북한 관련 문학작품에 대한 접근도 가능하게 했을 것이다.
③ 해금 직후 재북, 월북 작가의 작품을 합법적으로 구할 수 있게 되면서 복사본과 영인본의 유통이 사라졌을 것이다.
④ 대학가의 해적판 서적 유통은 남북한 문학작품의 복원과 연구에 중요한 역할을 했을 것이다.

5. 다음 한자 성어와 속담이 잘못 연결된 것은?
① 目不識丁 – 낫 놓고 기역자도 모른다.
② 亡羊補牢 – 소 잃고 외양간 고친다.
③ 角者無齒 – 언 발에 오줌 누기
④ 矯角殺牛 – 빈대 잡으려다 초가삼간 태운다.

6. 빈칸 ㉠에 들어갈 말로 가장 적절한 것은?

> 식민지 경성은 일본인들이 생활하던 중심가인 남촌과, 조선인들이 모여 사는 북촌으로 나누어진 이중도시였다. 1920년대 무성영화가 유행하던 시기 남촌의 영화관들은 일본인들을 상대로 한 일본어 변사 해설을, 북촌의 영화관들은 조선인들을 상대로 한 조선어 변사 해설을 제공했다. 이에 따라 경성의 영화관은 자연스럽게 사용 언어에 따라 관람자가 나누어지는 장소였다.
> 하지만 1930년대 초부터 위와 같은 상영 경향을 뒤흔드는 다양한 조짐들이 나타나기 시작했는데, 발성영화의 등장이 주된 원인이 되었다. 북촌의 조선극장에서 서양 발성영화를 상설화하기 시작한 것은 남촌의 극장들에서 주목할 만한 변화였다. 북촌의 조선극장에서 상영한 일본어 더빙 서양 발성영화가 조선인들과 일본인들 모두에게 엄청난 관심을 끌게 되자 남촌 영화관들도 일본 발성영화와 서양 발성영화의 도입을 진지하게 모색하게 되었다. 이에 따라 파라마운트, 워너 등 서양에서 만든 영화들이 본격적으로 등장하게 되었다.
> 이렇듯 (㉠   )

① 식민지 경성에서 발성영화의 등장은 북촌과 남촌 영화관의 통합을 불러일으켰다.
② 1930년 이후에 식민지 경성의 무성영화는 역사의 뒤안길로 완전히 퇴장하였다.
③ 시간이 지나면서 남촌 영화관은 북촌의 영향을 받아 상영 기조를 변화시켰다.
④ 남촌과 북촌 영화관의 대립 구도는 식민지 경성의 민족 간의 갈등을 상징적으로 드러내는 것이었다.

7. 다음 글의 내용에 대한 이해로 적절하지 않은 것은?

> 보편적 기본소득 제도의 실현 가능성이 본격적으로 논의되기 시작한 것은 2020년 이후이다. 코로나19 재난지원금을 지급함에 따라 기본소득 지급이 소비를 촉진한다는 대규모 사회실험 결과를 곧바로 확인할 수 있었으며 일부 업종에서 일시적으로 매출이 증가하는 가시적 효과도 발생하였다. 하지만 모든 국민에게 매달 일정한 현금을 지급한다는 기본소득 제도는 무수한 반대 여론에 직면하고 있다. 보편적 복지제도의 시행 자체는 충분히 고려할 수 있는 사안이지만 복지혜택 지급 자체의 당위성을 논의할 필요가 있다. 국가의 재원은 한정적인데 기본소득 제도를 시행하게 되면 수천억대의 자산가도 기본소득을 받게 된다. 이들에게 기본소득을 지급하면서 발생하는 손실분은 다른 영역의 복지비를 줄여 확보해야 한다. 이렇듯 기본소득은 소득 재분배 효과가 없는 현금 지급책에 불과하다.

① 기본소득 제도의 소득재분배 효과는 기존의 복지제도에 비해 클 것이다.
② 기본소득 제도의 시행을 위해서는 다른 영역의 복지예산을 줄여야 할 수 있다.
③ 보편적 기본소득 제도는 자산 규모와 관계없이 모든 국민에게 일정한 현금을 지급한다.
④ 코로나19 재난지원금은 일부 업종의 매출 증가와 같은 직접적인 경제효과를 유발하였다.

8. 밑줄 친 부분을 다른 표현으로 바꿔 쓴 것으로 적절하지 않은 것은?

① 이번에 시에서 마련해 주는 땅은 곧 불하(拂下)가 나올 거라고 했다. → 단체에게 팔아 넘기는 일
② 정부는 조직 개편 및 인사를 쇄신(刷新)하였다. → 새롭게 하였다.
③ 일부 소수의 의견을 대다수의 의견인 것처럼 간주(看做)하고 있다. → 여기고
④ 본회의에 주요 안건을 부의(附議)하였다. → 토의에 부쳤다.

9. 다음 작품에 대한 설명으로 적절한 것은?

> (가) 슬프나 즐거우나 옳다 하나 그르다 하나
> 내 몸의 할 일만 닦고 닦을 뿐이언정
> 그 밖의 여남은 일이야 분별할 줄 있으랴
>
> (나) 내가 한 일 망령된 줄을 나라고 하여 모를쏜가
> 이 마음 어리석은 것도 님 위한 탓이로세
> 다른 사람 아무리 말해도 님이 헤아려 보소서
>
> (다) 뫼는 길고 길고 물은 멀고 멀고
> 어버이 그리워하는 뜻은 많고 많고 크고 크고
> 어디서 외기러기는 울고 울고 가나니
>
> (라) 어버이 그리워할 줄을 처음부터 알았건마는
> 임금 향한 뜻도 하늘이 생기게 했으니
> 진실로 임금을 잊으면 그것도 불효(不孝)인가 여기노라
>
> － 윤선도, 「견회요(遣懷謠)」 －

① (가)의 화자는 내면에서 외면으로 관심의 범위를 확장하고 있다.
② (나)의 화자는 님에게 특정 행위를 할 것을 요청하고 있다.
③ (다)의 화자는 어버이를 만날 수 있다는 희망을 이야기하고 있다.
④ (라)의 화자는 어버이 대신 임금을 택하겠다는 다짐을 드러내고 있다.

10. ㉠~㉣은 '공손하게 말하기'에 대한 설명이다. ㉠~㉣을 적용한 민재의 대답으로 적절하지 않은 것은?

> ㉠ 상대방의 처지를 고려하여 상대방이 부담을 갖지 않도록 말해야 한다.
> ㉡ 자신을 상대방에게 낮추어 겸손하게 말해야 한다.
> ㉢ 상대방의 의견에서 동의하는 부분을 찾아 인정해 준 다음에 자신의 의견을 말해야 한다.
> ㉣ 상대방이 관용을 베풀 수 있도록 문제를 자신의 탓으로 돌려 말해야 한다.

① ㉠ 서영: "샘플 전달이 늦어서 죄송해요. 회의가 늦게 끝났네요."
민재: "아닙니다. 저도 내일쯤 확인하려 하고 있었습니다."
② ㉡ 서영: "민재 씨는 항상 열심히 일하시네요. 정말 성실하세요."
민재: "아닙니다. 제가 워낙 실수가 많아서 꼼꼼하게 하려고 하는 것뿐입니다."
③ ㉢ 서영: "성수 씨는 항상 주변 사람들에게 잘해주는 것 같아 팀의 분위기가 밝아지는 것 같아요."
민재: "그런가요? 제가 볼 때는 그렇지 않은 면도 있어요."
④ ㉣ 서영: "민재 씨, 이 보고서에 문헌연구 내용을 더 추가해 주시겠어요?"
민재: "제가 귀가 안 좋아서 그런데 다시 한 번 말씀해 주실 수 있을까요?"

11. 다음 작품에 대한 설명으로 적절한 것은?

> 방안에 들어서며 설렁탕을 한구석에 놓을 사이도 없이 주정꾼은 목청을 있는 대로 다 내어 호통을 쳤다.
> "이 오라질년, 주야장천(晝夜長川) 누워만 있으면 제일이야! 남편이 와도 일어나지를 못해."
> 라는 소리와 함께 발길로 누운 이의 다리를 몹시 찼다. 그러나 발길에 채이는 건 사람의 살이 아니고 나무등걸과 같은 느낌이 있었다.
>
> (중략)
>
> "이년아, 죽었단 말이냐, 왜 말이 없어?"
> "……."
> "으응, 또 대답이 없네, 정말 죽었나보이."
> 이러다가 누운 이의 흰 창이 검은 창을 덮은, 위로 치뜬 눈을 알아보자마자,
> "이 눈깔! 이 눈깔! 왜 나를 바루 보지 못하고 천정만 바라보느냐, 응."
> 하는 말끝엔 목이 메이었다. 그러자 산 사람의 눈에서 떨어진 닭똥 같은 눈물이 죽은 이의 뻣뻣한 얼굴을 어룽어룽 적시었다. 문득 김첨지는 미친 듯이 제 얼굴을 죽은 이의 얼굴에 한데 비벼대며 중얼거렸다.
> "설렁탕을 사다 놓았는데 왜 먹지를 못하니, 왜 먹지를 못하니……괴상하게도 오늘은 운수가 좋더니만……."
>
> － 현진건, 「운수 좋은 날」 －

① 비속어를 사용하여 도시빈민의 생활상을 드러내고 있다.
② 작품 속 서술자가 자신의 비극적인 이야기를 독자에게 전달하고 있다.
③ 작품의 제목은 김 첨지의 현재 상황을 있는 그대로 반영하는 기능을 한다.
④ 김 첨지의 아내는 의도적으로 남편을 무시하고 있다.

12. 다음 글의 전개 방식으로 적절하지 않은 것은?

> 유엔식량농업기구(FAO)에서 발간한 '세계 식량과 농업 연감 2021'에 따르면, 북한 전체 인구의 42.4%인 약 1,100만 명이 영양부족 상태에 있는 것으로 보인다. 북한 영양부족 인구의 비율은 아프리카 국가들의 평균치인 19%보다 2배 이상 높게 나타나고 있다. 1990년대 고난의 행군 이후 북한경제가 몰락하면서 배급이 중단되고 국가 의료시스템이 사실상 마비되는 사태가 발생하였다. 병원에서 치료받을 수 없고 의약품과 식량도 구하기 어려워진 상황에서 주변에서 손쉽게 얻을 수 있는 마약에 의존하는 북한 주민들이 증가하게 되었다. 이러한 마약 중독 현상은 탈북 이후 대한민국에서 살아가는 탈북민들에게서도 관찰된다. 2014년 3월부터 2016년 9월까지 북한인권정보센터가 국내 탈북민 1,467명을 대상으로 실시한 연구조사 결과에 따르면 조사대상자들이 북한에서 마약을 접촉한 경험이 1990년대 4%대에서 2000년대 7%대, 2010년대에는 10%대를 넘어서며 매우 빠른 증가 추이를 보이고 있다. 마약의 가장 심각한 유해성은 중독이며, 최근 마약 투약 혐의로 법원에서 징역 1년 6개월에 집행유예 3년을 선고받은 탈북민이 또다시 마약에 손을 댔다가 실형을 살게 된 사례도 나타났다.

① 구체적 예시를 토대로 사회 문제의 심각성을 이야기하고 있다.
② 신뢰할 수 있는 기관의 연구 결과를 활용하여 사회문제의 원인을 서술하고 있다.
③ 통계 자료를 토대로 사회 문제의 지속적 심화를 드러내고 있다.
④ 현지 조사를 통해 사회 문제를 고찰한 결과를 서술하고 있다.

13. 다음 작품에 대한 설명으로 적절한 것은?

> "소장은 동성문 안에 살던 유심의 아들 충렬입니다. 사방을 떠돌아다니면서 빌어먹으며 만 리 밖에 있다가 아비의 원수를 갚으려고 여기 왔습니다. 폐하께서 정한담에게 핍박을 당하리라곤 꿈에도 생각지 못했습니다. 예전에 정한담과 최일귀를 충신이라 하시더니 충신도 역적이 될 수 있습니까? 그자의 말을 듣고 충신을 멀리 귀양 보내어 죽이고 이런 환난을 만나시니, 천지가 아득하고 해와 달이 빛을 잃은 듯합니다."
> 하고, 슬피 통곡하며 머리를 땅에 두드리니, 산천초목이 슬퍼하며 진중의 군사들도 눈물을 흘리지 않는 이가 없더라. 천자도 이 말을 들으시고 후회가 막급하나 할 말 없어 우두커니 앉아 있더라.
> (중략)
> 천자가 내려와 강 승상의 손을 잡고 위로하여 말하였다.
> "과인이 현명하지 못하여 역적의 말을 듣고 충신을 먼 지방으로 귀양을 보내어 가족들과도 이별을 했으니, 무슨 면목으로 경을 대면하리오. 그러나 이미 지나간 일이니 잘잘못을 따지기 말기 바라오."
> 한편 이미 장안으로 돌아와 연왕이 된 유심은 장 부인이 온다는 소식을 듣고 마음이 공중에 떠서 충렬이 나오기를 고대하였다. 원수가 천자께 물러 나와 연왕 앞에 엎드려 아뢰기를,
> "불효자 충렬이 남적을 소멸하고 오는 길에 회수에 와 모친을 기리는 제사를 지내다가, 천행인지, 뜻밖에도 죽은 줄 알았던 모친을 만나 모시고 돌아왔습니다!"
>
> – 작자 미상, 「유충렬전」 –

① '천자'는 충신을 귀양 보낸 자신의 행동을 후회하지 않는다.
② '충렬'의 아버지 유심은 억울하게 모함을 당하여 결국 귀양을 가서 죽게 되었다.
③ '원수 충렬'은 남적을 소멸하고 오는 길에 가족을 재회하였다.
④ '천자'는 '강 승상'을 귀양 보낸 것이 자신의 잘못임을 시인하며 자신이 모두 바로잡아 주겠다고 하였다.

14. (가)~(마)를 맥락에 따라 가장 자연스럽게 배열한 것은?

> (가) 당대 유럽과 중동, 북아프리카 인구의 과반수가 흑사병에 걸렸으며 치명률은 30~60%에 이르렀을 것으로 추정되지만 흑사병의 발원지는 지금까지 명확하게 밝혀지지 않았다.
> (나) 흑사병은 페스트균이 전파되어 발생하는 감염병으로 1300년대 중반 유럽에서 유행하여 최소 7,500만 명에서 최대 2억 명에 이르는 인구를 죽음으로 몰고 간 인류 최악의 질병이다.
> (다) 최근 이러한 궁금증을 해소할 수 있는 실마리가 제시되었다.
> (라) 흑사병이 처음으로 시작된 곳은 실크로드의 중간지점, 현재의 중앙아시아 키르기스스탄의 북부 산악지대라는 연구 결과가 발표된 것이다.
> (마) 하지만 이번 연구 결과도 왜 1300년대 초반 이곳에서 흑사병이 발병했는지까지는 규명하지 못했다.

① (나) – (라) – (마) – (가) – (다)
② (나) – (가) – (다) – (라) – (마)
③ (가) – (다) – (라) – (마) – (나)
④ (가) – (라) – (마) – (다) – (나)

15. 다음 중 발음 표기가 옳은 것으로만 이루어진 것은?
① 설익다[서릭따], 의견란[의:결란]
② 밭을[바틀], 은혜 [은혜]
③ 반창고 [반창꼬], 인기척[인기척]
④ 피읖에[피으베], 이글이글 [이글이글]

16. 밑줄 친 ㉠, ㉡의 사례로 적절하지 않은 것은?

> 아리스토텔레스는 연극은 카타르시스를 사람들에게 가져다주기에 긍정적이라고 보았다. 다만 아리스토텔레스의 카타르시스에 대한 언급이 매우 간략하기에 그 기능에 대한 해석은 분분하다. ㉠ 순화론은 감정 과잉 상태에서 적절한 상태로 바뀌며 감정이 정화되는 것, ㉡ 명확화론은 장면의 의미 없어 보이는 내용 속에서 미심쩍었던 부분이 해소되거나 평소 자신이 모르던 것을 알게 될 때 카타르시스를 느낀다는 것이다. 두 가지 관점은 모두 카타르시스가 마음이 평온하지 않은 상태에서 마음의 평온을 찾게 된다고 보는 점에서 공통점을 가지고 있으나 순화론은 감정적 측면, 명확화론은 지적인 측면에서 카타르시스를 바라본다는 점에서 차이가 있다.
> 이런 점에서 어떤 작품을 보고 매우 흥분된다거나 감정이 고조된다는 것이 무조건 카타르시스와 관련되는 것은 아님을 알 수 있다. 예를 들어 '액션 영화를 보고 카타르시스를 느꼈다'라는 것은 액션을 통해 평소 가지고 있던 스트레스가 풀려 마음이 정화되었다라는 의미이지 화려한 액션을 통해 흥분했다는 의미로 받아들여선 안 된다는 것이다.

① ㉠: 실연의 아픔을 겪는 사람이 이별한 남성의 사연을 접하고 이에 공감하여 펑펑 운 뒤 후련함을 느꼈다.
② ㉡: 박물관에서 매우 화려하게 세공된 왕관을 보고 처음 접해 본 고대인의 솜씨에 경외감을 가졌다.
③ ㉠: 넓게 펼쳐진 초원을 그린 그림을 보고 일상생활의 스트레스가 모두 사라지는 느낌이 들었다.
④ ㉡: 적대자들에게 짓눌려 살던 주인공이 보물을 찾아 이들을 무찌르고 승리하는 장면에서 통쾌함을 느꼈다.

17. 밑줄 친 ㉠을 설명한 주된 방식으로 적절한 것은?

혁명과 내전을 통해 전제주의에서 사회주의 국가로 급격한 체제 변화를 주도한 볼셰비키는 혁명 이념을 사회 구성원들에게 주입하기 위해 노력했다. 볼셰비키의 이념을 중심으로 한 국가 재편 작업은 상당히 급진적으로 전개되었는데, ㉠ 생활공간의 이데올로기적 재구성은 주목할 만하다.

볼셰비키는 제정 러시아의 흔적을 지우기 위해 노력했다. 표토르 대제의 이름에서 온 상트페테르부르크(Saint Petersburt), 예카테리아 여제의 이름을 딴 예카테리노슬라프(Yekaterinoslav) 등의 지명과 그 유래에 대한 전승은 지역민들의 집단 정체성을 인식하는 주된 통로였다. 따라서 볼셰비키는 '전제 유산의 청산'이라는 슬로건하에 차르와 장군들의 동상, 교회당과 수도원을 파괴하는 한편 마르크스, 헤르첸, 라디셰프와 같은 혁명사상가들의 기념물을 건립하였다.

또한 1918년 모스크바주의 탈돔(Taldom)을 레닌스크(Leninsk)로 개칭한 것을 시작으로, 이데올로기를 재현하기 위한 지명 개칭 사업을 전개해 나갔다. 1920년대 중반에 이르러 레닌이 급사하고 스탈린이 집권하게 되면서 '혁명 영웅에 대한 개인숭배'도 본격화되었다.

① 문제 해결
② 유추
③ 문답
④ 예시

18. ㉠~㉣을 문맥에 맞게 수정하는 방안으로 적절하지 않은 것은?

이라크는 종교적·종파적·인종적 다양성이 ㉠ 分離된 사회이다. 이라크 인구는 98%의 무슬림과 1%의 기독교인, 그리고 1%의 기타 소수 종교인으로 구성되어 있다. 인종적으로 본다면 아랍인, 쿠르드인, 투르크멘, 예지디, 아시리아인, 페르시아인이 섞여 있는 형태이다. 이러한 사회문화적 다양성은 이라크의 ㉡ 不安定을 초래하는 주요한 요인으로 지목되어왔다. 또한 종교적, 인종적 다양성은 사회갈등 ㉢ 緩和요소로서 이라크 내의 폭력적 사건을 촉발하는 기재로 이용되기도 했다. 이라크 안보위험은 실제로 매우 높게 나타나는데 이는 사망자 수치로 ㉣ 主觀的으로 확인할 수 있다. 이라크 바디카운트(IBC)의 통계에 따르면 2020년 11월 기준 민간인 사망자는 18만명에서 20만 8천명, 전투원을 포함한 사망자는 28만 8천명에 달하는 것으로 추정된다.

① ㉠은 混在로 수정한다.
② ㉡은 적절하므로 그대로 유지한다.
③ ㉢은 誘發로 수정한다.
④ ㉣은 적절하므로 그대로 유지한다.

19. 다음 글에서 추론할 수 있는 내용으로 적절한 것은?

미국에 비하여 저렴한 가격과 우수한 품질은 1960년대 일본이 수출 중심 경제에서 성장하는 배경이 되었다. 세계 2차대전 패전국이었던 일본은 한국전쟁 시기 전쟁물자 수출, 1964년 도쿄 올림픽 개최와 OECD 가입 등 일련의 과정을 거치며 선진국에 진입하였다. 일본 제품이 미국을 비롯한 세계 시장에서 인기를 끌기 시작하자 미국의 제품들이 상대적 우위를 잃기 시작하였다. 특히 자동차의 경쟁력이 떨어지는 것은 미국 공업의 위기로 다가왔다. 1985년에 이르러 미국은 이러한 상황을 타개하고자 플라자 합의를 통해 달러의 가치를 낮추고자 하였다. 이에 따라 달러의 가치는 낮아지고 엔화의 가치는 높아졌는데, 이러한 조치로 인해 일본은 수출 경쟁력을 잃고 말았다. 일본은 무역에서 손실을 입기 시작하자 금융 완화법을 시행하여 은행 이자율과 대출 기준을 대폭 낮추었다. 그 결과 일본의 경제는 황금기를 맞이하였는데 이 시기는 버블경제로 평가된다.

① 미국의 제품들은 일본 제품이 등장하였지만 절대적 우위를 유지하였다.
② 플라자 합의는 결론적으로 일본의 수출 경쟁력을 강화하였다.
③ 일본의 수출 중심 경제 성장은 주로 고가제품 판매에 의존하였다.
④ 금융 완화 정책은 일본의 버블경제에 영향을 주었을 수 있다.

20. 다음 글에서 추론할 수 있는 것만을 <보기>에서 모두 고르면?

의사소통은 건강한 소통, 공격적 소통, 그리고 수동적 소통으로 구분된다. 건강한 소통과 공격적 소통은 자신의 의사를 분명하게 표현한다는 데에 공통점이 있지만, 무엇을 목적으로 소통하느냐에 차이점이 있다. 건강한 소통은 문제 해결을 목적으로 하는 소통인 데 비해, 공격적 소통은 승패를 목적으로 하는 소통이다. 따라서 건강한 소통과 달리, 공격적 소통은 무슨 수를 써서라도 자신만의 의사를 일방적으로 관철하여 이기려는 태도로 나타난다. 한편 수동적 소통도 승패를 목적으로 하는 소통이다. 이 경우 상대방을 패하게 하는 것이 미안해서 자신을 공격하게 된다. 그래서 상대방에게 휘둘리거나 상대를 회피하고 심하면 관계를 끊는 태도로 나타난다. 이처럼 소통을 승패의 문제로 보면 이분법적 사고를 지니는 소통이 된다. 이 경우 선택지는 공격적 소통 아니면 수동적 소통이다. 이 둘 사이를 오고 가며 갈팡질팡하는 경우도 있다. 그러나 건강한 소통은 문제 해결만 하면 되기 때문에 다양한 선택지를 인정한다. 타협할 수도 있고, 관계를 지속할 수도 끊을 수도 있다. 때로는 공격적인 상대방으로부터 자신을 지키기 위해 안전거리를 확보할 수도 있고, 표면적으로 수동적 소통으로 보이는 회피나 침묵의 방식으로 자신의 의사를 분명하게 표현할 수도 있다.

<보기>

ㄱ. 어떤 사람이 회피의 방식으로 자신의 의사를 표현한다면 수동적 소통에 해당한다.
ㄴ. 건강한 소통은 자신의 의사를 분명하게 표현하며, 문제 해결을 목적으로 한다.
ㄷ. 어떤 소통이 이분법적 사고를 지니는 소통이 아니라면, 건강한 소통에 해당한다.

① ㄱ, ㄴ
② ㄴ, ㄷ
③ ㄱ, ㄷ
④ ㄱ, ㄴ, ㄷ

2024 공무원 시험 대비 봉투모의고사
정답 및 해설
▌제1회~8회 ▌

응시번호	
성 명	

문제책형

제1과목	국어	제2과목	영어	제3과목	한국사
제4과목		제5과목			

응시자 주의사항

1. **시험시작 전 시험문제를 열람하는 행위나 시험종료 후 답안을 작성하는 행위를 한 사람**은 「공무원임용시험령」 제51조에 의거 **부정행위자**로 처리됩니다.
2. **답안지 책형 표기**는 **시험시작 전** 감독관의 지시에 따라 **문제책 앞면에 인쇄된 문제책형을 확인**한 후, **답안지 책형란에 해당 책형(1개)**을 '●'로 **표기**하여야 합니다.
3. **답안은 문제책 표지의 과목 순서에 따라 답안지에 인쇄된 순서(제1·2·3·4·5과목)에 맞추어 표기**해야 하며, 과목 순서를 바꾸어 표기한 경우에도 **문제책 표지의 과목 순서대로 채점**되므로 유의하시기 바랍니다.
4. 시험이 시작되면 문제를 주의 깊게 읽은 후, **문항의 취지에 가장 적합한 하나의 정답만을 고르며**, 문제내용에 관한 질문은 할 수 없습니다.
5. 답안지의 모든 기재 및 표기 사항은 **컴퓨터용 흑색 싸인펜을 사용**하며, 반드시 <보기>의 **올바른 표기 방식**으로 답안을 작성해야 합니다.

   <보기> 올바른 표기: ● 잘못된 표기: ⓥ ⊗ ◑ ⊙ ⦶ ◌ ③

6. **답안을 잘못 표기하였을 경우**에는 **답안지를 교체하여 작성**하거나 **수정할 수 있으며**, 표기한 답안을 수정할 때는 **응시자 본인이 가져온 수정테이프만을 사용**하여 해당 부분을 완전히 지우고 부착된 수정테이프가 떨어지지 않도록 손으로 눌러주어야 합니다. **(수정액 또는 수정스티커 등은 사용 불가)**
   - **불량한 수정테이프의 사용과 불완전한 수정처리**로 발생하는 **모든 문제는 응시자 본인에게 책임이 있습니다.**
7. **시험시간 관리의 책임은 응시자 본인에게 있습니다.**

   ※ 문제책은 시험종료 후 가지고 갈 수 있습니다.

정답공개 및 이의제기 안내

1. 정답공개: 정답가안 3.23.(토) 13:00, 최종정답 4.1.(월) 18:00 / 사이버국가고시센터
2. 이의제기: 3.23.(토) 18:00 ~ 3.26.(화) 18:00 / 사이버국가고시센터
   - 구체적인 이의제기 방법은 정답가안 공개 시 공지 예정
3. 가산점 등록기간: 3.23.(토) 13:00 ~ 3.25.(월) 21:00
4. 가산점 등록방법: 사이버국가고시센터 → [원서접수 → 가산점 등록/확인]

2024 공무원 시험 대비 봉투모의고사 1회
영어 정답 및 해설

제1회 모의고사

01 ②	02 ③	03 ①	04 ②	05 ④
06 ①	07 ③	08 ①	09 ③	10 ④
11 ①	12 ④	13 ③	14 ①	15 ①
16 ②	17 ④	18 ②	19 ③	20 ②

01 [어휘 – 유의어] ▶ ②

난이도 중

정답 해설

impertinent는 '무례한, 버릇없는'이라는 뜻으로 유의어는 ② insolent(거만한, 무례한)이다.

오답 해설

① intricate 복잡한, 뒤얽힌, 난해한
= complex, complicated, convoluted, tangled
③ impromptu 즉흥적인, 즉석의
= spontaneous, improvised, unrehearsed, unprepared, unscripted, on the spot
④ immediate 즉시의, 직접의
= 즉시의 instant, instantaneous, prompt, on the spot, at once
직접의 direct, first hand

해석

공직생활 중 시민을 대할 때 무례한 행동으로 여겨지는 것은 무엇이며, 그러한 상황에 어떻게 대처할 것인가요?

02 [어휘 – 유의어] ▶ ③

난이도 중

정답 해설

shored up은 '강화했다'라는 뜻으로 유의어는 ③ bolstered(강화했다, 지지했다)이다.

오답 해설

① contrive 고안하다, 설계하다 = devise, invent
② elucidate 설명하다, 명백히 하다
= explain, clarify, expound, explicate, spell out
④ fabricate 조립하다, 조작하다, 꾸며내다, 위조하다
= 조작하다, 꾸며내다 concoct, make up
위조하다 fake, forge, falsify

해석

새로운 제품 라인으로부터 증가된 수익은 회사의 재무 상태를 강화하여 전반적인 안정성을 높이는 데 매우 필요한 역할을 했다.

03 [어휘 – 빈칸] ▶ ①

난이도 중

정답 해설

작은 세부 사항들이 모여 큰 영향을 미칠 수 있는 경우가 있다는 내용을 고려해 볼 때 빈칸에는 ① negligible(무시해도 될 정도의, 사소한, 하찮은)이 적절하다.

오답 해설

② impeccable 완벽한, 무결점의
= faultless, flawless, unblemished, immaculate, spotless
③ amenable 순종적인, 유순한
= submissive, compliant, obedient, pliant, pliable, flexible, docile
④ omnipresent 편재하는, 어디에나 있는
= ubiquitous, pervasive, prevalent, prevailing, widespread, rampant, rife

해석

해당 사안은 대부분의 사람들에게는 무시해도 되는 수준이지만, 실제로는 작은 세부 사항들이 모여 큰 영향을 미칠 수 있는 경우가 있다.

04 [어휘 – 빈칸] ▶ ②

난이도 중

정답 해설

종종 상황의 긍정적인 측면을 못 보고 넘어가다는 내용을 고려해 볼 때 빈칸에는 ② find fault with(~흠[트집]을 찾다, ~을 나무라다, 비난하다)이 적절하다.

오답 해설

① stake out 감시하다
③ make over ~을 양도하다, 고치다
④ take it out on ~에게 화풀이 하다

해석

그녀는 거의 모든 것에 흠을 찾으려 하며 종종 상황의 긍정적인 측면을 못 보고 넘어간다.

05 [문법 – 밑줄(단락)] ▶ ④

난이도 중

정답 해설

④ **[킬포인트 001] 문장의 구성요소와 8품사**
문장에서 부사 자리에는 동사를 쓸 수 없다. 밑줄 친 부분인 impacts는 동사로 쓰였는데 문장에 이미 동사인 involves가 존재하므로 부사 역할을 할 수 있는 현재분사가 필요하다. 따라서 impacts를 impacting으로 고쳐야 한다.

오답 해설

① **[킬포인트 099] 지시대명사 this와 that**
지시대명사 those는 복수 명사를 받으며 후치 수식을 받을 수 있고 '~한 사람들'이라는 의미로 쓰인다. 밑줄 친 부분을 포함한 문장에서 those는 '사람들'이라는 뜻으로 전명구의 후치 수식을 받고 있으므로 올바르게 쓰였다.
② **[킬포인트 004] 현재시제 동사와 be동사의 수 일치**
현재시제 동사와 be동사가 나오고 주어와 동사가 멀리 떨어져 있는 경우에는 수 일치에 주의한다. 따라서 밑줄 친 부분을 포함한 문장에서 주어는 동명사구인 'perceiving transplantation as a one – time fixed event'가 쓰였고 동명사구 주어는 단수 취급하므로 밑줄 친 부분에 단수 동사 oversimplifies가 올바르게 쓰였다.
③ **[킬포인트 079] 원급, 비교급, 최상급 강조 부사**
even, much, far, by far, a lot, still은 형용사 또는 부사의 비교급을 강조하는 강조 부사로 쓰인다. 따라서 밑줄 친 부분을 포함한 문장에서 비교급인 more intricate를 수식하는 강조 부사 far가 올바르게 쓰였다.

지문 해석

비록 의료 절차의 발전이 장기 이식을 통해 말기 장기 질환을 가진 사람들의 수명을 연장시켰지만, 일부 사람들은 이식을 일회성 고정 사건으로 인식하는 것이 현실을 지나치게 단순화한다고 주장한다. 성공적인 장기 교체로 끝나는 단순한 절차가 아니라, 그 과정은 훨씬 더 복잡하고 진행 중이다. 그것은 이식된 장기와 받는 사람의 신체 사이의 역동적인 상호 작용을 포함하고, 그들의 신체적 건강뿐만 아니라 정서적인 행복과 생활 방식에도 영향을 미친다.

06 [문법 – 문장] ▶ ①

난이도 하

정답 해설

① **[킬포인트 032] 수동태 불가 동사**
1형식, 2형식 자동사는 능동의 의미만 가능하므로 수동태 구조는 불가능하다. 따라서 주어진 문장에서 1형식 자동사 lie의 수동태 구조로 쓴 be lain을 능동형인 lie로 고쳐야 한다.

오답 해설

② **[킬포인트 024] 시제 관련 표현**
'~한 지 시간이 …지났다'라는 시제 관용 구문은 'It has been 시간 + since 주어 + 과거시제 동사'로 쓴다. 따라서 주어진 문장에서 'It has been ten years since I started ~'는 올바르게 쓰였다.
③ **[킬포인트 029] 혼동하기 쉬운 주어와 동사 수 일치**
주어 자리에 number와 many가 쓰인다면 동사와 수 일치를 주의한다. The number of는 복수 명사와 단수 동사가 쓰이므로 주어진 문장은 올바르게 쓰였다.
④ **[킬포인트 073] 관계사, 의문사, 복합관계사의 구분**
however가 형용사나 부사와 쓰일 때는 'however 형용사/부사 + 주어 + 동사' 구조로 쓴다. 따라서 주어진 문장에서 However bright the day seemed는 올바르게 쓰였다.

선지 해석

① 그녀는 하루 종일 침대에 누워 있고 싶지 않았으므로 산책을 갔다.
② 기타를 배우기 시작한 지 10년이 지났다.
③ 사고 건수는 늘어난 교통량에 비례한다.
④ 아무리 하루가 밝아 보여도, 오후에는 어두운 구름이 모였다.

07 [문법 – 영작] ▶ ③

난이도 하

정답 해설

③ [킬포인트 087] 원급과 비교급을 이용한 최상급 대용 표현
최상급의 의미를 갖는 비교 구문에서 비교 대상은 'any other 단수 명사'로 써야 한다. 따라서 주어진 문장에서 competitions를 competition으로 고쳐야 한다.

오답 해설

① [킬포인트 090] 수량 형용사와 명사의 수 일치
a large amount of는 불가산 명사를 수식하는 수량 형용사로 수식한다. 따라서 주어진 문장에서는 a large amount of가 불가산 명사인 clothing을 수식하므로 올바르게 쓰였다.

② [킬포인트 056] 양보 도치 구문과 장소·방향 도치 구문
장소나 방향 부사구가 문장 처음에 오면 1형식 자동사와 주어
순서로 도치되고 이때 수 일치에 주의한다. 주어진 문장에서는 장소 부사구인 Next to the old oak tree가 문장 처음에 오고 1형식 자동사인 stands와 a quaint cottage의 수 일치가 올바르게 쓰였다.

④ [킬포인트 070] 관계대명사 주의 사항
삽입절이 들어가 있는 절의 구조에서 주어가 없는 경우에는 whom이 아닌 who를 써야 한다. 주어진 문장에서는 they said는 삽입절로 문장의 구성에 영향을 주지 않으므로, 주어가 없는 불완전한 절 'was renowned for his abstract paintings'을 이끌 수 있는 것은 who이고 수식받는 명사가 단수이므로 단수 동사 was로 수 일치하고 있으므로 주어진 문장은 올바르게 쓰였다.

08 [생활영어 – 빈칸] ▶ ①

난이도 하

정답 해석

① 그럼, 오늘은 왜 안 되나요?

오답 해석

② 알겠습니다. 내일 꼭 돌려주세요.
③ 물론이에요. 당신과 당신의 팀을 위해 출장을 준비할게요.
④ 신경쓰지 마세요. 새 사본을 가져다드리겠습니다.

지문 해석

A: 사무실 밖에서 점심을 먹어서 좋았어요.
B: 네. 공기 중에 가을이 느껴지니 기분이 너무 좋아요. 사무실로 돌아가기 전에 평소처럼 산책할까요?
A: 그러고 싶지만, 오늘은 안 돼요.
B: 너무 추워요? 재킷이 정말 얇아 보이네요.
A: 아뇨, 전 괜찮아요. 이 재킷은 보기보다 더 따뜻해요.
B: 그럼 알레르기 증상 때문에 또 괴롭나요?
A: 그런 건 아니에요. 콧물이 났지만, 이미 의사를 만났어요. 지금은 괜찮아요.
B: 그럼, 오늘은 왜 안 되나요?
A: 사실 제가 경찰서에 방문해야 해요. 새 운전면허증이 준비되었다는 문자 메시지를 받았어요.

어휘 및 표현

- now that ~때문에, ~이므로
- shall we~? ~할까요?
- have a runny nose 콧물이 흐르다
- see a doctor 의사의 진찰을 받다

09 [생활영어 – 빈칸] ▶ ③

난이도 중

정답 해석

③ 오늘 결제하셔야 합니다.

오답 해석

① 여기 제 신용카드입니다.
② 그것은 얼마입니까?
④ 음악이 준비 되었나요?

지문 해석

A: Jason 극단입니다. 무엇을 도와드릴까요?
B: 안녕하세요, Breezeville Senior Center의 William Parker입니다.
A: 아, Parker 씨. 노인분들을 모시고 연극을 보러 오는 것에 관해 어제 전화하셨죠.
B: 네. 예약하기 전에 제목을 다시 한번 확인하고 싶습니다. 제목이 The Shiny Moments, 맞죠?
A: 맞습니다. 날짜는 정하셨나요?
B: 네. 12월 27일에 25명의 좌석을 예약할 수 있을까요?
A: 물론이죠. 하지만 그 경우 오늘 결제하셔야 합니다.
B: 좋습니다. 노인 입장권은 장당 30달러라고 말씀하셨죠.
A: 맞습니다. 결제 링크를 보내드리겠습니다.
B: 고맙습니다. 오늘 밤에 결제하겠습니다.

어휘 및 표현

- senior 노인, 연장자, 어른, 선임자
- reserve 예약하다
- admission 입장

10 [생활영어 – 대화] ▶ ④

난이도 중

정답 해석

④ A: 전화 좀 써도 될까요?
B: 네, 아슬아슬해요.

오답 해석

① A: 실례합니다. 논픽션 책이 어디에 있는지 알려주실 수 있나요?
B: 물론이죠. 바로 여기 있습니다.
② A: 당신은 우리 나이대의 많은 사람들에게 영감을 줄 것입니다.
B: 과찬이십니다.
③ A: 교통안전 유인물은 어떻게 됐습니까?
B: 이미 출력했습니다.

어휘 및 표현

- I'm so flattered 과찬이십니다
- print out 출력하다

11 [독해 – 중심 내용 파악] ▶ ①

난이도 하

해설

최근 연구는 사람들이 대규모 숫자를 이해하기 어려워하며 이는 합리적 모델의 한계를 보여준다는 내용의 글이다. 따라서 제목으로 적절한 것은 ①이다.

★ 주제: 재난 규모 – 소통과 대응의 어려움		
주제문	선택지	O/X
⑸ 많은 사람들은 큰 숫자를 이해하지 못하고 실제로 큰 숫자는 의미가 부족하고 영향을 주지 않으면 결정에서 과소평가되는 것으로 나타났다.	① 대중의 비극에 대한 무감각	O
	② 실제 숫자의 힘	X
	③ 도움이 절실한 사람들에게 도움을 주는 방법	X
	④ 기술을 통한 잠재적 손실 방지	X

어휘

- magnitude 크기
- mitigate 완화하다
- substantial 상당한
- sophistication 정교함
- assess 평가하다
- comprehend 이해하다
- underestimate 과소평가하다
- relevance 관련성
- paradox 역설
- rational 합리적인

해석

(1) 재난의 정의적 요소는 그들이 초래하는 해로운 결과의 크기이다. (2) 사회가 재난으로부터 피해를 예방하거나 줄이는 것을 돕기 위해, 잠재적 혹은 실제적 손실의 크기와 범위를 평가하고 전달하기 위해 종종 엄청난 노력과 기술적인 정교함이 사용된다. (3) 이러한 노력은 사람들이 결과적인 숫자를 이해하고 그에 대해 적절하게 행동할 수 있다고 가정한다. (4) [주제문]그러나 최근의 행동 연구는 이러한 근본적인 가정에 의문을 제기한다. (5) [주제문]많은 개인들이 대규모 숫자를 이해하는 데 어려움을 겪는데, 중요한 숫자들은 의미가 부족하고 개인적인 관련성이 없으면 의사결정에서 과소평가될 수 있기 때문이다. (6) 이는 의사 결정의 합리적 모델이 나타내지 못하는 역설을 만든다. (7) 한편으로, 우리는 도움이 필요한 단일 개인을 돕기 위해 강력하게 대응한다. (8) 다른 한편으로, 우리는 종종 대량의 비극을 예방하거나 자연 재해로부터 잠재적 손실을 줄이기 위한 적절한 조치를 취하지 못한다.

12 [독해 – 세부 정보 파악] ▶ ④

난이도 중

해설

고대 이탈리아 Vesuvius 산의 화산 폭발과 난민의 정착 양상에 대한 글이다. ④의 '화산 분출 이후 드러난 기반 시설의 프로젝트에서는 단서를 찾지 못했다'의 진술은 여덟 번째 문장의 '그들은 또한 화산 폭발 이후 Pompeii와 Herculaneum에서 나타난 독특한 문화의 흔적들을 찾았다'의 본문의 내용과 일치하지 않는다. 따라서 정답은 ④이다.

★ 주제: 고대 이탈리아 Vesuvius 화산 폭발 난민의 정착 양상

선택지	본문	O/X
① Vesuvius 산이 분출했을 때 인근 도시의 사람들 일부는 생존했다.	(2) 그러나, 모든 사람이 죽은 것은 아니다.	O
② 고대에 일어난 일이기 때문에 난민들은 멀리 가지는 않았을 것이다.	(4) 이곳이 고대 세계였음을 고려하면, 그들은 멀리 여행하지 않았다.	O
③ 난민들이 어디로 갔는지 알아내기 위한 연구자들은 역사 기록을 연구했다.	(7) 사람들이 어디로 갔는지 확인하기 위해, 연구자들은 꼼꼼하게 역사적인 기록들을 조사하면서, 기준을 고안했다.	O
④ 화산 분출 이후 드러난 기반 시설의 프로젝트에서는 단서를 찾지 못했다.	(8) 그들은 또한 화산 폭발 이후 폼페이와 Herculaneum에서 나타난 독특한 문화의 흔적들을 찾았다.	X

어휘

- erupt 분출하다
- molten rock 용암
- debris 잔해, 파편
- toxic 독성의
- perish 죽다
- refugee 난민
- ascertain 확인하다
- meticulous 꼼꼼한
- influx 유입
- resettlement 재정착

해석

(1) 서기 79년, Vesuvius산이 폭발했을 때, 근처의 고대 이탈리아 도시 Pompeii와 Herculaneum에서 거의 2,000명의 사람들이 화산의 녹은 바위, 불타는 잔해, 유독한 가스로 인해 목숨을 잃었다. (2) 그러나, 모든 사람이 죽은 것은 아니다. (3) 그렇다면, 난민들은 어디로 갔을까? (4) 이곳이 고대 세계였음을 고려하면, 그들은 멀리 여행하지 않았다. (5) 새로운 연구에 따르면, 이웃 지역 사회에 정착하면서, 대부분은 이탈리아의 남쪽 해안을 따라 머물렀다. (6) 난민들의 정확한 목적지를 결정하는 것은 흩어져 있는 역사적인 기록들 때문에 기념비적인 작업이었다. (7) 사람들이 어디로 갔는지 확인하기 위해, 연구자들은 꼼꼼하게 역사적인 기록들을 조사하면서, 기준을 고안했다. (8) 그들은 또한 화산 폭발 이후 Pompeii와 Herculaneum에서 나타난 독특한 문화의 흔적들을 찾았다. (9) 난민들의 갑작스러운 유입을 수용하기 위해 보이는, 이 시기 동안 나타난 공공 기반 시설 프로젝트들이 재정착의 실마리를 제공했다.

13 [독해 – 중심 내용 파악] ▶ ③

난이도 하

해설

뇌 크기와 언어 능력과의 관계에 대한 글로, 뇌의 크기뿐 아니라 뇌 – 신체 비율과 에너지 보유량도 언어 능력을 결정하는 중요한 요소이며, 뇌의 크기만이 결정 요인이 아니라는 것을 주장하는 글이다. 그 구체적인 예로서 세 번째 문장의 '코끼리와 고래'를 들고 있다. 따라서 글의 요지로 알맞은 것은 ③이다.

★ 주제: 뇌 크기와 언어 능력과의 관계

주제문	선택지	O/X
(2) 우리의 뇌는 많은 동물의 뇌보다 크지만 순수한 크기만이 유일한 결정 요인은 아니다.	① 높은 지능이 말을 하기 위한 필수 조건은 아니다.	X
	② 인간은 특수한 신체 구조로 인해 말을 할 수 있다.	X
	③ 뇌의 크기나 비율이 언어 능력을 담보하지 않는다.	O
	④ 뇌의 신체에 대한 비율이 커지면 커질수록 지능이 높다.	X

어휘

- wire 연결하다
- sheer 순전한, 순수한
- determinant 결정 요인
- ratio 비율
- constitute 구성하다
- deceive 속이다

해석

(1) 인간 뇌가 얼마나 말에 자연적으로 연결되어 있는지에 대한 정도는 여전히 불확실합니다. (2) [주제문]우리의 뇌는 많은 동물의 뇌보다 크지만 순수한 크기만이 유일한 결정 요인은 아닙니다. (3) 코끼리나 고래처럼 뇌가 큰 동물은 언어 능력이 없다. (4) 어떤 사람들은 성인의 뇌가 전체 체중의 2% 이상을 차지하는 반면 침팬지의 뇌는 1% 미만이라는 점을 지적하면서 뇌 – 신체 비율이 중요하다고 주장한다. (5) 그러나 비율은 속임수가 될 수 있는데, 혹을 가지고 있는 낙타와 같이 큰 에너지 저장고를 가지는 동물들은 간단한 지능 비교를 무시하기 때문이다.

14 [독해 – 빈칸추론 2 (단어, 구, 절)] ▶ ①

난이도 중

해설

동음이의어 학습의 유용성을 team과 teem의 예를 통해 설명하고 있다. 동음이의어인 team과 teem은 소리는 같지만 그룹과 가득 차거나 떼를 지으면서 다른 의미를 가지고 있으며, 이러한 '의미의 연결성'을 인식하여 기억력을 향상시킬 수 있음을 설명하고 있다. 따라서 밑줄 친 부분에 들어갈 말로 알맞은 것은 ①이다.

★ 주제: 동음이의어 학습의 유용성

빈칸 문장	선택지 O/X	
(4) 뇌가 ________로부터 이익을 얻기 때문에 쌍 또는 그룹으로 동음이의어를 학습하는 것은 기억 유지에 도움이 된다.	O	① 연결된 정보
	X	② 구체적인 패턴과 규칙
추론의 근거		
(6) 동음이의어의 고유한 의미를 강조하는 문장을 만드는 것은 암기를 쉽게 하여 두 단어를 이해하고 기억하는 것을 더 쉽게 만든다.	X	③ 이미지의 적절한 사용
	X	④ 오감의 통합

어휘

- homonym 동음이의어
- retention 보존
- imply 나타내다, 의미하다
- distinct 명확한, 구분되는
- facilitate 촉진하다

해석

(1) 동음이의어는 같은 소리이지만 다른 의미를 갖는 단어이다. (2) 두 개와 같은 예, to와 too는 친숙하지만 "team"과 "teem"과 같이 덜 알려진 쌍(pair)이 있다. (3) "team"은 그룹을 의미하지만, "teem"은 가득 차거나 떼를 짓는 것을 의미한다. (4) [주제문]뇌가 연결된 정보로부터 이익을 얻기 때문에 쌍 또는 그룹으로 동음이의어를 학습하는 것은 기억 유지에 도움이 된다. (5) 예를 들어, "teem"이 동음이의어인 "team"보다 더 많은 양을 내포한다는 것에 주목하는 것이 도움이 될 수 있다. (6) [결론_주제문]동음이의어의 고유한 의미를 강조하는 문장을 만드는 것은 암기를 쉽게 하여 두 단어를 이해하고 기억하는 것을 더 쉽게 만든다.

15 [독해 – 중심 내용 파악] ▶ ①

난이도 중

해설

이 글은 '고스팅'을 주제로 하는 글로, '고스팅'는 의사소통을 끊고 사라지는 특이한 행동으로, 관계를 끊는 흔한 방법이라는 글이다. 따라서 글의 주제는 ①이다.

★ 주제: 고스팅은 흔한 일이고 누구에게나 일어날 수 있다.

주제문	선택지	O/X
⑾ 심리학자들은 이 행동을 조사하고 있고, 당신은 최근에 고스팅이 관계를 끝내는 일반적인 방법이라는 것을 알아차렸을 수 있다.	① 고스팅은 흔한 일이고 누구에게나 일어날 수 있다.	O
	② 고스팅은 우리 직장에서 인기를 얻었다.	X
	③ 고스팅은 사람들이 헤어지는 구식 방법이다.	X
	④ 고스팅은 당신이 다른 사람들을 어떻게 대하는지 알려줄 것이다.	X

어휘

- initial 처음의
- end up 결국 ~하게 되다
- voicemail 음성메시지
- mutual 상호간의, 서로의
- communication 의사소통
- investigate 연구하다, 조사하다

해석

⑴ 처음에는, 그것은 단지 문자 메시지이다. ⑵ 그러면, 당신의 전화는 결국 음성메시지로 끝난다. ⑶ 당신은 당신의 친구에 대해 걱정하기 시작할 수 있다. ⑷ 그들에게 무슨 일이 일어난 것일까? ⑸ 결국, 당신은 소셜 미디어 업데이트나 상호 친구를 통해 당신의 친구가 잘 살고 있다는 것을 알게 된다. ⑹ 그러나, 그들은 신비롭게 당신의 삶에서 사라졌다. 그들은 당신을 유령으로 만들고 있다. ⑺ 고스팅은 설명 없이 의사소통을 완전히 끊는 것을 의미하고, 그 용어는 최근 인기를 얻고 있다. ⑻ 그것은 데이트에서 시작되었지만, 고스팅은 우정과 직업적인 관계에서도 발생한다. ⑼ 고스팅은 이상한 행동이다. ⑽ 왜 누군가가 그들이 좋아하는 사람을 그렇게 차갑게 대하거나 간단한 메모 없이 회사를 떠나는 것일까? ⑾ [주제문] 심리학자들은 이 행동을 조사하고 있고, 당신은 최근에 고스팅이 관계를 끝내는 일반적인 방법이라는 것을 알아차렸을 수 있다. ⑿ 그러나 왜일까? ⒀ [연구결과]연구자들은 기술이 우리가 상호 작용하는 방식을 바꿨다고 시사한다. ⒁ 그들은 또한 사람들이 오랫동안 서로를 무시해왔고, 그것은 소셜 미디어와 기술 때문에 이제 더 두드러졌다고 지적한다.

16 [독해 – 문장 제거] ▶②

난이도 중

해설

남아 있는 밥과 식중독에 대한 글이다. ②는 박테리아인 바실루스 세레우스균이 음식 중독을 일으킬 수 있다는 내용을 소개하고 있지만, 이것은 글의 주된 내용인 음식을 남겨두고 방치한 경우에 발생하는 문제와 직접적으로 연관이 없다. 따라서 글의 흐름상 어색한 문장은 ②이다.

★ 주제: 남아 있는 밥과 식중독 – 보이지 않는 위험

O/X	선택지 요약	핵심어
O	① 그러나 남은 밥이 식중독에 매우 취약하다는 것이다.	식중독
X	② 바실루스 세레우스균은 식중독을 일으킬 수 있다.	바실루스 세레우스균
O	③ 문제는 밥을 요리한 후 바로 실온에 방치할 때 발생한다.	문제점
O	④ 실온에 방치할 경우, 포자가 식중독을 일으킬 가능성이 있다.	실온에 방치

어휘

- leftover 남은
- complain 불평하다
- stored 저장된
- food poisoning 식중독
- symptom 증상
- spore (균류(菌類)·식물의) 포자

해석

밥은 종종 다음 날 결국 먹게 되는 음식이며, 결국 남은 식사의 일부가 된다. 그러나 남은 밥은 남은 감자튀김과 마찬가지로 맛이 좋기 때문에 불평할 필요는 없다. [주제문]그러나 대부분의 사람들이 모르는 것은 남은 밥이 식중독에 매우 취약하다는 것이다. ① 이것은 밥을 재가열하는 방식과는 관련이 없으며 처음 요리한 후 보관하는 방식과도 관련이 없다. (② 바실루스 세레우스는 식중독을 일으킬 수 있으며, 쌀이 요리된 이후에도 요리된 쌀에 생존할 수 있다.) 오염된 음식을 섭취한 후 몇 시간 내에 시작될 수 있는 식중독의 증상은 종종 메스꺼움, 구토 또는 설사를 포함한다. ③ 문제는 밥을 요리한 후 바로 실온에 방치할 때 발생한다. ④ 실온에 방치할 경우, 포자가 박테리아로 성장하고 증식하여 다음 날 남은 밥을 먹을 때 식중독을 일으킬 가능성이 있다. 요리 후 밥을 오래 방치할수록 식중독의 위험이 높아진다. 전문가들은 조리된 밥을 1시간 이상 방치하지 말고 가능한 한 빨리 냉장고에 보관할 것을 권장한다.

17 [독해 – 빈칸추론 2 (단어, 구, 절)] ▶④

난이도

해설

이 글은 예술가들이 오랜 기간 동안 추구한 목표를 달성하면 창작 동기가 감소하고 우울증이 발생할 수 있으며, 이는 성공의 아이러니의 문제점을 제시하고, 이 결과를 피하기 위해서는 하나의 목표가 유일한 초점이 되지 않도록 하는 것이 중요함을 강조하고 있다. 따라서 밑줄 친 부분에 들어갈 말로 가장 적절한 것은 ④이다.

★ 주제: 창작의 끝과 새로운 시작

빈칸 문장		선택지 O/X
⑷ 이 결과를 피하기 위해서는 ________ 이 중요하다.	X	① 다양한 분야에서 많은 친구들을 사귀려고 노력하는 것
추론의 근거	X	② 목적지에 일부러 도착하는 것을 연기하는 것
⑸ 개별 예술 작품은 후속 작품에서 탐색해야 할 해결되지 않은 요소를 남기는 것이 중요하다. ⑹ 춤과 같이 육체적으로 힘든 예술 형식에서 부상을 입을 경우 대안적 관심사를 개발하는 것이 현명한 전략이 된다.	X	③ 당신의 작품 전시에 집착하지 않는 것
	O	④ 단 하나의 목표가 유일한 초점이 되도록 내버려 두지 않는 것

어휘

- pivotal 중요한, 중심이 되는
- destination 목적지
- irony 역설
- crucial 결정적인, 중대한
- unresolved 미해결된
- prudent 신중한, 사려깊은, 현명한
- strategy 전략

해석

⑴ 예술가들은 종종 그들의 작품에 대한 그들의 오랜 목적지가 성취되는 중요한 순간을 맞이하지만, 예상치 못하게 제거될 뿐이다. ⑵ 예를 들어, 대형 미술관에서 개인전을 위해 노력하는 예술가는 이 목표를 달성했을 때 창작 동기가 감소한다는 것을 발견할 수 있다. ⑶ 그러한 이야기는 성공이 우울증으로 이어지는 아이러니를 강조한다. ⑷ [주제문]이 결과를 피하기 위해서는, 단 하나의 목표가 유일한 초점이 되도록 내버려두지 않는 것이 중요하다. ⑸ [추론 근거]개별 예술 작품은 후속 작품에서 탐색해야 할 해결되지 않은 요소를 남기는 것이 중요하다. ⑹ [추론 근거]춤과 같이 육체적으로 힘든 예술 형식에서 부상을 입을 경우 대안적 관심사를 개발하는 것이 현명한 전략이 된다.

18 [독해 – 순서 배열] ▶②

난이도 중

해설

'기술, 경제, 환경'이 제품 디자인에 끼치는 복잡한 상호 작용에 대한 글이다. 제시문 다음에 구체적인 음료 용기의 예가 시작되는 (B)로 이어져야 하며, 음료 용기 제작의 목표에 이어서 이에 대한 문제점을 언급하는 (C)로 이어지며 (C)에서 언급한 우려들에 대한 내용을 (A)에서 이어서 설명하고 있다. 따라서 글의 순서로 알맞은 것은 ②이다.

★ 주제: '기술, 경제, 환경'이 제품 디자인에 끼치는 복잡한 상호 작용

순서	핵심어	내용 요약 및 논지 전개
제시문	기술적 현실들의 중추적인 역할(the pivotal role of technological realities)	기술은 제품 형성에 중요한 역할을 하며 경제적인 측면 외에도 핵심적이다.
→(B)	예를 들어 (Take the example ~)	알루미늄 음료 용기 설계는 안전, 내구성, 사용자 친화성 등 다양한 요구를 충족시켜야 한다.
→(C)	알루미늄 캔의 편리함에도 불구하고(Despite the convenience of aluminum cans)	편리한 알루미늄 캔 사용에도 불구하고, 원자재 폐기물과 에너지 소비에 따른 문제가 있다.
→(A)	이러한 복잡한 문제들 (these complex issues)	이러한 복잡한 문제를 해결하기 위해 공학, 경제학, 환경 등 다양한 영역 간의 조화가 필요하다.

어휘

- factor 요인
- conflicting 서로 다투는, 상반되는, 모순되는
- intricate 복잡한
- interplay 상호 작용
- raw material waste 원자재 폐기물
- consumption 소비
- concern 걱정, 우려

• disposal 처리
• litter 쓰레기

해석

경제적 요인도 중요하지만 제품을 형성하는 데 있어 기술 현실의 중추적인 역할은 아무리 강조해도 지나치지 않다.
(B) 알루미늄 음료 용기를 설계하는 예를 들어보자. 엔지니어들은 음료를 안전하게 보관하고 거친 운송을 견디며 누출이 없는 상태를 유지하는 캔을 만들어야 한다. 동시에, 쉽게 열고 부을 수 있도록 사용자 친화적이어야 한다.
(C) 알루미늄 캔의 사용은 편리함에도 불구하고 원자재 폐기물, 에너지 소비 및 쓰레기 처리의 어려움에 대한 심각한 우려들을 가지고 있다.
(A) 서로 다른 목표를 포함하는 이 복잡한 문제들을 조사하는 것은 공학, 경제학, 그리고 환경 사이의 복잡한 상호작용을 조명한다. 알루미늄 캔 하나는 간단해 보이지만 수십억 개의 캔과 함께 생각하면 그 효과는 엄청나다.

19 [독해 – 세부 정보 파악] ▶③

난이도 하

해설

과학자들은 남극 대륙에서 기록적인 깊이로 구멍을 뚫어 빙하 아래를 탐험해 그 지역이 앞으로 어떻게 기후 변화에 반응할지를 더 정확히 예측하고자 한다는 것을 소개하는 글이다. ②의 '대륙빙하 조사는 미래의 기후 변화에 대한 준비다.'의 진술이 두 번째 문장의 '오히려, 그들은 빙상 아래를 봄으로써, 그 지역이 앞으로 몇 년 동안 어떻게 기후 변화에 반응할지를 더 잘 예측하기를 희망한다'의 본문의 내용과 일치한다. 따라서 정답은 ②이다.

★ 주제: 남극 아래 깊은 곳 탐사

선택지	본문	O/X
① 남극의 동부에 있는 곳에 구멍을 뚫었다.	(3) …그들은 남극 대륙 서부의 Rutford Ice Stream의 기초를 뚫었다.	X
② 대륙빙하 조사는 미래의 기후 변화에 대한 준비다.	(2) 오히려, 그들은 빙상 아래를 봄으로써, 그 지역이 앞으로 몇 년 동안 어떻게 기후 변화에 반응할지를 더 잘 예측하기를 희망한다.	O
② 그린란드는 녹는 속도가 일정하다.	(6) 남극 대륙과 우리 행성의 다른 극지방의 얼음 표면인 그린란드는 모두 기후 변화 때문에 녹는 속도가 가속화되고 있다.	X
④ 미래의 바다 수면의 상승폭을 예측할 수 있다.	(7) 그러나 과학자들은 얼음이 얼마나 궁극적으로 녹고 해수면 상승에 기여할 것인지에 관해 미래에 무엇을 기대할지 아직 확신하지 못하고 있다.	X

어휘

• drill 구멍을 뚫다, 반복 연습시키다
• penetrate 꿰뚫다, 관통하다
• thread (실 등을) 꿰다
• record 기록하다
• accelerate 가속화하다
• uncertain 불확실한
• extent 범위
• sediment 퇴적물
• contribute to 기여하다

해석

(1) 과학자들이 남극 대륙에서 만들어진 가장 깊은 구멍을 뚫었을 때, 그들은 세계 기록을 깨려고 노력하지 않았다. (2) 오히려, 그들은 빙상 아래를 봄으로써, 그 지역이 앞으로 몇 년 동안 어떻게 기후 변화에 반응할지를 더 잘 예측하기를 희망한다. (3) 1월 8일, 얼음을 녹이는 큰 도구인 온수 드릴로 63시간의 연속적인 드릴링 후, 그들은 남극 대륙 서부의 Rutford Ice Stream의 기초를 뚫었다. (4) Ice Stream은 얼음이 그 지역의 나머지보다 더 빠르게 움직이는 얼은 강과 같다. (5) 그 팀은 2,152미터 깊이에 도달했고 수압과 얼음 온도를 기록하기 위해 그 구멍을 통해 기구를 꿰었다. (6) 남극 대륙과 우리 행성의 다른 극지방의 얼음 표면인 그린란드는 모두 기후 변화 때문에 녹는 속도가 가속화되고 있다. (7) 그러나 과학자들은 얼음이 얼마나 궁극적으로 녹고 해수면 상승에 기여할 것인지에 관해 미래에 무엇을 기대할지 아직 확신하지 못하고 있다. (8) 깊이 구멍을 뚫어, 그 팀은 남극 대륙의 얼음 표면이 얼마나 오래 전에 사라졌는지, 그리고 어떻게 물과 침전물이 얼음을 바다 쪽으로 밀어 넣는지를 알아내기를 희망한다.

20 [독해 – 문장 삽입] ▶②

난이도 상

해설

통합된 신체의 이해에 대한 글이다. 주어진 제시문의 '세포와 물질 같은 생명체의 구성 요소에만 집중하는 것 대신'의 진술은 앞 문장의 '비행이나 헤엄칠 수 있는 능력이 없는 세포로만 설명하려는 것'을 지칭한다. 따라서 주어진 문장이 들어갈 위치로 알맞은 것은 ②이다.

★ 주제: 통합된 실체의 이해의 중요성

제시문	
세포와 물질 같은 생명체의 구성 요소에만 집중하기보다 생명체와 그들이 살고 있는 고유한 영역의 의미를 이해하는 것이 중요하다.	
핵심어	
제시문	세포와 물질 같은 생명체의 구성 요소에만 집중하기보다(Rather than focusing solely on the constituents of living things)
①	비행이나 헤엄칠 수 있는 능력이 없는 세포로만 설명하려는 것(attempting to explain the flight of birds or the swimming of fish solely in terms of cells)

선택지 ▶ / X	
X	① 새의 비행이나 물고기의 헤엄치는 능력을 없는 세포로만 설명하려는 것은 말도 안 된다.
▶	② 하나의 영역은 생명체를 이루는 물질과 세포의 세계 또는 생명체의 삶을 이루는 세계로, 통합된 세계와 낮은 차원과 다른 차원에 존재한다.
X	③ 물리학과 화학은 물질을 다루는 학문으로, 생물학과는 독립적으로 일찍이 등장했다.
X	④ 세포학 연구가 현재 생물학의 영역 안에 있지만, 세포학이 서로 다른 학제적 분야로 발전하여 격차를 해소하는 미래를 구상하는 것도 가능하다.

어휘

• constituent 구성 요소
• comprehend 이해하다
• inherent 내재된
• wholeness 완전함, 전체성
• dissect 해부하다, 분해하다
• atom 원자
• electron 전자
• manifested 나타난
• realm 영역
• discipline 학문
• interdisciplinary 여러 학문 분야가 관련된

해석

[주제문]통합된 신체의 본질적인 전체성을 간과하지 않는 것은 중요하다. 세포, 원자, 전자로 분해하여 분석할 수는 있지만, 이들 요소로 축소하는 것은 통합된 신체가 나타내는 복잡한 현상을 포착하지 못한다. (①) 예를 들어, 새의 비행이나 물고기의 헤엄치는 모습을 비행이나 헤엄칠 수 있는 능력이 없는 세포로만 설명하려는 것은 말도 안 되는 이야기이다. (② 세포와 물질 같은 생명체의 구성 요소에만 집중하기보다 생명체와 그들이 살고 있는 고유한 영역의 의미를 이해하는 것이 중요하다.) 하나의 영역은 생명체를 구성하는 물질과 세포의 세계 또는 생명체의 삶을 구성하는 세계로, 생명체의 통합된 세계와 비교할 때 낮은 차원과 다른 차원에 존재한다. (③) 물리학과 화학은 물질을 다루는 학문으로, 생물학과는 독립적으로 일찍이 등장했다. (④) 세포학 연구가 현재 생물학의 영역 안에 있지만, 세포학이 서로 다른 학제적 분야로 발전하여 생명체와 물질 사이의 격차를 해소하는 미래를 구상하는 것도 가능하다.

2024 공무원 시험 대비 봉투모의고사 2회
영어 정답 및 해설

제2회 모의고사

01 ②	02 ④	03 ③	04 ③	05 ③
06 ①	07 ③	08 ①	09 ③	10 ③
11 ④	12 ④	13 ②	14 ④	15 ①
16 ③	17 ④	18 ②	19 ②	20 ③

01 [어휘 – 유의어] ▶②

난이도 하

정답 해설

significant는 '상당한, 중요한, 중대한'이라는 뜻으로 유의어는 ② consequential(결과로서 일어나는, 결과적인, 중대한, 중요한)이다.

오답 해설

① gregarious 사교적인, 집단을 좋아하는 = sociable
③ sensational 세상을 놀라게 하는, 선풍적인
= amazing, startling, astonishing, shocking
④ contentious 논쟁[토론]을 좋아하는, 논쟁[이론]을 불러일으키는
= controversial, disputable, debatable, disputed

해석

새로운 재생 에너지원의 발견은 전 세계적으로 탄소 배출량을 줄이는 데 상당한 영향을 미칠 수 있다.

02 [어휘 – 유의어] ▶④

난이도 중

정답 해설

ingenuity는 '기발한 재주, 독창성'이라는 뜻으로 유의어는 ④ originality(독창성, 창의력)이다.

오답 해설

① scarcity 부족, 결핍 = lack, shortage, dearth, paucity, deficiency
② tranquility 고요, 평온
③ hospitality 환대, 후한 대접

해석

Mike의 깊은 기술적 지식, 그의 독창성, 그리고 시장 직관이 업계 1위가 될 수 있도록 도와줄 것이라고 우리 모두는 자신할 수 있다.

03 [어휘 – 빈칸] ▶③

난이도 하

정답 해설

에너지 손실을 보충하기 위해 단백질을 섭취해야만 한다는 내용이 맥락상 어울리므로 빈칸에는 ③ make up for(보상하다, 벌충[만회]하다)가 적절하다.

오답 해설

① touch off ~을 촉발하다, ~을 유발하다
= cause, trigger, bring about, lead to, give rise to
② factor out ~을 제외하다, 뽑아내다 = exclude, preclude, rule out
④ make do with ~으로 임시변통하다, 때우다 = manage with

해석

당신은 에너지 손실을 보충하기 위해 단백질을 섭취해야만 한다.

04 [어휘 – 빈칸] ▶③

난이도 중

정답 해설

통합 학교에 다닌 것은 장애인에 대한 나의 선입견을 없애는 데 도움을 주었다는 내용이 맥락상 어울리므로 빈칸에는 ③ get rid of(~을 제거하다)가 적절하다.

오답 해설

① coincide with ~와 동시에 일어나다, 일치하다
② give way to (감정에) 못 이기다[무너지다], ~에게 굴복하다
④ keep up with ~에 뒤지지 않고 맞추어 가다

해석

통합 학교에 다닌 것은 장애인에 대한 나의 선입견을 없애는 데 도움을 주었다.

05 [문법 – 밑줄(단락)] ▶③

난이도 중

정답 해설

③ **[킬포인트 048] to부정사의 부사적 역할**
to부정사는 부사 자리에서 쓰여 '~하기 위해서'라는 목적의 의미를 나타낼 때 쓰일 수 있다. 따라서 밑줄 친 부분을 포함한 문장에서 동사인 should enforce가 존재하기 때문에 동사인 prevent를 부사 역할을 하는 to prevent로 고쳐야 한다.

오답 해설

① **[킬포인트 069] 『전치사 + 관계대명사』 완전 구조**
『전치사 + 관계대명사』는 전치사에 유의하고 완전 구조를 확인한다. 따라서, 주어진 문장에서 주어 biodiversity와 동사 is declining이 완전 구조로 올바르게 쓰였고 rate와 잘 어울려 쓰이는 전치사 at도 올바르게 쓰였다.
② **[킬포인트 030] 주어자리에 반드시 단수 또는 복수 취급하는 특정 표현**
명사구나 명사절은 단수 취급하고 단수 동사와 수 일치 한다. 따라서, 밑줄 친 부분을 포함한 문장에서 주어는 동명사구인 Protecting ecosystems가 쓰였고 동명사구 주어는 단수 취급하므로 밑줄 친 부분에 단수 동사 requires가 올바르게 쓰였다.
④ **[킬포인트 066] 부사절 접속사의 구분과 특징**
접속사는 동사를 포함한 절을 이끌고, 전치사는 명사를 목적어로 취한다. 따라서 주어인 individuals와 동사인 can contribute를 이끄는 접속사 while이 올바르게 쓰였다.

지문 해석

특히 전 세계적으로 생물의 다양성이 감소하고 있는 놀라운 속도를 고려할 때, 자연 서식지를 보존하는 것은 그 어느 때보다 더 중요하다. 다양한 종을 지원하고 생태계 균형을 유지하는 데 필수적인 생태계를 보호하기 위해서는 공동의 노력이 필요하다. 정부는 더 이상의 환경 악화를 막기 위해 더 엄격한 규제를 시행해야 하며, 반면 개인은 지속 가능한 관행을 채택하고 탄소 발자국을 줄임으로써 미래 세대에게 더 건강한 지구를 촉진할 수 있다.

06 [문법 – 문장] ▶①

난이도 중

정답 해설

① **[킬포인트 068] 관계대명사의 선행사와 문장 구조**
관계대명사는 접속사와 대명사 역할을 한다. 따라서 관계대명사 which가 있으므로 앞에 쓰인 접속사 and를 삭제해야 한다.

오답 해설

② **[킬포인트 063] 기타 가정법**
& [킬포인트 005] 주어만 있으면 완전한 1형식 자동사
'But for[Without] 명사 ~, 주어 would/should/could/might have p.p.'는 '명사가 없었다면 ~했을 것이다'라는 뜻으로 쓰인다. 따라서 주어진 문장에서 올바르게 쓰였다. 또한 succeed는 1형식 자동사로 전치사 in과 함께 쓰여 '~에 성공하다'라는 의미로 올바르게 쓰였다.
③ **[킬포인트 054] 부정부사와 도치 구문**
under no circumstances는 '어떠한 일이 있어도 결코 ~아니다'라는 의미의 부정부사로 문장 처음에 위치할 때 도치 구조를 이끈다. 조동사 should와 주어 뒤에 동사원형으로 도치 구조가 되어야 하므로 should we ignore는 올바르게 쓰였다.
④ **[킬포인트 055] 다양한 도치 구문**
'So 형용사'나 'So 부사'가 문장 처음에 위치할 때 도치 구조를 확인한다. 또한 'So 형용사로 도치될지 So 부사'로 될지는 뒤에 문장 구조에 따라서 결정이 된다. 따라서, 주어진 문장에서 So imperative가 문장 처음에 위치하고 is the safety로 도치 구조가 올바르고 be동사의 보어 역할을 할 수 있는 형용사 imperative가 올바르게 쓰였다.

선지 해석

① 가게에는 다양한 과일이 진열되어 있었는데, 대부분이 열대 지방에서 수입된 과일이었다.
② 그들의 협력이 없었다면, 나는 프레젠테이션에 성공하지 못했을 것이다.
③ 어떤 상황에서도 우리는 자연 서식지를 보전하는 긴급성을 무시해서는 안 된다.
④ 안전 규정이 너무 중요하기 때문에 모든 사람들이 엄격히 준수해야 한다.

07 [문법 – 영작] ▶ ③

난이도 중

정답 해설

③ **[킬포인트 053] 주의해야 할 조동사와 조동사 관용 표현**
'아무리 ~해도 지나치지 않다'라는 의미는 'cannot ~ too'로 쓴다. 따라서 주어진 문장에서 so를 too로 고쳐야 한다.

오답 해설

① **[킬포인트 035] 5형식 동사의 수동태 구조**
request는 5형식 동사로 쓰일 때 목적보어로 to부정사를 취하므로 수동태 구조가 될 때 'be requested to부정사' 구조가 된다. 따라서 주어진 문장에서 are requested to arrive는 올바르게 쓰였다.
② **[킬포인트 061] 혼합 가정법 공식**
과거 사실과 반대로 가정해서 현재 결과에 반대로 예측을 나타낼 수 있는 혼합 가정법 공식 'If 주어 had p.p. ~ (과거 시간 부사) ~, 주어 + would / should / could / might + 동사원형 (now / today)'로 쓴다. 따라서 주어진 문장은 올바르게 쓰였다.
④ **[킬포인트 049] 혼합 가정법 공식**
to부정사의 발생 시점이 주절의 시점보다 더 먼저 일어났을 때 완료형 부정사를 쓴다. 따라서 주어진 문장에서 to have killed는 올바르게 쓰였다.

08 [생활영어 – 빈칸] ▶ ①

난이도 중

정답 해석

① 그걸 어디에서 들었나요?

오답 해석

② 좋아요. 당신에게 맞는 더 큰 것을 사줄게요.
③ 왜 당신이 지난번에 사과를 샀어요?
④ 멋져요! 새로운 직업에 행운을 빌어요.

지문 해석

A: 여보, 아침 식사 때 사과를 좀 먹을래요?
B: 괜찮은 것 같네요. 나를 위해 사과 껍질을 좀 챙겨줄래요?
A: 왜요? 왜 그것을 원하나요?
B: 얼굴 팩을 만들기 위해 그것을 사용하려고 해요. 사과 껍질은 피부 상태를 개선하는 데 효과적이에요.
A: 그걸 어디에서 들었나요?
B: 나는 최근에 우리 피부에 대한 그것의 이점에 관한 기사를 읽었어요.
A: 흥미롭군요. 그 안에 뭐가 들어 있나요?
B: 사과 껍질은 비타민과 미네랄이 풍부해서 우리 피부에 수분을 공급하고 피부 윤기를 향상한다고 기사에 나와 있었어요.
A: 알게 되어 다행이에요.

어휘및표현

- peel 껍질, 껍질을 벗기다
- moisturize 수분을 제공하다
- glow 빛나다

09 [생활영어 – 빈칸] ▶ ③

난이도 하

정답 해석

③ 여기는 어쩐 일로 온 거니?

오답 해석

① 내 말을 이해하니?
② 무슨 말을 하는 거야?
④ 빈방 있나요?

지문 해석

A: Rossini 교수님, 들어가도 될까요?
B: 물론이지. 어서 들어오렴, Ben. 여기는 어쩐 일로 온 거니?
A: 이탈리아어 공부에 대한 조언을 구하러 왔어요.
B: 네가 곤란을 겪고 있는 구체적인 어떤 것이 있니?
A: 네. 단어를 제대로 사용하는 데 어려움을 겪고 있어요. 조언을 좀 받을 수 있을까요?
B: 물론이지. 먼저, 네가 사전을 어떻게 사용하는지 물어볼게.
A: 음, 제가 의미를 모르는 단어를 찾기 위해 그것을 사용해요.
B: 사전은 대부분의 단어에 대한 예문을 제공해. 너는 그것들도 읽지?
A: 아니요. 예문에는 주의를 기울이지 않아요.

어휘및표현

- ask for ~에 대해 묻다
- specific 구체적인, 명확한, 특정한
- pay attention to ~에 유의하다, 주의하다
- Are you with me? 내 말 무슨 의미인지 알겠어?
- What are you getting at? 넌 무슨말을 하려는 거니?
- What brings you here? 무슨일로 오셨어요?

10 [생활영어 – 대화] ▶ ③

난이도 하

정답 해석

③ A: 뭐라고 감사를 드려야 할지 모르겠네요.
B: 유감이네요.

오답 해석

① A: 실례합니다. 길 건너시는 것을 도와드려도 될까요?
B: 물론이죠. 고맙습니다. 도와주시다니 참 친절하시군요.
② A: 이 차 어떻게 생각하세요?
B: 모르겠어요. 마음을 정하지 못하겠네요.
④ A: 앞으로 어떻게 할지 결정했어요?
B: 음, 저는 국제 자원봉사 기구에서 일하는 것에 관심이 있어요.

어휘및표현

- be in two minds about 마음을 정하지 못하다, 망설이다
- I can't thank you enough. 뭐라고 감사를 드려야 할지 모르겠네요.

11 [독해 – 중심 내용 파악] ▶ ④

난이도 하

해설

영화 각색의 한계에 대한 글로, 영화 각색은 소설의 풍부함을 완벽하게 담기 어려우며, 등장인물의 깊이와 시간적 제약으로 인해 전체 내용을 충실하게 재현하기 어려움을 설명하고 있다. 특히 다섯 번째 문장의 내용을 통해서 제목으로 알맞은 것은 ④이다.

★ 주제: 영화 각색의 한계 – 소설의 풍부함을 담기 어려운 도전		
주제문	선택지	O/X
(5) 결과적으로 우리는 소설의 특정 측면이 영화 매체의 범위를 벗어나 있다는 점을 인정할 필요가 있다.	① 영화 관람객 대 책 읽는 사람	X
	② 책으로 훌륭한 영화를 만드는 방법	X
	③ 위대한 책을 이해하는 어려움	X
	④ 영화가 원작과 다른 이유	O

어휘

- faithful 충실한
- adaptation 적응, 수정
- capture 포착하다
- delve into 탐구하다
- beneath the surface 표면 아래
- acknowledge 인정하다
- remain beyond the reach 손이 닿을 수 없는 상태로 남다
- medium 매체
- constraint 제약, 제한
- exploring the depth 심층 탐험
- lengthy 길고 복잡한
- omit 생략하다
- complex subplot 복잡한 부분 줄거리
- significant element 중요한 요소

해석

(1) 사람들이 영화에 대해 문의할 때 "원작에 충실한가?"라고 묻는다. (2) 일반적인 반응은 "그렇지 않다"이다. (3) 일반적으로 영화 각색은 소설의 풍부함 중에서 작은 부분만을 포착할 수 있다. (4) 그것이 표면 아래에 있는 많은 부분을 탐구할 수 있는지는 의문이다. (5) [주제문]결과적으로 우리는 소설의 특정 측면이 영화 매체의 범위를 벗어나 있다는 점을 인정할 필요가 있다. (6) 영화제작자들은 등장인물의 깊이를 탐구하는 것뿐만 아니라 포함할 수 있는 등장인물의 수에 있어서도 제약에 직면하는 경우가 많다. (7) 게다가, 장편 소설을 화면용으로 각색할 때, 시간 제약이 종종 복잡한 부분 이야기나 다른 중요한 요소들을 생략할 필요성을 유발시킨다.

12 [독해 – 순서 배열] ▶ ④

난이도 상

해설

이 글은 환경 보호를 위해 마요네즈가 사용되는 예상치 못한 사례를 소개하는 글이다. 마요네즈가 동물보호론자들의 찬사를 받고 있다는 제시문 다음에는 오염을 일으킨 사건에 대한 (C)가 나오고, 치료과정과 효과에 대한 (B)로 연결되며, 마지막으로 호전된 결과를 보여주는 (A)로 이어져야 한다. 따라서 글의 순서로 알맞은 것은 ④이다.

★ 주제: 바다거북의 치유 – 마요네즈의 예상치 못한 환경 보호 역할

순서	핵심어	내용 요약 및 논지 전개	
제시문	마요네즈	마요네즈는 바다거북 보호를 위한 노력에서 새로운 역할을 하게 되어 동물 보호론자들의 찬사를 받고 있다.	주제
→ (C)	마요네즈의 파격적인 사용 (The unconventional use of mayonnaise)	이스라엘 해안의 기름 유출로 인한 타르 오염에서 마요네즈가 바다거북을 도울 수 있음이 발견되었다.	사건 발단
→ (B)	놀랄 만한 사건의 전개 (In a surprising turn of events)	마요네즈와 식물성 기름 혼합물이 타르 거북을 깨끗하게 하는 효과적인 해결책으로 입증되었다.	치료 과정
→ (A)	주목할 만하게 (Remarkably)	마요네즈 처리 후 며칠 만에 바다거북들은 호전 기미를 보여 일단 건강이 회복되면 야생으로 돌려보내졌다.	치료 결과

어휘

- culinary 요리의
- appreciation 감사
- shoreline 해안
- sticky 끈적끈적한
- digestive 소화
- mayonnaise 마요네즈
- release back 다시 풀어주다
- crucial role 중요한 역할

해석

마요네즈가 케첩이나 겨자와 같은 요리 스타는 아닐 수 있지만, 멸종 위기에 처한 바다거북을 보호하기 위한 노력에서 예상치 못한 역할을 발견하여 일부 동물 보호론자들의 찬사를 받고 있다.

(C) 마요네즈의 일반적이지 않은 사용은 이스라엘 해안에서 발생한 해안을 끈적끈적한 타르로 덮히게 한 오일 유출에 대응하여 나타났다.

(B) 놀랄 만한 사건의 전개로, 환경 보호론자들은 마요네즈와 식물성 기름의 혼합물이 타르 거북이들을 깨끗하게 하는 가장 효과적인 방법임이 증명되었다는 것을 발견했다. 이 독특한 해결책은 그들의 몸속에서 해로운 물질을 제거했을 뿐만 아니라 필수적인 단백질과 지방을 제공하여 그들의 회복을 촉진했다.

(A) 주목할 만하게, 마요네즈 치료를 받은 지 며칠 만에 바다거북들은 호전 기미를 보였다. 일단 건강을 회복한 뒤 야생으로 돌려보냈다. 여기서 마요네즈 치료는 이 멸종 위기에 처한 바다거북들의 생명을 구할 수 있는 중요한 역할을 했다.

13 [독해 – 세부 정보 파악] ▶ ②

난이도 하

해설

교육과 인도주의의 선구자인 Clara Barton에 대한 글로, 미국 적십자의 창립자인 Clara Barton은 교육가로서의 업적뿐만 아니라 남북전쟁에서의 인도주의자로서의 역할로 미국 역사에 기여했음을 설명하고 있다. ②의 '당대 최고의 교육기관에서 교육을 받았다'의 진술은 두 번째 문장의 '집에서 교육을 받았음에도 불구하고, …'의 본문의 내용과 일치하지 않는다. 따라서 정답은 ②이다.

★ 주제: Clara Barton – 교육과 인도주의의 선구자

선택지	본문	O/X
① Clara Barton는 미국 적십자사의 설립자이다.	(1) 미국 적십자의 설립자인 Clara Barton은…	O
② Clara Barton는 당대 최고의 교육기관에서 교육을 받았다.	(2) 집에서 교육을 받았음에도 불구하고, …	X
③ 10대 때부터 아이들을 가르쳤다.	(2) …15살의 나이에 선생님의 역할을 맡아서 메사추세츠 전역의 다양한 초등학교에서 아이들을 가르쳤다.	O
④ 뉴저지에 무료 공립학교를 설립했다.	(3) 남북전쟁 이전에, 그녀의 가장 주목할 만한 업적은 뉴저지의 보든타운에 무료 공립학교를 설립한 것이었다.	O

어휘

- founder 창립자, 설립자
- instruct 가르치다, 지도하다
- notable 주목받는
- Civil War (미국) 내전, (미국) 남북전쟁
- U.S. Patent Office 미국 특허청
- riot 폭동
- relief program 구호 프로그램, 구호 활동
- lifelong career 일생의 경력

해석

(1) 미국 적십자의 설립자인 Clara Barton은 1821년 크리스마스에 메사추세츠 옥스포드에서 태어났다. (2) 집에서 교육을 받았음에도 불구하고, Clara는 15살의 나이에 선생님의 역할을 맡아서 메사추세츠 전역의 다양한 초등학교에서 아이들을 가르쳤다. (3) 남북전쟁 이전에, 그녀의 가장 주목할 만한 업적은 뉴저지의 보든타운에 무료 공립학교를 설립한 것이었다. (4) 남북전쟁이 발발하자, Clara는 워싱턴 D.C.에 거주하며 미국 특허청에서 일했다. (5) 볼티모어 폭동과 워싱턴에 매사추세츠 6연대가 도착한 후, Clara는 군인들을 위한 구호 프로그램을 조직하여 간호사와 인도주의자로서 평생의 경력의 시작을 알렸다.

14 [독해 – 문장 제거] ▶ ④

난이도 중

해설

인도의 길거리에서 자유롭게 떠도는 소 무리는 힌두교 신앙의 영향으로 신성한 존재로 존중받으며, 이로 인해 여행자들은 예상치 못한 곳에서 소와 함께하는 독특한 경험을 할 수 있음을 설명하는 글이다. 하지만 ④의 진술은 인도에서의 신성한 존재인 소에 대한 진술이 아니라, 인도인들의 소를 제외한 고기에 대한 진술로 글의 일관성에서 위배된다. 따라서 글의 흐름상 어색한 문장은 ④이다.

★ 주제: 인도의 거리에서 만나는 특별한 주민 – 소의 신성한 존재

O/X	선택지 요약	논지 전개
O	① 외부인은 방해적인 행동으로 생각할 수 있지만, 인도 사람들은 다르게 봄.	인도인들의 소에 시각
O	② 힌두교에서 소는 신성한 존재로 여겨지며, 그 존재는 긍정적으로 간주함.	
O	③ 소는 가족처럼 대우되어 많은 힌두교인들이 쇠고기 섭취를 피함.	
X	④ 힌두교인들은 소 이외의 동물 고기를 먹을 수 있지만, 종류는 각자의 신념과 선호에 따라 다름.	인도인들의 고기 섭취

어휘

- herd 가축의 떼, 우리
- temporarily 일시적으로
- disturb 방해하다
- sacred 신성한, 성스러운
- refrain 삼가다, 자제하다
- preference 선호, 애호
- cultural 문화적인

해석

인도의 특정 지역을 탐험하는 여행자들은 종종 예기치 않은 광경을 마주치는데, 바로 소 무리들이 자유롭게 돌아다닌다는 것이다. 이 동물들은 시장을 돌아다니며 일시적으로 영업을 중단하거나 고속도로를 따라 산책하면서 눈에 띄는 교통 체증을 일으킬 수 있다. ① 외부인들은 이러한 행동이 방해적이라고 생각할 수 있지만, 인도 사람들은 완전히 다르게 보고 있다. ② 널리 행해지는 힌두교의 신앙에서 소는 신성한 지위를 가지고 있고, 그 존재는 긍정적으로 간주된다. ③ 소는 가족처럼 취급되며, 서양인들이 고양이나 개와 같은 애완동물의 고기를 먹는 것을 삼가는 방식과 유사하게 많은 힌두교인들이 쇠고기 섭취를 피하도록 이끈다. (④ 그 대신에 힌두교인들은 소가 아닌 다른 동물의 고기를 먹을 수 있으나, 어떤 종류의 고기를 먹을지는 개인의 신념과 선호에 따라 다를 수 있다). 소에 대한 이러한 문화적, 종교적 존경은 사회적 태도를 상당히 형성하며, 예상치 못한 장소에서 그들의 존재를 받아들이는 것을 설명한다.

15 [독해 – 중심 내용 파악] ▶ ①

난이도 하

해설

명예의 의미에 대한 글로, 명예는 다양한 문화에서 다르게 정의되지만, 우리가 자기중심적인 설명 즉, 제한된 시간 동안 어떻게 기억되고 인식될지에 대한 우려로서 명예를 중요시하는 것으로 해석될 수 있음을 두 번째 문장 "나는 좀 더 자기중심적인 설명이 그럴듯하다고 생각한다"를 통해 이야기 하고 있다. 따라서 글의 주제로 알맞은 것은 ①이다.

★ 주제: 명예의 기원과 진화 – 사회적 결속과 자아 중심적 해석

주제문	선택지	O/X
(2) 일부 사회학자들은 명예의 개념이 사회 집단의 결속과 생존을 위한 조화로운 행동을 육성하기 위해 진화했다고 주장하지만, 나는 좀 더 자기중심적인 설명이 그럴듯하다고 생각한다.	① 명예에 대한 개인주의적 해석	O
	② 제대로 평가받는 것의 중요성	X
	③ 개인주의가 사회집단에 미치는 영향	X
	④ 부와 물질적인 것들의 무용성	X

어휘

- precise 정확한
- definition 정의
- rare 드문, 희귀한
- concept 개념
- evolve 진화하다
- foster 촉진하다
- cohesion 응집
- plausible 그럴듯한
- mortal 영원히 살수는 없는
- grapple with ~을 해결하려고 노력하다
- awareness 인식
- enduring 지속적인, 오래가는

해석

(1) 다양한 문화에서 "명예"에 대한 명확한 정의를 제공할 수 있지만, 이 개념이 존재하지 않는 인간 사회를 찾기는 드물다. (2) [주제문]일부 사회학자들은 명예의 개념이 사회 집단의 결속과 생존을 위한 조화로운 행동을 육성하기 위해 진화했다고 주장하지만, 나는 좀 더 자기중심적인 설명이 그럴듯하다고 생각한다. (3) 필멸의 존재로서 우리는 우리의 삶이 결국 끝날 것이라는 인식과 끊임없이 해결하려고 노력한다. (4) 다른 사람들이 우리를 어떻게 인식할지 결정하는 데 제한된 시간이 있기 때문에 우리가 죽은 후에는 부와 물질적 소유를 축적하는 것이 무의미해진다. (5) [결론]우리의 행동은 지속적인 유산이 되며, 명예롭게 생활함으로써 우리의 기억이 긍정적으로 기억되도록 한다.

16 [독해 – 문장 삽입] ▶ ③

난이도 상

해설

긍정적 확언에 대한 글로, '긍정적 확언'은 부정적인 잠재의식적 믿음을 긍정적인 진술로 대체하여 낙관적인 감정을 유도하며, 믿음을 재구성하는 능력에 힘이 있으나 때로는 저항을 일으킬 수 있음을 설명하고 있다. 주어진 제시문은 '긍정적 확언에 대한 무의식적인 저항'에 대한 진술로, ② 뒤의 진술과 연결되며, '덜 중요한 문제'에는 긍정적인 확언을 사용하기 쉬움을 언급하는 ③ 뒤의 문장 앞에 위치해야 한다. 따라서 주어진 문장이 들어갈 위치로 알맞은 것은 ③번이다.

★ 주제: 긍정적 확언 – 믿음 재구성의 힘과 저항의 과정

제시문		선택지 ▶ / X		
변화를 시도하려는 믿음이 당신의 삶에 깊이 뿌리내리거나 중요하다면, 당신의 잠재의식은 긍정적인 확언에 저항할 수 있다.		X	① 긍정적 확언은 믿음을 재구성하는 능력에 달려 있지만, 선택의 자유가 중요하다.	긍정적 확언
		X	② 이러한 과정에서 가끔 저항이 발생할 수 있다.	긍정적 확언에 대한 저항
핵심어		▶	③ 덜 중요한 문제에는 긍정적 확언을 적용하는 것이 쉽다.	덜 중요한 문제
제시문	저항할 수 있다 (can resist)			
②	저항(resistance)	X	④ 그러한 경우 기쁨의 감각이 사고방식에 효과적으로 영향을 미칠 수 있다.	
③	그러나(However)			

어휘

- subconscious 잠재의식, 잠재의식적인
- affirmation 확언, 단언
- pessimistic 비관적인
- optimistic 낙관적인
- brainwashing 세뇌

해석

"긍정적 확언"은 부정적인 잠재의식적 믿음을 겨냥한 짧고 긍정적인 진술로 구성된다. 이러한 긍정은 비관적인 감정을 낙관적인 것으로 대체하고 도전하는 데 도움이 된다. (①) 어떤 면에서는 자기 자신을 위한 "세뇌"의 한 형태이지만, 그 힘은 어떤 믿음을 재구성할지 선택하는 능력에 달려 있다. (②) 이 과정에서 가끔 저항이 발생할 수 있다. (③ 변화를 시도하려는 믿음이 당신의 삶에 깊이 뿌리내리거나 중요하다면, 당신의 잠재의식은 긍정적인 긍정에 저항할 수 있다.) 하지만 덜 중요한 문제에 대해서는 긍정적 확언을 적용하는 것이 더 쉬워진다. (④) 그런 경우에 기쁨의 감각은 긍정이 당신의 사고방식에 효과적으로 영향을 미친다는 것을 의미한다.

17 [독해 – 중심 내용 파악] ▶ ④

난이도 중

해설

편안한 수면에 중요한 온도 조절에 대한 글로, 편안한 수면을 위해 카페인 회피와 규칙적인 일정 유지 외에도, 올바른 내부 온도 설정이 중요하며, 최적의 수면을 위해선 섭씨 15~20도의 범위 내에서 실내 온도를 조절하는 것이 필요함을 두 번째 문장 '그러나 종종 간과되는 요소 중 하나는 실내 온도이다'에서 강조하고 있다. 따라서 글의 요지로 알맞은 것은 ④이다.

★ 주제: 편안한 수면을 위한 미처 고려되지 않은 온도 조절

주제문	선택지	O/X
(2) 그러나 종종 간과되는 요소 중 하나는 실내 온도이다. (6) 이 범위 내에서 신체는 효율적으로 온도를 조절하여 더 나은 수면의 질을 촉진한다.	① 규칙적인 생활습관이 숙면을 돕는다.	X
	② 카페인 섭취와 수면의 질은 관련이 없다.	X
	③ 잠을 잘 때 체내 온도 조절 장치가 활성화된다.	X
	④ 숙면을 취하기 위해서는 침실 온도가 적절해야 한다.	O

어휘

- involve 포함하다
- consistent 일관된, 한결같은
- overlooked 간과된
- regulate 규제하다
- disrupt 방해하다
- process 과정
- potentially 가능성 있게

해석

(1) 숙면을 취하는 것은 카페인을 피하고 규칙적인 일정을 유지하는 것과 같은 여러 전략을 포함한다. (2) [주제문]그러나 종종 간과되는 요소 중 하나는 실내 온도이다. (3) 연구에 따르면 우리 몸에는 잠자는 동안 온도를 조절하는 내부 온도 조절 장치가 있는 것으로 나타났다. (4) 몸이 너무 덥거나 너무 추우면 원하는 온도에 도달하는 과정이 방해를 받아 잠에서 깨어날 수 있다. (5) 일반적으로 최적의 수면을 위한 권장 실내 온도는 섭씨 15~20도 사이이다. (6) [주제문]이 범위 내에서 신체는 효율적으로 온도를 조절하여 더 나은 수면의 질을 촉진한다.

18 [독해 – 세부 정보 파악] ▶ ②

난이도 하

해설

백파이프는 13세기 후반 스코틀랜드에 처음 도입되었으며, 스코틀랜드 문화와 깊은 연관을 가지고 있고, 전 세계적으로도 인기를 얻고 있지만, 그 본질은 스코틀랜드의 독특한 정체성을 유지하고 있음을 설명하는 글이다. ②의 '13세기 말경에 영국의 군대용 악기로 사용되었다.'의 진술이 두 번째 문장의 '…에드워드 1세의 군대에 의해 처음으로 사용된 영국 악기였다'의 본문의 내용과 일치한다. 따라서 정답은 ②이다.

★ 주제: 백파이프 – 스코틀랜드의 오랜 전통과 세계적인 인기		
선택지	본문	O/X
① 스코틀랜드에서 처음 만들어졌다.	(1) 백파이프가 영국에 도입된 것은 그들의 침략 기간 동안 로마인들로 거슬러 올라갈 수 있다.	X
② 13세기 말경에 영국의 군대용 악기로 사용되었다.	(2) 13세기 후반 에드워드 1세의 군대에 의해 처음으로 사용된 영국 악기였다.	O
③ 현재 유럽 전역에서 사랑받고 있다.	(3) 백파이프는 과거에 유럽 전역에서 인기를 누렸지만, 그 악기의 매력을 견뎌낸 것은 스코틀랜드였다.	X
④ 아시아에서는 연주에 사용되는 곳을 찾을 수 없다.	(4) 오늘날, 일본과 같은 예상치 못한 곳을 포함한 전 세계적인 인기에도 불구하고, 백파이프는 스코틀랜드와 변함없는 관계를 유지하고 있다.	X

어휘

- trace back to ~로 거슬러 올라가다
- invasion 침공, 침입
- synonymous with ~과 동의어인, ~과 연관된
- Scottish 스코틀랜드의
- confrontation 대립, 충돌
- popularity 인기
- endured 견뎌낸, 지속된
- global 전 세계적인
- steadfast 확고한, 변함없는
- distinct 뚜렷한, 분명한
- quintessentially 본질적으로

해석

(1) 백파이프가 영국에 도입된 것은 그들의 침략 기간 동안 로마인들로 거슬러 올라갈 수 있다. (2) 놀랍게도, 백파이프는 스코틀랜드 문화와 연관되기 수백 년 전, 13세기 후반 스코틀랜드와의 대치 기간 동안 에드워드 1세의 군대에 의해 처음으로 사용된 영국 악기였다. (3) 백파이프는 과거에 유럽 전역에서 인기를 누렸지만, 그 악기의 매력을 견뎌낸 것은 스코틀랜드였다. (4) 오늘날, 일본과 같은 예상치 못한 곳을 포함한 전 세계적인 인기에도 불구하고, 백파이프는 스코틀랜드와 변함없는 관계를 유지하고 있다. (5) 전 세계적으로 널리 사용되고 있음에도 불구하고, 그들은 본질적으로 스코틀랜드 악기로서 독특한 정체성을 유지하고 있다.

19 [독해 – 빈칸 추론 2 (단어, 구, 절)] ▶ ②

난이도 상

해설

주관적 도덕성과 문화적 영향의 철학적 관점인 도덕적 상대주의에 대한 글로, 도덕적 상대주의는 도덕성이 주관적이며 각자 다른 도덕 기준을 가진 개인들 사이에 다양하게 나타난다고 주장하는 철학적 관점이며, 특정한 행동이 아닌 특정한 맥락에서 도덕성이 결정된다는 것임을 설명하고 있다. 따라서 밑줄 친 부분에 들어갈 말로 알맞은 것은 ②이다.

★ 주제: 도덕적 상대주의 – 주관적 도덕성과 문화적 영향의 철학적 관점		
빈칸 문장	선택지 O/X	
(4) 도덕적 상대주의의 영역에서는 _____ 어떤 행동도 본질적으로 보편적으로 좋거나 나쁘다고 간주되지 않으며 객관적인 옳고 그름도 없다.	X	① 일반적인
	O	② 특정한
추론의 근거		
(5) 대신, 도덕적 상대주의는 선함이나 악함의 평가가 특정 맥락에 달려 있다고 주장하며, 모든 상황에서 어떤 행동도 보편적으로 선하거나 악으로 분류될 수 없음을 암시한다.	X	③ 역사적인
	X	④ 이론의

어휘

- relativism 상대주의
- subjective 주관적인, 개인적인
- ethical 윤리적인
- cultural 문화적인
- universal 보편적인, 일반적인
- applicable 적용 가능한, 적절한
- inherently 본질적으로, 고유하게
- deem 간주하다, 생각하다
- contingent upon ~에 의존하는, ~에 종속된
- classify as ~라고 분류하다

해석

(1) [주제문]도덕적 상대주의는 도덕성이 주관적이며 서로 다른 도덕적 기준을 지지하는 개인마다 다르다고 주장하는 철학적 관점이다. (2) 이는 도덕성이 개인 중심적이라고 주장하는 윤리적 주관주의와 도덕성이 문화적으로 결정된다고 주장하는 문화 상대주의를 포괄한다. (3) [추론 근거]두 관점 모두 모든 사람, 언제 어디서나 적용할 수 있는 보편적인 도덕적 절대성의 존재를 거부한다. (4) 도덕적 상대주의의 영역에서는 어떤 특정한 행동도 본질적으로 보편적으로 좋거나 나쁘다고 간주되지 않으며 객관적인 옳고 그름도 없다. (5) [추론 근거]대신, 도덕적 상대주의는 선함이나 악함의 평가가 특정 맥락에 달려 있다고 주장하며, 모든 상황에서 어떤 행동도 보편적으로 선하거나 악으로 분류될 수 없음을 암시한다.

20 [독해 – 빈칸 추론 2 (단어, 구, 절)] ▶ ③

난이도 중

해설

어린이의 감미 식품 선호의 후천적 획득에 대한 글로, 최근 연구에 따르면 초기에는 감미 시리얼에 대한 특별한 선호를 보이지 않는 2~4세 어린이들이 시간이 지남에 따라 노출 및 경험을 통해 감미 시리얼에 대한 선호가 형성되며, 이러한 경향은 후천적으로 획득되는 것으로 나타났음을 설명하고 있다. 따라서 밑줄 친 부분에 들어갈 말로 알맞은 것은 ③이다.

★ 주제: 어린이의 식습관 형성 – 감미 식품 선호의 후천적 획득		
빈칸 문장	선택지 O/X	
(4) 이러한 연구 결과는 감미 식품에 대한 경향이 __________을 시사한다.	X	① 유전되는 특성이다
추론의 근거	X	② 성장에 상당한 영향을 끼치다
(5) 본질적으로 TV 광고를 통해서든 집에서든 감미 식품에 노출되지 않으면 아이들은 자연스럽게 충치와 비만의 주요 원인을 피할 수 있다.	O	③ 내재적이기보다는 후천적인 것이다
	X	④ 비만이 발생할 것임을 나타낸다

어휘

- preference 선호도, 취향
- sweetened 단맛을 낸, 달게 하는
- sweetener 감미료
- reevaluation 재평가, 재검토
- expose 노출시키다
- maintain 유지하다, 지속하다
- acquired 획득된, 얻은
- inherent 선천적인, 내재적인

해석

(1) 최근 연구에 따르면 2~4세의 어린 아이들은 처음에 설탕이나 인공 감미료를 첨가한 아침 식사용 시리얼에 대한 특별한 선호를 보이지 않는다. (2) [주제문_연구결과] 그러나 그 후 몇 년 동안 재평가를 통해 거의 모든 아이들이 감미 시리얼에 대한 선호를 갖게 되었다. (3) 또 다른 연구에서는 감미 시리얼 광고에 노출되지 않은 4~6세의 아이들이 6~8세가 되었을 때 무가당 시리얼에 대한 선호를 유지했다는 것을 발견했다. (4) 이러한 연구 결과는 감미 식품에 대한 경향이 내재적이기보다는 후천적인 것을 시사한다. (5) [추론 근거] 본질적으로, TV 광고를 통해서든 집에서든 감미 식품에 노출되지 않으면 아이들은 자연스럽게 충치와 비만의 주요 원인을 피할 수 있다.

2024 공무원 시험 대비 봉투모의고사 3회
영어 정답 및 해설

제3회 모의고사

01 ④	02 ②	03 ③	04 ②	05 ③
06 ①	07 ④	08 ④	09 ①	10 ③
11 ④	12 ③	13 ②	14 ③	15 ①
16 ③	17 ②	18 ③	19 ④	20 ④

01 [어휘 – 유의어] ▶ ④

난이도 중

정답 해설

hostile '적대적인, 반대하는'이라는 뜻으로 유의어는 ④ belligerent(적대적인, 호전적인)이다.

오답 해설

① rudimentary 기본의, 초보의
= basic, elementary, introductory, primary, fundamental

② susceptible 민감한, ~에 취약한 = vulnerable, weak

③ obsolete 구식의, 쇠퇴한, 쓸모없는
= outmoded, outdated, old – fashioned, out of fashion, out of date

해석

한 학생은 "이 교육 개혁이 적대적인 수업 분위기를 조성하고 학생들 사이에 이기심을 부풀릴 것이다."라고 말했다.

02 [어휘 – 유의어] ▶ ②

난이도 하

정답 해설

comprehensive는 '포괄적인, 종합적인'이라는 뜻으로 유의어는 ② inclusive(포괄적인, 포함한)이다.

오답 해설

① genuine 진짜의, 진품의, 진실한 = authentic, real

③ compulsory 의무적인, 강제적인, 필수의
= mandatory, obligatory, required, requisite, imperative, incumbent, necessary, essential

④ distinctive 독특한, 특색이 있는 = characteristic

해석

그 포괄적인 보고서는 프로젝트의 모든 측면을 다루었으며, 그 시작, 실행, 직면한 어려움, 그리고 최종적인 성공에 대해 구체적으로 설명했다.

03 [어휘 – 유의어] ▶ ③

난이도 중

정답 해설

well-off는 '풍부한, 유복한, 사정[형편]이 좋은'이라는 뜻으로 유의어는 ③ affluent(부유한, 잘사는)이다.

오답 해설

① unstable 불안정한, 변하기 쉬운
= 불안정한 unsteady, precarious
변하기 쉬운 volatile, changeable, capricious, erratic, fickle

② distinct 뚜렷한, 명백한
= clear, obvious, conspicuous, apparent, evident, manifest, plain, palpable

④ well-known 잘 알려진, 유명한
= famous, notable, noted, famed, renowned, celebrated

해석

지난 10년 동안 주식 시장이 사상 유례없는 호황을 보이고 은퇴 연금 제도가 빠른 확산에도 불구하고 현재 은퇴를 앞두고 있는 일반 미국인들이 이전의 은퇴자들보다 부유하지는 않을 것이다.

04 [어휘 – 빈칸] ▶ ②

난이도 중

정답 해설

그 회사는 수익성과 지속 가능성을 조화시키고자 한다는 내용이 맥락상 적절하므로 빈칸에는 ② reconcile(화해시키다, 중재[조정]하다, 조화[일치]시키다)가 적절하다.

오답 해설

① compromise 타협하다, 굽히다[양보하다], ~을 위태롭게 하다

③ retaliate 보복하다, 앙갚음하다 = get even with, take revenge, avenge

④ captivate 매혹하다, 사로잡다 = enthrall, fascinate, charm, enchant

해석

그 회사는 수익성과 지속 가능성을 조화시키고자 하며, 환경 영향을 최소화하면서 재정적 이익을 극대화하는 방법을 모색하고 있다.

05 [어휘 – 빈칸] ▶ ③

난이도 중

정답 해설

선천적 장애는 유전적 변이로 발생하고 다른 것들은 환경적 요인으로 발생할 수 있다는 내용이 맥락상 적절하므로 빈칸에는 ③ congenital(선천적인, 타고난)이 적절하다.

오답 해설

① obscure 모호한, 이해하기 어려운, 무명의
= 모호한 indistinct, vague, nebulous, blurred
무명의 unknown

② haphazard 무계획적인, 우연한, 계획성 없는 = random, unplanned, arbitrary

④ congenial 마음이 맞는, 같은 성질의
cf. congenital 선천적인, 타고난 = inherited, innate

해석

몇몇 선천적 장애들은 유전적 변이로 인해 발생하지만, 다른 것들은 임신 중의 환경적 요인으로 인해 발생할 수 있다.

06 [문법 – 밑줄(단락)] ▶ ①

난이도 중

정답 해설

① **[킬포인트 039] 암기해야 할 동명사 표현**

전치사 to를 포함한 동명사 표현을 주의한다. 'when it comes to'는 '~에 관하여'라는 뜻의 동명사를 쓰는 표현으로 밑줄 친 부분에서 make를 making으로 고쳐야 한다.

오답 해설

② **[킬포인트 025] 현재시제 동사와 be동사의 수 일치**

현재시제 동사와 be동사가 나오고 주어와 동사가 멀리 떨어져 있는 경우에는 수 일치에 주의한다. 따라서, 주어진 문장에서 주어는 No other sector로 3인칭 단수 주어이므로 밑줄 친 부분의 단수 동사 produces가 올바르게 쓰였다.

③ **[킬포인트 088] 형용사와 부사의 차이**

seemingly는 '외견상으로, 겉보기에는'이라는 뜻의 부사로 동사 runs out of를 수식할 수 있으므로 올바르게 쓰였다.

④ **[킬포인트 089] 주의해야 할 형용사**

구체적인 수는 '숫자 + 수 단위명사의 단수형'으로 쓴다. 따라서 밑줄 친 부분인 25 million은 올바르게 쓰였다.

지문 해석

음식이나 음료로부터 돈을 버는 것에 관한 한, 커피가 최고의 것이다. 다른 어떤 영역도 그것(커피)만큼 이윤을 창출하는 것은 없다. 커피 제조 회사는 돈이 결코 고갈되지 않는 것처럼 보이는 고수익 상품이다. 사다리의 끝(정점)에서 상황은 더 좋을 수는 없다. 그러나 그 기저에서 2천 5백만 명의 농부들은 점점 더 깊은 가난에 빠져들고 있다. 지난 3년 동안, 국제 시장에서 커피 가격은 (지난) 100년 넘게 최저점으로까지 하락했다.

07 [문법 – 문장] ▶ ④

난이도 중

정답 해설

④ **[킬포인트 055] 다양한 도치 구문**
'Only 부사/부사구/부사절'은 동사를 수식하므로 도치 구조를 이끈다. 따라서 you can enter를 can you enter로 고쳐야 한다.

오답 해설

① **[킬포인트 052] 조동사 should의 3가지 용법과 생략 구조**
'It be 이성적 판단 형용사(important, vital, imperative, natural, necessary, desirable, essential 등) + that절' 구조에서 that절에 '주어 + (should) 동사원형' 구조가 쓰인다. 따라서 'should be'가 올바르게 쓰였다.
② **[킬포인트 053] 주의해야 할 조동사와 조동사 관용 표현 & [킬포인트 041] 감정 분사와 분사형 형용사**
'cannot(help/choose) but 동사원형' 구조는 '~할 수밖에 없다, ~지 않을 수 없다'를 나타내는 표현이므로 주어진 문장에서 'cannot help but feel'은 올바르게 쓰였다. 또한 감정분사는 감정분사의 수식을 받는 명사가 감정을 느낄 때 과거분사의 형태로 쓴다. 따라서 사람 주어 she를 수식하는 excited가 올바르게 쓰였다.
③ **[킬포인트 085] 비교급을 이용한 양자 부정, 양자 긍정**
양자 부정의 구문은 not ~ any more than 또는 no more ~ than으로 표현하고, than 다음의 동사는 생략하거나, 긍정의 대동사로 표현한다. 따라서 주어진 문장은 올바르게 쓰였다.

선지 해석

① 그가 이 일에 마음의 준비를 하는 것은 극히 중요한 일이다.
② 그녀는 다가오는 여행에 흥분을 할 수밖에 없다.
③ 나는 북극곰만큼 더운 여름을 싫어한다.
④ 특별 허가가 있는 경우에만 이 제한된 지역에 진입할 수 있다.

08 [문법 – 영작] ▶ ④

난이도 하

정답 해설

④ **[킬포인트 050] to부정사의 관용 구문**
to부정사 관용 구문으로 '~ 하는 데 시간이 ~ 걸리다'는 'It takes + 사람 + 시간 + to 부정사' 또는 'It takes + 시간 + for 사람 + to부정사'로 쓴다. 따라서 That을 it으로 고쳐야 한다.

오답 해설

① **[킬포인트 039] 암기해야 할 동명사 표현**
'부정어(not/never) ~ without 동명사' 구조는 '~할 때마다 –하다'라는 의미로 쓰인다. 따라서 주어진 문장에서 never와 without drinking이 올바르게 쓰였다.
② **[킬포인트 053] 주의해야 할 조동사와 조동사 관용 표현**
부정부사가 need 뒤에 위치할 때 need는 조동사이므로 뒤에 동사원형이 쓰인다. 따라서 need not attend는 올바르게 쓰였다.
③ **[킬포인트 037] 동명사의 명사 역할**
need, want, deserve 뒤의 능동형 동명사 목적어는 수동의 의미를 나타낸다. 주어진 문장에서 machine은 동작을 당하는 대상이므로 수동의 의미를 전달하는 repairing은 올바르게 쓰였다. 참고로 to be repaired로 써도 수동의 의미를 전달한다.

09 [생활영어 – 빈칸] ▶ ①

난이도 중

지문 해석

A: Susan, 오늘 기분이 안 좋아 보이는데 무슨 일이야?
B: 알고 싶진 않겠지만, Jake. 어젯밤에 내 차에 도둑이 들었어.
A: 안 돼, 정말 끔찍하네! 정말 유감이야. 차에 차량 경보 설치했지?
B: 아니, 필요할 것으로 생각하지 않았어.
A: 불운한 일이야, 하지만 이 지역에서 차량에 어떤 보안장치라도 있는 것이 중요해.
B: 알아, 그것을 고려하지 않은 게 너무 순진한 거지.
A: 너무 자책하지 마. 때로는 뭔가 일어나기 전까지는 우리가 이런 것들을 생각하지 않는 법이야.
B: 내가 좀 더 신중해야 했어. 그런 일이 나에게 일어날 줄은 꿈에도 몰랐어.

정답 해석

① 내가 좀 더 신중해야 했어.

오답 해석

② 문제는 내가 이미 차를 세웠다는 거야.
③ 넌 자동차 안전에 대해 무관심했어.
④ 나는 자동차 알람을 막 울리려던 참이었어.

어휘 및 표현

- You look down 너 기분이 안 좋아 보여
- break into 침입하다, (자동차 문 등을) 억지로 열다
- security 안전, 보안, 경비
- crucial 중요한, 결정적인, 중대한
- Don't be too hard on yourself 너무 자책하지 마
- pull over 차를 길가에 세우다

10 [생활영어 – 대화] ▶ ③

난이도 중

정답 해석

③ A: 어제 Joe의 여동생을 우연히 만났어요. 그의 여동생 이름이 뭐죠?
B: Jessica, 아니요. Sue... 아니요. 에이, 빙산의 일각이에요. 그런데 기억이 잘 안 나요.

오답 해석

① A: 최근 액션 영화 봤어? 평이 좋더라!
B: 아니, 안 봤어. 액션 영화는 별로 내 취향이 아니야.
② A: Sarah가 승진을 못 했다는 소식 들었어?
B: 응, 그녀는 그런데도 잘 이겨냈어.
④ A: 쿠키를 얼마나 자주 굽나요?
B: 저는 쿠키를 아주 가끔 구워요. 저는 큰 요리사가 아니지만, 굽게 되면 보통 특별한 날을 위해서죠.

어휘

- run into ~와 우연히 만나다
- It's not my cup of tea 그건 내 취향이 아니야
- the tip of an iceberg 빙산의 일각
- once in a blue moon 매우 드물게

11 [독해 – 중심 내용 파악] ▶ ④

난이도 상

해설

fMRI를 활용한 예상 기술 연습 시 두뇌 활동의 변화에 대한 글로, 우수한 배드민턴 선수들의 뇌 활동을 조사하여 예측 능력 연구를 실시한 결과를 다루고 있다. 주요 내용은 운동 경기에 대한 예측 능력을 향상시키는 데 영향을 미치는 요인들에 관한 것이며, 선수들의 전문성과 예측 능력 간의 상관관계를 보여주고 있다. 따라서 글의 주제는 ④이다.

★ 주제: 운동 경기력의 발달과 예측 능력에 영향을 미치는 요소들

주제문	선택지	O/X
(3) 전문가 선수들은 다른 선수들의 행동을 이해하는 것과 관련된 영역에서 두뇌 활동이 향상되는 것을 보여주었고, 이는 전문성과 향상된 기대 사이의 관계를 암시했다.	① 선수의 지능이 경기력 예측 능력에 미치는 영향	X
	② 숙련도에 따른 성능 예측 능력의 차이	X
	③ 최적의 성능을 위해 상대를 관찰하고 분석하는 것의 중요성	X
	④ 운동 경기력의 발달과 예측 능력에 영향을 미치는 요소들	O

어휘

- anticipation 예측
- fMRI(functional magnetic resonance imaging) 기능성 자기 공명 영상
- comprehend 이해하다
- correlation 상관관계
- semi-professional 반 프로
- novice 초보자

해석

(1) Brunel University London의 Brunel 팀과 Brunel University의 Brunness Abernethy는 예상 기술 연습 동안 엘리트 배드민턴 선수들의 두뇌 활동을 탐구하기 위해 fMRI를 사용하는 연구를 수행했다. (2) 연구자들은 배드민턴 숏의 방해 영상을 시청한 기량 수준이 다른 선수들을 분석하여 그들이 코트에서 어디로 떨어질지 예측하는 것을 목표로 했다. (3) [주제문_연구결과]숙련된 선수들은 다른 선수들의 행동을 이해하는 것과 관련된 영역에서 두뇌 활동이 향상되는 것을 보여주었고, 이는 전문성과 향상된 예측 사이의 관계를 암시했다. (4) 이러한 연구 결과를 바탕으로 같은 연구 그룹은 경기 예측 능력을 탐구하기 위해 비슷한 방법을 사용하여 축구 선수들에게 연구를 확장했다. (5) 선수들은 공을 가지고 접근하는 상대 선수들의 숨겨진 영상을 관찰했고, 이 연구는 클립 종료 시점이 세미프로 축구 선수와 초보 축구 선수들 사이의 신경 활동 차이에 중요한 영향을 미친다는 것을 밝혀냈다. (6) [주제문_결론]이는 배드민턴 선수와 축구 선수 모두의 전문성과 신경 활동, 그리고 예측 기술의 발달 사이의 복잡한 관계를 강조한다.

12 [독해 – 세부 정보 파악] ▶ ③

난이도 중

해설

수학자 Paul Erdos에 대한 글로, Paul Erdos는 어린 시절부터 뛰어난 수학적 재능으로 무장해, 복잡한 수론 분야에서 1,500개가 넘는 논문을 발표하며 수학계를 석권한 수학자임을 설명하고 있다. ③의 '그는 수학을 일종의 사회 활동이라고 생각했다'의 진술은 네 번째 문장의 '수학에 대한 헌신은 Erdos의 삶의 특징이 되었고, 그것을 학문적인 추구뿐만 아니라 사회적인 활동으로 간주했다.'의 본문의 내용과 일치하지 않는다. 따라서 정답은 ③이다.

★ 주제: Paul Erdos – 수학적 두뇌로 밝힌 재능과 업적

선택지	본문	O/X
① Paul Erdos는 문제 해결자라기보다는 이론 개발자로 더 유명하다.	(1) …이론의 창안자라기보다는 수학 문제의 해결자로 더 잘 알려져 있다.	X
② Paul Erdos는 3살 때 Chebyshev 정리의 증명을 이해했다.	(3) 20세가 되었을 때, 그는 이미 Chebyshev의 정리에 대한 증거를 제시했다.	X
③ Paul Erdos는 수학을 일종의 사회 활동이라고 생각했다.	(4) 수학에 대한 헌신은 Erdos의 삶의 특징이 되었고, 그것을 학문적인 추구뿐만 아니라 사회적인 활동으로 간주했다.	O
④ Paul Erdos는 논문을 공동 저술하지 않는 것으로 유명했다.	(5) 일생 동안, 그는 약 1,500개의 수학 논문을 출판하거나 공동 집필한, 놀라울 정도로 다작하는 기여자임을 증명했다.	X

어휘

- renowned 유명한, 명성 있는
- intricate 복잡한
- number theory 정수론, 수학의 한 분야
- mathematician 수학자
- prodigious 엄청난, 비범한, 뛰어난
- negative number 음수
- dedication 헌신
- hallmark 특징, 상징
- prolific 다작의, 다산의
- contributor 기여자
- co-authoring 공동 저술
- mathematical article 수학 논문

해석

(1) 헝가리 태생의 수학자 Paul Erdos는 복잡한 정수론의 영역에서 탁월한 문제 해결 능력으로 유명하며, 이론의 창안자라기보다는 수학 문제의 해결자로 더 잘 알려져 있다. (2) 어린 시절부터 뛰어난 재능을 보여준 Erdos는 3살의 어린 나이에 독자적으로 음수를 발견했고, 세 자리 수를 정신적으로 곱하는 능력을 터득했다. (3) 20세가 되었을 때, 그는 이미 Chebyshev의 정리에 대한 증거를 제시했다. (4) 수학에 대한 헌신은 Erdos의 삶의 특징이 되었고, 그것을 학문적인 추구뿐만 아니라 사회적인 활동으로 간주했다. (5) 일생 동안, 그는 약 1,500개의 수학 논문을 출판하거나 공동 집필한, 놀라울 정도로 다작하는 기여자임을 증명했다. (6) Erdos는 1996년 사망할 때까지 수학 연구를 계속했고, 어려운 수학 문제에 대한 해결책을 만드는 데 끝까지 참여했다.

13 [독해 – 중심 내용 파악] ▶ ②

난이도 하

해설

자연 보호 주의와 자연 보호에 대한 글로, 인간의 영향을 받지 않은 자연 보호와 자연보호주의는 다르게 정의되며, 자연 보호 주의자들이 자연 보호를 찬양할 때 의도치 않게 자신의 노력에 반박할 수 있음을 강조한다. 즉, 종종 인간이 영향을 미치는 특정 자연상태를 대안적인 '기타 자연'의 위협으로부터 보호하는 것인 '인간의 개입'을 강조하는 글이다. 따라서 글의 요지로 알맞은 것은 ②이다.

★ 주제: 자연 보호 주의(무개입)와 자연 보호(개입)

주제문	선택지	O/X
(5) 자연 보호는 종종 인간이 영향을 미치는 특정 자연 상태를 대체의 '다른 자연'의 위협으로부터 보호하는 것을 포함한다.	① 자연은 회복력이 강해서 인위적인 보호는 필요가 없다.	X
	② 진정한 의미의 자연 보호는 인간의 개입을 필요로 한다.	O
	③ 자연 보호는 자연이 균형과 조화를 이루게 하려는 것이다.	X
	④ 지역 특성에 맞도록 자연에 대한 통제가 이루어져야 한다.	X

어휘

- wilderness 황야, 미개지, 사람이 살지 않는 곳
- nature conservation 자연 보전 노력
- non-intervention 비개입 상태
- opposite 상반된 것
- safeguarding 보호
- encroach 침입하다
- intrusion 침입
- dominance 우세함
- prevailing 우세한

해석

(1) 인간의 영향을 받지 않은 황야는 자연 보호를 요구하지 않는다. (2) 주목할 점은 자연 보호 주의자가 자연 보호를 찬양할 때, 그들은 자신의 노력을 의도치 않게 모순시킬 수 있다. (3) 자연 보호 주의자들에게 자연 보호는 종종 불간섭 상태를 의미하기 때문이다. (4) 자연 보호와 황야는 여러 측면에서 정반대이다. (5) [주제문]자연 보호는 종종 인간이 영향을 미치는 특정 자연 상태를 대체의 '다른 자연'의 위협으로부터 보호하는 것을 포함한다. (6) [보충설명]경우에 따라, 인간의 보호가 없다면, 이 '다른 자연'이 그 지역을 침범할 수도 있다. (7) 자연 보호는 극단적으로 황야의 침입과 지배로부터 특정 지역의 일반의 자연을 보호하는 것을 목표로 한다.

14 [독해 – 빈칸 추론 2 (단어, 구, 절)] ▶ ③

난이도 중

해설

타액이 알려주는 생체 정보에 대한 글로, 최근 연구에 따르면, 타액은 개인의 독특한 DNA를 포함하고 있어 의료에서 DNA 분석을 통한 질병 민감성 확인부터 범죄 수사 및 치과 치료에 이르기까지 다양한 분야에서 유용하게 활용될 수 있음을 설명하는 글이다. 두 번째 문장의 '당신의 침은 같은 정보를 가지고 있는 것으로 밝혀졌다'의 진술을 통해서, 정답이 ③ '그 액체가 얼마나 풍부한 정보를 가지고 있는지'임을 알 수 있다.

★ 주제: 충치 예방부터 범죄 해결까지 – 타액이 알려주는 생체 정보

빈칸 문장	O/X	선택지 O/X
(1) 타액에 대한 최근의 연구는 __________를 밝혀냈다.	X	① DNA가 얼마나 복잡하고 놀라운지
	X	② 타액이 소화에 어떤 역할을 하는지
추론의 근거 타액은 같은 정보를 가지고 있는 것으로 밝혀졌다.	O	③ 그 액체가 얼마나 풍부한 정보를 가지고 있는지
	X	④ 왜 우리는 치과에 정기적으로 가야하는지

어휘

- saliva 침, 타액
- DNA Analysis DNA 분석
- susceptibility 감수성, 취약성
- investigation 수사
- genetic 유전적인

해석

(1) 타액에 대한 최근의 연구는 그 액체가 얼마나 풍부한 정보를 가지고 있는지를 밝혀냈다. (2) 의사들은 보통 질병의 징후를 위해 혈액을 분석하지만, [추론 근거]타액은 유사한 중요한 정보를 가지고 있는 것으로 밝혀졌다. (3) 특히, 타액은 각 개인의 독특한 DNA를 포함하고 있어서, [제부 1]의사들이 DNA 분석을 통해 특정 질병에 대해 걸리기 쉬운지 확인해준다. (4) [제부 2]타액에 있는 이 유전자 정보는 경찰의 수사에도 유용하며, 이는 개인이 범죄 현장에서 물 한 잔을 마셨는지 아니면 봉투를 핥았는지를 알아낼 수 있게 해준다. (5) [제부 3]치과의사들도 분석을 기반으로 충치가 발생할 가능성을 예측하면서, 타액 데이터도 활용한다. (6) 타액에 대한 다양한 통찰력은 의료에서 범죄 수사 및 치과 치료에 이르기까지 다양한 분야에서 타액의 잠재력을 강조한다.

15 [독해 – 문장 삽입] ▶ ①

난이도 상

해설

에너지 절약과 생리적 적응인 동물의 겨울잠에 대한 글로, 겨울잠을 통해 일부 동물은 에너지를 절약하고 먹이를 덜 먹으면서 추운 겨울을 생존하며, 이는 신체 기능의 느린 작동과 생리적 변화를 통해 이루어짐을 설명하고 있다. 주어진 제시문의 '그들의 신체기능들(their bodily functions)'에서의 their는 두 번째 문장의 'these animals'를 지칭한다. 따라서 주어진 문장이 들어갈 곳은 ①이다.

★ 주제: 동물의 겨울잠 – 에너지 절약과 생리적 적응					
제시문			선택지 ▶/X		
겨울잠을 자는 동안, 그들의 신체 기능은 현저히 느려진다.		▶	(①) 10cm 몸길이의 동면쥐는 심장 박동이 몇 번으로 느려진다.	동면쥐의 신체 변화
핵심어		X	(②) 호흡이 둔화되며 체온은 주변 온도보다 낮아진다.	
제시문	그들의 신체 기능은 (their bodily functions)	X	(③) 이 변화로 작은 동물은 오랜 기간 동안 먹이 없이 견딜 수 있어 연료 수요가 감소한다.	
①	예를 들어(For eXample)	X	(④) 모든 동면 동물이 겨울 내내 자는 것은 아닌데, 많은 동물은 짧은 동면을 겪거나 온화한 날씨에 깨어나기도 한다.	다른 동물들

어휘

- hibernation 동면
- bodily function 생체 기능
- engage in 관여하다
- accumulate 축적하다
- physiological 생리적

해석

어떤 동물들은 에너지를 절약하고 먹이를 덜 먹기 위한 전략으로 겨울잠을 잔다. 겨울잠에 들어가기 전에 이 동물들은 보통 지방 저장소를 축적하기 위해 먹이활동을 한다. (① 겨울잠을 자는 동안, 그들의 신체 기능은 현저히 느려진다.) 예를 들어, 약 10 cm의 몸길이를 가진 동면쥐는 심장박동이 분당 몇 번 정도로 느려진다. (②) 또한 그들의 호흡은 느려지고, 체온은 주변 땅의 온도보다 몇 도 정도 더 떨어진다. (③) 이러한 생리적 변화로 인해 몸집이 작은 동물들은 먹이 없이 오랜 시간을 견딜 수 있게 되어 연료에 대한 수요가 줄어든다. (④) 일반적인 생각과 달리, 겨울잠을 자는 모든 동물들이 겨울 내내 자는 것은 아니다. 많은 동물들은 겨울 동안 짧은 동면 시간을 보내며, 가끔 온화한 날씨에 깨어있거나 하루에 서너 번 정도로 자주 겨울잠을 잔다.

16 [독해 – 중심 내용 파악] ▶ ③

난이도 중

해설

긍정적 또는 부정적 에너지가 주변에 미치는 영향에 대한 글로, 이 글에서는 긍정적인 에너지의 중요성과 그 에너지가 주변에 미치는 영향에 대해 이야기하고 있다. 열번째 문장에서 "인생은 부정적인 영향과 연관 짓기에는 너무 짧다"라는 진술에서 궁극적으로 말하고자 하는 것은, 부정적인 에너지를 가진 사람을 주의하라는 것이다. 따라서 글의 제목으로 알맞은 것은 ③이다.

★ 주제: 긍정적 또는 부정적 에너지가 주변에 미치는 영향			
주제문		선택지	O/X
⑽ 교훈은 분명하다: 인생은 부정적인 영향과 연관 짓기에는 너무 짧다. → 부정적인 사람들과 교제를 해서는 안된다는 의미를 포함한다.		① 자기 주도적인 동기부여가 있다. 활용해보라!	X
		② 감정은 사람들 사이에서 빠르게 전파된다.	X
		③ 에너지는 전염성이 있다! 지혜롭게 동행할 사람을 선택하라!	O
		④ 에너지는 창조되거나 파괴될 수 없으며, 흐른다.	X

어휘

- proactive 적극적인
- reactive 반응적인
- inactive 비활동적인
- energy radiate 에너지 방출
- positive 긍정적인
- impact 영향
- transcend 초월하다
- psychiatrist 정신과 의사
- transformation 변화
- emphasize 강조하다
- emit 방출하다
- attract 끌어당기다
- caution 주의

해석

⑴ 연구에 따르면 상황을 앞서서 주도하는 사람들은 반응적이거나 활동적이지 않은 사람들보다 긍정적인 에너지를 더 많이 가지고 있다고 한다. ⑵ 당신이 방출하는 에너지의 양은 주변 사람들에 대한 여러분의 영향과 직접적인 상관관계가 있다. ⑶ [주제문]"Positive Energy(긍정적인 에너지)"에서 Judith Orloff가 묘사한 바와 같이, 긍정적인 에너지는 물리적인 법칙들을 뛰어 넘는 독특한 영향력을 가지고 있다. ⑷ 정신과 의사에 따르면, 심오한 변화는 주로 에너지적인 수준에서 일어난다. ⑸ Orloff는 강조한다, "우리가 더 많은 긍정적인 에너지를 방출할수록, 우리는 우리 자신에게 더 끌린다. ⑹ 이것은 부정성에도 적용된다. ⑺ 열정은 열정을 끌어낸다. ⑻ 분노는 분노를 끌어 모은다. ⑼ 근본적인 원리는 우리 모두가 미묘한 에너지를 전달한다는 것이다." ⑽ [주제문_결론]교훈은 분명하다: 인생은 부정적인 영향과 연관 짓기에는 너무 짧다. ⑾ 종종 눈에 띄지 않는 부정적인 사람들은 자신의 영역에 있는 모든 사람과 모든 사람에게 영향을 미친다. ⑿ 그들은 자신도 모르게 다른 사람들의 에너지를 고갈시키기 때문에 주의가 필요하다.

17 [독해 – 빈칸 추론 2 (단어, 구, 절)] ▶ ②

난이도 중

해설

진실을 왜곡할 수 있는 두둔의 양날 칼인 일반화의 함정에 대한 글로, 일반화는 기본 메시지를 전달하는 출발점이지만, 부분적 진리에 의존하면서 신뢰성이 흔들릴 수 있어 글쓰기에서 주의가 필요하며, 구체적인 증거 없이는 단정적으로 받아들이면 안 되는 함정이 있음을 세 번째 문장의 진술을 통해 강조하고 있다. 따라서 이 진술과 이어지는 그 다음 문장의 빈칸에는 ② '당신의 신뢰성을 떨어뜨릴 가능성이 있다'가 들어가야 한다.

★ 주제: 일반화의 함정 – 진실을 왜곡할 수 있는 두둔의 양날 칼			
빈칸 문장		선택지 O/X	
⑷ 글을 쓸 때, 일반화에만 의존하는 것은 ________________		X	① 어떤 상황에서는 허용될 수 있다
추론의 근거		O	② 당신의 신뢰성을 훼손할 가능성이 있다
⑶ 이 부분적 진리에 의존해서 결론을 내리는 것은 전체적인 현실을 왜곡한다.		X	③ 구체적인 요점을 말하는 것이 중요하다
		X	④ 부적절한 권한에 호소하려고 하고 있다

어휘

- generalization 일반화
- stereotype 고정 관념, 편견
- kernel 알맹이, 씨앗
- distort 왜곡하다
- undermine 훼손하다
- ironically 놀랍게도
- strengthen 강화시키다
- foundational 기초적인
- robust 강력한, 강한

해석

⑴ 일반화는 고정 관념과 공통점을 갖는다. ⑵ 고정 관념에는 작은 진리의 알맹이를 포함하지만, 그 진리가 전체 이야기를 전달하는 것은 아니다. ⑶ [추론 근거]이 부분적 진리에 의존해서 결론을 내리는 것은 전체적인 현실을 왜곡한다. ⑷ 글을 쓸 때, 일반화에만 의존하는 것은 당신의 신뢰성을 훼손할 가능성이 있다. ⑸ 역설적이게도 일반화는 기본 메시지를 서술하는 데 필수적인 출발점이 된다. ⑹ 예를 들어 "사업이 개선되고 있다는 징후가 있다"고 말하는 것이 그 배경이 된다. ⑺ 그러나 이 진술을 강화하려면 최근 판매 수치, 소비자 구매 동향 조사, 제품이나 서비스에 대한 관심이 증가했다는 구체적인 증거 등과 같은 확실한 뒷받침이 뒤따라야 한다. ⑻ 일반화는 기본적이지만, 강력한지지 증거 없이는 결론적으로 단독으로 성립할 수 없다.

18 [독해 – 문장 제거] ▶ ③

난이도 하

해설

곤충의 내성 현상에 대한 글로, 곤충은 살충제에 대한 내성을 자연적으로 발전시키며, 이러한 내성이 우세한 유전자를 통해 전파됨으로써 농부들에게 해충 방제에 대한 지속적인 도전이 됨을 설명하고 있다. ③의 '따라서 곤충의 내성을 약화시킬 수 있는 살충제의 개발을 하는 것이 시급하다'의 진술은, 살충제로 말미암아 곤충의 내성이 생긴 것인데, 살충제로 곤충의 내성을 없앤다는 것은 논리적으로도, 글의 흐름으로도 옳지 않다. 따라서 정답은 ③이다.

★ 주제 : 살충제의 내성		
O/X	선택지 요약	논지 전개
O	① 살충제가 특정 효소를 억제하면 곤충은 독소가 효소 활성 부위에 접근하지 못하도록 원자 배열을 조절할 수 있다.	내성의 발생 이유
O	② 이 보호 특성은 후손에게 전해져 내성 곤충이 늘어나면서 농부의 방제 노력을 약화시킨다.	내성으로 인한 결과
X	③ 곤충 내성을 약화시킬 수 있는 살충제를 개발하는 것이 시급하다.	살충제 개발
O	④ 내성 유전자의 우세는 곤충 종 전체로 확산될 뿐 아니라 다른 살충제에 대한 내성도 유발하여 해충 방제를 어렵게 만든다.	내성 유전자의 문제점

어휘

- resistance 저항성
- variation 자연적 변이
- toxic agent 독성 물질
- enzyme 효소
- active site 활성 부위
- atomic arrangement 원자 배열
- inhibit 억제하다
- descendant 후손
- undermine 약화시키다
- resistant gene 저항성 유전자
- dominant 우세한
- pest 해충

해석

곤충은 집단 내의 자연적인 차이 때문에 특정 살충제에 대한 내성이 생긴다. ① 예를 들어, 살충제가 특정 효소를 억제함으로써 작용하면, 각 곤충은 효소의 활성 부위 주변에 원자 배열이 약간 달라 독소가 접근하지 못할 수 있다. ② 결과적으로 그 새끼들은 이러한 보호 특성을 물려받아 수년간 내성 곤충이 많이 출현하여 농부의 방제 노력을 약화시킨다. (③ 따라서 곤충의 내성을 약화시킬 수 있는 살충제의 개발을 하는 것이 시급하다.) ④ 내성 유전자가 우세하면 곤충 종 전체로 퍼질 수 있다. 게다가, 내성 유전자는 다른 살충제에 대한 내성을 부여할 수도 있고, 이는 해충 방제 작업에 더 큰 도전이 될 수도 있다.

19 [독해 – 순서 배열] ▶ ④

난이도 중

해설

광고와 법정에서 효과적인 '정직 전략'에 대한 글로, 광고주와 변호사들이 상품이나 사건의 약점을 솔직하게 언급함으로써 정직함에 대한 인식을 조성하는 전략은 효과적으로 상품이나 사건의 강점을 강조하는 데 활용되고 있음을 설명하고 있다. 제시문에서의 '광고주들'에 대한 추가적인 설명인 (C)로 연결되어야 하고, 변호사들에 대한 진술이 시작하는 (B), 그리고 마지막으로 전략의 효과가 언급된 (A)로 이어져야 한다. 따라서 정답은 ④ '(C) – (B) – (A)'이다.

★ 주제 : 진실성의 힘 – 광고와 법정에서 효과적인 정직 전략			
순서	핵심어	내용 요약 및 논지 전개	
제시문	사소한 약점이나 단점을 인정하는 것 (acknowledging a minor weakness or drawback)	광고주들은 제품의 단점을 인정함으로써 이익을 높이는 효과적인 전략을 발견했다.	광고주들의 전략
→ (C)	이렇게 함으로써, 그들은 (By doing so, they [=Advertisers])	제품의 장점을 부각시킬 수 있는 자신의 능력을 높여 정직성에 대한 인식을 증진시킨다.	
→ (B)	그러나(However) / 변호사들(attorneys)	변호사들도 이와 유사한 방식을 사용하여 '상대방의 천둥을 훔치다' 전략으로 정직함을 형성한다.	변호사들의 전략
→ (A)	이 전략(this strategy)	실험적 증거는 이 전략이 효과적이며, 변호사가 사건의 약점을 먼저 인정하면 배심원들이 더 정직하다고 인식하고 최종 평결에서 더 유리한 판단을 내린다는 것을 보여준다.	

어휘

- counterintuitive 직관과 반대되는
- cultivate 기르다, 육성하다
- perception 인식, 인지
- highlight 강조하다
- tactic 전술, 전략
- exclusive 배타적인
- opponent's thunder 상대방의 주장을 먼저 언급하여 상대방의 효과를 누르는 전략
- jury member 배심원
- verdict 판결, 결정

해석

광고주들은 그들의 광고에서 제품의 사소한 약점이나 단점을 인정하는 것과 같이 자신의 이익에 반직관적인 것처럼 보이는 매우 효과적인 전략을 발견했다.

(C) 이렇게 함으로써 제품의 장점을 설득력 있게 부각시킬 수 있는 그들의 능력을 높이는 정직성에 대한 인식을 기른다.

(B) 그러나, 이 방식은 광고주에게만 있는 것이 아니며, 변호사들도 법정에서 이와 유사한 방식을 사용한다. "상대방의 천둥을 훔치기"로 알려진 이 방법은 변호사가 상대 측 변호사가 말하기 전에 자신들의 사건에서의 약점을 언급하여 배심원들 사이에서 정직한 인상을 심어준다.

(A) 실험적 증거는 이 전략의 효과를 뒷받침하며 배심원들이 변호사가 자신의 사건에 대한 약점을 먼저 인정하는 것을 들을 때 자신을 더 정직하다고 인식하고 그 후 최종 평결에서 변호사의 전체 사건에 대해 더 유리하게 인식하는 경향이 있음을 보여준다.

20 [독해 – 빈칸 추론 1 (연결어)] ▶ ④

난이도 중

해설

은유의 강점과 한계에 대한 글로, 일상적인 은유와의 만남은 우리의 이해를 형성하지만, 흔한 표현들은 그 힘을 잃을 수 있음을 언급하고 있는 글이다.

(A) 매일 우리가 생각을 명확하게 하거나 제시하기 위하여 한 영역의 어떤 것을 다른 영역의 관점에서 다시 묘사하는 사례들로 넘쳐난다는 내용에 이어, 이에 대한 구체적인 예시로 "그녀의 삶은 카드 집이다."라는 표현을 들었으므로 '예를 들어(For istance)'가 적절하다.

(B) 앞 문장의 은유에 대한 긍정적인 진술에 반대가 되는 '문장에서 이전에 언급한 은유가 너무 흔해져서 효과가 떨어짐'을 언급하고 있다. 따라서 '그러나(However)'가 적절하다.

★ 주제 : 은유의 강점과 한계		
앞 문장	연결어	뒤 문장
매일 우리는 이해를 돕기 위한 사례를 만난다.	(A) 예를 들어 (For instance)	"그녀의 삶은 카드 집이다"라는 표현을 생각해 보자.
이 비유는 마치 연약한 카드 구조처럼 사람의 삶이 가장 작은 방해로도 쉽게 무너질 수 있음을 시사하며 관계와 경제적 안정성의 취약성을 반영한다.	(B) 그러나 (However)	이 비유를 사용하는 것이 너무 흔해져서 이제는 진부해져, 그 효과를 잃는다.
① 마지막으로 – 즉 ② 예를 들어 – 즉 ③ 그렇지 않은 경우 – 그러나		

어휘

- instance 사례
- metaphor 비유, 은유
- fragility 취약성, 연약함
- stability 안정성
- cliché 진부한 표현, 상투적인 말
- impact 영향
- effective 효과적인
- audience 청중, 관객
- mindful 주의 깊은
- comparing 비교
- strength 강점
- limitation 한계

해석

매일 우리는 한 분야에서 다른 용어를 사용함으로써 무언가를 설명하거나 이해를 돕기 위한 사례를 만난다. (A) 예를 들어, "그녀의 삶은 카드 집이다"라는 표현을 생각해 보자. 이 비유는 마치 연약한 카드 구조처럼 사람의 삶이 가장 작은 방해로도 쉽게 무너질 수 있음을 시사하며 관계와 경제적 안정성의 취약성을 반영한다. (B) 그러나 이 비유를 사용하는 것이 너무 흔해져서 이제는 진부해져, 그 효과를 잃는다. 이것이 여전히 효과적인 비유인가? 아마도 아닐 것이며, 특히 관객이 이미 진부함을 알고 있을 때는 더 그렇다. 이는 청중을 주의 깊게 살펴보기를 장려한다. 여러 용어를 능숙하게 비교함으로써 우리는 은유의 강점과 한계를 이해할 수 있으며, 그 용어가 잘 동작하는 부분과 제한되는 부분을 파악할 수 있다.

2024 공무원 시험 대비 봉투모의고사 4회
영어 정답 및 해설

제4회 모의고사

01 ④	02 ④	03 ②	04 ①	05 ②
06 ③	07 ④	08 ②	09 ①	10 ③
11 ④	12 ①	13 ③	14 ③	15 ④
16 ④	17 ②	18 ②	19 ④	20 ①

01 [어휘 – 유의어] ▶ ④

난이도 중

정답 해설

infringement는 '위반, 침해'라는 뜻으로 유의어는 ④ violation(위반, 침해)이다.

오답 해설

① legislation 법률의 제정, 입법 행위
② plight 역경, 고난 = predicament, difficulty, adversity, dilemma, quandary
③ imprisonment 투옥, 감금 = detention

해석

특허 침해는 특허 보유자에게 부여된 배타적 권리를 침해하는 특허된 발명의 무단 사용 또는 판매를 의미한다.

02 [어휘 – 유의어] ▶ ④

난이도 중

정답 해설

upcoming은 '다가오는, 곧 있을'이라는 뜻으로 유의어는 ④ imminent(임박한, 곧 닥칠 듯한, 절박한)이다.

오답 해설

① nascent 초기의, 발생하려고 하는 = incipient, embryonic
② inexorable 냉혹한, 가차 없는 = 냉혹한, 가차 없는
③ compelling 강제적인, 설득력 있는 = 설득력 있는 convincing, cogent

해석

짧은 시간 안에 완수해야 할 일이 많다는 것을 알고 모두가 다가오는 프로젝트 마감 시한에 대한 압박감을 느끼는 등 사무실 분위기는 긴장되어 있었다.

03 [어휘 – 빈칸] ▶ ②

난이도 중

정답 해설

선생님께서 알려주신 안내에 유의하여 과제를 제대로 이해할 수 있도록 해주시기 바란다는 내용이 맥락상 적절하므로 빈칸에는 ② pay attention to(~에 유의하다, ~에 주목하다)가 적절하다.

오답 해설

① make light of ~을 경시하다
③ give vent to (노여움 따위) ~을 터트리다, 발산시키다
④ put up with 참다, 견디다 tolerate, endure, bear, withstand, stand up to

해석

선생님께서 알려주신 안내에 유의하여 과제를 제대로 이해할 수 있도록 해주시기 바랍니다.

04 [어휘 – 빈칸] ▶ ①

난이도 중

정답 해설

그녀가 더 짧은 시간에 유창하게 구사할 수 있도록 목표를 설정한 것으로 보아 새로운 언어 학습을 좀 더 빠르게, 가속화하기 위함이 맥락상 적절하므로 빈칸에는 ① accelerate(가속화하다, 속도를 높이다)가 적절하다.

오답 해설

② avert 피하다, 막다, (눈 · 얼굴 등을) 돌리다
= avoid, prevent, preclude, head off, ward off, stave off
③ annul 무효화하다, 취소하다
= repeal, cancel, abolish, nullify, revoke, rescind, invalidate
④ aggravate 악화시키다, 화나게 하다 = exasperate, exacerbate

해석

그녀는 새로운 언어 학습을 가속화하기 위해 추가 수업을 듣기로 결정했으며, 더 짧은 시간 안에 유창하게 구사할 수 있도록 목표를 설정했습니다.

05 [어휘 – 빈칸] ▶ ②

난이도 중

정답 해설

강한 폭풍우 후 강이 범람하여 인근 농지를 침수시켰다는 내용이 맥락상 어울리므로 빈칸에는 ② inundated(침수시켰다)가 적절하다.

오답 해설

① substitute 대체하다, 대신하다
= exchange, replace, switch, stand in for, fill in for, take the place of
③ divulge (비밀을) 말하다, 누설하다
= expose, reveal, disclose, uncover, betray, let on
④ ameliorate 개선하다 = improve, reform

해석

강한 폭풍우 후 강이 범람하여 인근의 농지들을 침수시켰고, 작물과 사회[공공] 기반 시설에 상당한 피해를 끼쳤다.

06 [문법 – 문장] ▶ ③

난이도 중

정답 해설

③ **[킬포인트 064] 등위접속사와 병치 구조**
등위접속사 and는 명령법 또는 그에 상당하는 어구 다음에 써서 '그러면'이라는 의미를 나타낸다. 주어진 문장을 '빨리 가라, 그러면 그 티켓을 살 기회를 놓칠 것이다'로 해석해 보면 어색하므로 and를 맥락상 적절한 '그렇지 않으면'의 뜻을 가진 or로 고쳐야 한다.

오답 해설

① **[킬포인트 078] 비교 대상 일치**
비교 표현 뒤에 that과 those가 나오면 앞에 나온 비교 대상의 수에 따라 단수 명사면 that을 쓰고, 복수 명사면 those를 쓴다. 따라서 주어진 문장은 비교 표현인 are different from 뒤에 복수 명사 인 policies와 일치 하는 those가 올바르게 쓰였다.
② **[킬포인트 034] 4형식 수여동사의 수동태 구조**
4형식 수여동사가 수동태가 될 때 간접목적어가 문장의 주어 자리로 가고 뒤에 직접목적어가 그대로 남아 있으므로 'be given 직접목적어' 구조로 쓴다. 따라서 주어진 문장에서 be given a gift card는 올바르게 쓰였다.
④ **[킬포인트 005] 주어만 있으면 완전한 1형식 자동사**
fact, news, rumor, notion, report 등의 특정 추상명사 뒤에 동격을 의미하는 접속사 that은 뒤에 '주어+동사~'가 완전한 절을 이끈다. 따라서 주어진 문장은 that 뒤에 완전한 절이 나오므로 올바르게 쓰였다.

선지 해석

① 이 나라에서 시행된 정책은 이웃 국가들과는 다르다.
② 설문지를 완료하는 사람에게 상품권이 제공될 것이다.
③ 빨리 가라, 그렇지 않으면 그 티켓을 살 기회를 놓칠 것이다.
④ 그들은 욕심이 좋은 것이 될 수 있다는 생각을 거부해야 한다.

07 [문법 – 밑줄(단락)] ▶ ④

난이도 중

정답 해설

④ **[킬포인트 076] 원급 비교 구문**
원급 비교 구문에서 'as much 불가산 명사 as'로 쓰고 복수 가산명사일 때는 'as many 복수 가산명사 as'로 쓴다. 따라서 주어진 문장에서 복수 가산명사인 alternatives를 수식하기 위해서는 much를 many로 고쳐야 한다.

오답 해설

① **[킬포인트 066] 부사절 접속사의 구분과 특징**
in case는 조건 접속사로 완전한 구조의 절을 취할 수 있다. 따라서 your first choice doesn't work라는 완전한 구조를 이끄는 접속사 in case가 올바르게 쓰였다.
② **[킬포인트 080] 「The 비교급~, the 비교급 …」 구문**
'The 비교급 주어 + 동사~, the 비교급 주어 + 동사 …' 구조는 '~하면 할수록 더 …하다'라는 뜻으로 쓰이고 비교급이 명사를 수식할 때는 목적어로 쓰인 명사가 주어 앞에 위치할 수 있다. 따라서 밑줄 친 부분의 'The more options and alternatives'는 올바르게 쓰였다.
③ **[킬포인트 070] 관계대명사 주의 사항**
'선행사 + 주어 + 동사 + 목적어 없음' 구조는 목적격 관계대명사가 생략된 구조이다. 따라서 밑줄 친 부분에 선행사 the results 뒤에 목적격 관계대명사가 생략된 채로 '주어 + 동사' 구조인 you expected가 올바르게 쓰였다.

지문 해석

당신은 자유가 어디서 나오는지 아는가? 그것은 대체로 당신이 처음 선택한 것이 잘 되지 않을 경우에, 당신이 개발해 온 대안들의 수에 의해서 결정되는 것 같다. 더 많은 선택권과 대안들을 개발할수록, 당신은 더 많은 자유를 누리게 된다. 어떤 활동이 기대한 결과를 만들어 내지 못한다면, 당신이 준비되어 있을 때는, 지체하지 않고 다른 것으로 바꿀 수 있다. 그것이 당신이 가능한 한 많은 대안들을 개발해야 하는 이유이다.

08 [문법 – 영작] ▶ ②

난이도 상

정답 해설

② **[킬포인트 078] 비교 대상 일치**
비교 대상이 사물과 사물일 때 인칭대명사의 주격이나 목적격이 아닌 소유대명사를 사용한다. 따라서, 주어진 문장에서는 그녀의 문제 해결 방식과 그의 문제 해결 방식이 비교되고 있으므로 him을 his로 고쳐야 한다.

오답 해설

① **[킬포인트 065] 명사절 접속사의 구분과 특징**
A is to B what[as] C is to D는 'A와 B의 관계는 C와 D의 관계와 같다'라는 의미로 쓰인다. 따라서 주어진 문장은 올바르게 쓰였다.
③ **[킬포인트 038] 동명사의 동사적 성질**
동명사의 의미상의 주어가 문장의 주어와 일치하지 않을 때 동명사의 의미상 주어는 동명사 앞에 생물일 경우 소유격을 쓴다. 단, 구어체에서는 목적격을 쓰기도 한다. 따라서 주어진 문장에서 동명사 shouting의 의미상 주어인 his가 올바르게 쓰였다.
④ **[킬포인트 092] 혼동하기 쉬운 부사**
부분부정을 표현할 때 all, both, every, always 등과 같이 전체를 나타내는 말과 not을 같이 쓴다. 따라서 주어진 문장에서 doesn't always는 '항상~하는 것은 아니다'라는 의미로 올바르게 쓰였다.

09 [생활영어 – 빈칸] ▶ ①

난이도 하

지문 해석

A: Susan의 기념일에 무엇을 선물할지 생각해봤어요?
B: 적절한 선물을 생각해 보려고 머리를 쥐어 짜내고 있는데 그녀가 무엇을 고마워할지 난감해요.
A: 핸드 메이드 이불은 어떠세요? 그녀는 그런 아늑한 걸 좋아하더라고요.
B: 좋은 생각이에요! 저는 그것을 고려하지 못했어요. 아이디어 고마워요!

정답 해석

① 적절한 선물을 생각해보려고 머리를 쥐어 짜내고 있는데

오답 해석

② 음, 사실 그녀의 소식을 들은 지 오래되었는데
③ 그것은 정말 믿을 수 없었고 사실 매우 낭만적이었는데
④ 당신은 그녀와 시간을 보내는 게 좋을 것인데

어휘 및 표현

- rack one's brain 머리를 쥐어짜다
- hang out with ~와 시간을 보내다

10 [생활영어 – 대화] ▶ ③

난이도 하

정답 해석

③ A: 어제 Mike 사고 소식 들었어?
B: 응, 그는 간신히 다른 차와 충돌을 피했어. 걸어가기엔 너무 멀어.

오답 해석

① A: 뭐하는 중이야?
B: 전구를 갈려고. 전구가 나갔어.
② A: Rachel이 화를 낸 걸 본적이 있어?
B: 별로 없어, 보통 차분해.
④ A: 그 콘서트 티켓 가격은 봤어?
B: 응, 엄청 비싸. 난 그걸 감당할 수 없을 것 같아.

어휘 및 표현

- lose one's temper 화내다, 흥분하다
- composed 차분한, 침착한
- cost an arm and a leg 엄청 비싸다, 엄청난 돈이 들다, 큰 돈이 들다

11 [독해 – 중심 내용 파악] ▶ ④

난이도 중

해설

복권 당첨 후의 현실에 대한 글로, 복권 당첨은 금전적인 문제를 해결할 수 있지만 실제로는 부족한 재무 관리 지식으로 인해 새로운 도전들을 안게 되는 경우가 많아서, 현명하게 돈을 관리하는 것을 배우는 것이 중요함을 강조하는 글이다. 따라서 글의 제목으로 가장 적절한 것은 ④이다.

★ 주제: 복권 당첨자들이 마주하는 현실

주제문	선택지	O/X
(3) 역설적이게도, 일부는 당첨 이후 더 많은 재정적인 문제에 직면하고 있고, 많은 사람들은 파산을 선언하게 된다. (4) 주요 문제는 종종 새롭게 발견된 부를 관리하는 지식의 부족에서 비롯된다.	① 복권 당첨자를 위한 최고의 투자	X
	② 명품 구매의 폐해들	X
	③ 세계에서 가장 부유한 복권 당첨자들	X
	④ 왜 많은 복권 당첨자들이 재정적인 어려움에 처하는가	O

어휘

- lottery 복권
- financial 재정의, 금융의
- uncertainty 불확실성
- enticing 매력적인, 매혹적인
- fantasy 환상
- paradoxically 역설적이게도
- declare 선언하다, 선포하다
- bankruptcy 파산
- newfound 새로 발견된
- hastily 성급하게, 경솔하게
- substantial 상당한
- maintenance cost 유지비
- property tax 재산세
- stability 안정, 안정성

해석

(1) 복권에 당첨되는 것은 흔한 꿈이며, 금전적인 문제들을 해결할 수 있는 전망이 매력적으로 보이는 재정적인 불확실성 시기에 특히 그렇다. (2) 많은 사람들이 이 환상을 공유하지만, 수많은 복권 당첨자들의 현실은 매우 다르다. (3) [문제점]역설적이게도, 일부는 당첨 이후 더 많은 재정적인 문제에 직면하고 있고, 많은 사람들이 파산을 선언하게 된다. (4) 주요 문제는 종종 새롭게 발견된 부를 관리하는 지식의 부족에서 비롯된다. (5) 당첨되자마자, 많은 사람들은 고급 자동차에 대한 보험, 보트를 위한 유능한 선원, 그리고 휴가용 주택에 대한 높은 재산세와 같은 그에 뒤따르는 상당한 유지비를 고려하지 않고 성급하게 집, 자동차, 그리고 다른 비싼 물건들을 구입한다. (6) [해결책]복권 당첨자들의 중요한 과제는 지속적인 재정적인 안정을 위해 그들의 돈을 현명하게 관리하는 것을 배우는 것이다.

12 [독해 – 세부 정보 파악] ▶ ①

난이도 중

해설

바다 한가운데의 강력한 감옥인 알카트라즈에 대한 글로, "더 록"으로 불리는 알카트라즈는 샌프란시스코 만에 위치한 강력한 연방 교도소로, 1963년 폐쇄되었지만, 오늘날 관광객들은 이 역사적인 섬에서 감옥의 잔해를 탐험할 수 있음을 설명하고 있다. ①의 '현재 군사 요새로 사용되고 있다'의 진술은 일곱 번째 문장의 '경제적인 이유로 1963년 감옥이 폐쇄되었지만, 오늘날 관광객들은 이 역사적인 섬에 있는 오래된 감옥의 잔해를 탐험할 수 있다'의 본문의 내용과 일치하지 않는다. 따라서 정답은 ①이다.

★ 주제: 감옥에서 관광 명소로 – 알카트라즈의 변화

선택지	본문	O/X
① 현재 군사 요새로 사용되고 있다.	(7) 경제적인 이유로 1963년 감옥이 폐쇄되었지만, 오늘날 관광객들은 이 역사적인 섬에 있는 오래된 감옥의 잔해를 탐험할 수 있다.	X
② 1934년에 흉악범들을 수용하는 교도소로 바뀌었다.	(2) 1934년 옛 군사 요새가 대부분을 차지한 이곳은 위험한 범죄자들을 수용하는 연방 교도소로 탈바꿈했다.	O
③ 교도소의 감방은 빛이 들어오지 않았다.	(4) 주민들(죄수들)은 낮인지 밤인지 구분할 수 없는 끊임없는 어둠을 견뎌냈다.	O
④ 어떤 죄수도 탈옥에 성공하지 못했다.	(5) 이따금씩 탈출을 시도했지만 성공한 죄수는 한 명도 없었다.	O

어휘

- predominantly 대부분, 대개
- occupied 차지한, 점령된
- transformation 탈바꿈, 변화
- federal 연방의
- confined 협소한, 좁고 사방이 막힌
- width 폭, 너비
- endure 참다, 견디다, 인내하다
- perpetual 끊임없이 계속되는, 빈번한
- discern 분별하다, 식별하다, 알아보다
- insurmountable 극복할 수 없는, 대처할 수 없는
- odds 역경, 곤란, 가능성
- explore 탐험하다, 답사하다
- remnant 유물, 잔존물 나머지, 잔여

해석

(1) 흔히 "The Rock"이라고 알려진 알카트라즈는 샌프란시스코 만에 위치한 바위투성이의 섬이다. (2) 1934년 옛 군사 요새가 대부분을 차지한 이곳은 위험한 범죄자들을 수용하는 연방 교도소로 탈바꿈했다. (3) 알카트라즈의 교도소 감방은 폭이 2미터, 길이가 3미터, 높이가 약 1.8미터로 매우 협소했다. (4) 주민들(죄수들)은 낮인지 밤인지 구분할 수 없는 끊임없는 어둠을 견뎌냈다. (5) 이따금씩 탈출을 시도했지만 성공한 죄수는 한 명도 없었다. (6) 해변까지 1킬로미터 수영으로 살아남은 사람이 아무도 없었기 때문에 물에 겨우 도착한 사람들조차 극복할 수 없는 역경에 직면했다. (7) 경제적인 이유로 1963년 감옥이 폐쇄되었지만, 오늘날 관광객들은 이 역사적인 섬에 있는 오래된 감옥의 유물을 탐험할 수 있다.

13 [독해 – 빈칸 추론 2 (단어, 구, 절)] ▶ ③

난이도 하

해설

탈옥을 범죄로 취급하지 않는 멕시코의 독특한 관점에 대한 글이다. 멕시코 법은 탈옥한 죄수들을 처벌하지 않는다고 한 것으로 보아 멕시코에서 법적 틀은 본질적으로 자유를 갈망한다는 철학에 뿌리를 두고 있음을 짐작할 수 있다. 따라서 밑줄 친 부분에 들어갈 말로 알맞은 것은 ③이다.

★ 주제: 탈옥을 범죄로 취급하지 않는 멕시코의 독특한 관점

빈칸 문장	선택지 O/X	
그러나 법적 틀이 모든 개인들이 본질적으로 ____를 갈망한다는 철학에 뿌리를 두고 있는 멕시코에서는 상황이 다르다.	X	① 이성
추론의 근거	X	② 순수
(1) 많은 나라에서 탈옥을 시도하는 것은 심각한 범죄로 여겨지며, 그러한 시도를 하는 사람들에게 상당히 긴 형량의 잠재적인 결과를 가져온다.	O	③ 자유
	X	④ 사법 정의

어휘

- grave offense 중죄
- sentence 형, 형벌, (형의) 선고
- framework 틀, 체계
- philosophy 철학
- inherently 본질적으로
- yearn 갈망하다
- penalize 처벌하다, 벌을 주다
- critic 비평가
- justice system 사법제도
- uphold 옹호하다, 유지시키다
- fundamental 근본적인

해석

(1) 많은 나라에서, 탈옥을 시도하는 것은 중죄로 여겨지며, 그러한 시도를 하는 사람들에게 상당히 긴 형량의 잠재적인 결과를 가져온다. (2) 그러나 법적 틀이 모든 개인들이 본질적으로 자유를 갈망한다는 철학에 뿌리를 두고 있는 멕시코에서는 상황이 다르다. (3) [추론 근거]결과적으로 멕시코 법은 일반적으로 탈옥 행위로 잡힌 죄수들을 처벌하지 않는다. (4) 멕시코 내에서 이 정책을 사법제도의 약점으로 보는 비판자들이 있는 반면, 그것이 죄수들의 기본적인 인권을 옹호한다고 믿는 지지자들도 많이 있다.

14 [독해 – 중심 내용 파악] ▶ ③

난이도 하

해설

베트남 전쟁이 미국 사회에 남긴 분열과 영향에 대한 글로, 200만 명을 넘는 미국인들에게 베트남전은 병사들과 국내에 있는 사람들뿐만 아니라 전체 세대에 걸쳐 심각한 분열을 초래했음을 네 번째 문장을 통해 강조하고 있다. 따라서 글의 주제로 알맞은 것은 ③이다.

★ 주제: 베트남 전쟁이 미국인들의 삶에 미친 영향

주제문	선택지	O/X
(1) 200만명이 넘는 미국인들에게 베트남 전쟁은 군인들뿐만 아니라 미국 본토에 있는 사람들에게 삶의 전환점이 되었다. (4) 베트남에 가는 것보다 집에 머물렀던 남성들이 더 많았지만, 전쟁은 한 세대 전체 내에서 심각한 분열을 초래했다.	① 의무적 군 복무의 문제점	X
	② 반전의 움직임과 베트남 전쟁	X
	③ 베트남 전쟁이 미국인들의 삶에 미친 영향	O
	④ 아시아 국가들과의 전쟁의 장단점	X

어휘

- profound 깊은, 엄청난, 심오한
- home front 국내 전선(전시에 국내에 남아 일을 하는 사람들)
- grapple with 직면하다, 고심하다
- tension 긴장, 갈등
- brutality 잔혹성, 잔인함
- dedicate 헌신하다, 전념하다, 바치다
- adolescence 청소년기
- draft 징병, 징병하다
- conflict 갈등, 충돌
- division (특히 사회·단체 내의) 분열
- serve 복무하다, 봉사하다
- harbor (계획·생각 등을) 품다
- resentment 원한, 분함, 분개
- scorn 경멸
- pity 연민

해석

(1) [주제문]200만 명이 넘는 미국인들에게 깊은 영향을 미친 베트남 전쟁은 군인들뿐만 아니라 국내 전선의 사람들에게도 인생의 전환점이 되었다. (2) 군인들은 긴장과 지루함, 마약 문제, 베트남 사람들에 대한 광범위한 잔혹성을 포함한 다양한 문제에 직면했다. (3) 전장을 넘어서는, 직접적으로 전투에 참여하지 않은 젊은 미국인들도 군 복무에 대한 염려나 분쟁 참여를 피하려는 노력에 상당 부분의 후반 청소년기나 젊은 성인기를 보냈다. (4) [주제문]베트남에 가는 것보다 집에 머물렀던 남성들이 더 많았지만, 전쟁은 한 세대 전체 내에서 심각한 분열을 초래했다. (5) [재진술]군에 복무했던 사람들은 그렇지 않은 사람들에게 원한을 품는 경우가 많았고, 베트남(행)을 피한 사람들은 때로 경멸과 연민으로 가는 사람들을 바라보기도 했다.

15 [독해 – 문장 제거] ▶ ④

난이도 하

해설

멜라토닌 감소를 일으키는 인공 야간 빛과 유방암의 관계에 대한 글로, 인공 야간 빛에 노출되면 멜라토닌 감소가 유방암 발병 위험을 증가시킬 수 있으며, 이는 개발도상국 여성들의 낮은 발병률과 대비됨을 설명하고 있다. ④는 '비만'과 '유방암'이 관련이 있다는 진술로, 마지막 문장에서 언급하고 있는 '야간광'과는 전혀 관련이 없다. 따라서 글의 흐름상 어색한 문장은 ④이다.

★ 주제: 인공광과 유방암의 연관성

O/X	선택지 요약	논지 전개
O	① 이론화된 위험 요소 중 하나는 밤에 인공광에 노출되는 것이다.	인공광
O	② 이 환경 자극과 질병의 연관성은 우리의 수면-깨기 주기를 조절하는 호르몬인 멜라토닌을 중심으로 진행된다.	멜라토닌
O	③ 인공 야간광에 노출되면 멜라토닌 수치가 감소하는 것으로 나타났는데, 이 현상은 유방암 환자들에게 흔히 관찰되는 현상이다.	야간광
X	④ 비만은 유방암 발생 위험을 증가시킬 수 있는데, 특히 폐경 후에 비만이 유방암과 관련된 위험을 증가시킬 수 있다.	비만

어휘

- breast cancer 유방암
- pinpoint 이유를 정확히 집어내다
- factor 요인, 인자
- stimulus 자극
- melatonin 멜라토닌(활동일 주기를 조절하는 호르몬)
- regulate 조절하다, 조정하다
- sleep-wake cycle 수면 – 각성 주기
- exposure 노출
- phenomenon 현상
- commonly 흔히, 보통
- obesity 비만
- menapause 폐경, 갱년기

해석

유방암은 복잡한 원인들을 가지고 있어 의사들이 개별적인 발병 원인을 정확히 집어내기가 쉽지 않다. 그럼에도 불구하고 특정 물질이나 조건들이 이 암의 발병 위험 증가와 관련이 있다. ①이론화된 위험 요소 중 하나는 밤에 인공광에 노출되는 것이다. ②이 환경 자극과 질병의 연관성은 우리의 수면 – 각성 주기를 조절하는 호르몬인 멜라토닌을 중심으로 진행된다. ③인공 야간광에 노출되면 멜라토닌 수치가 감소하는 것으로 나타났는데, 이 현상은 유방암 환자들에게 흔히 관찰되는 현상이다. (④ 비만은 유방암 발생 위험을 증가시킬 수 있는데, 특히 폐경 후에 비만이 유방암과 관련된 위험을 증가시킬 수 있다.) 이 이론은 선진국 여성들에 비해 인공 야간광이 덜한 개발도상국 여성들의 낮은 유방암 발병률을 뒷받침한다.

16 [독해 – 세부 정보 파악] ▶ ④

난이도 하

해설

이 글은 "아메리카" 이름의 기원에 대해 설명하고 있다. ④의 '1507년, 프랑스 지리학자가 신세계를 아메리카로 명명했다'의 진술이 세 번째 문장에서 '1507년, 프랑스 지리학교수는 신대륙을 Amerigo(아메리고)의 이름을 따서 "America(아메리카)"라고 이름 지었다'의 본문의 내용과 일치한다. 따라서 정답은 ④이다.

★ 주제: "아메리카" 이름의 흥미로운 기원

선택지	본문	O/X
① Vespucci는 1497년 항해를 마치고 항해기를 출간했다.	(2) Vespucci는 1497년에 가상의 항해에 대한 이야기를 출판했고, 이후 포르투갈 탐험가인 Coelho가 이끈 실제 항해를 기록해 달라는 요청을 받았을 때, 그는 지도력을 거짓으로 주장했고 Coelho를 그의 글에서 빠뜨렸다.	X
② 포르투갈 왕은 Coelho에게 항해에 대한 기록을 부탁했다.		X
③ Coelho는 Vespucci가 이끄는 두 차례의 항해에 함께 했다.		X
④ 1507년, 프랑스 지리학자가 신세계를 아메리카로 명명했다.	(3) 1507년, 프랑스 지리학교수는 신대륙을 아메리고의 이름을 따서 "아메리카"라고 이름 지었다.	O

어휘

- origin 기원, 발원지
- tied to ~와 관련 있는
- deception 속임수, 기만, 사기
- fictitious 허구의, 지어낸
- document 기록하다, 문서화하다
- voyage 항해, 여행
- omit 생략하다, 빠뜨리다
- geography 지리학
- nomenclature 명명법, 명칭체계
- mislead 오도하다, 호도하다
- account 설명

해석

(1) "아메리카"라는 이름은 그의 속임수와의 연관성에도 불구하고, Amerigo Vespucci와 연관된 흥미로운 기원을 가지고 있다. (2) Vespucci는 1497년에 가상의 항해에 대한 이야기를 출판했고, 이후 포르투갈 탐험가인 Coelho가 이끈 실제 항해를 기록해 달라는 요청을 받았을 때, 그는 지도력을 거짓으로 주장했고 Coelho를 그의 글에서 빠뜨렸다. (3) 1507년, 프랑스 지리학교수는 신대륙을 Amerigo의 이름을 따서 "아메리카"라고 이름 지었다. (4) Columbus가 진정한 발견자로 널리 인정받을 때쯤에는 이미 그 이름은 굳어져 있었고, 그 대륙의 명명법을 Vespucci의 오도된 설명들과 영원히 연결시켰다.

17 [독해 – 순서 배열] ▶ ②

난이도 상

해설

흡연과 코골이의 연관성에 대한 글로, 새로운 연구에서, 흡연이 코골이 증가와 연관되어 있음이 확인되었으며, 담배 연기가 호흡기 통로를 자극하여 코골이의 높은 발병률을 유발함을 설명하는 글이다. 제시문의 '담배연기가 건강에 미치는 방식'인 '코골이'에 대해 언급한 '이러한 연결성(this connection)'을 언급하는 (A)로 이어져야 하며, 이러한 원인에 대한 설명을 하는 (C)로 이어지고, 마지막 결론에 해당되는 (B)로 이어져야 한다. 따라서 글의 순서로 알맞은 것은 ②이다.

★ 주제: 흡연과 코골이의 연관성

순서	핵심어	내용 요약 및 논지 전개	
제시문	코골이를 증가시킴 (increasing snoring)	건강에 해로운 담배의 영향 중 코골이가 있다.	도입
→(A)	이 연결(this connection)	한 최근 연구에서는 흡연이 코골이를 증가시키는 것으로 밝혀졌다.	연구 결과
→(C)	담배연기(cigarette smoke)	담배가 호흡기 통로를 자극시킴.	원인
→(B)	결론적으로(In conclusion)	이는 담배 연기가 호흡기 통로를 자극하고 염증 및 부종을 유발하여 호흡을 방해하는 결과로 이어짐.	결론

어휘

- snoring 코골이
- incidence 발생률, 발생 정도
- respiratory 호흡 기관의, 호흡의
- passageway 통로
- nerve 신경
- exposure 노출
- induced 유발된, 유도된
- inflammation 염증
- swelling 부종, 부기
- disrupt 방해하다, 지장을 주다

해석

치명적인 형태의 암을 일으키는 것부터 치아와 손가락을 노란색으로 물들이는 것까지, 담배는 건강에 해롭다고 널리 알려져 있지만, 연구원들은 흡연이 건강에 영향을 미치는 또 다른 방법, 즉 코골이를 증가시키는 것을 발견했다.

(A) 이러한 연관성을 살펴본 연구에서는 흡연자 집단을 유사한 비흡연자 집단과 비교하여 담배를 피우는 것이 실제로 대상자들 사이에서 코골이 발생률을 높이는 것으로 확인되었다.

(C) 담배 연기가 흡연자의 코와 목의 호흡기 통로를 자극하는 것으로 보이는데, 니코틴 노출로 인해 일부 세포가 신경 손상을 경험하는 것으로 나타났다.

(B) 결론적으로, 담배로 유발된 자극은 염증과 부종을 유발하여 수면 중 정상적인 호흡 과정을 방해하고 흡연자가 코골이를 경험할 가능성을 높인다.

18 [독해 – 중심 내용 파악] ▶ ②

난이도 하

해설

소설 속 과학 용어에 대한 글로, 과학 소설에서는 과학 용어가 작가의 창조적인 정신에서 비롯된 새로운 의미를 갖거나, 현실 과학에서 비롯된 용어가 소설에서 창조적으로 재해석되는 경우가 있음을 설명하는 글이다. 특히 두 번째 문장과 마지막 문장의 진술로 보아 글의 요지로 알맞은 것은 ②이다.

★ 주제: 소설 속 과학 용어		
주제문	선택지	O/X
(2) 흥미롭게도, 언어적 교환이 반대로 전환되는 경우가 있는데, 과학 분야가 소설가들의 창의적인 사고 방식에서 비롯된 용어를 채택하기도 한다. (6) 이 현상은 과학 용어가 실제 과학자들의 마음에서 나온 것처럼 작가들의 펜에서도 나올 수 있다는 생각을 강조한다.	① 과학 용어의 의미가 문학에서 잘못 사용되고 있다.	X
	② 일부 과학 용어들이 실제로는 문학에서 유래되었다.	O
	③ 공상 과학 소설을 통해 과학을 쉽게 이해할 수 있다.	X
	④ 소설가들은 새로운 과학적 발견으로부터 영감을 얻는다.	X

어휘

- anticipate 기대하다, 예상하다
- an array of 다수의
- realm 영역, 범위
- reversed 반대로 된, 거꾸로 된
- denote 나타내다, 의미하다
- solar system 태양계
- zero gravity 무중력
- identical 동일한, 똑같은
- underscore 강조하다, 분명히 보여주다

해석

(1) 공상 과학 소설을 탐구할 때, 과학의 영역에서 차용한 다수의 단어와 구절들의 배열된 만남을 기대한다. (2) [주제문]흥미롭게도, 언어적 교환이 반대로 전환되는 경우가 있는데, 과학 분야가 소설가들의 창의적인 사고 방식에서 비롯된 용어를 채택하기도 한다. (3) 예를 들어, Edward Smith의 소설, Triplanetary에서 "깊은 공간"이라는 단어가 처음 등장했는데, 이는 은하계 사이의 넓고 텅 빈 팽창을 묘사한다. (4) 현대 과학에서, 그것은 태양계 너머의 공간의 어떤 부분을 나타내기 위해 사용된다. (5) Jack Binder가 1938년 단편 소설에서 만든 또 다른 용어인 "무중력"은 소설과 현실 모두에서 동일한 의미를 유지한다. (6) [주제문]이 현상은 과학 용어가 실제 과학자들의 마음에서 나온 것처럼 작가들의 펜에서도 나올 수 있다는 생각을 강조한다.

19 [독해 – 문장 삽입] ▶ ④

난이도 상

해설

유아 돌연사 증후군(SIDS) 예방을 취했던 잘못된 조치들에 대한 글이다. 주어진 제시문의 'Consequently(결과적으로)'의 접속부사를 바탕으로 앞 문장이 이 문장의 원인이 되어야 한다. 그 원인에 해당되는 것인 ③ 뒤의 '식도 옆에 위치한, 지나치게 큰 흉선이 잠자는 아이의 목의 압력 아래에서 폐로 향하는 공기 흐름을 방해할 수 있다는 추정'이었고, 그 결과, '흉선을 줄이려는 노력'을 한 것이다. 따라서 주어진 문장이 들어갈 곳은 ④이다.

<table>
<tr><td colspan="5">★ 주제: 유아 돌연사 증후군(SIDS) 예방에서의 잘못된 조치</td></tr>
<tr><td colspan="2">제시문</td><td colspan="3">선택지 ▶ / X</td></tr>
<tr><td colspan="2" rowspan="2">결과적으로, 의사들은 아이들을 고용량의 방사선에 노출시킴으로써 흉선을 줄이려고 시도했다.</td><td>X</td><td>① SIDS를 연구하는 전문가들은 자신들이 그 원인을 규명했다고 믿고 있었다.</td><td rowspan="3">잘못된 판단</td></tr>
<tr><td>X</td><td>② 유아들 중 상당수는 흉선이 확대된 것으로 여겨졌으며, 이로 인해 애매한 상황이 발생했다.</td></tr>
<tr><td colspan="2">핵심어</td><td>X</td><td>③ 흉선이 지나치게 커진 경우, 잠자는 아이의 목에 압력을 가하면서 폐로 향하는 공기 흐름을 방해할 수 있다는 추정이었다.</td></tr>
<tr><td>제시문</td><td>결과적으로 (Consequently)</td><td colspan="3"></td></tr>
<tr><td>④</td><td>불행하게도 (Unfortunately)</td><td>▶</td><td>④ 확대된 것으로 간주된 흉선들은 실제로는 정상 크기였기 때문에, 이 이론은 적절하지 않은 데이터에 기반하고 있었다.</td><td>잘못된 판단의 결과</td></tr>
</table>

어휘

- unfold 밝혀지다, 펼쳐지다
- sudden infant death syndrome (SIDS) 갑작스러운 영아사망증후군
- inexplicably 설명할 수 없는, 불가해한
- deem 생각하다, 여기다
- thymus (gland) 흉선
- esophagus 식도
- assumption 추정, 상정
- obstruct 방해하다, 막다
- throat cancer 인후암
- decade 10년

해석

1920년대와 1930년대에, 영아 돌연사 증후군(SIDS)을 예방하려고 시도하는 동안, 의학 역사에서 비극적이고 비용이 많이 드는 실수가 밝혀졌다. (① 아기들이 밤에 설명할 수 없이 죽는 난처한 상황인, SIDS를 연구하는 연구자들은, 자신들이 그 원인을 규명했다고 믿고 있었다. (②) 많은 죽은 유아들을 조사했을 때 커진 흉선으로 여겨지는 것을 가지고 있었던 것으로 밝혀졌다. (③) 식도 옆에 위치한, 지나치게 큰 흉선이 잠자는 아이의 목의 압력 아래에서 폐로 향하는 공기 흐름을 방해할 수 있다는 추정이었다. (④ 결과적으로, 의사들은 아이들을 고선량의 방사선에 노출시킴으로써 흉선을 줄이려고 시도했다.) 불행하게도, 흉선이 확대되었다는 이론은, "확대된" 것으로 여겨지는 흉선들이 실제로는 정상적인 크기였기 때문에, 불충분한 데이터에 근거하고 있었다. 이 잘못된 접근법은, 그 후 수십 년 동안 방사선에 의한 인후암으로 2만에서 3만 명의 사망자를 낳았다.

20 [독해 – 빈칸 추론 2 (단어, 구, 절)] ▶ ①

난이도 중

해설

작은 요구(부탁)의 힘에 대한 글로, 사회적 상호 작용이 어려운 상황에서 통제력을 되찾기 위해 전략적으로 작은 부탁을 하는 것은 놀랍게도 더 긍정적인 인상을 형성하고 상호 작용의 균형을 유리하게 이동시킬 수 있음을 설명하는 글이다. 세 번째 문장의 '작은 투자'가 상징하는 것은 '가벼운 부탁을 하는 것'이므로 밑줄에 들어갈 말로 알맞은 것은 ①이다.

<table>
<tr><td colspan="3">★ 주제: 작은 요구의 힘 – 변화하는 사회적 역동성</td></tr>
<tr><td>빈칸 문장</td><td colspan="2">선택지 O/X</td></tr>
<tr><td rowspan="2">(4) 이것은 케이크 한 조각을 건네거나 짧게 음료를 마시는 것과 같이 ____ ______ 포함한다.</td><td>O</td><td>① 가벼운 부탁을 하는 것</td></tr>
<tr><td>X</td><td>② 그나 그녀를 내버려두는 것</td></tr>
<tr><td>추론의 근거</td><td>X</td><td>③ 그 또는 그녀에게 친절한 것</td></tr>
<tr><td>(3) 그러나 통제력을 되찾기 위한 전략적 접근은 상대방에게 소액의 투자를 요청하는 것으로 시작하는 것을 포함한다.</td><td>X</td><td>④ 그나 그녀가 하는 말에 귀 기울이는 것</td></tr>
</table>

어휘

- initiate 시작하다
- daunt 겁먹게 하다
- implicitly 은연중에
- dynamic 역학
- entail 포함하다, 수반하다
- briefly 짧게, 잠시
- contrary to ~와는 반대로
- subtly 미묘하게
- reciprocal 상호간의

해석

(1) 어떤 사람들에게 사회적 상호 작용을 시작하는 것에 겁먹을 수 있는데, 이는 그들이 은연중에 "나 좋아해?"라고 묻는 것처럼 느껴질 수 있기 때문이다. (2) 이 역학은 그들이 상대방을 그 상호 작용에서 모든 힘을 가지고 있다고 인식하도록 만들 수 있다. (3) [추론 근거]그러나 통제력을 되찾기 위한 전략적 접근은 상대방에게 작은 투자를 요청하는 것부터 시작하는 것을 포함한다. (4) 이것은 케이크 한 조각을 건네거나 짧게 음료를 마시는 것과 같이 가벼운 부탁을 하는 것을 포함한다. (5) 놀랍게도, 이 단순한 행동은 종종 상대방이 당신에게 더 긍정적인 인상을 형성하는 결과를 낳는다. (6) [주제문]일반적인 생각과는 반대로, 사람들은 누군가에게 호의를 베풀고 나서 그에 대해 더 호감을 갖게 되는 경향이 있으며, 그러한 상호 작용을 통해 영향력의 균형이 미묘하게 당신에게 기울어 질 수 있다는 것을 드러낸다.

2024 공무원 시험 대비 봉투모의고사 5회
영어 정답 및 해설

제5회 모의고사

01 ①	02 ③	03 ②	04 ④	05 ③
06 ④	07 ②	08 ③	09 ②	10 ④
11 ④	12 ③	13 ④	14 ④	15 ④
16 ③	17 ②	18 ④	19 ④	20 ①

01 [어휘 – 빈칸] ▶①

난이도 중

정답 해설

그녀는 몇 주 전의 사건을 생생하게 기억할 수 있다는 내용을 고려해 볼 때 목격자의 완벽한 기억력이라는 내용이 맥락상 어울리므로 빈칸에는 ① impeccable(완벽한, 무결점의)이 적절하다.

오답 해설

② fragile 깨지기 쉬운, 약한 = breakable, delicate, brittle, frail, feeble
③ supercilious 거만한, 건방진
= haughty, arrogant, lofty, pompous, condescending, pretentious, patronizing
④ competent 유능한, 적임의
= 유능한 able, capable, proficient, adept, adroit, skilled, skillful
= 적임의 qualified, eligible

해석

형사는 목격자의 완벽한 기억력을 칭찬했는데, 그녀는 몇 주 전의 사건을 생생하게 기억할 수 있었다.

02 [어휘 – 빈칸] ▶③

난이도 하

정답 해설

교수님이 모호한 개념에 대해 말씀해 주셔서 강의가 어려웠고, 학생들을 당황하게 했다는 내용이 맥락상 어울리므로 빈칸에는 ③ obscure(모호한, 이해하기 어려운, 무명의)이 적절하다.

오답 해설

① objective 목적의, 객관적인, 목적, 목표 cf. subjective 주관적인
② felicitous 적절한, 절묘한, 행복한 = apt, suitable, appropriate
④ precocious 조숙한, 어른스러운

해석

교수님이 모호한 개념들을 논하여서 강의가 어려웠고 학생들은 당황스러워 하였다.

03 [어휘 – 빈칸] ▶②

난이도 상

정답 해설

성급한 의사결정은 예상치 못한 결과를 초래하는 일련의 사건을 촉발시키고 그것이 그의 업무나 팀 전체의 발전에 영향을 미친다는 내용이 맥락상 적절하므로 ② precipitate(촉발시키다, 촉진하다)가 적절하다.

오답 해설

① contemplate 심사숙고하다, 고려하다, 생각하다
③ appreciate 인정하다, 인식하다, 감사하다, 감상하다
④ simulate 흉내 내다, ~인 체하다

해석

Tom의 성급한 의사결정은 예상치 못한 결과를 초래하는 일련의 사건을 촉발시켜 그의 업무뿐만 아니라 팀 전체의 발전에 영향을 미친다.

04 [어휘 – 유의어] ▶④

난이도 하

정답 해설

turn down은 '거절하다, (소리 · 온도 등을) 낮추다'라는 뜻으로 유의어는 ④ reject(거절하다)이다.

오답 해설

① commit 저지르다, 맡기다, 전념하다, 약속하다
② expunge 지우다, 삭제하다
= erase, delete, obliterate, efface, eliminate, wipe out, cross out, scratch out
③ assent 찬성, 승인, 찬성하다 = 찬성하다 agree, consent

해석

그녀는 너무 긴 통근 시간으로 인해 그 직장 제안을 거절하기로 했고, 집 근처의 직책을 선택했다.

05 [어휘 – 유의어] ▶③

난이도 중

정답 해설

put out은 '~을 내놓다, 불을 끄다'라는 뜻으로 유의어는 ③ extinguish(끄다, 없애다, 소멸시키다)이다.

오답 해설

① vanish 사라지다, 없어지다 = disappear, evaporate
② exaggerate 과장하다 = magnify, overstate
④ manipulate 다루다, 조작하다, 조종하다 = operate, handle, maneuver

해석

소방대원들은 불길을 잡기 위해 다양한 전략과 자원을 활용하여 숲 속에서 발생한 격렬한 불을 끄는 데 성공했다.

06 [문법 – 밑줄(단락)] ▶④

난이도 하

정답 해설

④ **[킬포인트 011] to부정사를 목적보어로 취하는 대표 5형식 타동사**
allow는 5형식 동사로 쓰이고 이때 목적어와 목적격 보어가 능동의 의미관계를 나타낼 때는 목적격 보어 자리에 to부정사를 써야 하므로 주어진 문장에서는 have를 to have로 고쳐야 한다.

오답 해설

① **[킬포인트 014] 분사를 목적보어로 취하는 5형식 동사**
find, leave, keep, catch는 목적보어로 분사나 형용사를 취할 수 있다. 밑줄 친 부분의 open은 형용사로, keep의 목적보어로 올바르게 쓰였다.
② **[킬포인트 064] 등위접속사와 병치 구조**
상관접속사 not A but B는 B, not A로 쓸 수 있다. 밑줄 친 부분을 포함한 문장에서 B에 해당하는 a hand shake와 밑줄 친 부분의 not a finger or palm shake가 명사와 명사끼리의 병치 구조로 올바르게 쓰였다.
③ **[킬포인트 037] 동명사의 명사 역할**
mean은 동명사를 목적어로 취할 때 '~을 의미하다'라는 의미로 쓰인다. 따라서 mean 뒤의 목적어 자리에 동명사 목적어인 getting이 올바르게 쓰였다.

지문 해석

비록 악수는 종종 간과되고 잊히지만, 그것들은 중요하고 강한 악수는 관계에 큰 변화를 만들 수 있다. 그리고 오른쪽 악수를 하는 것 또한 중요하다. 무엇보다도, 손을 벌리고, 당신의 악수가 손가락이나 손바닥 악수가 아닌 악수가 되도록 확실히 하라. 이것은 당신의 엄지손가락 관절이 다른 사람의 엄지손가락 관절에 끼워져서, 당신이 완전한 악수를 할 수 있다는 것을 의미한다.

07 [문법 – 문장] ▶②

난이도 중

정답 해설

② **[킬포인트 025] 현재시제 동사와 be동사의 수 일치**
현재시제 동사와 be동사가 나오고 주어와 동사가 멀리 떨어져 있는 경우에는 수 일치에 주의한다. 주어진 문장에서 주어는 Mary이므로 go를 goes로 고쳐야 한다.

오답 해설

① **[킬포인트 019] 과거 시간을 나타내는 부사와 과거시제**
명백한 과거를 나타내는 과거 시간 부사가 나오면 반드시 과거 동사를 확인한다. last 시점은 명백한 과거를 나타내는 과거 시간 부사이므로 과거시제 동사 organized가 올바르게 쓰였다.
③ **[킬포인트 100] 부정대명사의 활용**
'A is one thing, and B is another'는 'A와 B는 별개의 것이다'라는 의미이다. 따라서 주어진 문장은 올바르게 쓰였다.
④ **[킬포인트 078] 비교 대상 일치**
비교 표현 뒤에 that과 those가 나오면 앞에 나온 비교 대상의 수에 따라 단수 명사면 that을 쓰고, 복수명사이면 those를 쓴다. 따라서 주어진 문장에서 higher than 뒤에 단수 명사인 The cost를 받는 that이 올바르게 쓰였다.

선지 해석

① 그 회사는 파트너들과 함께 지난달에 자선 행사를 조직했다.
② Mary는 그녀의 친구들과 함께 한 달에 한 번씩 콘서트에 간다.
③ 약속을 만드는 것과 약속을 지키는 것은 별개이다.
④ 이 도시에서의 생활비는 시골 지역의 생활비보다 높다.

08 [문법 – 영작] ▶③

난이도 중

정답 해설

③ **[킬포인트 071] 유사관계대명사 as, but, than**
유사 관계대명사 but은 'that ~not'의 의미로 but은 그 자체로 부정의 의미를 지니고 있으므로 but 뒤에는 부정부사를 쓰지 않는다. 따라서 doesn't have를 has로 고쳐야 한다.

오답 해설

① **[킬포인트 069] 전치사 + 관계대명사 완전 구조**
lest는 '~하지 않도록, ~하면 안 되니까'라는 의미의 부사절 접속사로 쓰이며 'lest 주어 (should) 동사원형' 구조로 표현한다. 따라서 주어진 문장에서 'lest you should fail'은 올바르게 쓰였다.
② **[킬포인트 069] 전치사 + 관계대명사 완전 구조**
'전치사 + 관계대명사'는 뒤에 완전 구조를 취한다. 주어진 문장에서 our firm collaborated는 완전 구조로 with which 뒤에 올바르게 쓰였다.
④ **[킬포인트 084] 비교급을 이용한 표현**
much less 또는 still less는 앞에 나온 부정 내용과 호응하고 '~은 말할 것도 없이'라는 의미로 쓰인다. 주어진 문장 앞에 '자전거도 탈지 모른다'라는 부정 내용과 쓰이고 있으므로 much less가 올바르게 쓰였다.

09 [생활영어 – 빈칸] ▶②

난이도 하

정답 해석

② 오해하지 마

오답 해석

① 나를 거절하지 마
③ 나에게 기대지 마
④ 나를 두고 가지 마

지문 해석

A: 왜 내 전화를 받지 않았어? 너랑 얘기하고 싶었는데.
B: 미안하지만, 우리는 잠시 떨어져 있는 게 이득일 것 같아.
A: 무슨 말이야? 나랑 헤어지길 원해?
B: 아니야, 오해하지 마. 난 여전히 너를 진심으로 사랑하지만, 그냥 잠깐 혼자만의 시간을 가질 필요를 느껴.

어휘 및 표현

- pick up 전화를 받다
- What are you trying to say? 무슨 말을 하려는 거죠?
- deeply 몹시, 깊이, 진심으로
- get wrong 오해하다, ~에 대해 실수를 하다
- lean on ~에 기대다

10 [생활영어 – 대화] ▶④

난이도 중

정답 해석

④ A: 행사 주최에 관해서 어디까지 이야기했죠?
B: 그냥 거리를 따라 걸어가다가, 첫 번째 교차로에서 오른쪽으로 돌아가세요.

오답 해석

① A: 우승자들을 발표했나요?
B: 제가 알기로는 아니에요. 그것에 대한 소식은 듣지 못했어요.
② A: 내일 아침에 등산가자!
B: 정말 하고 싶은데, 몸이 좋지 않아. 다음으로 미루면 안 될까?
③ A: 새로운 곳으로 이사할 수 있게 도와줘서 고마워.
B: 고맙기는, 친구 좋다는 게 뭐야.

어휘 및 표현

- Not that I know of. 제가 알기로는 아니에요.
- under the weather 몸이 좋지 않은
- Can I have a rain check on that? 다음으로 미루면 안 될까?
- Where were we? 어디까지 이야기했죠?

11 [독해 – 중심 내용 파악] ▶④

난이도 중

해설

전쟁에서 중요한 역할을 한 개들에 대한 글로, 역사적인 순간들에서 개들은 군인들의 동반자로서 용감하게 기능하며, 전쟁에서 중요한 역할을 하였음을 설명하는 글이다. 따라서 글의 제목으로 알맞은 것은 ④이다.

★ 주제: 전쟁에서 중요한 역할을 개들

설명	선택지	O/X
글 전체적으로 개들이 전쟁에서 기여했음을 시간 순서별로 예를 들고 있다.	① 동물을 스파이로 이용하기	X
	② 고대 전쟁 사진	X
	③ 치열한 전투에서의 개들의 죽음	X
	④ 전쟁동안의 개들의 기여	O

어휘

- portray 묘사하다, 그리다
- instrumental 중요한
- alert 알리다, 경보를 발하다
- bravery 용기
- intruder 침입자
- flee 도망가다
- crucial 중요한
- integral 중요한, 필수적인
- search and rescue mission 수색 및 구조 작전

해석

(1) [예시1]고대 이집트 벽화는 군인들이 개들과 함께 행진하는 것을 묘사하는 반면, 페르시아 역사가들은 개들이 그리스 침입자의 접근을 군인들에게 알리는 중요한 역할을 했다고 자세히 설명한다. (2) [예시2]수세기 후, 나폴레옹의 유럽 침공 동안, Moustache라는 이름의 개는 적병에 대항하여 프랑스 국기를 방어함으로써 침입자를 도망가게 하여 놀라운 용기를 보여주었다. (3) [예시3]1차 세계 대전에서, Stubby라는 이름의 영국 개는 독일 스파이를 포착하여 훈장을 받았다. (4) [예시4]게다가, 2차 세계 대전 동안, 경비원, 메시지 전달자, 그리고 수색과 구조 임무의 필수적인 구성원으로서 중요한 역할을 수행하면서, 1만 마리 이상의 개들이 미국 육군에서 복무했다.

12 [독해 – 중심 내용 파악] ▶③

난이도 중

해설

소비의 측면에서 관광을 설명하는 글로, 관광은 소비의 한 형태로서, 문화적 맥락에서 특정 재화나 서비스가 어떻게 결합되는지에 따라 소비자의 사회적 세계에 중요한 영향을 미치며, 민주화된 현대 사회에서는 다양한 의미를 지니고 있음을 설명하고 있다. 따라서 글의 주제로 알맞은 것은 ③이다.

★ 주제: 문화적 맥락에서의 소비 – 관광과 사회적 의미			
주제문		선택지	O/X
이러한 문화적 함축은 소비의 방식과 이유에 영향을 미칠 수 있으며, 관광의 영역도 예외가 아니다.		① 관광의 쓰레기 감소의 필요성	X
		② 현지 사람들에게 미치는 관광의 부정적인 영향	X
		③ 어떻게 관광이 소비재로서 기능을 하는지	O
		④ 세계 관광에 의해 지역 정체성이 약화되는 이유	X

어휘

- embedding 포함, 함축
- exception 예외
- exclusive 배타적인
- affluent 부유한
- undergo 경험하다
- democratization 민주화
- contemporary 현대의
- symbolize 상징하다
- spiritual 영적인
- rejuvenation 재생
- fulfill 실현시키다, 달성하다
- intentionally 고의로

해석

(1) 소비는 정체성의 형성뿐만 아니라 개별 소비자의 사회적 세계에 특정 재화나 서비스가 문화적으로 결합되는 방식에서도 중요한 의미를 갖는다. (2) [주제문]이러한 문화적 함축은 소비의 방식과 이유에 영향을 미칠 수 있으며, 관광의 영역도 예외가 아니다. (3) 한때 부유층에게만 국한되었던 관광은 '민주화'의 과정을 거쳐 현대 사회생활의 널리 받아들여지고 기대되는 요소가 되었다. (4) 게다가, 소비자들 사이에서 관광의 의미는 개인적인 문화적 맥락에 따라 다르다. (5) 누군가에게는 정신적 회복을 상징할 수도 있고, 다른 누군가에게는 꿈이나 환상을 실현할 수도 있다. (6) 또한 관광은 의도적으로 공유된 경험을 추구하는 동료 관광객들과 함께 (일시적인) 사회적 세계와 관계를 맺는 방법이 될 수 있다.

13 [독해 – 문장 제거] ▶ ④

난이도 중

해설

하천의 산소 감소가 수생 생물과 환경에 심각한 영향을 미친다는 글로, 하천은 녹색 식물 없이도 넓은 표면적과 물의 움직임으로 산소를 유지할 수 있지만, 유기물질로 인한 오염은 박테리아 부패로 인해 산소 공급을 감소시켜 수생 생물과 환경에 심각한 영향을 미칠 수 있음을 설명하는 글이다. ④의 진술은 '인간에게 끼치는 악영향'으로 글의 주제와 관련이 없다. 따라서 글의 흐름상 어색한 문장은 ④이다.

★ 주제: 하천의 산소 수준과 오염 – 수생 생물과 환경의 민감한 균형		
O/X	선택지 요약	논지 전개
O	① 그러나 산소 수준이 떨어지면 흐르는 물에 있는 동물들이 영향을 받을 수 있다.	주제문
O	② 결과적으로 하천 공동체는 산소 공급을 감소시킬 수 있는 유기 오염에 매우 민감한다.	수생 생물의 민감성
O	③ 하수나 제지 공장과 같은 산업의 폐기물과 같은 많은 양의 유기 물질을 하천에 버리면 박테리아 부패 과정에서 사용되어 산소가 빠르게 고갈된다.	산소부족의 원인
X	④ 이러한 부패과정에서 나오는 악취는 사람들에게 호흡기 질병을 유발할 가능성이 있다.	인간의 호흡기 질병

어휘

- surface area 표면적
- aquatic organism 수생 생물
- breathe 숨쉬다
- oxygen level 산소 농도
- organic pollution 유기 오염
- sewage 하수
- depletion 감소
- respiratory disease 호흡기 질환

해석

개울은 공기에 노출된 넓은 표면적과 지속적인 물의 움직임 덕분에 녹색 식물이 없어도 대체로 충분한 산소를 가지고 있다. 이것은 수생 생물이 숨쉬기 쉽게 해준다. ① [주제문]그러나 산소 수준이 떨어지면 흐르는 물에 있는 동물들이 영향을 받을 수 있다. ② 결과적으로 하천 공동체는 산소 공급을 감소시킬 수 있는 유기 오염에 매우 민감하다. ③ 하수나 제지 공장과 같은 산업의 폐기물과 같은 많은 양의 유기 물질을 하천에 버리면 박테리아 부패 과정에서 사용되어 산소가 빠르게 고갈된다. (④ 이러한 부패과정에서 나오는 악취는 사람들에게 호흡기 질병을 유발할 가능성이 있다.) 이러한 유형의 하천 오염은 특히 인구가 밀집하고 산업화된 지역에서 심각한 도전을 제기한다.

14 [독해 – 중심 내용 파악] ▶ ④

난이도 중

해설

삶의 규칙에 도전하는 것은 창의력의 발전을 위한 필수적인 요소이며, 역사적인 돌파구는 종종 규범에 도전하는 용기 있는 개인들로부터 나왔음을 강조하는 글이다. 특히, 마지막 문장의 "창의력은 종종 우리가 전통적인 접근법을 고수할 필요가 없다는 깨달음에서 나온다"라는 진술을 통해 글의 요지로 알맞은 것은 ④이다.

★ 주제: 창의력의 발상지 – 규칙에 도전하다			
주제문		선택지	O/X
(3) 창의력을 기르기 위해서는 이러한 규칙에 도전하는 것이 필수적이다.		① 창의적이고 도전적인 사람들만이 역사의 진보를 앞당긴다.	X
		② 창의력은 우연히 생긴 것이 아니고 꾸준한 노력의 산물이다.	X
		③ 바람직한 사회적 규칙은 받아들이는 것이 창의력 신장에 좋다.	X
		④ 기존의 규칙에 대해 의심하고 도전하는 것이 창의력을 높인다.	O

어휘

- outright 명백한
- refusal 거부
- adhering 고수하는
- rigidly 엄격하게
- stifling 억누르는
- foster 촉진하다
- navigation 항해
- Reformation 종교 개혁
- formulate 제정하다, 만들다

해석

(1) 인생은 규칙에 의해 지배되며, 이를 전적으로 따르기를 거부하는 것은 종종 어리석은 짓으로 여겨진다. (2) 그러나, 이러한 규칙을 너무 엄격하게 준수하면 더 이상 삶에 적합하지 않은 패턴을 초래하여 우리의 창조적 잠재력을 억압할 수 있기 때문에 공격해야 할 균형이 있다. (3) [주제문]창의력을 기르기 위해서는 이러한 규칙에 도전하는 것이 필수적이다. (4) 영화 "IQ"에서 아인슈타인을 연기한 Walter Matthau는 Mag Ryan이 연기한 조카에게 "모든 것에 질문하라!"고 충고했다. (5) 역사적인 돌파구는 종종 확립된 규범에 도전하는 사람들에게서 비롯된다는 사실이 맞다. (7) Columbus는 항해 규칙에 도전함으로써 미국을 발견했고, Martin Luther는 교회 규칙에 도전함으로써 종교개혁을 시작했고, Einstein은 뉴턴 물리학에 도전함으로써 상대성 이론을 공식화했다. (8) 창의력은 종종 우리가 전통적인 접근법을 고수할 필요가 없다는 깨달음에서 나온다.

15 [독해 – 세부 정보 파악] ▶ ④

난이도 중

해설

아테네의 민주주의 탄생 과정을 설명하는 글이다. ④의 'Cleisthenes는 위원회를 구성하는 대표자의 수를 늘렸다'의 진술이 일곱 번째 문장의 본문의 내용과 일치한다. 따라서 정답은 ④이다.

★ 주제: 아테네의 민주주의 탄생 – 솔론과 클라이스테네스의 개혁			
선택지		본문	O/X
① 독재자들에 의한 통치에서 왕정으로 전환했다.		(2) 처음에는 왕들에 의해 다스려졌던 아테네는 국민들을 거의 고려하지 않았던 독재자들의 통치로 변화를 겪었다.	X
② Solon은 가장 강력한 권력을 지닌 독재자였다.		(3) 기원전 594년, 유명한 정치가인 Solon이 독재자들을 대체하여 새로운 일련의 규칙들을 시행했다.	X
③ Attica 지역은 기원전 510년에 부족 중심으로 분할되었다.		(5) Cleisthenes는 부족들의 분할을 영토적인 구조로 재조직하여 Attica를 구역들로 나누고, 더 작은 지역으로 세분화하여 각각을 지명된 개인이 대표하는 형태로 재구성했다.	X
④ Cleisthenes는 위원회를 구성하는 대표자의 수를 늘렸다.		(6) 또한, 그는 Solon의 400개의 공의회를 500개의 공의회로 대체하여, 10개의 부족들을 대표하고, 각각 50명의 구성원들로 구성된 500개의 공의회로 대체하여, 귀족들의 힘을 희석시키고 더 공평한 부의 분배를 촉진했다.	O

어휘

- democracy 민주주의
- tyrant 독재자, 폭군
- renowned 유명한
- implement 시행하다, 도구
- esteem 존경하다, 찬탄하다
- territorial 영토의
- represent 대표하다, 대신하다
- aristocracy 귀족
- equitable 공평한, 공정한

해석

(1) 아티카에 위치한 도시국가 아테네는 근대 민주주의의 발상지라는 차별성을 가지고 있다. (2) 처음에는 왕들에 의해 다스려졌던 아테네는 국민들을 거의 고려하지 않았던 독재자들의 통치로 변화를 겪었다. (3) 기원전 594년, 유명한 정치가인 Solon이 독재자들을 대체하여 새로운 일련의 규칙들을 시행했다. (4) 그러나 기원전 510년, 존경 받는 아테네의 Cleisthenes가 Solon의 원칙을 넘어서는 개혁들을 도입했다. (5) Cleisthenes는 부족들의 분할을 영토적인 구조로 재조직하여 Attica를 구역들로 나누고, 더 작은 지역으로 세분화하여 각각을 지명된 개인이 대표하는 형태로 재구성했다. (6) 또한, 그는 Solon의 400개의 공의회를 500개의 공의회로 대체하였고, 각각 50명의 구성원들로 구성된 10개의 부족들을 대표하여 귀족들의 힘을 희석시키고 더 공평한 부의 분배를 촉진했다. (7) 이러한 변화적인 변화들은 아테네에서 민주주의가 출현할 수 있는 기반을 마련했다.

16 [독해 – 순서 배열] ▶ ③

난이도 상

해설

상업화의 영향에 대한 글로, 상업화는 전통적인 농업 공동체의 문화를 해체하고, 이윤 추구가 전통적인 신념을 대체하며, 금전적 이익 중심의 선진국 농업 관점으로의 전환을 촉진하고 있다. 주어진 첫 문장에서는 사회 구조 변화의 주된 원인이 상업화의 증가라고 언급되어 있다. 따라서 다음에 이어질 내용은 상업화가 전통적인 문화에 어떻게 영향을 미치는지에 대한 구체적인 예시인 (C)가 이어져야 한다. 이어서, (A)에서는 상업화의 도입이 전통적인 문화를 점차 해체하고 있다는 것에 대한 구체적인 과정과 결과에 대한 설명이 나와야 하며, 마지막으로 (B)에서는 농부들이 수익을 추구하는 방향으로 전환되면서 음식 생산이 전통적인 문화 및 정신적 연결과의 연관성을 상실하게 되는 과정이 설명되어야 한다. 따라서 글의 순서로 알맞은 것은 ③이다.

★ 주제: 상업화의 영향 – 전통 농업 공동체의 변화		
순서	핵심어	내용 요약
제시문	상업화(commercialization)	사회 구조 변화의 주된 원인이 상업화의 증가
→ (C)	예를 들어(for instance)	상업화가 전통적인 문화에 어떻게 영향을 미치는지에 대한 구체적인 예시
→ (A)	그러나(However)	상업화의 도입이 전통적인 문화를 점차 해체하고 있다는 것에 대한 구체적인 과정과 결과
→ (B)	결국(Eventually)	농부들이 수익을 추구하는 방향으로 전환되면서 음식 생산이 전통적인 문화 및 정신적 연결과의 연관성을 상실하게 되는 과정

어휘

- catalyst 촉매제
- commercialization 상업화
- agrarian 농업의
- industrialized 산업화된, 공업화된
- eroding 침식하는
- dismantle 해체하다, 분해하다
- transition 이행, 전환
- diminishing 줄어드는, 점감하는
- inclination 경향, 성향
- allocate 할당하다
- irrigation 관개, 물을 댐

해석

사회 구조 변화의 주된 촉매제는 상업화의 증가 추세이다.

(C) 예를 들어, 쌀에 대한 경외심은 그것을 신의 선물이자 생명의 유지로 간주하는 것으로 확장되는 전통적인 농부들을 예로 들어보자. 이들 농업 공동체는 매년 쌀 재배 주기를 전후로 사회적, 종교적 행사를 복잡하게 구성한다.

(A) 그러나, 상업화의 출현은 점차 이 전통 문화를 점차 해체하고 있다. 농부들이 개인의 생계를 위해 벼를 재배하는 것에서 이윤을 추구하는 방향으로 이행함에 따라 전통적인 종교적 신념을 기리기 위해 시간, 돈 또는 쌀과 같은 자원을 할당하는 경향이 줄어들고 있다.

(B) 결국, 그들은 식량 생산을 경제적 이익을 위한 수단으로만 간주하고, 선진국의 많은 농부들과 유사한 관점을 채택한다. 쌀 작물의 성공은 비료, 농약, 기계 또는 관개에 투자하는 결과로 환원되어 한때 농업 순환에 깊이 뿌리내렸던 문화적, 정신적 관계를 약화시킨다.

17 [독해 – 세부 정보 파악] ▶ ②

난이도 하

해설

체액 부종에 대한 글이다. ②의 '주로 손이나 팔 부근에서 일어나는 증상이다'라는 진술은 첫 번째 문장의 '"체액 부종"은 사람의 혈액에서, 보통 다리나 발 주변의, 조직으로 액체가 스며들어 축적되는 상태를 말한다'의 본문의 내용과 일치하지 않는다. 따라서 정답은 ②이다.

★ 주제: 체액 부종 – 에스트로겐과 원인에 대한 이해			
선택지		본문	O/X
① 수분이 혈액에서 조직으로 새어 들어가는 것이다.		(1) "체액 부종"은 사람의 혈액에서, 보통 다리나 발 주변의, 조직으로 액체가 스며들어 축적되는 상태를 말한다.	O
② 주로 손이나 팔 부근에서 일어나는 증상이다.			X
③ 남성보다 여성에게서 더 많이 발생한다.		(3) 에스트로겐 수치 때문에, 여성이 남성보다 체액 부종을 더 자주 경험하는 경향이 있다.	O
④ 심장 관련 질환의 징후로 나타날 수도 있다.		(5) 그러나, 어떤 경우, 체액 부종은 심장, 간 또는 폐에 영향을 미치는 상태와 같은 더 심각한 질병의 징후일 수 있다.	O

어휘

- water retention 체액 부종
- fluid 액체
- seep 스며들다
- accumulation 축적
- drain 물을 빼내다[빠지다]
- swollen 부어오른, 불어 난
- encompass 포함하다, 아우르다
- deficiency 결핍, 부족
- prescription 처방전
- medication 약

해석

(1) "체액 부종"은 사람의 혈액에서, 보통 다리나 발 주변의, 조직으로 액체가 스며들어 축적되는 상태를 말한다. (2) 정상적인 상황에서는, 이 액체가 튜브를 통해 자연적으로 배출되지만, 이 과정이 방해되면 조직이 부어오른다. (3) 에스트로겐 수치 때문에, 여성이 남성보다 체액 부종을 더 자주 경험하는 경향이 있다. (4) 체액 부종의 원인에는 염분 섭취, 높은 온도, 영양 결핍 및 특정 처방전 약의 부작용이 포함된다. (5) 그러나, 어떤 경우에는, 수분 저류는 심장, 간 또는 폐에 영향을 미치는 상태와 같은 더 심각한 질병의 징후일 수 있다.

18 [독해 – 문장 삽입] ▶ ④

난이도 상

해설

상관관계와 인과관계에 대한 글로, 상관관계는 우연적일 수 있거나 제3의 요인과 관련이 있을 수 있으며, 인과관계를 파악하기 위해서는 구체적인 메커니즘이 필요함을 강조하는 글이다. 제시문은 우유 섭취와 오래 살 수 있는 것 사이의 상관 관계가 직접적인 인과 관계를 나타내지 않는다고 하고 있다. 이 문장은 우유와 오래 살기라는 두 현상이 동시에 나타나더라도 직접적인 인과 관계가 아닐 수 있다는 관점을 부각시키기 때문에 우유와 암 발생률 간의 상관관계 예시 다음이 적절하므로 주어진 문장이 들어갈 위치로 알맞은 것은 ④이다.

★ 주제: 상관관계와 인과관계의 함정 – 예를 통한 이해

제시문		선택지 ▶ / X		
그러나 이것은 우유를 마시는 것이 직접적으로 수명 연장에 기여한다는 것을 의미하지는 않는다.		X	① 우유 섭취와 암 발생률 간의 상관관계를 주장하는 사람들은 종종 오해를 일으킨다.	통념
핵심어		X	② 더 그럴듯한 설명은 암 진단과 우유 소비가 나이 증가와 긍정적인 상관관계를 가질 때이다.	상관관계
제시문	그러나, 이것은 (Yet, this)	X	③ 우유를 마시는 사람들은 평균적으로 더 오래 살며, 나이가 들면 암에 걸릴 가능성이 높아진다.	상관관계
		▶	④ 우유를 마시는 사람들은 의료 서비스 이용이나 건강한 생활 습관 채택 가능성이 높다.	인과관계

어휘

- correlation 상관관계
- causation 인과관계
- misunderstanding 오해
- accidental 우연한, 돌발적인
- plausible 그럴듯한, 타당한 것 같은, 이치에 맞는
- diagnose 진단하다
- correlate 연관성[상관관계]이 있다
- on average 평균적으로, 대체로
- likelihood 가능성

해석

상관관계가 인과관계를 내포하는지 판단하는 문제는 수많은 오해를 낳는다. A가 어떻게 B를 유발하는지를 설명하는 구체적인 메커니즘이 없다면, 어떤 상관관계도 우연적인 것으로 간주하거나 A와 B 모두 독립적으로 제3의 요인과 관련이 있을 수 있다고 인식하는 것이 현명하다. (①) 예를 들어, 우유를 마시는 것과 암 발병률 사이의 상관관계는 종종 오해를 받는데, 어떤 사람들은 우유를 마시는 것이 암을 유발한다고 주장한다. (②) 그러나, 더 그럴듯한 설명은 암 진단과 우유 소비가 모두 나이 증가와 긍정적인 상관관계가 있다는 것이다. (③) 평균적으로 우유를 마시는 사람은 우유를 마시지 않는 사람보다 더 오래 사는 경향이 있고, 사람들은 나이가 들면서 암에 걸릴 가능성도 증가한다. (④ 그러나 이것이 우유를 마시는 것이 직접적으로 수명 연장에 기여한다는 것을 의미하지는 않는다.) 우유를 마시는 사람은 우유를 마시지 않는 사람에 비해 질 좋은 의료 서비스를 이용하거나 더 건강한 생활 방식을 채택할 가능성이 있다.

19 [독해 – 빈칸 추론 2 (단어, 구, 절)] ▶ ④

난이도 중

해설

효과적인 문서 작성을 위한 논리적 구조에 대한 글로, 보고서나 논문을 작성할 때 연대기적인 문서와 논리적인 문서는 다르며, 독자의 관심을 끄는 논리적인 접근은 새로운 정보와 최신 결과로 시작하여 필요한 경우에만 연대기적 설명을 추가하는 것이 효과적임을 강조하고 있다. 다섯 번째 문장의 핵심어 '새로운 정보'와 여섯 번째 문장의 '시간적 순서'의 비교를 하는 진술을 통해서 밑줄 친 부분에 들어갈 말로 알맞은 것은 ④이다.

★ 주제: 효과적인 문서 작성을 위한 논리적 구조

빈칸 문장	선택지 O/X	
(8) 본질적으로 순서는 엄격한 ______________를 가정하기보다 독자가 새롭고 관련 있는 정보에 관심을 갖는 것을 우선해야 한다.	X	① 창의적인 출구
추론의 근거	X	② 안전 예방책
(5) 더 매력적인 접근 방식은 새로운 정보로 시작하여 최신 결과와 결론을 제시하는 것이다. (6) 작업이나 절차에 대한 긴 연대기적 설명을 제공하는 것은 논문의 핵심 지점이 연대기적 순서를 중심으로 진행되는 경우에만 적합하다.	X	③ 강력한 동기요인들
	O	④ 연대기적 구조

어휘

- logical 논리적인
- emphasize 강조하다
- sequence 순서, 차례
- equate 동일시하다
- chronological 시간 순서대로 된, 연대순의
- misconception 오해
- extensive 광범위한
- tactically 전략적으로
- engaging 매력적인, 호감이 가는
- conclusion 결론, 결말
- prioritize 우선적으로 처리하다
- pertinent 관련 있는, 적절한

해석

(1) 보고서나 논문, 그 밖의 기술적 문서에 대한 최상의 순서는 연결과 순서를 강조하는 논리적인 순서이다. (2) 일부 사람들은 논리적인 것과 연대순의 것들을 동일시할 수 있지만, 이것은 오해이다. (3) 이전 작품에 대한 광범위한 검토를 가진 문서를 시작하는 것은 종종 전술적으로 취약하다. (4) 대부분의 독자들은 이미 이 주제에 대해 잘 알고 있기 때문에 그러한 검토는 불필요하다. (5) [추론 근거]더 매력적인 접근 방식은 새로운 정보로 시작하여 최신 결과와 결론을 제시하는 것이다. (6) 작업이나 절차에 대한 긴 연대기적 설명을 제공하는 것은 논문의 핵심 지점이 연대기적 순서를 중심으로 진행되는 경우에만 적합하다. (7) [주제문]본질적으로 순서는 엄격한 연대기적 구조를 가정하기보다 독자가 새롭고 관련 있는 정보에 관심을 갖는 것을 우선해야 한다.

20 [독해 – 빈칸 추론 2 (단어, 구, 절)] ▶ ①

난이도 상

해설

현실 인식에서의 인지적 함정에 대한 글로, 우리의 감각, 특히 시각, 청각, 촉각은 현실로 향하는 통로이지만, 플라톤의 "영원한 진리"에 대한 직접적인 접근은 불가능하며, 기대와 믿음은 우리의 감각을 왜곡시킬 수 있음을 보여주는 실험 결과를 통해 설명하고 있다. 특히 일곱 번째 문장의 '…종종 기대 때문에 카드놀이를 잘못 인식했다'의 진술을 통해서 밑줄 친 부분에 들어갈 말로 알맞은 것은 ①이다.

★ 주제: 현실 인식에서의 인지적 함정

빈칸 문장	선택지 O/X	
(9) 이것은 기대가 ______________를 보여주었다.	O	① 정확한 인식을 방해하는지
추론의 근거	X	② 피험자의 신뢰를 떨어뜨리는지
(6) 심리학자 Jerome Bruner과 Leo Postman의 주목할 만한 1949년 실험에서, 카드놀이를 하는 속임수를 잠깐 본 피실험자들은 종종 기대 때문에 카드놀이를 잘못 인식했다.	X	③ 경기력에 긍정적인 영향과 부정적인 영향을 주는지
	X	④ 효율적이고 효과적인 인식을 향상시키는지

어휘

- contrary to ~와 달리, 반해서
- eternal truth 영원한 진리
- access 접근하다, 이용하다
- gateway 통로
- infallible 절대 확실한, 틀림없는
- susceptible 취약한, 민감한
- expectation 예상, 기대
- perceive 인식하다
- notable 주목할 만한
- glimpse 잠깐 봄
- interfere with 방해하다

해석

(1) "영원한 진리"에 대한 직접적인 접근이라는 플라톤의 생각과는 달리, 우리의 마음은 그러한 접근을 하지 못한다. (2) 대신에, 우리의 감각, 특히 시각, 청각, 촉각은 현실로 향하는 통로 역할을 한다. (3) [주제문]이러한 감각이 필수적이기는 하지만, 그것들은 절대적이지 않고, 우리를 길을 잃게 할 수 있다. (4) 예를 들어, 시각은 우리가 지각하는 것이 우리의 기존 믿음에 의해 영향을 받기 때문에 오류에 취약하다. (5) 우리의 기대가 우리가 지각하는 것을 형성할 수 있기 때문에, "보는 것이 믿는 것이다"라는 말이 항상 사실로 받아들여지지는 않는다. (6) [추론 근거]심리학자 Jerome Bruner과 Leo Postman의 주목할 만한 1949년 실험에서, 카드놀이를 하는 속임수를 잠깐 본 피실험자들은 종종 기대 때문에 카드놀이를 잘못 인식했다. (7) 예를 들어, 검은 세 개의 하트는 정상적인 세 개의 스페이드로 인식되거나 정상적인 세 개의 하트는 잘못된 색상을 가진 것으로 인식될 수 있다. (8) 이것은 기대가 어떻게 정확한 인식을 방해하는지를 보여주었다.

2024 공무원 시험 대비 봉투모의고사 6회
영어 정답 및 해설

제6회 모의고사

01 ③	02 ①	03 ②	04 ④	05 ④
06 ②	07 ④	08 ③	09 ③	10 ③
11 ③	12 ②	13 ②	14 ②	15 ④
16 ②	17 ②	18 ④	19 ③	20 ②

01 [어휘 – 빈칸] ▶③

난이도 중

정답 해설

그는 고위 임원들에 대한 존경심이 전혀 없었다는 내용을 고려해 볼 때 그의 행동이 무례하다는 내용이 맥락상 어울리므로 빈칸에는 ③ impudent(무례한, 버릇없는)가 적절하다.

오답 해설

① auspicious 길조의, 상서로운 = favorable, promising, propitious
② vigilant 방심하지 않는, 조심성 있는
= careful, cautious, heedful, alert, aware, attentive, watchful, wary, circumspect
④ submissive 복종하는, 순종하는, 유순한

해석

회의 중에 그의 무례한 행동은 모든 사람들을 놀라게 했는데, 그는 고위 임원들에 대한 존경심이 전혀 없었다.

02 [어휘 – 빈칸] ▶①

난이도 중

정답 해설

그녀는 항상 제시간에 과제를 완수하고 세세한 부분까지 신경을 많이 쓴다는 내용을 고려해 볼 때 성실한 학생이라는 내용이 맥락상 어울리므로 빈칸에는 ① conscientious(양심적인, 성실한)가 적절하다.

오답 해설

② conciliatory 달래는, 회유하는 = placatory, appeasing
③ inimical 적대적인, 해로운 = harmful, detrimental, deleterious, prenicious
④ destitute 빈곤한, 결핍된
= poor, needy, penniless, impoverished, indigent, impecunious

해석

그녀는 항상 제시간에 과제를 완수하고 세세한 부분까지 신경을 많이 쓰는 성실한 학생이다.

03 [어휘 – 유의어] ▶②

난이도 중

정답 해설

reckon은 '간주하다, 여기다, 생각하다, 계산하다'라는 뜻으로 유의어는 ② consider(고려하다, 여기다, 생각하다)이다.

오답 해설

① impair 손상시키다, 악화시키다
= harm, damage, undermine, worsen, make worse
③ conform 따르다, 순응하다
= 따르다 obey, observe, follow, adhere to, abide by, comply with
④ assimilate 동화되다, 완전히 이해하다[소화하다]

해석

그들은 해변을 방문하기에 가장 좋은 시간은 인파를 피하고 일출을 즐기기 위한 이른 아침이라고 생각한다.

04 [어휘 – 유의어] ▶④

난이도 중

정답 해설

formidable은 '강력한, 가공할 만한, 무시무시한, 무서운'이라는 뜻으로 유의어는 ④ invincible(강력한, 무적의, 정복할 수 없는)이다.

오답 해설

① infantile 어린애 같은, 유치한 = childish, immature
② inadvertent 고의가 아닌, 우연한, 부주의한
= 우연한 accidental, incidental, unplanned, unintentional
③ indisposed 마음이 내키지 않는, 기분[몸]이 안 좋은
= disinclined, unwilling, reluctant

해석

회사의 확장 계획은 정부가 시행한 엄격한 규제라는 강력한 장애물에 직면했다.

05 [어휘 – 유의어] ▶④

난이도 중

정답 해설

stave off는 '피하다, 막다'라는 뜻으로 유의어는 ④ ward off(피하다, 물리치다)이다.

오답 해설

① pay off 성공하다, ~을 다 갚다[청산하다]
② take off 이륙하다, 벗다, 쉬다, 빼다
③ show off ~을 자랑하다

해석

그 선도 기업은 신흥 시장 기업과의 경쟁을 피하기 위해 혁신적인 전략을 도입했다.

06 [문법 – 밑줄(단락)] ▶②

난이도 중

정답 해설

② **[킬포인트 055] 다양한 도치구문**
'so 조동사 주어'는 앞에 나온 문장이나 절과 호응해서 쓰이는 도치 구문으로 so 뒤에 조동사는 앞에 나온 문장이나 절의 동사에 따라 결정된다. 앞에 나온 절에서 일반동사 has가 쓰였고 so의 주어는 Acro dance이므로 has를 does로 고쳐야 한다.

오답 해설

① **[킬포인트 074] 전치사와 명사 목적어**
전치사는 뒤에 명사나 동명사를 목적어로 취할 수 있다. 밑줄 친 부분에 전치사 via는 '통하여, 경유하여'라는 의미로 뒤에 명사 목적어인 contemporary circus productions를 취하고 있으므로 올바르게 쓰였다.
③ **[킬포인트 066] 부사절 접속사의 구분과 특징**
so that은 목적을 의미하는 부사절 접속사로 '주어 + 동사' 완전 구조를 취한다. 따라서 밑줄 친 부분에서 so that은 올바르게 쓰였다.
④ **[킬포인트 048] to부정사의 부사적 역할**
in order to부정사는 '~하기 위해'라는 의미로 to부정사의 부사적 역할로 쓰인다. 따라서 밑줄 친 부분에 in order to avoid는 올바르게 쓰였다.

지문 해석

아크로 무용은 Cirque du Soleil와 같은 현대 서커스 제작물과 1800년대의 전문 무용 공연장을 통해서 충분한 자격이 있는 명성과 주목을 받았다. 모든 무용에 무용수들이 공연하는 것을 도와주는 특별한 의상이 있는 것과 마찬가지로 아크로 무용도 그러하다. 무용수는 정해진 춤 동작을 하는 동안, 어떠한 사고와 집중력의 방해를 피하기 위해, 언제나 머리카락이 얼굴에서 떨어져서 벗어나 있도록 머리카락을 주로 말총머리 모양으로 묶어 올린다.

07 [문법 – 문장] ▶④

난이도 중

정답 해설

④ **[킬포인트 049] to부정사의 동사적 성질**
문장의 본동사의 시제는 현재이고 to부정사의 발생 시점은 과거이므로 완료형 부정사를 써야 한다. 주어진 문장에서 본동사는 현재 시제이고 to부정사가 발생한 시점은 과거에 관한 내용이기 때문에 to부정사를 완료형으로 표현해야 한다. 따라서 to sing을 to have sung으로 고쳐야 한다.

오답 해설

① **[킬포인트 062] if 생략 후 도치된 가정법**
과거 사실에 대한 반대를 가정할 때는 가정법 과거완료 공식인 'if 주어 had p.p. ~, 주어 would/should/could/might have p.p.'로 쓴다. 이때, if가 생략된다면 'Had + 주어 + 과거분사~, 주어 would/should/could/might have p.p.'로 도치된다. 따라서 주어진 문장에서 Had they arrived ~와 would have caught는 올바르게 쓰였다.
② **[킬포인트 041] 감정 분사와 분사형 형용사**
감정분사는 감정분사의 수식을 받는 명사가 감정을 느낄 때 과거분사의 형태로 쓰고 감정을 유발할 때는 현재분사를 쓴다. 분사구문의 의미상 주어가 사람 he이고 감정을 느낀다는 의미이므로 과거분사 Annoyed가 올바르게 쓰였다.
③ **[킬포인트 053] 주의해야 할 조동사와 조동사 관용 표현**
'조동사 have p.p.'는 과거의 후회나 유감 또는 추측을 나타낸다. 따라서 밑줄 친 부분에서 should have finished는 '끝냈어야 했다'라는 의미로 과거에 대한 후회나 유감을 나타내는 표현으로 올바르게 쓰였다.

선지 해석

① 만약 그들이 제시간에 도착했다면, 그들은 기차를 탔을 텐데.
② 계속되는 방해로 짜증나서, 그는 조용히 해 달라고 요청했다.
③ 마지막에 서두르는 것을 피하고자 과제를 더 일찍 끝냈어야 했다.
④ 어젯밤 그녀가 행사에서 노래를 불렀다고 믿고 있다.

08 [문법 – 영작] ▶ ③

난이도 중

정답 해설

③ **[킬포인트 004] 주절의 주어 동사가 중요한 부가의문문**
부가의문문의 주절이 I think/believe/suppose/guess 등으로 시작할 때는 종속절 주어와 동사로 부가의문문을 만든다. 따라서 주어진 문장에서 don't I를 hasn't she로 고쳐야 한다.

오답 해설

① **[킬포인트 003] 어순이 중요한 간접의문문**
간접의문문은 명사절 중 하나로 '의문사 + (주어) + 동사'의 평서문 어순을 쓴다. 따라서 주어진 문장에서 의문사 where 뒤에 주어와 동사 어순으로 올바르게 쓰였다.
② **[킬포인트 008] 4형식으로 착각하기 쉬운 3형식 타동사**
suggest와 같은 3형식 타동사는 4형식 구조인 간접목적어(주로 사람) + 직접목적어(주로 사물)를 취할 수 없으므로 간접목적어에 해당하는 내용은 전치사 to와 함께 쓰이고 목적어는 한 개만 취한다. 따라서 주어진 문장은 올바르게 쓰였다.
④ **[킬포인트 024] 시제 관련 표현**
'Not until 명사' 또는 'Not until 주어 동사' 구조가 문장 처음에 위치하면 주절이 조동사와 주어로 도치된다. 따라서 주어진 문장에서 did she realize는 올바르게 쓰였다.

선지 해석

① 이 주변에 좋은 레스토랑이 어디 있는지 알려 줄래?
② 의사는 그들에게 그들이 식단을 바꾸어야 한다고 제안했다.
③ 내 생각에 그녀가 이미 당신의 숙제를 끝냈을 거야, 그렇죠?
④ 손님이 떠난 후에야 비로소 그녀는 자신의 실수를 깨달았다.

09 [생활영어 – 빈칸] ▶ ③

난이도 하

정답 해석

③ 당장 생각이 안 나

오답 해석

① 너를 실망시키지 않을 거야
② 그걸 다시 공부해야겠어
④ 내게 꼭 편지 하는 거 잊지마

지문 해석

A: 너 Mary의 전화번호 알아?
B: 오, Mary의 전화번호? 지금 주소록이 없어. 당장 생각이 안 나.
A: 유감이야! 나는 그를 찾아야 하는데. 급하거든. 오늘 못 찾으면 문젠데.
B: 그럼 Beatrice에게 전화해 보는 게 어때? 그녀가 그의 전화번호를 가지고 있거든.
A: 전화해봤는데 전화를 안 받아.

어휘 및 표현

- urgent 긴급한, 시급한, 다급한
- let down ~를 실망시키다
- brush up on ~을 복습하다, ~을 공부를 다시 하다
- drop me a line 편지 해줘

10 [생활영어 – 대화] ▶ ③

난이도 중

정답 해석

③ A: 새 기기에 대한 이 설명서를 이해할 수 있어?
B: 응. 무슨 말인지 모르겠어.

오답 해석

① A: 새로운 스마트폰 모델 봤어?
B: 응, 그리고 가격이 믿을 수 없을 정도로 낮아. 그것은 거의 헐값이야!
② A: 방금 이 재킷을 샀는데 너무 비싼 것 같아.
B: 어디 한번 볼게. 아, 바가지 썼구나. 이 브랜드는 다른 곳이 더 저렴해.
④ A: 나는 이 프로젝트를 마감일까지 끝낼 수 없을 것 같아.
B: 천천히 해. 넌 충분히 해낼 수 있을 거야.

어휘 및 표현

- That's a steal! 그것은 거의 헐값이다!
- got ripped off 바가지 쓰다
- It's all Greek to me. 무슨 말인지 모르겠다.
- Take your time. 천천히 해.

11 [독해 – 세부 정보 파악] ▶ ③

난이도 중

해설

Napoleon의 죽음 원인에 대한 일반적인 믿음은 위암이지만, 최근 증거들은 독살 가능성을 제기하며, Sten Forshufvud의 주장과 1840년 Napoleon의 관 재조사에서 나온 비소 중독 증거가 이를 뒷받침하고 있다. ③의 '비소가 Napoleon의 시신 부패를 촉진시켰다는 증거가 발견되었다'의 진술은 네 번째 문장의 'Napoleon의 가족은 그의 말년 동안 그가 졸림, 불면증, 발 붓기, 그리고 과도한 체중 증가를 포함한 비소 중독과 유사한 증상을 보였다고 말한다.'의 본문의 내용과 일치하지 않는다. 따라서 정답은 ③이다.

★ 주제: Napoleon의 죽음 – 기존 이론에 도전하는 새로운 증거

선택지	본문	O/X
① Napoleon은 사망 원인이 위암으로 알려져 있다.	(1) 일반적으로 통용되는 믿음은 Napoleon의 죽음을 위암 때문이라고 하지만, …	O
② Napoleon은 독살되었다는 의혹이 제기되었다.	(1) …최근의 증거들은 그가 고의적으로 독살되었을 수도 있다는 것을 암시한다.	O
③ 비소가 Napoleon의 시신 부패를 촉진시켰다는 증거가 발견되었다.	(4) Napoleon의 가족은 그의 말년 동안 그가 졸음, 불면증, 발 붓기, 그리고 과도한 체중 증가를 포함한 비소 중독과 유사한 증상을 보였다고 말한다.	X
④ Napoleon의 머리카락 분석 결과 비소 잔류량이 높았다.	(5) 친척들이 제공한 Forshufvud 박사의 보존된 머리카락에 대한 화학적 분석은 높은 비소 수치를 드러냈다.	O

어휘

- attribute (~을 …의) 결과로 보다
- deliberately 고의적으로
- contend 주장하다, 다루다
- orchestrate 조직하다
- telltale 숨길수 없는
- overdose 과다 복용
- insomnia 불면증
- preserve 보존하다, 관리하다
- startling 아주 놀라운, 특이한
- conventional 전통적인, 종래의
- foul play 살인, 부정행위

해석

(1) 일반적으로 통용되는 믿음은 Napoleon의 죽음을 위암 때문이라고 하지만, 최근의 증거들은 그가 고의적으로 독살되었을 수도 있다는 것을 암시한다. (2) Sten Forshufvud는 그의 책 "The Murder of Napoleon"에서 경쟁자가 Napoleon의 독살을 조직했다고 주장한다. (3) Napoleon의 시신을 조사한 결과, 비소 과다 복용의 숨길수 없는 징후인 간의 확장이 나타났다. (4) Napoleon의 가족은 그의 말년 동안 그가 졸음, 불면증, 부어오른 발, 그리고 과도한 체중 증가를 포함한 비소 중독과 유사한 증상을 보였다고 말한다. (5) 친척들이 제공한 Napoleon의 보존된 머리카락에 대한 Forshufvud 박사의 화학적 분석은 높은 비소 수치를 드러냈다. (6) 가장 놀라운 증거는 1840년 Napoleon의 관이 다시 열렸을 때 나타났는데, 그 결과 Napoleon의 시체가 잘 보존되어 있었는데, 이는 비소 중독과 관련된 결과이다. (7) 이것은 Napoleon의 죽음에 대한 전통적인 이야기에 도전하며, 비소 중독을 통한 살인 가능성을 소개한다.

12 [독해 – 중심 내용 파악] ▶②

난이도 하

해설

미국 독립 전쟁에서 프랑스의 결정적인 역할에 관한 글이다. 일곱 번째 문장의 '이 사건은 독립 전쟁 동안 미국의 대의명분에 대한 프랑스의 중요한 지원을 강조했다'의 진술을 통해 프랑스의 역할을 소개하고 있다. 따라서 글의 주제로 알맞은 것은 ②이다.

★ 주제: 미국 독립에 있어서의 프랑스의 역할

주제문	선택지	O/X
(8) 이 사건은 독립 전쟁 동안 미국의 대의명분에 대한 프랑스의 중요한 지원을 강조했다.	① 프랑스의 영국 침공	X
	② 미국의 독립에 있어서의 프랑스의 역할	O
	③ 왜 영국 식민지인들이 미국으로 이민을 갔는가	X
	④ 미국인과 영국인 간의 우정	X

어휘

- struggle for ~을 위해 싸우다
- dominance 우위
- span 걸치다, 걸쳐 이어지다
- onset 시작, 개시
- declare 선언하다, 공표하다
- extend 확대하다, 확장하다, 연장하다
- pivotal 중추적인, 중심이 되는
- exemplify 전형적인 예가 되다, 예를 들다
- siege 포위
- sail 항해하다
- thwart 좌절시키다
- compel 강요하다, 강제하다
- surrender 항복하다, 굴복하다, 투항하다

해석

(1) 미국 독립 전쟁이 시작되기 전에 영국과 프랑스 사이의 북미에서의 우위 경쟁은 한 세기 이상 걸쳐 지속되었다. (2) 미국 식민지 주민들이 1776년에 영국으로부터의 독립을 선언했을 때, 프랑스는 재빨리 적극적인 지원을 확대했다. (3) 프랑스가 전쟁에서 발휘한 중추적인 역할은 1781년 Chesapeake 전투가 전형적인 예가 되었다. (4) 미국군은 영국군의 주요 지휘관과 그의 군대가 주둔하고 있는 버지니아주의 요크타운에 포위 공격을 가했다. (5) 포위를 풀기 위한 시도로, 영국 군함은 뉴욕에서 항해했지만, 프랑스 군함에 의해 Chesapeake만으로 들어가는 것은 막혔다. (6) 요크타운의 영국 장군이 미국 식민지 주민들에게 항복하도록 강요하면서, 프랑스 해군은 효과적으로 그 만을 지켰다. (7) [주제문]이 사건은 독립 전쟁 동안 미국의 대의명분에 대한 프랑스의 중요한 지원을 강조했다.

13 [독해 – 중심 내용 파악] ▶②

난이도 하

해설

행운은 겉보기에는 우연의 일치가 아니라 주도권을 통해 통제 가능한 요소들에 긍정적인 영향을 미치는 능력이며, 긍정적인 태도와 자신의 노력이 행운과 연결되어 있음을 두 번째 문장과 마지막 문장을 통해 강조하는 글이다. 따라서 글의 제목으로 적절한 것은 ②이다.

★ 주제: 행운의 실체 – 주도권, 긍정적 태도, 그리고 노력

주제문	선택지	O/X
(7) 결국, 행운은 우연의 결과가 아니라 자신의 노력과 관점의 산물이다.	① 당신의 인식을 믿지 마라	X
	② 운은 태도의 문제다	O
	③ 당신은 모든 것을 통제할 수 없다	X
	④ 미신 뒤에 숨겨진 진실	X

어휘

- notion 개념
- superstition 미신
- exert 행사하다, 힘을 쓰다, 발휘하다
- initiative 주도적인 행동
- positively influence 긍정적으로 영향을 미치다
- perception 인식
- attitude 태도
- concentrating 집중하는
- fixate 고정시키다
- perspective 관점

해석

(1) 어떤 사람에게 좋은 일이 지속적으로 일어난다는 생각은 행운의 매력을 가지고 있거나 네 잎 클로버를 발견해서가 아니며, 그것들은 미신에 불과하다. (2) [주제문]사실, 행운은 겉보기에는 통제할 수 없는 요소들에 대한 통제력을 발휘하는 것이다. (3) 주도권을 갖는다는 것은 종종 이러한 요소들에 긍정적인 영향을 미칠 수 있는 능력을 드러낸다. (4) 게다가, 행운은 인식과 연결되어 있다. (5) 긍정적인 태도를 가진 사람들은 자신의 삶에서 발생하는 긍정적인 사건들에 집중하면서 자신을 행운이라고 생각하는 경향이 있다. (6) 반대로, 부정적인 태도를 가진 사람들은 종종 좋은 점을 간과하고 부정적인 것에 집착하여, 그들이 불운을 느끼도록 한다. (7) [주제문]결국, 행운은 우연의 결과가 아니라 자신의 노력과 관점의 산물이다.

14 [독해 – 문장 삽입] ▶②

난이도 상

해설

공포 영화는 목표적으로 공포를 유발하나, 극장에서의 공포는 다른 경험이며, 관객들은 환경적인 통제와 공유된 경험으로 인해 실제 공포 반응이 아니라 스릴을 즐길 수 있음을 설명하는 글이다. 주어진 제시문은 '공포영화를 볼 때의 환경'에 대한 진술로 주제문의 성격을 가지며, ②, ③ 뒤의 진술이 구체적인 '공포영화를 볼 때의 환경'에 대한 진술이다. 따라서 ②에 위치해야 한다.

★ 주제: 실제 공포와는 다른 공포 영화의 경험

제시문		선택지 ▶ / X	
중요한 요소는 관객들이 무엇을 기대할지 예상하는 종종 익숙한 영화관과 같은 환경이다.	X	① 실제 공포와 공포 영화에서의 공포는 다름	주제문
	▶	② 비슷한 취향을 가진 사람들과 함께 함	세부사항: 환경
핵심어	X	③ 이 통제되는 환경이 공포를 완화시킴	
제시문: 중요한 요소는 환경 (A key factor is the setting)	X	④ 결과적으로 흥분을 줄 수 있도록 균형을 이룬 신나는 공포 수준을 만들어 냄	결과

어휘

- anticipate 예상하다, 기대하다
- explicit 명백한, 분명한, 노골적인
- surround 둘러싸다, 에워싸다
- unfold 펼치다, 밝히다
- communal 공동의, 공용의
- buffer 완충재, 완화하다
- mitigate 완화키시다, 경감시키다
- elicited 유발된
- exhilarating 신나는, 즐거운
- thrill 흥분, 설렘, 황홀감
- trigger 유발하다, 일으키다

해석

공포를 유발한다는 영화의 명백한 목표에도 불구하고 많은 사람들은 공포 영화를 보는 것에서 즐거움을 찾는다. (①) [주제문]실제 공포와 달리 공포 영화를 보는 경험은 상당한 방식에서 다르다. (② 중요한 요소는 관객들이 무엇을 기대할지 예상하는 종종 익숙한 영화관과 같은 환경이다.) 자발적으로 영화관에 입장료를 내고 비슷한 취향을 가진 사람들과 함께 하면, 관객들은 무서운 장면들이 펼쳐지는 것을 함께 목격하며 공유된 경험을 만들어 낸다. (③) 이 통제되고 공동체적인 환경은 화면 속 내용으로부터 유발되는 공포를 완화시키는 완충 역할을 한다. (④) 결과적으로 현실에서의 진정한 두려움 반응을 유발하지 않으면서도 흥분을 줄 수 있도록 조심스럽게 균형을 이룬 신나는 공포 수준을 만들어 낸다.

15 [독해 – 세부 정보 파악] ▶④

난이도 하

해설

왕관 여우원숭이의 서식지와 특징에 대한 글이다. ④의 '암수가 섞인 작은 무리를 이루어 생활한다'의 진술이 일곱 번째 문장의 '이 여우원숭이들은 성체와 자손으로 구성된 작은 혼성 그룹을 형성하며…'의 본문의 내용과 일치한다. 따라서 정답은 ④이다.

★ 주제: 왕관 여우원숭이의 특징		
선택지	본문	O/X
① 등에 왕관 모양의 주황색 무늬가 있다.	(3) 두 성별 모두 독특한 주황색 머리 무늬를 공유하는데, 여기에서 그 이름이 유래되었다.	X
② 낮보다는 주로 밤에 활동하는 편이다.	(4) 왕관 여우원숭이는 낮에 주로 활동하며, 밤에는 2시간 동안 짧은 활동을 한다.	X
③ 나무 위에서 활동하고 땅으로 내려오지 않는다.	(5) 대부분의 시간을 높은 숲의 가지에서 보내지만, 종종 땅으로 내려와 먹이를 찾고 이동한다.	X
④ 암수가 섞인 작은 무리를 이루어 생활한다.	(6) 이 여우원숭이들은 종종 최대 15마리까지 이룰 수 있는 성인과 새끼로 포함한 소규모 혼성 그룹을 형성한다.	O

어휘

- attain 이르다, 달하다
- reddish-brown 적갈
- hue 빛깔, 색조
- distinctive 독특한
- derive 유래하다, 파생하다, 끌어내다
- primarily 주로
- brief 짧은, 잠시 동안의
- lofty 아주 높은, 우뚝한
- forage 먹이를 찾다
- comprise 이뤄지다, 구성되다
- offspring 새끼, 자식
- indigenous 토착의, 원산의
- thrive 번성하다, 번영하다

해석

(1) 왕관 여우원숭이는 동족 여우원숭이와 비교하여 평균적인 크기를 가진다. (2) 수컷 왕관 여우원숭이는 일반적으로 어두운 적갈색을 띠는 반면 암컷은 더 가볍고 회색이다. (3) 두 성별 모두 독특한 주황색 머리 무늬를 공유하는데, 여기에서 그 이름이 유래되었다. (4) 왕관 여우원숭이는 낮에 주로 활동하며, 밤에는 2시간 동안 짧은 활동을 한다. (5) 대부분의 시간을 아주 높은 숲의 가지에서 보내지만, 종종 땅으로 내려와 먹이를 찾고 이동한다. (6) 이 여우원숭이들은 종종 최대 15마리까지 이룰 수 있는 성인과 새끼로 포함한 소규모 혼성 그룹으로 이뤄 진다. (7) 마다가스카르 북부 숲에서 자생하는 왕관 여우원숭이는 아프리카 섬나라의 자연 서식지에서 번성한다.

16 [독해 – 순서 배열] ▶ ②

난이도 중

해설

인구 증가와 저축 계좌의 유사성과 환경 자원의 중요성에 대한 글이다. 주어진 문장의 '저축 계좌에서의 돈의 성장' 다음에는 '인구 증가의 기하급수적인 패턴'에 대한 (B)가 이어져야 하고, '돈의 기하급수적인 성장'과 비교가 되는 '인구 증가의 제약 요인'에 대한 (A)로 이어지며, 마지막으로 '자원 부족과 인구 증가의 영향'에 대해 언급하는 (C)로 이어져야 한다. 따라서 글의 순서로 알맞은 것은 ②이다.

★ 주제: 인구 증가와 저축 계좌의 유사성 – 환경 자원의 중요성		
순서	핵심어	내용 요약 및 논지 전개
제시문	저축 계좌에서 돈의 성장	저축 계좌에서의 돈 성장
→ (B)	마찬가지로(Similarly)	인구 증가의 기하급수적인 패턴
→ (A)	그러나(However)	인구 증가의 한계
→ (C)	결과적으로(Consequently)	자원 부족과 인구 증가의 연관성

어휘

- deposit 예금, 예금하다
- interest 이자, 이자율
- population 인구, 주민
- reproduce 번식하다
- exponential 기하급수적인
- indefinite 무한정의, 무기한의
- accumulation 누적
- constrain 제한하다, 제약하다
- availability 가용성, 이용 가능성
- curtail 축소시키다, 삭감시키다
- stabilization 안정화

해석

저축 계좌에서 돈의 성장은 기하급수적이며, 초기 예금은 이자를 얻고 저축 금액이 증가함에 따라 자신의 이자를 얻는다.

(B) 마찬가지로 인구 증가는 기하급수적인 패턴을 따르는데, 여기서 새로운 구성원들이 결국 성장하고 번식하며 더 많은 인구 증가에 기여한다.

(A) 그러나, 저축 계좌에 돈이 무한정으로 누적되는 것과는 달리, 인간, 동물 또는 식물과 같은 모든 인구는 한계에 직면한다. 모든 인구의 성장은 환경 내 자원의 가용성에 의해 제한된다.

(C) 결과적으로, 식량이나 물과 같은 필수 자원이 부족해지면 인구의 기하급수적인 증가가 줄어들어 질병이나 기아 등의 요인으로 인해 안정화되거나 감소하게 된다. 이는 인구의 성장 원동력을 형성하는 데 있어 환경 자원의 중요한 역할을 강조한다.

17 [독해 – 문장 제거] ▶ ②

난이도 중

해설

삼림 벌채로 인한 환경 파괴는 전 세계적으로 생물 다양성과 기후 균형을 위협하며, 원주민 지역사회는 이주와 자원 상실로 빈곤의 악순환에 빠지고 있어서, 세계적인 노력이 필요함을 강조하는 글이다. ②의 '자원 상실로 인해 이주를 해야 하는 원주민들을 수용할 수 있는 장소와 생계수단을 공급하는 것이 시급한 문제가 되었다'의 진술은 '삼림 벌채로 인한 생물 다양성과 기후에 대한 악영향'이라는 글의 주제와 관련이 없다. 따라서 글의 흐름상 어색한 것은 ②이다.

★ 주제: 삼림 벌채로 인한 생물 다양성과 기후에 대한 악영향		
O/X	선택지 요약	논지 전개
O	① 원주민 공동체는 숲에 의존하여 이주와 자원 상실에 직면하며 빈곤의 악순환에 빠진다.	문제점
X	② 자원 상실로 인해 이주해야 하는 원주민들에게는 즉각적인 수용처와 생계수단을 제공하는 것이 급박한 문제가 되었다.	원주민에 대한 대책
O	③ 삼림 고갈은 기후 규제에서 중요한 역할을 하는 이산화탄소를 지구의 능력을 저해한다.	문제점
O	④ 삼림 벌채로 인한 서식지 감소는 수많은 종의 멸종으로 이어지며, 생태 균형을 유지하는 데 중요한 생명의 연결망을 방해하고 있다.	문제점

어휘

- deforestation 삼림 벌채, 삼림 파괴
- logging 벌목
- biodiversity 생물 다양성
- ecosystem 생태계
- delicate 섬세한, 연약한, 허약한
- accommodate 수용하다, 공간을 제공하다
- depletion 고갈, 감소
- extinction 멸종, 소멸
- disrupt 방해하다, 지장을 주다

해석

농업 및 나무 벌채와 같은 활동에 의해 촉진되는 삼림 파괴는 생물 다양성에 심각한 위협을 가하며 전 세계적으로 생태계를 혼란스럽게 만든다. 삼림의 빠른 개간은 기후 변화의 원인이 되어 환경의 섬세한 균형을 위협하고 전 지구적인 기후 위기를 고조시킨다. ① 생계를 위해 숲에 의존하는 원주민 공동체는 이주와 자원 상실에 직면해 빈곤의 악순환이 유지된다. (② 자원 상실로 인해 이주를 해야 하는 원주민들을 수용할 수 있는 장소와 생계수단을 공급하는 것이 시급한 문제가 되었다.) ③ 삼림 고갈은 기후 조절의 중요한 요소인 이산화탄소를 흡수하는 지구의 능력을 저해한다. ④ 삼림 벌채로 인한 서식지 감소는 수많은 종의 멸종으로 이어지며, 생태 균형을 유지하는 데 중요한 생명의 연결망을 방해하고 있다. 세계적인 노력은 삼림 파괴에 대항하고 생물 다양성을 보존하며 기후 변화의 영향에 대응하고 취약한 지역사회의 복지를 보장하는 데 중요하다.

18 [독해 – 중심 내용 파악] ▶ ④

난이도 중

해설

나노 기술의 발전으로 인해 물질의 나노크기 변화가 다양한 제품에 혁신적인 응용을 불러올 전망이며, 과학자들은 나노크기로 축소될 때 나타나는 특이한 특성을 활용하여 새로운 물질을 개발하는 데 주력하고 있음을 세 번째 문장의 진술을 통해서 강조하고 있다. 따라서 글의 요지로 알맞은 것은 ④이다.

★ 주제 : 물질의 나노크기 변화와 혁신적인 응용			
주제문		선택지	O/X
(3) 익숙한 물질이 나노크기로 축소될 때 특이한 특성을 보이기 때문에 나노 기술의 변혁적 잠재력은 새로운 물질의 개발로 이어질 수 있는 능력에 있다.		① 나노 기술이 적용되는 분야는 정해져 있다.	X
		② 기술을 실용화하기 전 검증 단계를 거쳐야 한다.	X
		③ 나노 사이즈로 축소된 알루미늄 포일은 폭발할 수 있다.	X
		④ 나노 기술을 통해 색다르고 유용한 물질을 개발할 수 있다.	O

어휘

- practical 실용적인, 실제적인
- application 응용, 적용
- emerge 나타나다
- broad 넓은
- transformative 변형의, 변화시키는
- novel 새로운, 신기한
- peculiar 특이한, 특수한
- property 특성, 특질
- deviate 벗어나다
- enthusiastic 열렬한, 열광적인

해석

(1) 나노 기술은 오래전부터 존재해 왔지만, 실용적인 응용은 이제 막 등장했다. (2) 이러한 응용은 의류에서 배터리에 이르기까지 광범위한 제품에 영향을 미칠 것으로 보인다. (3) [주제문]익숙한 물질이 나노크기로 축소될 때 특이한 특성을 보이기 때문에 나노 기술의 변혁적 잠재력은 새로운 물질의 개발로 이어질 수 있는 능력에 있다. (4) 예를 들어, 알루미늄 호일을 약 20~30나노미터로 줄이면 우리의 기대에 벗어나며 심지어 폭발할 수 있다. (5) 나노크기의 모든 물질이 그렇게 극적인 변화를 겪는 것은 아니지만, 과학자들은 혁신적이고 유용한 물질의 창출을 목표로 그러한 물질들은 탐구하는 데 열정적이다.

19 [독해 – 빈칸 추론 2 (단어, 구, 절)] ▶ ③

난이도 중

해설

흑사병이 가져다 준 유익한 측면들에 대한 글로, 13세기와 14세기의 흑사병은 유럽에서 의료계에 혁명을 가져왔고, 일반인들은 건강을 적극적으로 관리할 수 있는 기회를 얻게 되었음을 설명하는 글이다. 따라서 밑줄 친 부분에 들어간 말로 알맞은 것은 ③이다.

★ 주제 : 흑사병이 가져다 준 유익한 측면			
빈칸 문장		선택지 O/X	
(2) 이 파괴적인 사건은 중대한 사회적 변화를 가져왔고, 어떤 것은 ______________.		X	① 해로운
추론의 근거		X	② 피할 수 없는
(3) 한 가지 주목할 만한 변화는 이전에 페스트로 인한 고통을 완화하기 위해 고군분투했던 의료계의 개혁이었다. (6) 동시에 일반 사람들은 의료 텍스트를 얻고 적극적으로 건강을 관리하기 시작했다.		O	③ 유익한
		X	④ 중요하지 않은

어휘

- outbreak 발병, 발생, 발발
- continent 대륙
- devastate 완전히 파괴하다
- reform 개혁, 개선, 개혁하다, 개선하다
- profession -계, 종사자들
- struggle 투쟁하다, 고투하다
- alleviate 완화하다, 경감시키다
- plague 전염병, 괴롭히다
- perish 죽다, 소멸되다
- flee 도망가다, 달아나다
- innovative 혁신적인
- simultaneously 동시에
- accessible 이용 가능한, 접근할 수 있는
- inevitable 불가피한, 필연적인
- beneficial 유익한, 이로운

해석

(1) 13세기와 14세기에 걸쳐 유럽에서 발생한 흑사병은 여러 번의 발병으로 이어져 대륙 인구의 3분의 1 이상을 사망에 이르게 했다. (2) 이 파괴적인 사건은 상당한 사회적 변화를 가져왔고, 그 중 일부는 유익했다. (3) [예시1]한 가지 주목할 만한 변화는 이전에 전염병으로 인한 고통을 완화하기 위해 투쟁했던 의료계의 개혁이었다. (4) 발병 기간 동안 많은 의사들이 죽거나 도망쳤고, 이로 인해 대학에는 의대 교수가 없었다. (5) 이는 새로운 사람들이 혁신적인 아이디어를 가지고 그 분야에 진출할 수 있는 기회를 만들었다. (6) [예시2]동시에 일반 사람들은 의료 텍스트를 얻고 적극적으로 건강을 관리하기 시작했다. (7) 시간이 지남에 따라 이러한 텍스트는 라틴어 이외의 언어로 나타나기 시작했고, 일반 사람들은 의료 지식을 쉽게 접할 수 있었다.

20 [독해 – 빈칸 추론 2 (단어, 구, 절)] ▶ ②

난이도 중

해설

뇌의 기억 시스템과 컴퓨터 메모리의 유사성에 대한 글로, 인간의 마음은 현재 정보를 평가하는 작업 기억과 장기 기억으로 구성되어 있으며, 작업 기억(동작기억)은 일시적으로 정보를 저장하면서 컴퓨터의 램과 유사한 역할을 함을 설명하고 있다. 마지막 문장의 빈칸은 바로 앞 문장의 '작업 기억은 정신적인 계산을 수행하거나 전화 걸기를 위해 전화번호를 일시적으로 저장하는 등의 작업을 용이하게 한다.'의 진술을 통해서 밑줄 친 부분에 들어간 말로 알맞은 것은 ②이다.

★ 주제 : 뇌의 기억 시스템과 컴퓨터 메모리의 유사성			
빈칸 문장		선택지 O/X	
(7) 램처럼 ______ 않고도 분석과 혁신을 가능하게 한다.		X	① 전화 걸지 (않고)
추론의 근거		O	② 영구적인 기록 만들지 (않고)
(5) 작업 기억은 정신적인 계산을 수행하거나 전화 걸기를 위해 전화번호를 일시적으로 저장하는 등의 작업을 용이하게 한다.		X	③ 우리 컴퓨터로 작업하지 (않고)
		X	④ 모든 것을 자세히 기록하지 (않고)

어휘

- fundamental 기본적인, 본질적인
- assess 평가하다, 재다
- retain 유지하다, 보유하다
- extended 길어진, 늘어난
- perceive 인지하다, 감지하다
- briefly 잠시, 간단히
- reside 존재하다, 있다, 거주하다
- akin to ~와 유사한
- RAM(Random Access Memory) 램(임의 기억 장치)
- facilitate 용이하게 하다
- calculate 계산하다, 산출하다
- dial 전화를 걸다

해석

(1) [주제문]컴퓨터와 유사하게, 인간의 마음은 두 가지 기본 유형의 기억을 갖고 있다: 현재 정보를 평가하는 작업 기억과 장기 기억으로 확장된 기간 동안 정보를 유지하는 데 사용되는 기억이다. (2) 공통적으로 가정하고 있지만, 우리의 뇌는 우리가 경험한 모든 것을 기록하지는 않는다. (3) 인간의 기억은 필터 역할을 해서 우리가 매일 접하는 정보의 상당 부분을 잊게 해준다. (4) 우리가 인지하는 대부분의 작업 기억은 컴퓨터의 램과 비슷하게 잠시 동안 우리의 작업 기억 속에 존재하다가 지워진다. (5) [추론 근거]작업 기억은 정신적인 계산을 수행하거나 전화 걸기를 위해 전화번호를 일시적으로 저장하는 등의 작업을 용이하게 한다. (6) 램처럼 영구적인 기록을 만들지 않고도 분석과 혁신을 가능하게 한다.

2024 공무원 시험 대비 봉투모의고사 7회
영어 정답 및 해설

제7회 모의고사

01 ①	02 ④	03 ②	04 ②	05 ③
06 ③	07 ②	08 ②	09 ①	10 ③
11 ③	12 ③	13 ③	14 ②	15 ④
16 ②	17 ③	18 ①	19 ③	20 ④

01 [어휘 – 유의어] ▶ ①

난이도 중

정답 해설

commotion은 ‘동요, 소란, 소동, 혼란’이라는 뜻으로 유의어는 ① turmoil(혼란, 소란)이다.

오답 해설

② humility 겸손 = modesty
③ outcome 결과 = result, consequence, conclusion
④ calamity 재앙, 재난 = disaster, catastrophe, tragedy

해석

예상치 못한 발표로 사무실에서 한바탕 소동이 벌어져 직원들 사이에 고용 안정에 대한 우려가 들끓었다.

02 [어휘 – 유의어] ▶ ④

난이도 중

정답 해설

engender는 ‘낳다, 생기게 하다, 일으키다’라는 뜻으로 유의어는 ④ give rise to(낳다, 일으키다)이다.

오답 해설

① get ahead of ~을 앞지르다, 능가하다
② get rid of ~을 제거하다
③ get on with ~을 계속하다, ~와 잘 지내다

해석

예상치 못한 프로젝트 지연은 팀원들 사이에 좌절감을 일으킬 것이다.

03 [어휘 – 유의어] ▶ ②

난이도 중

정답 해설

reckless는 ‘무모한, 부주의한, 개의치 않는’이라는 뜻으로 유의어는 ② indiscreet(분별없는, 부주의한, 경솔한)이다.

오답 해설

① autocratic 독재의, 독재적인 = despotic, dictatorial, tyrannical
③ conducive 도움이 되는, 조성하는, 촉진하는
④ lethargic 활발하지 못한, 무기력한

해석

그 공무원의 무분별한 행동으로 인해 정책 실행에 어려움이 생겼다. 이 관리자는 조사나 검토 없이 결정을 내리는 경향이 있었다.

04 [어휘 – 빈칸] ▶ ②

난이도 중

정답 해설

작별 인사를 한 뒤, 출발해서 전국을 누비며 여행을 시작할 시간이었다는 내용이 맥락상 어울리므로 빈칸에는 ② hit the road(떠나다, 출발하다)가 적절하다.

오답 해설

① hit the sack 잠자리에 들다
③ hold water 물이 새지 않다, 이치에 맞다, 타당하다
④ hold good 효력이 있다, 유효하다

해석

작별 인사를 한 뒤, 출발해서 전국을 누비며 여행을 시작할 시간이었다.

05 [어휘 – 빈칸] ▶ ③

난이도 중

정답 해설

그 회사는 환경 지속 가능성을 우선시한다는 내용을 고려해 볼 때 윤리적인 실천이라는 내용이 맥락상 어울리므로 빈칸에는 ③ ethical(윤리적인, 도덕적인)이 적절하다.

오답 해설

① skeptical 의심 많은, 회의적인 = 의심 많은 doubtful, dubious
② eccentric 기이한, 괴짜의, 별난 = abnormal, idiosyncratic, peculiar, odd
④ lukewarm 미지근한, 미온적인 = tepid

해석

그 회사는 환경 지속 가능성을 우선시하는 윤리적인 실천에 전념하는 것으로 유명하다.

06 [문법 – 밑줄(단락)] ▶ ③

난이도 중

정답 해설

③ **[킬포인트 013] 5형식 지각동사의 목적보어**
5형식 지각동사는 to부정사가 아닌 원형부정사, 현재분사 또는 과거분사를 목적보어를 취하므로 반드시 목적보어의 형태를 확인한다. 밑줄 친 부분을 포함한 문장에서 지각동사 watch의 목적어 the wounded soldiers와 목적보어인 to return의 관계가 능동이므로 to return을 return 또는 returning으로 고쳐야 한다.

오답 해설

① **[킬포인트 007] 전치사가 필요 없는 대표 3형식 타동사**
대표 3형식 타동사는 전치사 없이 바로 목적어를 취할 수 있으므로 전치사에 주의한다. 밑줄 친 부분에 쓰인 affect는 3형식 타동사로 전치사 없이 목적어를 취할 수 있으므로 올바르게 쓰였다.
② **[킬포인트 064] 등위접속사와 병치 구조**
등위접속사 and, but, or가 나오면 병치 구조를 확인해야 한다. 따라서 주어진 문장에서 and를 기준으로 become과 help가 올바르게 병치 구조가 되었다.
④ **[킬포인트 057] 강조구문과 강조를 위한 표현**
‘It be ~ that’ 강조 구문에서는 강조되는 표현이 it be와 that 사이에 위치하고 나머지 부분이 that 뒤에 올바르게 나와 있는지 확인한다. 밑줄 친 부분은 강조 구문에서 쓰이는 접속사 that이므로 올바르게 쓰였다.

지문 해석

그의 일생 동안, Freud는 우리의 일상의 삶에서 무의식적인 마음이 어떻게 의식적인 결정들에 영향을 주는가에 관한 이론을 발전시켰다. 어렸을 때, Freud는 군인이 되길 원했고 독일에 대항하여 싸우는 그의 조국을 돕고 싶었다. 그의 아버지는 종종 그를 기차역으로 데려갔고, 그들은 함께 전장으로부터 돌아오는 부상을 당한 병사들을 보곤 하였다. 피 흘리고 부상을 당한 병사들의 모든 이미지는 어린 소년에게 지속적인 영향을 주었다. 그는 결국 의학 공부를 선택했고 의사가 되었다. Freud가 특히 인간의 마음에 흥미를 붙이기 시작한 것은 인간 신체에 대한 연구를 통해서였다.

07 [문법 – 문장] ▶ ②

난이도 중

정답 해설

② **[킬포인트 001] 문장의 구성요소와 8품사**
문장의 구성요소에는 8품사에 해당하는 어휘들이 문법적 기능에 맞게 사용되어야 한다. 주어진 문장은 동사가 없으므로 동명사인 Using을 동사인 Use로 고쳐야 한다.

오답 해설

① **[킬포인트 046] to부정사의 명사적 역할**
& [킬포인트 007] 전치사가 필요 없는 대표 3형식
‘~할 것을 잊다’라는 표현은 ‘forget to부정사’로 쓴다. 따라서 주어진 문장에서는 forget의 목적어로 to부정사가 올바르게 쓰였다. 또한 attend는 3형식 타동사로 전치사 없이 목적어를 취할 수 있으므로 올바르게 쓰였다.
③ **[킬포인트 046] to부정사의 명사적 역할**
특정 5형식 동사는 ‘it’ 가목적어 ‘to부정사’ 진목적어 구문을 취할 수 있다. 주어진 문장에서 make는 가목적어 it과 목적보어인 difficult와 진목적어인 for them to spend quality time with their family가 올바르게 쓰였다.

④ **[킬포인트 037] 동명사의 명사 역할**
& [킬포인트 037] 분사를 활용한 표현 및 구문
동명사는 특정 타동사 뒤에서 목적어 역할을 한다. 주어진 문장에서는 타동사 include의 동명사 목적어인 educating이 올바르게 쓰였다. 또한 regarding은 '~에 관하여[대하여]'라는 의미의 분사 표현으로 주어진 문장에서 올바르게 쓰였다.

선지 해석

① 워크숍에 참석하고 싶다면 자리를 예약하는 것을 잊지 마라.
② 공항에 도착하면 새로운 Enter-K 앱을 사용해라.
③ 야외 활동은 가족과 함께 양질의 시간을 보내는 것을 어렵게 만든다.
④ 여기에는 고용주와 직원의 권리와 책임에 대한 교육이 포함된다.

08 [문법 – 영작] ▶②

난이도 하

정답 해설

② **[킬포인트 008] 4형식으로 착각하기 쉬운 3형식 타동사**
& [킬포인트 032] 수동태 불가 동사
explain은 3형식 동사이므로 '~에게'라고 할 때 전치사 to를 써서 표현해야 하고 suffer from은 수동 불가 동사이므로 주어진 문장은 올바르게 쓰였다.

오답 해설

① **[킬포인트 008] 4형식으로 착각하기 쉬운 3형식 타동사**
& [킬포인트 032] 수동태 불가 동사
explain은 3형식 동사이므로 '~에게'라고 할 때 전치사 to를 써서 표현해야 하고 suffer from은 수동 불가 동사이므로 능동태 구조로 써야 옳다. 따라서 주어진 문장에서 the police를 to the police로 고쳐야 한다.
② **[킬포인트 008] 4형식으로 착각하기 쉬운 3형식 타동사**
& [킬포인트 032] 수동태 불가 동사
explain은 3형식 동사이므로 '~에게'라고 할 때 전치사 to를 써서 표현해야 하고 suffer from은 수동 불가 동사이므로 능동태 구조로 써야 옳다. 따라서 주어진 문장에서 was suffered를 suffered로 고쳐야 한다.
④ **[킬포인트 008] 4형식으로 착각하기 쉬운 3형식 타동사**
& [킬포인트 032] 수동태 불가 동사
explain은 3형식 동사이므로 '~에게'라고 할 때 전치사 to를 써서 표현해야 하고 suffer from은 수동 불가 동사이므로 능동태 구조로 써야 옳다. 따라서 주어진 문장에서 the police를 to the police로, was suffered를 suffered로 고쳐야 한다.

지문 해석

이탈리아 로마에서 한 상점털이 강도 용의자가 폐점시간이 지난 후 상점에서 붙잡혔을 때 자신은 끊임없이 잠자고자 하는 욕구에 사로 잡혀 그 상점 안에서 잠들고 말았다고 경찰에 설명했다. 자신의 주장을 증명하기 위해서, 그는 경찰 심문 동안에 계속해서 잠을 잤다.

09 [생활영어 – 빈칸] ▶①

난이도 하

정답 해석

① 그것이 포괄적이고 그들의 모든 우려를 해결한다.

오답 해석

② 내가 너보다는 한 수 위지.
③ 여기 우리가 책임질 목록이야.
④ 고민을 털어놔 봐.

지문 해석

A: 내일 고객 미팅이 있어. 발표 자료 준비했어?
B: 아직 안 했지만, 거의 다 왔어. 몇 가지 세부 사항만 마무리하면 돼.
A: 우리는 그것이 포괄적이고 그들의 모든 우려를 해결할 수 있도록 해야 해.
B: 주요 포인트를 모두 담고 우리의 강점을 잘 보여줄 수 있도록 준비할게.
A: 좋아, 이런 미팅에서 긍정적인 인상을 남겨야 해.
B: 정말 그래, 나도 최선을 다해 고객들을 감동시키겠어.

어휘 및 표현

- get off one's chest 고민을 털어놓다
- a step ahead (~보다) 한발 앞선

10 [생활영어 – 대화] ▶③

난이도 하

정답 해석

③ A: 초보자로서, 우리는 그냥 받아들이고 나아가야 해.
B: 빙빙 돌려서 말하지마.

오답 해석

① A: 너 왜 그렇게 우울해 보이니?
B: 운전 시험에 떨어졌어.
② A: 발표는 어떻게 됐어?
B: 완벽히 성공했어! 뛰어난 성적으로 통과했어.
④ A: 나는 내일 나올 시험 결과가 매우 걱정돼.
B: 걱정하지 마. 행운을 빌어요! 잘했을 거예요.

어휘 및 표현

- take it on the chin 묵묵히 견디다, 고통이나 벌을 참아내다
- with flying colors 의기양양하게, 훌륭한 성적으로
- talk around 빙빙 돌려서 말하다
- Break a leg! 행운을 빌어!
- I nailed it. 나 해냈어.

11 [독해 – 세부 정보 파악] ▶③

난이도 중

해설

"쌍둥이 행성"으로 불리는 금성과 지구는 크기와 색상에서 유사하지만, 대기의 밀도와 특성에서 큰 차이를 보이고 있음을 설명하고 있다. ③의 '지구는 구성 성분인 물 때문에 푸르게 보인다'의 진술이 세 번째 문장의 '두 행성 모두 푸른색을 보이는데, 이는 지구의 물 존재와 금성의 상층 대기 구름이 흰색 – 파란색 모양을 만들기 때문이다'의 본문의 내용과 일치한다. 따라서 정답은 ③ 이다.

★ 주제 : 금성과 지구 – 유사한 외관 뒤의 차이점

선택지	본문	O/X
① 금성과 지구의 색상은 매우 다르다.	(2) 비슷한 크기와 색상, 지름이 약 650km 정도로 약간의 차이만 있을 뿐 지구가 약간 더 크다.	X
② 금성의 직경은 지구의 직경보다 조금 더 길다.		X
③ 지구는 구성 성분인 물 때문에 푸르게 보인다.	(3) 두 행성 모두 푸른색을 보이는데, 이는 지구의 물 존재와 금성의 상층 대기 구름이 흰색 – 파란색 모양을 만들기 때문이다.	O
④ 금성은 육지를 가지고 있지 않다.	(4) 견고함을 나타내는 "지상"이라는 공통된 분류에도 불구하고 대기는 크게 다르다.	X

어휘

- moniker 별명
- comparable 비슷한, 비교 가능한
- modest 보통의, 약간의, 겸손한, 얌전한
- diameter 지름
- hue 색조, 빛깔
- attribute to ~때문이다
- upper 상부의, 위쪽의
- terrestrial 지구의, 육지의
- classtification 분류, 유형, 범주
- diverge 갈라지다, 다르다
- atmospherically 대기적으로
- dense 밀집한
- plethora 과다, 과잉

해석

(1) 금성과 지구는 몇 가지 공통된 특성으로 인해 "쌍둥이 행성"이라는 별명을 얻었다. (2) 유사점으로는 비슷한 크기와 색상이 포함되고, 지름이 약 650km 정도로 약간의 차이만 있을 뿐 지구가 약간 더 크다. (3) 두 행성 모두 푸른색을 보이는데, 이는 지구의 물 존재와 금성의 상층 대기 구름이 흰색 – 파란색 모양을 만들기 때문이다. (4) 견고함을 나타내는 "지상"이라는 공통된 분류에도 불구하고 대기는 크게 다르다. (5) 금성은 지구의 대기보다 90배나 더 밀도가 높은 대기를 가지고 있으며, 이는 태양계의 지구 행성 중 대기 밀도가 가장 높다. (6) 처음 인상은 눈에 띄는 유사성을 암시할 수 있지만, 자세히 살펴보면 이들 천체 이웃 간의 과도한 차이가 드러난다.

12 [독해 – 순서 배열] ▶③

난이도 중

해설

공감은 동물과 인간 간의 상호작용에서 나타나며, 개인마다 공감에 있어서 차이가 있음을 설명하는 글이다. 동물에 대한 공감과 사람에 대한 공감에 대한 첫 번째 문장 다음에는 '이 상관관계'에 대한 설명을 하는 (C)가 이어져야 하고, 이와 상반이 되는 동물에는 공감하나 사람들에게는 공감하지 못하는 경우의 (A)로 이어지며, 마지막 문장은 이러한 차이에 대한 진술을 하는 (B)로 이어져야 한다. 따라서 글의 순서로 알맞은 것은 ③이다.

★ 주제: 인간과 동물 간의 공감 – 다양성과 미묘한 이해			
순서	핵심어	내용 요약 및 논지 전개	
제시문	공감(Empathy)	동물에 대한 공감을 갖는 사람은 사람에게도 공감할 가능성 있다.	주제
→ (C)	이 상관관계 (This correlation)	이 상관관계는 인간과 동물의 맥락 모두에 적용가능하다는 것을 암시한다.	재진술
→ (A)	반대로(On the contrary)	반대로, 동물에게는 공감하나, 타인에게는 제한적인 공감을 보이는 경우도 있다.	대조
→ (B)	이러한 미묘한 이해 (This subtle understanding)	이러한 미묘한 이해는 공감이 다양한 방식으로 표현될 수 있음을 보여준다.	결론

어휘

- generalized 일반화된, 일반적인
- trait 특성
- extend 확장하다, 확대하다
- correlation 상관관계
- distress signal 조난 신호
- applicable 적용 가능한
- on the contrary 반대로
- affection 애정
- empathy 감정이입, 공감
- subtle 섬세한, 민감한, 미묘한
- highlight 강조하다

해석

공감은 일반화된 특성으로 나타날 수 있으며, 동물에 대해 공감을 나타내는 개인은 사람을 향해 동일한 특성을 확장할 가능성이 있다.
(C) 이 상관관계는 고통 완화에 두는 가치와 조난 신호의 인식을 포함하는 공감의 기본 과정이 인간과 동물의 맥락 모두에 적용 가능하다는 것을 암시한다.
(A) 반대로, 개인은 동물에 대한 깊은 애정과 공감을 가지고 있으면서도 타인의 걱정과 복지에 대해서는 제한적인 공감을 보이는 경우도 있다.
(B) 이러한 섬세한 이해는 개인이 공감을 어떤 다양한 방식으로 표현할 수 있는지를 강조한다.

13 [독해 – 중심 내용 파악] ▶ ③

난이도 상

해설

과학과 문화는 상호 작용하며, 특히 의학 분야에서는 문화적 영향이 진단과 관행에 영향을 미친다. 작가는 의학의 문화적 맥락이 작동에 미치는 영향을 두 번째, 그리고 마지막 문장을 통해서 강조하고 있다. 따라서 글의 제목으로 알맞은 것은 ③이다.

★ 주제: 과학과 문화의 교차 – 의학에서 나타나는 문화적 영향		
주제문	선택지	O/X
(2) 과학은 문화적 영향력이 없는 고립된 상태에서 존재하는 것이 아니며, 과학이 번성하는 맥락에 따라 달라진다.	① 과학은 문화 편향을 초월할 수 없다.	X
	② 과학적 지식 및 문화 다양성	X
	③ 과학적 정보의 핵심: 문화적인 맥락	O
	④ 과학: 문화 차이를 해석하기 위한 도구	X

어휘

- grounded 근거를 둔, 탄탄한 기반을 가진
- intricately 복잡하게
- paradigm 전형적인 예
- devoid ~이 전혀 없는
- biomedicine 생물 의학
- diagnose 진단하다
- nuance 뉘앙스, 미묘한 차이
- inseparable 불가분한, 떼어놓을수 없는
- attune 적응하다, 맞추다

해석

(1) 일반적으로 과학은 물리적 법칙의 객관적인 설명에 근거를 두고 있지만 과학사가 Thomas Kuhn은 과학적 사실이 문화적 관행이나 패러다임과 복잡하게 얽혀 있다는 점을 강조했다. (2) [주제문]과학은 문화적 영향력이 없는 고립된 상태에서 존재하는 것이 아니며, 과학이 번성하는 맥락에 따라 달라진다. (3) 예를 들어, 생물의학 분야에서 의사들은 자신의 진단을 자신의 문화적 환경에 따라 형성된 가정에 근거한다. (4) 비장이 커진 겉보기에 건강해 보이는 사람은 미국에서 단핵구증, 남미에서 샤가스병, 에티오피아에서 유잉 종양 등을 앓고 있다고 의심받을 수 있는데, 이 모두 정확한 진단일 수 있다. (5) 하지만 사하라 사막 이남의 아프리카에 미국인 의사를 두거나 네브래스카에 있는 사우디 의사를 두는 것은 현지의 문화적 뉘앙스에 익숙하지 않아 정확한 진단을 내리기 어려울 수 있기 때문에 어려움을 겪을 수 있다. (6) [주제문]따라서 생물의학의 관행은 그것이 작동하는 문화적 맥락과 분리될 수 없으며, 의사들은 자신들이 처한 새로운 환경의 문화적 규범에 완전히 적응하지 못하고 다른 문화적 환경에 이식될 때 물 밖으로 나온 물고기처럼 느낄 수 있다.

14 [독해 – 중심 내용 파악] ▶ ②

난이도 중

해설

느린 노화의 개념은 노화를 긍정적이고 풍부한 여정으로 정의하며, 건강한 노화에는 긍정적인 태도가 중요함을 여섯 번째 문장을 통해서 강조하고 있다. 따라서 글의 주제로 알맞은 것은 ②이다.

★ 주제: 긍정적인 노화 – 노화를 여정으로 바라보는 새로운 시각		
주제문	선택지	O/X
(6) 건강한 노화에서 가장 중요한 요소는 태도이다.	① 노화 및 노화 관련 질병의 생물학적 원인	X
	② 노화에 대한 긍정적인 태도를 갖는 것의 중요성	O
	③ 노화 과정을 늦추는 데 도움이 되는 효과적인 전략들	X
	④ 노인들 사이에서 노화에 대한 지식의 중요성	X

어휘

- ageing 노화
- redefine 재정의하다, 재정립하다
- decline 쇠퇴, 감소, 하락, 축소
- degeneration 퇴화, 퇴보
- movement 운동, 이동
- portray 묘사하다, 그리다
- dread 두려워하다, 무서워하다
- perspective 관점, 시각
- capitalize on 이용하다, 활용하다
- anxiety 불안, 염려
- compensate 보상하다
- reconceptualize 재개념화하다
- resilience 회복력

해석

(1) 느린 노화의 개념은 노화 과정을 쇠퇴와 퇴화와의 일반적인 연관성에서 벗어나 긍정적이고 풍부한 여정으로 재정의하는 것을 목표로 한다. (2) '나이를 먹는 것'을 종종 두려워해야 할 것으로 묘사하는 노화 방지 운동과 대조적으로, 느린 노화는 관점의 변화를 부추긴다. (3) 노화 방지 운동은 사람들의 불안을 이용하고 실용적인 해결책이 부족한 경향이 있다. (4) 이 부정적인 접근법은 비현실적이고 불필요하다. (5) 대신에, 두려움을 조장하지 않으면서 노화 과정을 늦추는 데 초점을 맞춰야 한다. (6) [주제문]건강한 노화에서 가장 중요한 요소는 태도이다. (7) 긍정적인 태도는 건강한 행동에 영향을 미칠 뿐만 아니라 우리 삶을 통제하는 감각을 부여한다. (8) 긍정적인 태도는 나이가 들면서 발생할 수 있는 다양한 도전을 보완할 수 있다. (9) 노화는 개인뿐만 아니라 사회 전체에 혜택을 주는 가치 있는 경험으로 재개념화되어야 한다. (10) 노화 과정을 긍정적인 여정으로 재구성하면서, 그것을 수용하고 심지어 사랑하는 것도 완전히 가능하다. (11) 통제를 함으로써, 우리는 즐거움, 회복력, 그리고 지속적인 개인 성장으로 노화할 수 있다.

15 [독해 – 중심 내용 파악] ▶ ④

난이도 중

해설

세계사 교육에서 선택과 집중의 균형을 맞추는 것이 중요하며, 역사를 단편적인 '사실'이 아닌 연결된 이야기로 이해해야 함을 여섯 번째 문장과 마지막 문장을 통해서 강조하고 있다. 따라서 글의 요지로 알맞은 것은 ④이다.

★ 주제 : 선택적 범위와 역사 교육 – 다양성과 통합의 필요성		
주제문	선택지	O/X
(8) 이것은 역사를 가르치는 데 더 집중적이고 통합적인 접근법의 필요성을 강조한다.	① 역사 교육은 국가별로 공평하게 시간이 배분되어야 한다.	X
	② 역사 교육은 세계사보다 자국의 역사에 중점을 두어야 한다.	X
	③ 역사 교육의 자료들은 최대한 사실에 근거한 것이어야 한다.	X
	④ 역사 교육은 지엽적 사항보다는 큰 줄기를 가르쳐야 한다.	O

어휘

- selective 선택적인, 선별적인
- coverage 범위
- encompass 포함하다, 아우르다
- allocate 할당하다
- overwhelming 압도적인, 너무도 강력한
- akin to ~에 유사한
- twig 잔가지
- emphasize 강조하다
- paradoxically 역설적이게도
- diminish 약화시키다, 줄어들다
- retention 기억(력), 보유, 유지
- conventional 전통적인, 관습적인
- integrated 통합적인

해석

(1) 세계사 선생님들은 선택적 범위의 필요성을 이해하고, 선택을 하지 않고서는 세계사 전체를 포함하는 것이 불가능하다는 것을 깨닫는다. (2) 문제는 제한된 시간을 효과적으로 할당하는 것에 있고; 예를 들어, 말레이시아, 싱가포르, 태국의 역사에 단 몇 분만 할애하는 것은 비현실적이다. (3) 하지만, 미국 역사 수업에서, 교육자들은 종종 더 적은 수의 "나무"와 소수의 "숲"에 집중하는 대신 수많은 "나뭇가지들"을 가르치는 것과 유사한, 압도적으로 많은 세부사항들을 파헤쳐야 한다고 느낀다. (4) 이러한 강박은 특정한 세부사항들을 강조하는 주 전체의 표준화된 시험들에서 비롯될 수 있다. (5) 역설적이게도, 더 많은 주제들을 다루려고 시도하는 것은 학생들의 기억력을 약화시키는 경향이 있다. (6) 역사를 고립된 "사실들"로 단편화하는 것은 학생들이 역사적 사건들을 그들 자신의 삶과 연결시키는 능력을 방해한다. (7) 1학년 전문 교수로서, 나는 학생들이 전통적인 방식으로 미국 역사를 가르쳤고, 그들이 대학에 도달할 때쯤에는 대부분의 세부사항들을 잊어버리는 경향이 있다는 것을 관찰했고, 1차 세계대전과 2차 세계대전의 시간 순서와 같은 넓은 획들만 유지했다. (8) [주제문]이것은 역사를 가르치는 데 더 집중적이고 통합적인 접근법의 필요성을 강조한다.

16 [독해 – 세부 정보 파악] ▶ ②

난이도 하

해설

작은 섬 Tristan da Cunha의 특징에 대해 설명하고 있다. ②의 '에든버러에는 현대적인 편의 시설이 부족하다'의 진술은 세 번째 문장의 '대부분의 주민들은 현대적인 편리함을 수용하면서 수백 년 된 분위기를 풍기는 수도인 에든버러에 거주한다'의 본문의 내용과 일치하지 않는다. 따라서 정답은 ②이다.

★ 주제 : Tristan da Cunha – 고요하고 특이한 섬의 삶		
선택지	본문	O/X
① 주민들의 성씨가 7개 밖에 없다.	(2) 인구가 300명이 조금 안 되는 섬 주민들은 단지 7개의 성을 공유한다.	O
② 에든버러에는 현대적인 편의 시설이 부족하다.	(3) 대부분의 주민들은 수백 년 된 분위기를 풍기면서도 현대적인 편의시설을 받아들이고 있는 수도인 에든버러에 거주한다.	X
③ 범죄와 실업이 거의 존재하지 않는다.	(5) Tristan da Cunha는 최소한의 실업률과 사실상 심각한 범죄 없이 자급률, 튼튼한 경제, 그리고 낮은 소득세를 자랑한다.	O
④ 어업과 우표 판매가 주요한 수입원이다.	(6) 어업과 함께, 주요 수입원은 전 세계 수집가들이 매우 갈망하는 우표 판매에서 비롯된다.	O

어휘

- akin to ~와 유사한
- exude 물씬 풍기다
- ambiance 분위기
- convenience 편의 시설, 편리한 것
- self-sufficiency 자급자족할 수 있는
- robust 튼튼한, 강력한
- virtually 사실상, 거의
- covet 갈망하다, 탐내다

해석

(1) Tristan da Cunha를 방문하는 것은 또 다른 세계, 삶, 그리고 시간에 발을 들여놓는 것과 같은 경험을 제공한다. (2) 인구가 300명이 조금 안 되는 섬 주민들은 Hagan, Rogers, Glass, Lavarello, Swain, Green, 그리고 Repetto이라는 단지 7개의 성을 공유한다. (3) 대부분의 주민들은 수백 년 된 분위기를 물씬 풍기면서도 현대적인 편의 시설을 받아들이고 있는 수도인 에든버러에 거주한다. (4) 영어가 모국어임에도 불구하고, 그것은 특이하고 구식의 버전으로 사용된다. (5) Tristan da Cunha는 자급자족, 튼튼한 경제, 낮은 소득세, 최소한의 실업률 그리고 사실상 심각한 범죄가 거의 없다는 것을 자랑한다. (6) 어업과 함께, 주요 수입원은 우표 판매에서 비롯되는데, 이 우표들을 전 세계의 수집가들이 매우 탐낸다.

17 [독해 – 빈칸 추론 2 (단어, 구, 절)] ▶ ③

난이도 중

해설

이 글은 일부 의사들은 증상 완화가 아닌 생활 방식의 근본적인 변화를 강조하며, 이는 환자들과의 협력적인 접근을 통해 건강의 책임을 공유하는 것이 중요함을 강조하는 글이다. 첫 번째, 두 번째 문장에서 언급하는 '자신들에 대한 책임을 인정하기 보다는'의 진술을 통해서, 환자 또한 건강을 위한 책임을 져야 함을 강조하고 있다. 따라서 밑줄 친 부분에 들어갈 말로 알맞은 것은 ③이다.

★ 주제 : 건강을 위한 종합적인 관리 – 의사와 환자 간의 협력적인 접근		
빈칸 문장	선택지 O/X	
(6) 환자들은 의사와 개인 사이의 협력적인 접근 방식을 육성하면서 ________ 권장된다.	X	① 그들의 증상을 의사에게 자세히 설명하도록
추론의 근거	X	② 그들이 원하는 것을 하고 건강에 관한 의사들을 신뢰하도록
(2) 일부 환자들은 자신들에 대한 책임을 인정하기보다는 자신들의 상태의 피해자로 인식한다. (5) 그들은 즉각적인 문제를 해결하기 위해 약을 처방할 수 있지만, 약의 한계를 강조하고 근본적인 생활 방식 변화의 필요성을 강조한다.	O	③ 그들의 건강을 유지하는 책임을 공유하도록
	X	④ 그들의 의사와 약물치료로 예상되는 부작용에 대해 이야기하도록

어휘

- alleviate 완화하다
- root cause 근본 원인
- psychological 심리적인, 정신적인
- orientation 지향, 방향
- well-being 행복, 복지
- intake 섭취(량)
- prescribe 처방하다, 규정하다
- medication 약물
- stress 강조하다
- fundamental 근복적인, 기본적인
- collaborative 협력적인
- side effect 부작용

해석

(1) [주제문]의료 행위에서, 의사들은 종종 증상을 완화하기 위해 알약을 찾는 경향이 더 큰 개인들을 마주하게 되는데, 이는 스트레스로 인한 생활 방식과 같은 근본 원인에 대한 대처보다는 더 흔한 상황이다. (2) [추론 근거]일부 환자들은 자신들에 대한 책임을 인정하기보다는 자신들의 상태의 피해자로 인식한다. (3) 특정한 의사들, 특히 심리적인 성향을 가진 의사들은 신체적이고 심리적인 행복 모두에 영향을 미치는 선택과 책임의 중요성을 강조한다. (4) 이러한 의사들은 환자들이 운동 부족과 약물 섭취와 같은 자신들의 행동이 그들의 신체에 미치는 영향을 조사하도록 도전한다. (5) [추론 근거]그들은 즉각적인 문제를 해결하기 위해 약을 처방할 수 있지만, 약의 한계를 강조하고 근본적인 생활 방식 변화의 필요성을 강조한다. (6) [주제문]환자들은 의사와 개인 사이의 협력적인 접근 방식을 육성하면서 그들의 건강을 유지하기 위한 책임을 공유하도록 권장된다.

18 [독해 – 빈칸 추론 2 (단어, 구, 절)] ▶ ①

난이도 중

해설

놀이를 통한 어린이의 발달에 대한 글로, Penny Holland은 어린 아이들의 놀이, 특히 싸움과 총놀이 그리고 거친 신체 놀이가 동물의 공격성이나 무분별한 모방이 아니라 중요한 사회적 기술을 학습하는 과정의 표현이라고 주장하며, 심리학자들은 이러한 놀이가 어린이의 발달에 많은 혜택을 제공함을 두 번째 문장을 통해서 설명하고 있다. 따라서 빈칸에 들어갈 말로 알맞은 것은 ①이다.

★ 주제: 놀이를 통한 어린이의 발달 – Penny Holland의 관점

빈칸 문장	O/X	선택지 O/X
(3) 심리학자들은 그러한 형태의 놀이가 아이들에게 실제적인 해악의 위험 없이 ______ 맥락을 제공한다고 주장한다.	O	① 중요한 사회적 기술을 완벽하게 하는
	X	② 그들의 넘치는 에너지를 방출하는
추론의 근거		
(2) 대신에, 그녀는 이러한 활동들이 정교하고 대부분 무의식적인 학습 과정이 겉으로 드러나는 표현이라고 주장한다.	X	③ 공격적인 행동을 강화하고 증가시키는
	X	④ 폭력을 사용하여 갈등을 해결하는

어휘

- contend 주장하다
- primitive 원시적인
- imitations 모방
- sophisticated 정교한
- unconscious 무의식적
- invaluable 귀중한
- discerning 식별하는
- genuine 진짜, 진정한

해석

(1) 그녀의 책 "We Don't Play With Guns Here"에서, 초기 연구원 Penny Holland는 어린 아이들의 싸움, 총놀이, 그리고 거친 신체 놀이는 동물의 공격성이나 TV 내용의 무분별한 모방으로 보여서는 안 된다고 주장한다. (2) [주제문_추론 근거]대신에, 그녀는 이러한 활동들이 정교하고 대부분 무의식적인 학습 과정이 겉으로 드러나는 표현이라고 주장한다. (3) [재진술]심리학자들은 그러한 형태의 놀이가 아이들에게 실제적인 해악의 위험 없이 중요한 사회적 기술을 완벽하게 하는 맥락을 제공한다고 주장한다. (4) 예를 들어, 이러한 활동들은 아이들이 얼굴 표정과 몸짓 언어를 해석하는 데 있어 매우 귀중한 경험을 제공하고, 그들이 또래 집단 내에서 그들의 위치와 상태를 파악하도록 한다. (5) 게다가, 연구자들은 어린이들이 놀이 싸움의 신체 언어를 신속하게 분간하는 데 능숙해지는 것을 관찰했는데, 이는 어른들이 놀이와 실제 갈등을 구별하는 데 어려움을 겪을 수 있는 기술이다.

19 [독해 – 문장 제거] ▶ ③

난이도 중

해설

숲의 놀라운 효율성과 단순함에 대한 글로, 두 번째 문장부터 '그 효율성과 단순함'에 대한 구체적인 사례를 열거하는 글이다. ③의 '우리인류의 자원인 생물다양성'의 진술은 글의 주제인 '숲의 효율성과 단순함'에 대한 진술이 아니라 생물다양성에 대한 진술이므로 정답은 ③이다.

★ 주제: 숲의 놀라운 효율성과 단순함

O/X	선택지 요약	핵심어
–	나무는 태양에서 얻은 에너지를 토양에서 끌어온 영양분과 물과 혼합하여 나무껍질, 큰가지, 잎을 만들고 성장과 번영을 촉진한다.	숲의 효율성의 과정
O	① 가을에 떨어진 잎은 토양으로 내려가 박테리아에 의해 분해돼 나무에 영양을 공급하는 영양소가 된다.	
O	② 이 복잡한 과정은 나무와 나뭇가지까지 확장돼 다음 세대의 영양분을 풍부한 토양으로 만들어 준다.	
X	③ 생물의 다양성이 우리인류의 자원이 된다.	우리인류의 자원인 생물다양성
O	④ 숲은 지속적인 물과 햇빛을 통해 수천 년간 자생적인 조화를 이루며 외부 자원 필요를 최소화한다.	숲의 자생적인 조화

어휘

- efficiency 효율성
- elegant 우아한
- simplicity 단순함, 간단함
- sustain 유지하다, 지속시키다
- harness 이용하다
- cyclical 순환하는, 주기적인
- autumn 가을
- decompose 분해되다, 부패되다
- replenish 보충하다, 다시 채우다
- intricate 복잡한
- biodiversity 생물 다양성

해석

[주제문]숲이 생명력을 유지하는 효율성과 우아한 단순함은 정말로 놀랍다. 나무는 태양에서 얻은 에너지를 토양에서 끌어온 영양분과 물과 혼합하여 나무껍질, 큰가지, 잎을 만들고 성장과 번영을 촉진한다. ① 가을에 흘린 잎은 자연의 순환 리듬에 따라 우아하게 땅으로 떨어지고, 거기서 박테리아가 분해하여 다시 토양을 보충하고 나무에 영양을 공급하는 영양소로 바뀐다. ② 이 복잡한 과정은 쓰러진 나뭇가지나 심지어 나무 전체에 이르기까지 확장되어 다음 세대의 생계 수단이 되는 영양분이 풍부한 토양을 만드는 데 기여한다. (③ 다음 세대를 위한 나무의 노력을 통해 만들어진 숲이라는 생태계가 만든 생물다양성은 또한 우리 인류에게 필요한 자원이 된다.) ④ 숲은 비교적 지속적인 물과 햇빛을 공급받아 수천 년 동안 지속될 수 있으며, 이는 최소한의 외부 자원을 필요로 하는 자생적 조화를 보여준다.

20 [독해 – 문장 삽입] ▶ ④

난이도 상

해설

경제 성장, 생태 보존, 문화 보존은 상호 연결된 목표로 총체적으로 다뤄져야 하며, 세계화와 산업화의 영향으로 인해 복잡도가 증가하고 있지만, 지속 가능한 개발은 현재 요구를 충족시키면서 미래 세대의 능력을 손상시키지 않는 방식으로 정의되며, 선진국과 개발도상국은 공유된 목표를 향해 노력하고 있음을 보여주는 글이다. 주어진 제시문은 '지속가능한 개발'에 대한 진술로, 선진국과 개발도상국 사이에서의 차이점를 진술하고 있다. 지속가능성에 대해 언급하고 있는 ②, ③ 뒤의 문장 다음에 위치해야 한다. 따라서 주어진 문장이 들어갈 위치로 적절한 것은 ④이다.

★ 주제: 경제 성장, 생태 보존, 문화 보존을 위한 지속 가능한 개발

제시문		▶/X	선택지 ▶/X	
선진국과 개발도상국 모두 지속가능한 개발의 개념을 수용했지만, 접근 방식은 종종 다르다.		X	① 세계화와 산업화의 복잡한 그물은 이러한 측면을 더욱 더 복잡하게 얽히게 함.	문제점
핵심어		X	② 1987년 세계 환경 개발 위원회는 '지속 가능한 개발'이라는 용어를 만듦.	지속가능한 개발 (해결책)
제시문	둘 다 지속 가능한 개발에 대한 접근 방식은 다르다. (their approaches often differ.)	X	③ 지속 가능한 개발은 "미래 세대가 자신의 요구를 충족시키는 능력을 손상시키지 않고 현재의 요구를 충족시키는" 진보의 유형임.	
④	그럼에도 불구하고 (Nonetheless)	▶	④ 그럼에도 불구하고, 공유된 목표는 인간과 생태계 모두의 장기적인 안녕을 보호하고 향상시키는 것임.	결론

어휘

- sustainable 지속 가능한
- interconnected 상호 연결된, 상관된
- holistic 전체론의
- globalization 세계화
- industrialization 산업화
- expand 확대되다, 확장되다
- intertwine 뒤얽히다, 밀접하게 관련되다
- compromise 손상하다, 더럽히다
- well-being 안녕, 행복, 복지

해석

경제 성장, 생태 보존, 문화 보존을 추구하는 것은 매우 중요한 것으로 널리 알려져 있다. [주제문]이처럼 상호 연결된 체계들은 따로따로 다룰 수 없으며, 세 가지 목표를 모두 고려하는 총체적 접근 방식을 필요로 한다. (①) 부분적으로 증가하는 인간 인구에 의해 주도되는 세계화와 산업화의 복잡한 그물은 이러한 측면을 더욱 더 복잡하게 얽히게 한다. (②) 1987년 세계 환경 개발 위원회는 "우리의 공동 미래"라는 보고서에서 '지속 가능한 개발'이라는 용어를 만들었다. (③) 지속 가능한 개발은 "미래 세대가 자신의 요구를 충족시키는 능력을 손상시키지 않고 현재의 요구를 충족시키는" 진보의 유형으로 정의되었다. (④ 선진국과 개발도상국 모두 지속 가능한 개발의 개념을 수용했지만, 접근 방식은 종종 다르다.) 그럼에도 불구하고, 공유된 목표는 인간과 생태계 모두의 장기적인 안녕을 보호하고 향상시키는 것이다.

2024 공무원 시험 대비 봉투모의고사 8회
영어 정답 및 해설

제8회 모의고사

01 ④	02 ①	03 ②	04 ②	05 ③
06 ①	07 ①	08 ②	09 ②	10 ③
11 ④	12 ③	13 ④	14 ④	15 ④
16 ③	17 ③	18 ②	19 ②	20 ③

01 [어휘 – 빈칸] ▶ ④

난이도 중

정답 해설

페니실린의 발견은 의학 분야에서 중대한 발전이었다라는 내용이 맥락상 어울리므로 빈칸에는 ④ breakthrough(돌파, 획기적[비약적] 발전)가 적절하다.

오답 해설

① concession 양보, 양해
② bonanza 횡재, (뜻밖의) 행운 = windfall
③ predisposition 성향, 경향

해석

Alecander Fleming에 의한 페니실린의 발견은 의학 분야에서 중대한 발전이었다.

02 [어휘 – 빈칸] ▶ ①

난이도 중

정답 해설

기후 변화가 지구에 끼치는 영향이 커서 현재 우리가 살고 있는 시대에 가장 중대한 문제로 대두되고 있는 내용이 맥락상 어울리므로 빈칸에는 ① consequential(결과로서 일어나는, 중대한)이 적절하다.

오답 해설

② trivial 사소한, 하찮은 = insignificant, inconsequential, unimportant,
③ spurious 가짜의, 위조의 = fake, false, forged, fraudulent, fabricated, counterfeit, bogus
④ condescending 거들먹거리는, 잘난 체하는
= arrogant, haughty, pompous, supercilious, patronizing

해석

기후 변화는 지구에 대한 그 영향이 광범위해서 현재 우리 시대에서 가장 중대한 문제 중 하나로 여겨진다.

03 [어휘 – 빈칸] ▶ ②

난이도 중

정답 해설

새로운 시각을 반영하여 전략을 조정하는 사람들이라는 내용을 고려해 볼 때 건설적인 피드백을 잘 받아들인다는 내용이 맥락상 어울리므로 빈칸에는 ② amenable(잘 받아들이는, 순종적인, 유순한)이 적절하다.

오답 해설

① servile 비굴한, 굽실거리는, 아부하는 = 아부하는 obsequious, fawning
③ exorbitant 엄청난, 터무니없는 = preposterous
④ arduous 힘든, 고된 = difficult, demanding, laborious, strenuous

해석

성공적인 리더는 종종 건설적인 비판과 새로운 관점에 기반하여 전략을 조정하고 지식 뿐만 아니라 피드백을 잘 받아들이는 사람들이다.

04 [어휘 – 유의어] ▶ ②

난이도 중

정답 해설

pertinent는 '적절한, 관련 있는'이라는 뜻으로 유의어는 ② relevant(관련 있는)이다.

오답 해설

① innate 타고난, 선천적인 = natural, congenital, inherited, intrinsic
③ concise 간결한 = laconic, terse, succinct
④ furtive 비밀스러운, 은밀한 = secret, covert, clandestine, surreptitious

해석

토론에서는 자신의 주장을 뒷받침하고 청중을 설득하기 위해 관련성 있는 증거를 제시하는 것이 중요하다.

05 [어휘 – 유의어] ▶ ③

난이도 중

정답 해설

take a nosedive는 '급강하하다, 폭락하다'라는 뜻으로 유의어는 ③ plummet(급락하다, 폭락하다)이다.

오답 해설

① defuse 완화시키다, 진정시키다
= calm, soothe, relieve, alleviate, appease, assuage, mitigate, mollify, pacify
② menace 위협하다 = intimidate, threaten, daunt, blackmail, browbeat
④ confound 혼동하다, 당황하게 하다
= confuse, embarrass, baffle, bewilder, puzzle, perplex

해석

팀의 사기와 생산성이 사상 최고치에 이르렀으나, 갑작스러운 경영 전략 변화로 인해 직원들의 만족도가 급락했고, 그 결과 전반적인 팀 성과가 감소했다.

06 [문법 – 밑줄(단락)] ▶ ①

난이도 중

정답 해설

① **[킬포인트 005] 주어만 있으면 완전한 1형식 자동사**
1형식 자동사는 특정 전치사를 수반하여 잘 쓰이므로 전치사에 주의한다. 밑줄 친 부분에 쓰인 coincide는 자동사로 with와 함께 쓰여 '~와 동시에 일어나다, 일치하다'라는 의미로 올바르게 쓰였다.

오답 해설

② **[킬포인트 064] 등위접속사와 병치구조**
등위접속사 and, but, or이 나오면 병치 구조를 확인해야 한다. 밑줄 친 부분은 등위접속사 or 뒤에 쓰였으므로 병치 구조를 이루어야 한다. 따라서 앞에 나온 동사원형인 'perform, visit'처럼 attending을 attend로 고쳐야 한다.
③ **[킬포인트 051] 조동사 뒤의 동사원형과 조동사의 부정형**
조동사는 본동사를 문법적으로 또는 의미적으로 도와주는 표현으로 문법 조동사와 (화)법 조동사로 나눠지며 (화)법 조동사 뒤에는 동사원형이 나온다는 특징이 있으므로 확인한다. 밑줄 친 부분에 쓰인 lies in은 조동사 may 뒤에 쓰였으므로 동사원형으로 써야하므로 lie in으로 고쳐야 한다.
④ **[킬포인트 048] to부정사의 부사적 역할**
'too 형용사/부사 to부정사'는 '너무 ~해서 …할 수 없다'라는 의미로 쓰이며 to부정사의 목적어와 그 절의 주어가 같을 때 to부정사 뒤의 목적어는 생략한다. 따라서 밑줄 친 부분의 to ignore it에서 to부정사의 목적어인 it은 절의 주어인 the evidence와 일치하므로 it을 삭제한다.

지문 해석

젊은이들 사이에서 문학 독서율의 감소가 역사적, 정치적 인식 수준의 감소와 일맥상통한다는 것은 아마도 놀라운 일이 아닐 것이다. "위험에 처한 독서"의 놀라운 발견 중 하나는 문학책을 읽는 독자들이 그렇지 않은 독자들보다 시민으로서 현저히 더 많은 참여를 한다는 것이며, 자선 활동을 하거나, 박물관을 방문하거나 스포츠 행사에 참여할 가능성이 두 배에서 네 배까지 더 높다는 것이다. 그들이 사회적, 문화적 상호 작용이 더 높은 한 가지 이유는 문학 독서와 함께 오는 시민적, 역사적 지식에 있을 수 있다. 문학이 시민적, 개인적 그리고 경제적 건강에 중요하다는 증거는 너무 강력해서 무시할 수 없다.

07 [문법 – 문장] ▶ ①

난이도 중

정답 해설

① **[킬포인트 080]「The 비교급 ~, the 비교급…」 구문**
& [킬포인트 088] 형용사와 부사의 차이
'~할수록 더 …하다' 구문은 'The 비교급 ~, the 비교급…'으로 옳게 쓰였으나 exercise는 1형식 자동사로 부사의 수식을 받아야 하므로 형용사 frequent를 부사 frequently로 고쳐야 한다.

오답 해설

② [킬포인트 049] 라틴어 비교 구문과 전치사 to & [킬포인트 078] 비교 대상 일치
or로 끝나는 라틴어 비교 표현은 접속사 than이 아닌 전치사 to와 쓰이므로 주의한다. 주어진 문장에서 superior 뒤에 전치사 to가 올바르게 쓰였다. 또한 비교 표현 뒤에 that과 those가 나오면 앞에 나온 비교 대상의 수에 따라 단수 명사면 that을 쓰고, 복수 명사면 those를 쓰므로 주어진 문장에서 painting skills를 받기 때문에 those도 올바르게 쓰였다.
③ [킬포인트 052] 조동사 should의 3가지 용법과 생략 구조
특정 표현 뒤에는 'should 동사원형' 또는 should가 생략되고 '동사원형'만 남은 구조를 올바르게 썼는지 확인해야 한다. 이성적 판단의 형용사가 It be와 that절 사이에 쓰일 때 'It be 이성적 판단 형용사 that 주어 (should) 동사원형'의 구조로 쓴다. 따라서 주어진 문장에서 이성적 판단 형용사인 essential 뒤에 that절의 동사가 동사원형의 형태인 submit로 올바르게 쓰였다.
③ [킬포인트 067] 주의해야 할 부사절 접속사
lest는 '~하지 않도록, ~하면 안 되니까'라는 의미의 부사절 접속사로 쓰이며 'lest 주어 (should) 동사원형' 구조로 표현한다. 따라서 주어진 문장에서 lest you lose는 올바르게 쓰였다.

선지 해석

① 운동을 자주 하면 할수록 더 건강해진다.
② 그녀의 그림 실력은 또래들보다 뛰어나다.
③ 그가 금요일 마감일까지 보고서를 제출하는 것은 필수적이다.
④ 미끄러운 길에서 통제력을 잃지 않도록 천천히 운전해라.

08 [문법 – 영작] ▶ ②

난이도 하

정답 해설

② [킬포인트 083] 강조 구문과 강조를 위한 표현
'It be ~ that' 강조 구문에서 주어가 강조될 때 that 뒤에 나오는 동사와 강조된 주어의 수 일치를 주의해야 한다. 주어진 문장에서 강조된 주어가 sudden realization이므로 복수 동사 change를 단수 동사 changes로 고쳐야 한다.

오답 해설

① [킬포인트 083] 원급을 이용한 표현
'not/never so much as'는 '~조차도 않다'라는 의미를 가진 원급을 이용한 표현이다. 따라서 주어진 문장에서 never so much as touched는 올바르게 쓰였다.
③ [킬포인트 061] 혼합 가정법 공식
혼합 가정법 공식에서 종속절은 'if + 주어 + had p.p.(과거시간 부사)' 구조로 쓰고 주절은 '주어 + would/should/could/might + 동사원형 now[today]' 구조로 쓰므로 주어진 문장은 올바르게 쓰였다.
④ [킬포인트 054] 부정부사와 도치 구문
never, hardly, scarcely 등의 부정부사가 강조를 위해 문두(문장 처음)나 절두(절 처음)에 위치하면 조동사와 주어 순서로 도치가 일어난다. 따라서 주어진 문장에서 부정부사 Nowhere in the world 뒤에 can you find로 올바르게 도치되어 쓰였다.

09 [생활영어 – 빈칸] ▶ ②

난이도 하

정답 해석

② 알겠습니다. 모임 일정을 다시 잡아 알려드리겠습니다.

오답 해석

① 제안해줘서 고맙습니다. 당신 팀에 함께하게 되어 기쁩니다.
③ 너무 안됐네요. 당신의 여행에 구할 수 있는 표가 없습니다.
④ 아주 좋습니다! 저는 우리가 그 프로젝트를 끝마쳐서 기쁩니다.

지문 해석

A: Daniel, 미안하지만 우리 프로젝트 모임 일정을 다시 잡을 수 있을까요? 제가 내일 모임에 참석할 수 없어요.
B: 저런. 당신의 프레젠테이션이 없으면 이 모임을 하는 것은 불가능해요, Robinson 씨. 무슨 문제인지 여쭤 봐도 될까요?
A: 글쎄, 저의 출장 일정이 마지막 순간에 변경되었어요. 다음 월요일 이후엔 어느 날이든 가능합니다.
B: 알겠습니다. 모임 일정을 다시 잡아 알려드리겠습니다.

어휘 및 표현

- reschedule 일정을 다시 잡다
- attend 참석하다
- available 시간이 있는, 여유가 되는

10 [생활영어 – 대화] ▶ ③

난이도 하

정답 해석

③ A: 안녕하세요! 발표 준비는 다 되셨나요?
B: 난 시류에 편승해요.

오답 해석

① A: 회사에서 관리직으로 누구를 승진시켰어?
B: 그들은 John을 선택했어. 그는 리더십 기술과 경험 면에서 최고로 평가받고 있어.
② A: 네가 처음에 소프트웨어 개발자로 시작했다고 들었어. 어떻게 되고 있어?
B: 솔직히 말해서, 힘들어. 나는 코딩과 프로그래밍 언어에 적성이 없는 것 같아.
④ A: 어제 밤 잠은 잘 잤어?
B: 굉장했어! 세상 모르고 잤어. 밖에서 치던 폭풍 소리도 듣지 못했어.

11 [독해 – 빈칸 추론 2 (단어, 구, 절)] ▶ ④

난이도 상

해설

지혜로운 지식 관리를 위한 조언에 대한 글이다. 마지막 문장에서 부정의 의미의 명령문으로 선택지를 고를 때 주의를 요함을 진술하고 있고 두 번째 문장에서 우리의 뇌는 '제한된 공간'임을 설명하고 있다. 즉 우리 뇌속의 공간이 무한 확장이 가능한 탄성 벽이 있다고 생각하지 마라를 강조하고 있다. 따라서 빈칸에 들어갈 말로 알맞은 것은 ④이다.

★ 주제: 지혜로운 지식 관리를 위한 조언

빈칸 문장	O/X	선택지
(5) 당신의 뇌 속 작은 공간에 ______ 고 착각하지 마라.	X	① 모든 세부 사항이 엉망이 될 것이다
추론의 근거	X	② 허가 없이는 접근할 수 없다
(2) 만약 뇌가 받은 모든 정보를 붙잡고 있으면, 뇌는 새로운 것을 받아들이지 못하고 금방 공간을 다 써버릴 것이다.	X	③ 필요한 것은 조정할 수 없다
	O	④ 무한 확장이 가능한 탄성 벽이 있다

어휘

- attic 다락방, 다락
- furnish 가구를 갖추다, 장식하다
- accumulate 축적하다, 누적하다
- entangle 얽히게 하다, 뒤엉키게 하다
- irrelevant 관련 없는, 중요하지 않은
- crowd out 밀어내다
- elastic 탄력 있는, 신축성 있는
- expansion 확장, 증가
- mislead 오도하다, 잘못 이끌다

해석

(1) 당신의 뇌가 여러분이 선택한 지식을 제공받기를 기다리는, 작고 텅 빈 다락방이라고 상상해보라. (2) [주제문_추론 근거]만약 뇌가 받은 모든 정보를 붙잡고 있으면, 뇌는 새로운 것을 받아들이지 못하고 금방 공간을 다 써버릴 것이다. (3) 지혜로운 사람이 자신의 지식을 신중하게 선택하고 정리하는 것과 달리, 바보 같은 사람은 자신이 만난 모든 정보를 축적한다. (4) [문제점]그 결과 귀중한 지식은 필요할 때 접근하기 어려워지고, 중요한 지식은 혼란스러워지거나 관련 없는 정보와 뒤섞인다. (5) [주제문] 당신의 뇌 속 작은 공간에 무한 확장이 가능한 탄성 벽이 있다고 착각하지 마라.

12 [독해 – 중심 내용 파악] ▶ ③

난이도 하

해설

생태 관광의 모순에 대한 글로, 생태 관광은 여행객에게 자연 환경에 대한 교육과 보호 참여를 목표로 하지만, 일부 생태 관광 활동은 환경에 부정적인 영향을 미칠 수 있음을 구체적인 예를 들어 설명하고 있다. 따라서 글의 제목으로 알맞은 것은 ③이다.

★ 주제: 생태 관광의 모순 – 보호와 부정적인 영향 사이의 균형 유지

주제문	선택지	O/X
(2) 그러나, 일부 형태의 생태 관광은 이러한 목표와 일치하지 않을 수 있다. (3) 환경론자들은 생태 관광으로 분류된 특정한 활동이 환경에 부정적인 영향을 미칠 수 있다고 주장한다.	① 왜 생태 관광이 인기를 얻고 있는가?	X
	② 탁 트인 바다 위의 생태관광 활동	X
	③ 생태 관광: 정말 환경에 좋은가?	O
	④ 생태 관광과 어업에 미치는 영향	X

어휘

- Ecotourism 생태 관광
- impacts 영향
- excursion 낚시 여행
- intimate access 밀접한 접근
- advocate 옹호하다, 옹호자
- catch-and-release policy 포획 및 방류 정책
- environmental toll 환경적 피해
- pollution 오염
- physical injury 신체 손상

해석

(1) 생태 관광은 관광객들에게 그들의 여행지의 자연 환경에 대해 교육하고 보호에 그들을 참여시키는 것을 목표로 한다. (2) [주제문]그러나, 일부 형태의 생태 관광은 이러한 목표와 일치하지 않을 수 있다. (3) 환경론자들은 생태 관광으로 분류된 특정한 활동이 환경에 부정적인 영향을 미칠 수 있다고 주장한다. (4) 해양 환경에 대한 친밀한 접근을 제공하기 위해 생태 관광으로 종종 홍보되는 심해 낚시 여행을 예로 들 수 있다. (5) 여행 주최자는 야생 동물에 대한 피해를 예방하기 위해 포획 및 방류 정책을 지지하는 반면, 반대자들은 공기와 물 모두에 영향을 미치는 어선의 연료로 인한 오염과 같은 환경적 피해를 강조한다. (6) 게다가, 포획 및 방류 과정으로 인한 스트레스와 신체적 부상은 방출된 물고기의 상당한 수의 죽음으로 이어질 수 있다.

13 [독해 – 중심 내용 파악] ▶ ④

난이도 중

해설

컴퓨터 과학자들은 초기에 논리 기반의 접근 방식으로 인공지능을 개발했지만, 이 방식은 특정 지식 분야에서만 우수하고 진정한 지능의 핵심인 연결 기능을 포함하지 못하여 한계가 있음을 설명하는 글이다. 따라서 글의 주제로 알맞은 것은 ④이다.

★ 주제: 인공지능 발전의 과제 – 논리 기반과 연결의 균형 탐색

주제문	선택지	O/X
(3) 이 접근 방식의 장점에도 불구하고, 그것은 본질적인 한계를 가지고 있다.	① 최초의 인공지능이 어떻게 만들어졌는지	X
	② 추상적인 문제를 해결하기 위한 논리적 방법들	X
	③ 왜 컴퓨터는 인간만큼 똑똑하지 않은지	X
	④ 논리 기반 인공 지능의 문제점	O

어휘

- artificial intelligence (AI) 인공 지능
- logic-based 논리 기반한
- formal 형식적인, 공식적인
- reasoning 추론
- inherent 내재적인
- genuine 진정한

해석

(1) 컴퓨터 과학자들은 상당 기간 동안 인공지능(AI)을 개발하는 데 전념해 왔다. (2) 처음에 그들의 접근 방식은 주로 논리 기반이었고, 컴퓨터의 형식적 추론과 문제 해결 능력을 강조했다. (3) [주제문]이 접근 방식의 장점에도 불구하고, 그것은 본질적인 한계를 가지고 있다. (4) 그러한 시스템은 컴퓨터 코드에서 인간의 광범위한 추론을 포함할 수 없는 극도로 특정한 지식 분야에서만 탁월할 수 있다. (5) 게다가, 그들은 진정한 지능의 중요한 측면인 논리를 넘어서는 연결을 만드는 능력을 가지고 있지 않다. (6) "만약 – 그러면" 결정들의 연속으로 작동하기 때문에, 그러한 시스템들은 종종 현실 세계 상황에서 의사 결정에 필요한 요소를 식별하는 것이 항상 가능하지 않은 경우에 어려움을 겪을 수 있다.

14 [독해 – 중심 내용 파악] ▶ ④

난이도 중

해설

과학의 발전은 오랜 시간에 걸쳐 진행되며, 발표된 결과는 신중한 검토가 필요하고, 뉴스에서 밝혀지는 결과도 주의가 필요함을 세 번째 문장 '하지만 진정한 과학의 진보는 오랜 시간에 걸쳐 점진적으로 일어난다는 사실을 인식하는 것이 중요하다'를 통해 강조하고 있다. 따라서 글의 요지로 알맞은 것은 ④이다.

★ 주제: 과학의 진보와 주의 – 사실과 오류를 구분하는 능력

주제문	선택지	O/X
(3) 하지만 진정한 과학의 진보는 오랜 시간에 걸쳐 점진적으로 일어난다는 사실을 인식하는 것이 중요하다.	① 과학 연구의 성과들을 널리 알려야 한다.	X
	② 과학 기술의 실용화를 적극 추진해야 한다.	X
	③ 과학 분야에 더 많은 재정적인 지원이 필요하다.	X
	④ 새로운 과학 연구 결과를 무조건 믿어서는 안 된다.	O

어휘

- facilitate 촉진하다
- breakthrough 돌파구
- lunar 달의
- instantaneous 즉각적인
- unquestioningly 의심 없이
- genuine 진정한
- unfold 펼쳐지다
- duration 기간, 지속
- prudent 신중한, 분별 있는

해석

(1) 오늘날 우리가 살고 있는 세상은 질병 치료제, 달 탐사, 즉각적이고 세계적인 소통과 같은 돌파구를 촉진하는 과학 덕분이다. (2) 따라서 과학 연구 발표는 의심할 여지없이 사실로 받아들여지는 경우가 많다. (3) [주제문]하지만 진정한 과학의 진보는 오랜 시간에 걸쳐 점진적으로 일어난다는 사실을 인식하는 것이 중요하다. (4) 이 과정에서 실수는 나중에 개선된 방법으로 수정된다. (5) 뉴스에서 공개되는 연구 결과는 획기적인 발견들 만큼이나 부주의한 실수들에 취약할 수 있다. (6) 과학은 부인할 수 없을 정도로 놀라운 분야이지만, 그에 대해 의심적인 태도로 다가가는 것이 현명하다.

15 [독해 – 세부 정보 파악] ▶ ④

난이도 중

해설

투르 드 프랑스(The Tour de France)를 설명하는 글이다. ④의 '자전거 선수들이 사망하는 사고는 드물다'의 진술이 세 번째 문장의 '극심한 정신적인 그리고 신체적인 긴장과 빠른 속도에도 불구하고, 자전거를 타는 사람들 중 사망자는 거의 없다'의 본문의 내용과 일치한다. 따라서 정답은 ④이다.

★ 주제: 투르 드 프랑스 – 자전거 경주의 역사와 매력

선택지	본문	O/X
① 자전거 판매량을 늘리기 위해 조직되었다.	(1) 1903년에 L'Auto 잡지의 판매를 늘리기 위해 시작된 '투르 드 프랑스'는, …	X
② 1903년 이후로 매년 개최되었다.	(1) 단지 두 차례의 세계 대전에 의해 중단되었을 뿐, 매년 열리는 행사로서 이어져 왔다,	X
③ 대회 기간 동안에는 휴식일이 허용되지 않는다.	(2) 21일에서 23일에 걸쳐, 단지 두 번의 휴식일로, 자전거를 타는 사람들은…	X
④ 자전거 선수들이 사망하는 사고는 드물다.	(3) 극심한 정신적인 그리고 신체적인 긴장과 빠른 속도에도 불구하고, 자전거를 타는 사람들 중 사망자는 거의 없다.	O

어휘

- inaugurate 시작하다
- boost 북돋우다, 신장시키다
- endure 견디다, 지속하다
- interrupt 방해하다
- spanning ~에 걸친
- cyclist 자전거 선수
- navigate 항해하다
- fatality 사망자 수, 죽음, 치사성

해석

(1) 1903년에 L'Auto 잡지의 판매를 늘리기 위해 시작된 '투르 드 프랑스'는, 단지 두 차례의 세계 대전에 의해 중단되었을 뿐, 매년 열리는 행사로서 이어져 왔다. (2) 21일에서 23일에 걸쳐, 단지 두 번의 휴식일로, 자전거를 타는 사람들은 파리, 알프스, 그리고 프랑스 시골 지역을 항해하면서, 약 3,500 킬로미터를 달린다. (3) 극심한 정신적인 그리고 신체적인 긴장과 빠른 속도에도 불구하고, 자전거를 타는 사람들 중 사망자는 거의 없다. (4) 흥미롭게도, 2000년 이후 투르 드 프랑스에서 발생한 세 명의 사망자는 관중을 포함했다. (5) 그 경주는, 매년 그 경로를 따라 수백만 명의 팬들을 끌어 모으며, 유럽에서 가장 사랑 받는 스포츠 행사들 중 하나로 남아 있다.

16 [독해 – 순서 배열] ▶ ③

난이도 중

해설

간단한 실험으로 이해하는 부력원리에 대한 글로, 쉽게 구할 수 있는 재료를 사용한 실험으로, 다이어트 탄산음료가 일반 탄산음료보다 부력이 높아져 떠 있는 원리를 설명하고 있다. 실험을 해보자는 제시문 다음에 실험을 위한 준비에 대한 진술인 (B)로 시작해야 하며, 관찰과 그 내용인 (A)로 연결되어야 하며, 이러한 부력의 차이를 설명하는 (C)로 이어져야 한다. 따라서 글의 순서로 알맞은 것은 ③이다.

★ 주제: 부력의 원리			
순서	핵심어	내용 요약 및 논지 전개	
제시문	부력의 개념 (the concept of buoyancy)	물체가 액체 속에 가라앉거나 떠 있는지에 영향을 미치는 상승력인 부력의 개념을 설명할 수 있다.	부력
→(B)	시작하라(Begin)	(B) 일반 탄산음료와 다이어트 탄산음료 캔을 넣는 것부터 실험 시작하라.	실험 시작
→(A)	그것들의 동일한 크기와 액체의 부피(their identical size and liquid volume)	(A) 일반 탄산음료 캔이 가라앉는 동안 다이어트 탄산음료 캔이 떠 있는 것을 관찰하라.	관찰 시작
→(C)	이러한 차이 (This discrepancy)	(C) 이러한 불일치는 다이어트 탄산음료의 인공감미료 농도가 높아 다이어트 탄산음료의 평균 밀도가 낮고 부력이 크기 때문이다.	결론

어휘

- conduct 실시하다
- readily 쉽게
- illustrate 설명하다
- buoyancy 부력
- upward force 상승력
- sink 가라앉다
- float 뜨다
- identical 동일한
- liquid 액체
- volume 부피, 용량
- artificial sweetener 인공 감미료

해석

쉽게 구할 수 있는 물질로 간단한 실험을 해보면 물체가 액체 속에 가라앉거나 떠 있는지에 영향을 미치는 상승력인 부력의 개념을 설명할 수 있다.

(B) 물이 채워진 싱크대에 일반 탄산음료와 다이어트 탄산음료 캔을 넣는 것부터 시작하라.

(A) 크기와 액체 부피가 동일함에도 불구하고 일반 탄산음료 캔이 가라앉는 동안 다이어트 탄산음료 캔이 떠 있는 것을 관찰하라.

(C) 이 차이는 일반 탄산음료의 설탕과 비교하여 다이어트 탄산음료에 높은 농도의 인공 감미료가 들어 있기 때문에 발생하며, 이것이 다이어트 탄산음료의 낮은 평균 밀도와 더 큰 부력을 유발시켜, 그것을 뜨게 한다.

17 [독해 – 문장 제거] ▶ ③

난이도 하

해설

전염병에 대한 과거시대의 종교적 대응에 대한 글로, 과거에는 질병 대유행에 대해 신의 섭리로 보며 종교적 의식과 희생을 통해 신의 자비를 기도하였으나, 종종 이러한 행렬이 오히려 전염병의 확산을 촉진했음을 설명하고 있다. ③의 '역사적인 묘사가 있는 많은 그림들로 오늘날까지 남아있음'의 진술은 명작이라 불리는 그 당시의 그림에 대한 설명으로 '전염병에 대한 과거시대의 종교적 대응'과는 관련이 없다. 따라서 글의 흐름상 어색한 문장은 ③이다.

★ 주제: 전염병에 대한 과거시대의 종교적 대응인 행진		
O/X	선택지 요약	핵심어
O	① 특히 기독교 공동체들은 종종 종교적인 행렬을 조직함.	종교적 행렬
O	② 성직자들과 평신도들은 거리에 성인들의 모습을 들고 다니며, 신의 자비를 간절히 기도함.	종교적 행렬
X	③ 역사적인 묘사가 있는 많은 그림들로 오늘날까지 남아있음.	많은 그림들
O	④ 주목할 만한 예는 1466년 파리에서의 전염병 속에서 거리의 행진임.	종교적 행렬

어휘

- providence (신의) 섭리
- ritual 의식
- sacrifice 희생
- procession 행렬
- appease 달래다
- Christian community 기독교 공동체
- clergy 성직자
- laypeople 일반 신자, 일반 사람
- fervently 열심히
- mercy 자비
- epidemic 전염병

해석

질병의 대규모 발병에 대한 인간의 반응은 역사를 통틀어 현저한 유사성을 보여주었다. 질병을 신의 섭리로 돌리면서, 다양한 사회들은 신들을 달래기 위해 의식, 희생 및 행렬을 발전시켰다. ① 특히 기독교 공동체들은 전염병에 대한 공통된 대응으로서 종종 종교적인 행렬을 조직했다. ② 이러한 행렬 동안 성직자들과 신도들은 거리에 성인들의 모습을 들고 다니며, 신의 자비를 간절히 기도했다. (③ 이러한 행렬에 대한 역사적인 묘사가 명작이라고 칭할 수 있는 많은 그림들로 오늘날까지 남아있다.) ④ 주목할 만한 예는 1466년 파리에서 수천 명의 성인 Crepin and Crepinien이 전염병 속에서 거리를 행진하는 것을 목격했다. 아이러니하게도, 이러한 공공 모임은 신의 개입을 목적으로 했지만, 의도치 않게 전염병의 확산을 촉진하여 전염병을 완화하기보다는 잠재적으로 악화시켰다.

18 [독해 – 세부 정보 파악] ▶ ②

난이도 하

해설

Laurent Clerc의 일대기에 관한 글이다. ②의 '그녀는 청각 장애를 가지고 태어났다'의 진술은 첫 번째 문장의 '한 살 때 그가 화재에 빠졌을 때, 그의 청각과 후각을 모두 잃는 결과를 낳았던 어린 시절에 역경에 직면했다'의 본문의 내용과 일치하지 않는다. 따라서 정답은 ②이다.

★ 주제 : Laurent Clerc의 일대기		
선택지	본문	O/X
① 그녀는 프랑스에서 태어났다.	(1) 프랑스 리옹 근처의 작은 마을에서 1785년에 태어난 Laurent Clerc는 …	O
② 그녀는 청각 장애를 가지고 태어났다.	(1) … 한 살 때 그가 화재에 빠졌을 때, 그의 청각과 후각을 모두 잃는 결과를 낳았던 어린 시절에 역경에 직면했다.	X
③ 그녀는 자신이 졸업한 농아학교에서 보조교사로 일했다.	(2) 12세에, 탁월한 학문적 기량을 보이며, 그는 파리에 있는 영국 농아인 협회에 입학했다.	O
④ 그녀는 Thomas와 함께 미국 최초의 농아학교를 설립했다.	(6) Laurent은 동의했고, 그들은 미국에 최초의 농아인을 위한 학교를 함께 설립했다.	O

어휘

- adversity 역경
- fall into 빠져들다
- prowess 기량, 솜씨
- dedication 헌신
- dismay 크게 실망시키다, 경악하게 만들다
- encounter 만남, 맞닥뜨리다, 마주치다
- collaborative 공동의

해석

(1) 프랑스 리옹 근처의 작은 마을에서 1785년에 태어난 Laurent Clerc는 한 살 때 그가 화재에 빠졌을 때, 그의 청각과 후각을 모두 잃는 결과를 낳았던 어린 시절에 역경에 직면했다. (2) 12세에, 탁월한 학문적 기량을 보이며, 그는 파리에 있는 영국 농아인 협회에 입학했다. (3) 그의 졸업 후, 학교는 그의 재능을 알아보았고 그가 매우 헌신적으로 수용했던 역할인 보조 교사가 되도록 그를 초대했다. (4) 한편, 미국에서, Thomas Hopkins Gallaudet는 그 나라의 농아인을 위한 학교들의 부재에 의해 경악했다. (5) 파리에 있는 영국 농아인 협회에 방문했던 동안, 그는 Laurent을 만났고 미국에서 가르치는 것에 대한 생각을 제안했다. (6) Laurent은 동의했고, 그들은 미국에 최초의 농아인을 위한 학교를 함께 설립했다. (7) 이 협력적인 노력은 미국에서 농아인 교육을 위한 기초를 세웠다.

19 [독해 – 문장 삽입] ▶ ②

난이도 상

해설

유아의 언어 습득과 언어 환경의 영향에 대한 글로, 생후 1년 동안 유아는 다양한 소리를 구별할 수 있지만, 자신을 둘러싼 언어 환경에 맞춰 선택적으로 언어를 습득하며, 모국어에 없는 소리에 대한 감도 감소로 다른 언어의 습득에 어려움이 있음을 설명하고 있다. 주어진 제시문은 유아의 소리능력을 구분하는 능력이 감소하는 이유이고, ② 뒤에서 언급하는 '이러한 선택적 과정'이다. 따라서 주어진 문장이 들어갈 위치로 적절한 것은 ②이다.

★ 주제: 유아의 언어 습득과 언어 환경의 영향

제시문			선택지 ▶/X	
그러나 유아들은 주변 언어 환경에 점차 몰입함으로써, 점차 자신의 모국어에서 주로 들리는 소리에 주의를 집중하게 된다.		X	① 신생아는 다양한 소리들을 구별할 수 있음.	소리 구분능력 있음
핵심어		▶	② 이러한 선택적 과정은 자신의 언어적 환경에 존재하지 않는 소리에 대한 인식을 감소시킴.	소리 구분능력 없음
제시문	그러나(However)	X	③ 결과적으로 개인은 일본인 화자나 영어 화자 등 모국어에 없는 소리에 어려움을 겪을 수 있음.	
②	이러한 선택적 과정 (This selective process)	X	④ 이 현상은 특정 소리의 차이를 인식하는 능력이 저하되었기 때문임.	

어휘

- immerse (몸이나 정신을) 몰두시키다
- linguistic 언어의 또는 언어학의
- acquisition 습득, 획득
- distinguish 구별하다, 식별하다
- selective 선택적인, 추려내는
- diminish 감소시키다, 약화시키다, 줄어들다
- awareness 인식, 알아차림
- surrounding 주변 환경
- exemplify 실제로 나타내다, 예증하다
- concentration 집중, 집중도

해석

유아의 언어 습득은 생후 1년 동안 일어나는 중요한 과정이다. (①) 연구에 따르면 신생아는 전 세계의 언어에서 발견되는 다양한 소리들을 구별할 수 있다. (② 그러나 유아들은 주변 언어 환경에 점차 몰입함으로써, 점차 자신의 모국어에서 주로 들리는 소리에 주의를 집중하게 된다.) 이러한 선택적 과정은 자신의 언어적 환경에 존재하지 않는 소리에 대한 인식을 감소시킨다. (③) 결과적으로, 사람들은 영어의 R과 L 소리에 어려움을 겪는 일본인 화자나 프랑스어의 모음 소리에 어려움을 겪는 영어 화자 등 모국어에 없는 소리에 어려움을 겪을 수 있다. (④) 이 현상은 유아가 일찍부터 모국어에 집중함으로써 특정 소리의 차이를 인식하는 능력이 저하되었기 때문이다.

20 [독해 – 빈칸 추론 2 (단어, 구, 절)] ▶ ③

난이도 하

해설

인간과 유사한 침팬지의 오른손 선호에 대한 글로, 최근 연구에 따르면, 침팬지는 음식을 먹을 때 오른손을 선호하는 특성을 가지고 있으며, 이는 인간과의 뇌 기능에 대한 놀라운 유사성을 가지고 있음을 나타냄을 설명하는 글이다. 빈칸 앞의 진술은 이전에 사람들이 가지고 있었던 생각이고, 그 다음 문장은 이와 상반되는 발견이다. 따라서 밑줄 친 부분에 들어갈 말로 알맞은 것은 ③이다.

★ 주제: 침팬지의 오른손 선호 – 인간과의 놀라운 유사성

빈칸 문장	선택지 O/X	
(8) 그러나, 연구원들에 따르면, 이것은 침팬지와 인간이 그들의 뇌가 어떻게 기능하는지를 결정하는 ________ 특징들을 가지고 있다는 것을 말해준다.	X	① 언어적인
	X	② 구분되는
추론의 근거	O	③ 공유되는
(7) 이것 이전에는, 과학자들은 양손을 다른 방식으로 사용하여 어려운 일을 수행하는 능력과 같은 인간 뇌의 독특한 측면에 의해 차이가 발생한다고 믿었기 때문에 인간만이 이 특성을 가지고 있다고 추정했다.	X	④ 상당한

어휘

- trait 특징, 성향
- primates 영장류
- unique 독특한, 특이한
- assumption 가정, 추정
- shared 공유된, 함께 가진
- characteristic 특성, 특징
- determine 결정하다, 확인하다
- function 기능, 작용

해석

(1) 침팬지는 인간과 마찬가지로 오른손을 사용하는 것을 선호한다. (2) 이것은 최근 이 특성에 대한 연구를 발표한 스페인 과학자 그룹에게 놀라움으로 다가왔다. (3) 연구를 하는 동안, 연구원들은 스페인과 잠비아의 구조 센터에서 100마리 이상의 침팬지를 관찰했다. (4) 침팬지들이 어느 손을 선호하는지를 알아내기 위해, 과학자들은 그들에게 튜브 깊숙이 있는 음식을 주었다. (5) 그리고 나서, 그들은 영장류가 음식을 제거하는 것을 보고 그들이 어떤 손을 사용했는지를 기록했다. (6) 상당한 수의 경우, 침팬지들은 그들의 오른손을 사용하는 것을 선호했다. (7) [추론 근거] 이것 이전에는, 과학자들은 양손을 다른 방식으로 사용하여 어려운 일을 수행하는 능력과 같은 인간 뇌의 독특한 측면에 의해 차이가 발생한다고 믿었기 때문에 인간만이 이 특성을 가지고 있다고 추정했다. (8) 그러나, 연구원들에 따르면, 이것은 침팬지와 인간이 그들의 뇌가 어떻게 기능하는지를 결정하는 공유되는 특징들을 가지고 있다는 것을 말해준다.

2024 공무원 시험 대비 봉투모의고사 1~8회

영어 빠른 정답 찾기

회										
1회	01 ②	02 ③	03 ①	04 ②	05 ④	06 ①	07 ③	08 ①	09 ③	10 ④
	11 ①	12 ④	13 ③	14 ①	15 ①	16 ②	17 ④	18 ②	19 ③	20 ②
2회	01 ②	02 ④	03 ③	04 ③	05 ③	06 ①	07 ③	08 ①	09 ③	10 ③
	11 ④	12 ④	13 ②	14 ④	15 ①	16 ③	17 ④	18 ②	19 ②	20 ③
3회	01 ④	02 ②	03 ③	04 ②	05 ③	06 ①	07 ④	08 ④	09 ①	10 ③
	11 ④	12 ③	13 ②	14 ③	15 ①	16 ③	17 ②	18 ③	19 ④	20 ④
4회	01 ④	02 ④	03 ②	04 ①	05 ②	06 ③	07 ④	08 ②	09 ①	10 ③
	11 ④	12 ①	13 ③	14 ③	15 ④	16 ④	17 ②	18 ②	19 ④	20 ①
5회	01 ①	02 ③	03 ②	04 ④	05 ③	06 ④	07 ②	08 ③	09 ②	10 ④
	11 ④	12 ③	13 ④	14 ④	15 ④	16 ③	17 ②	18 ④	19 ④	20 ①
6회	01 ③	02 ①	03 ②	04 ④	05 ④	06 ②	07 ④	08 ③	09 ③	10 ③
	11 ③	12 ②	13 ②	14 ②	15 ④	16 ②	17 ②	18 ④	19 ③	20 ②
7회	01 ①	02 ④	03 ②	04 ②	05 ③	06 ③	07 ②	08 ②	09 ①	10 ③
	11 ③	12 ③	13 ③	14 ②	15 ④	16 ②	17 ③	18 ①	19 ③	20 ④
8회	01 ④	02 ①	03 ②	04 ②	05 ③	06 ①	07 ①	08 ②	09 ②	10 ③
	11 ④	12 ③	13 ④	14 ④	15 ④	16 ③	17 ③	18 ②	19 ②	20 ③

2024 공무원 시험 대비 봉투모의고사
정답 및 해설
▌제1회~8회 ▌

응시번호	
성 명	

문제책형
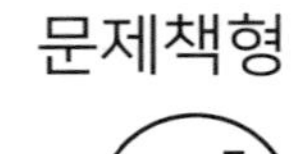

제1과목	국어	제2과목	영어	제3과목	한국사
제4과목		제5과목			

응시자 주의사항

1. **시험시작 전 시험문제를 열람하는 행위나 시험종료 후 답안을 작성하는 행위를 한 사람은** 「공무원임용시험령」 제51조에 의거 **부정행위자**로 처리됩니다.
2. **답안지 책형 표기는 시험시작 전** 감독관의 지시에 따라 **문제책 앞면에 인쇄된 문제책형을 확인**한 후, **답안지 책형란에 해당 책형(1개)**을 '●'로 **표기**하여야 합니다.
3. **답안은 문제책 표지의 과목 순서에 따라 답안지에 인쇄된 순서(제1·2·3·4·5과목)에 맞추어 표기**해야 하며, 과목 순서를 바꾸어 표기한 경우에도 **문제책 표지의 과목 순서대로 채점**되므로 유의하시기 바랍니다.
4. 시험이 시작되면 문제를 주의 깊게 읽은 후, **문항의 취지에 가장 적합한 하나의 정답만을 고르며**, 문제내용에 관한 질문은 할 수 없습니다.
5. 답안지의 모든 기재 및 표기 사항은 **컴퓨터용 흑색 싸인펜을 사용**하며, 반드시 <보기>의 **올바른 표기 방식**으로 답안을 작성해야 합니다.

   <보기> 올바른 표기: ● 잘못된 표기: ⓥ ⊗ ◑ ⊙ ◍ ◌ ③

6. **답안을 잘못 표기하였을 경우**에는 **답안지를 교체하여 작성**하거나 **수정할 수 있으며**, 표기한 답안을 수정할 때는 **응시자 본인이 가져온 수정테이프만을 사용**하여 해당 부분을 완전히 지우고 부착된 수정테이프가 떨어지지 않도록 손으로 눌러주어야 합니다. **(수정액 또는 수정스티커 등은 사용 불가)**
   - **불량한 수정테이프의 사용과 불완전한 수정처리**로 발생하는 **모든 문제는 응시자 본인에게 책임이 있습니다.**
7. **시험시간 관리의 책임은 응시자 본인에게 있습니다.**

   ※ 문제책은 시험종료 후 가지고 갈 수 있습니다.

정답공개 및 이의제기 안내

1. 정답공개: 정답가안 3.23.(토) 13:00, 최종정답 4.1.(월) 18:00 / 사이버국가고시센터
2. 이의제기: 3.23.(토) 18:00 ~ 3.26.(화) 18:00 / 사이버국가고시센터
   - 구체적인 이의제기 방법은 정답가안 공개 시 공지 예정
3. 가산점 등록기간: 3.23.(토) 13:00 ~ 3.25.(월) 21:00
4. 가산점 등록방법: 사이버국가고시센터 → [원서접수 → 가산점 등록/확인]

2024 공무원 시험 대비 봉투모의고사 1회

한국사 정답 및 해설

1회차 문항분석표

구분	정치	경제	사회	문화
선사	1			
고대	2, 3			4
중세	5, 6	8		7
근세	9, 10			12
근대 태동기	11			20
근대 개항기	13, 14, 15			
일제 강점기	16, 17, 18			
현대	19			

제1회 모의고사

01 ①	02 ④	03 ③	04 ③	05 ④
06 ③	07 ③	08 ③	09 ②	10 ④
11 ①	12 ②	13 ②	14 ①	15 ②
16 ③	17 ①	18 ④	19 ④	20 ④

01 [청동기 시대] ▶ ①

제시된 자료는 청동기 시대의 생활에 대해 서술한 글이다. ① 신석기 시대에 들어와 농경과 목축이 시작되면서 정착 생활을 하기 시작하였다.

오답해설 ② 민무늬 토기는 청동기 시대에 사용된 토기이다. ③ 청동기 시대에 주거 생활에 대한 설명이다. ④ 청동기 시대에는 부족 간의 전쟁이 빈번하게 발생하였다.

02 [4세기 고구려의 정치 상황] ▶ ④

(가)는 4세기 초반 미천왕 때의 일이고, (나)는 4세기 말~5세기 초인 광개토대왕의 정복 활동에 대한 내용이다. ④ 4세기 소수림왕 때인 373년 율령을 반포하여 중앙 집권 체제를 강화하였다.

오답해설 ① 2세기 고국천왕의 업적이다. ② 문자왕 때의 일이다. ③ 1세기 2대 유리왕 때의 일이다.

03 [6세기 신라] ▶ ③

(가)는 신라 지증왕이고, (나)는 신라 법흥왕이다. ③ 백제 성왕은 중앙에 실무를 담당하는 22부의 관청을 두어 행정을 분담하였다.

오답해설 ① 지증왕의 업적이다. ② 지증왕은 우경을 장려하여 농업 생산력을 높이고자 하였다. ④ 법흥왕의 업적이다.

04 [원효] ▶ ③

제시된 자료는 당나라 유학길에서 원효가 겪은 해골물 일화의 내용이다. ③ 원효는 아미타 신앙을 자신이 직접 전도하며 불교 대중화의 길을 걸었다.

오답해설 ① 의상, ② 자장, ④ 혜초에 대한 설명이다.

05 [후삼국 통일 과정] ▶ ④

935년 아들인 신검에게 왕위를 빼앗긴 견훤은 왕건에 귀순했으며, 왕건은 그를 크게 우대하였다. ④ 936년 왕건은 일리천 전투에서 후백제군을 격파하였다.

오답해설 ① 926년의 일이다. ② 왕건이 자신의 세력 근거지인 송악으로 도읍을 옮긴 것은 고려 건국 다음해인 919년의 일이다. ③ 927년 후백제의 견훤은 신라의 금성을 습격하여 경애왕을 죽이고 돌아갔다.

06 [고려 현종] ▶ ③

제시된 자료는 고려 현종 때 일어난 거란의 3차 침략과 관련된 내용이다. ③ 고려 현종은 지방 제도를 정비하여 전국을 경기와 5도, 양계로 크게 나누었다.

오답해설 ① 광종 때의 일이다. ② 숙종의 업적이다. ④ 성종은 민생 안정책의 일환으로 의창과 상평창을 설치하였다.

07 [상감청자] ▶ ③

상감 기법으로 만든 도자기는 고려의 상감청자이다. ③ 고려의 청자는 자기를 만들 수 있는 흙이 생산되고 연료가 풍부한 지역에서 구워졌는데, 전라도 강진과 부안이 유명하였다.

오답해설 ① 상감청자는 강화도에 도읍한 13세기 중엽까지 주류를 이루었으나, 원 간섭기 이후에는 퇴조해 갔다. ② 조선 전기에 유행한 분청사기에 대한 설명이다. ④ 16세기의 백자에 대한 설명이다.

08 [고려의 토지 제도] ▶ ③

전시과 체제에서 문무 관리에게 직역의 대가로 지급한 토지는 과전이고, 하급 관리와 군인의 유가족에게 지급된 토지는 구분전이다. 왕실 경비를 마련하기 위해 지급된 토지는 내장전이고, 중앙과 지방의 각 관청들의 경비를 충당하기 위해 마련한 토지는 공해전이다.

09 [세종] ▶ ②

제시된 자료는 세종 때 실시된 사가독서제도와 관련된 내용이다. ② 세종 때 과학 기술이 발달하여 자격루, 앙부일구, 측우기, 간의 등이 제작되었다.

오답해설 ① 조선 문종 때의 일이다. ③ 사병 혁파는 태종 이방원이 왕세제로 있었던 정종 때부터 추진한 정책이다. ④ 6조 직계제는 태종과 세조가 실시한 제도이다.

10 [조선 시대의 정치 제도] ▶ ④

제시된 자료는 조선 시대의 군사 제도에 대한 내용이다. ④ 승정원이 아니라 홍문관이 담당한 업무들이다.

오답해설 ① 6조 중 이조에 대한 설명이다. ② 춘추관에 대한 설명이다. ③ 의금부에 대한 설명이다.

11 [영조] ▶ ①

제시된 자료는 영조가 실시한 탕평 정책에 대한 설명이다. ① 영조 때 임오화변(사도세자가 뒤주에 갇혀 죽은 사건)에 따라 정계는 사도세자를 동정하는 시파와 영조를 지지하는 벽파로 나뉘어졌다.

오답해설 ② 경종 때의 정치 상황에 대한 설명이다. 영조를 지지한 세력은 노론이다. ③ 숙종 때의 일이다. ④ 숙종 때 일어난 기사환국의 결과에 대한 설명이다.

12 [이황] ▶ ②

이황의 건의에 따라 백운동 서원이 소수 서원으로 사액 받을 수 있었다. ② 이황의 사상은 남인 학자들에게 계승되었고, 임진왜란 이후 일본에 전해져 일본의 성리학 발전에 크게 이바지하였다.

오답해설 ① 서경덕에 대한 설명이다. ③ 서경덕, 박연 폭포, 황진이를 송도 삼절이라고 부른다. ④ 조식에 대한 설명이다.

13 [조·일 수호 조규(강화도 조약)] ▶ ②

② 조·일 수호 조규에 따라 조선은 개항장에서 일본인의 치외법권(영사재판권)을 인정하였다.

오답해설 ① 조·일 수호 조규에는 최혜국 대우가 규정되어 있지 않다. 최초로 최혜국 대우가 규정된 조약은 1882년에 체결된 조·미 수호 통상 조약이다. ③ 조·일 수호 조규 부록에 규정된 내용이다. ④ 조·일 무역 규칙에 대한 설명이다.

14 [갑신정변] ▶ ①

제시된 자료는 조지 클레이튼 포크의 일기로, 갑신정변 당시의 상황을 기록한 것이다. ① 갑신정변 진압 이후, 조선 정부는 일본과 한성 조약(1884)을 체결하였다. 이 조약에 따라 일본에게 배상금과 공사관 신축 비용 등을 주었다.

오답해설 ② 1866년 병인양요 당시 이항로가 척화주전론을 내세우며 서구 열강과의 통상을 반대하였다. ③ 1876년 1차 수신사 파견에 대한 설명이다. ④ 1882년 임오군란이 발발하자 고종은 사태의 수습을 위해 흥선 대원군에게 정권을 넘겨주었다.

15 [을사의병] ▶ ②

제시된 자료는 1905년에 체결된 을사조약에 규정된 내용으로, 이에 대한 반발로 을사의병이 전개되었다. ② 을사의병 당시 최익현, 민종식, 신돌석 등이 의병장으로 활약하였다.

오답해설 ①,③ 정미의병 때 13도 창의군이 결성되어 서울 진공 작전을 전개했으나, 일본의 우세한 화력에 밀려 실패하였다. ④ 을미의병에 대한 설명이다.

16 [1910년대 무단 통치] ▶ ③

제시된 자료는 1910년대 무단 통치 시기의 일제 정책을 서술한 것이다. ③ 일제는 1910년대에 헌병이 경찰의 업무까지 겸업하는 헌병 경찰 제도를 실시했다.

오답해설 ① 민족 말살 통치 시기인 1938년 국가총동원법 제정 이후의 일이다. ② 일제는 1920년대 들어와 문화 통치의 일환으로 문관 총독을 임명할 수 있게 했지만, 실제로 문관이 총독으로 임명된 적은 없었다. ④ 일제는 민족 말살 통치 시기인 1940년대에 학교와 관공서에서 조선어 사용을 금지하였다.

17 [의열단] ▶ ①

㉠ 1919년, 만주 길림에서 김원봉 등 신흥무관학교 출신의 청년들이 의열단을 조직하였다. ㉡ 「조선혁명선언」은 1923년에 작성되었다. ㉢ 1926년에 있었던 사실로, 조직적 무장투쟁을 위해 김원봉을 비롯한 의열단 단원들은 황포군관학교에 입학하였다. ㉣ 1935년 민족 독립 운동의 단일 정당을 목표로 의열단이 중심이 되어 여러 단체들을 연합하여 민족 혁명당을 결성하였다.

18 [한국광복군] ▶ ④

제시된 자료는 '광복 제1권'에 나온 한국광복군과 관련된 내용이다. ④ 조선 의용군에 대한 설명이다.

오답해설 ① 한국광복군은 미군과 협조하여 국내 정진군을 편성하고, 이들에게 특수 훈련을 시켰다. ② 한국광복군에 대한 설명이다. ③ 한국광복군은 1943년 미얀마와 인도 전선에 일부 대원을 파견하여 영국군과 공동 작전을 전개하였다.

19 [정부 수립 과정] ▶ ④

다음 자료는 신탁 통치 반대 국민 총동원 위원회의 반탁 시위 선언문이다. ④ 모스크바 3국 외상 회의 결과, 신탁 통치 결정 소식이 국내에 전해지자 우리 민족은 격렬하게 반탁 운동을 전개하였다.

오답해설 ① 김구가 암살된 것은 정부 수립 이후인 1949년의 일이다. ② 미국이 한국 문제를 유엔 총회에 상정한 것은 1947년의 일이다. ③ 미·소 공동 위원회 결렬은 신탁 통치 반대 운동 이후의 일이다.

20 [유득공] ▶ ④

제시된 자료는 조선 후기의 학자 유득공의 활동을 서술한 것이다. ㉢ 정조는 유득공, 박제가, 이덕무 등 서얼들을 규장각의 검서관으로 발탁하였다. ㉣ 유득공은 『발해고』에서 남북국이라는 용어를 최초로 사용하였다.

오답해설 ㉠ 정제두, ㉡ 한치윤에 대한 설명이다.

2024 공무원 시험 대비 봉투모의고사 2회

한국사 정답 및 해설

2회차 문항분석표

구분	정치	경제	사회	문화
선사	1			
고대	2, 3, 4			12
중세	5, 6			
근세	7, 8			
근대 태동기	9		10	11
근대 개항기	13, 14			17
일제 강점기	15, 16			
현대	18, 19	20		

제2회 모의고사

01 ②	02 ③	03 ③	04 ②	05 ④
06 ④	07 ③	08 ②	09 ③	10 ①
11 ④	12 ①	13 ②	14 ②	15 ③
16 ①	17 ③	18 ③	19 ①	20 ③

01 [고조선(위만 조선)] ▶ ②

제시된 자료는 기원전 194년 위만이 준왕을 몰아내고 왕위를 찬탈한 것에 대한 내용(위만 조선의 성립)이다. ② 위만 조선 성립 이전인 기원전 3세기, 연나라 장수 진개의 침략을 받은 고조선은 서쪽의 넓은 영토를 상실하였다.

오답해설 ① 위만 조선의 정복 활동에 대한 설명이다. ③ 위만 조선 때의 일이다. ④ 위만 조선은 한반도 남부의 진과 중국 한나라의 직접 교역을 막고 중계 무역의 이익을 독점하려 하였다.

02 [장수왕] ▶ ③

제시된 자료는 장수왕의 한성 점령 및 개로왕의 죽음과 관련된 내용이다. 따라서 밑줄 친 '그'는 장수왕을 일컫는다. ③ 장수왕은 중국의 남조, 북조와 각각 우호 관계를 맺어 외교적 안정을 추구하였다.

오답해설 ① 고구려 태조왕의 업적이다. ② 4세기 고국원왕 때의 일이다. ④ 5세기 광개토대왕 때의 일이다.

03 [발해의 정치 제도] ▶ ③

제시된 자료는 발해의 문화적 특징에 대해 서술하고 있다. ③ 발해는 정당성의 장관인 대내상이 국정을 총괄하였다.

오답해설 ① 백제의 지방 제도에 대한 설명이다. ② 통일 신라의 통치 체제에 대한 설명이다. ④ 집사부는 신라의 관부(관청)이다.

04 [삼국 통일] ▶ ②

(가)는 660년 백제의 멸망 과정에 대한 내용이고, (나)는 670년 안승이 신라에 투항하자 문무왕이 이들을 금마저에 살게 한 것과 관련된 내용이다. ② 668년 고구려의 멸망에 대한 설명이다. 나·당 연합군의 공격으로 평양성이 함락되고 보장왕과 남산이 항복하면서 고구려는 멸망하였다.

오답해설 ① 김춘추가 왕으로 즉위한 것은 백제 멸망 이전인 654년의 일이다. ③ 안시성 전투는 백제 멸망 이전인 645년의 일이다. ④ 매소성 전투는 (나) 이후인 675년의 일이다.

05 [고려 태조] ▶ ④

제시된 자료는 고려 태조의 '훈요 10조'의 내용이다. ④ 고려 태조가 실시한 호족 포섭 정책들에 대한 설명이다.

오답해설 ① 외척인 왕규가 반란을 일으킨 것은 고려 혜종 때의 일로, 이 반란은 왕의 동생인 요(정종)가 진압하였다. ② 광종이 실시한 정책이다. ③ 성종 때에는 최승로를 비롯한 신라 6두품 출신의 유학자들이 국정을 주도하면서 유교 정치가 본격화되었다.

06 [고려의 대외 관계(거란)] ▶ ④

제시된 자료는 고려 현종 재위 기간인 거란의 2차 침입 때의 일로, (가)는 거란이다. ④ 거란의 1차 침입 때 고려는 서희의 담판으로 송과 관계를 끊기로 약속하고, 그 대가로 강동 6주를 획득하였다.

오답해설 ① 여진에 대한 설명이다. ② 고려는 몽골과의 장기 항전에 대비하여 강화도로 수도를 옮겼다. ③ 왜구에 대한 설명이다.

07 [세조] ▶ ③

세조 때부터 『경국대전』 편찬 작업이 시작되어, 세법서인 '호전'과 형법서인 '형전'이 완성되었다. ③ 세조 때의 일이다.

오답해설 ① 성종 때의 일이다. ② 세종 때의 일이다. ④ 세종 때의 일이다.

08 [예송논쟁] ▶ ②

제시된 자료는 현종 때인 기해예송 당시 송시열, 송준길을 비롯한 서인이 주장한 내용이다. ② 예송논쟁은 인종의 차남인 봉림대군이 효종으로 즉위함에 따라, 왕위 계승의 정통성을 놓고 전개되었다.

오답해설 ① 예송논쟁 이전의 일이다. ③ 예송논쟁 이전인 광해군 때의 외교 정책에 대한 설명이다. ④ 예송논쟁 이전인 선조 때의 정치 상황에 대한 설명이다.

09 [훈련도감과 속오군] ▶ ③

제시된 자료의 (가)는 훈련도감이고, (나)는 속오군이다. ③ 비변사에 대한 설명이다.

오답해설 ① 임진왜란 중에 척계광의 『기효신서』를 참고하여 훈련도감과 속오군을 편성하였다. ② 속오군은 유성룡의 건의에 따라 설치되었다. ④ 조선 후기에 들어와 양반들이 노비와 함께 속오군에 편제되는 것을 회피함에 따라 속오군에는 상민과 노비들만 남게 되었다.

10 [조선 후기의 사회 모습] ▶ ①

제시된 자료는 조선 후기, 전황의 발생에 대해 서술한 것이다. ① 조선 후기에 향회는 수령이 세금을 부과할 때 의견을 물어보는 자문기구로 변화하였다.

오답해설 ② 고려~조선 전기의 사회 모습에 대한 설명이다. ③ 조선 후기에 들어와 재지사족들은 족적 결합을 강화하여 자신들의 지위를 지켜나가고자 하였는데, 이에 따라 전국적으로 동성 마을이 많이 만들어졌다. ④ 불교 신앙 조직인 향도는 삼국 시대부터 존재하였으며, 고려 시대에 널리 확산되었다.

11 [양명학] ▶ ④

제시된 자료는 정제두가 주장한 내용으로, 정제두는 조선 후기에 양명학을 체계적으로 연구하여 학파를 형성한 인물이다. ④ 소론 출신의 정제두는 양명학을 체계적으로 연구하여 강화학파를 성립하였다.

오답해설 ① 송시열을 비롯한 서인은 성리학적 질서를 절대적 가치로 내세우며 성리학 이외의 다른 사상이나 학문을 배척하였다. 따라서 양명학과는 관련이 없는 내용이다. ② 동학에 대한 설명이다. ③ 호론(충청도 노론)에 대한 설명이다.

12 [돌무지 덧널무덤] ▶ ①

제시된 자료는 돌무지 덧널무덤의 구조와 종류에 대해 서술하고 있다. ① 돌무지 덧널무덤에 대한 설명이다.

오답해설 ② 돌무지 덧널무덤은 벽화를 그릴 수 없는 구조이다. 무덤의 벽과 천장에 사신도 등의 벽화가 그려져 있는 무덤 양식으로는 굴식 돌방무덤, 벽돌무덤 등이 있다. ③ 발해의 정효 공주 묘에 대한 설명이다. ④ 통일 신라 시대의 굴식 돌방무덤에 대한 설명이다.

13 [근대의 개혁안] ▶ ②

㉠ 1884년 갑신정변 때 발표된 14개조 정강의 내용이다. ㉢ 1차 갑오개혁 때의 일이다. ㉡ 을미개혁 때 추진된 정책들이다. ㉣ 대한제국은 황제 직속 궁내부 산하 내장원의 기능을 강화시켜, 광산·홍삼·철도 등의 수입을 관리하게 하였다.

14 [한·일 의정서] ▶ ②

제시된 자료는 1904년 2월에 체결된 한·일 의정서의 내용이다. ② 한·일 의정서는 전쟁 수행에 필요한 경우 일본이 대한제국의 영토를 마음대로 사용할 수 있도록 한다는 것이 주요 내용이었다.

오답해설 ① 1904년 8월에 체결된 1차 한·일 협약의 내용이다. ③,④ 1905년에 체결된 을사늑약에 대한 설명이다.

15 [1930년대 무장 독립 투쟁] ▶ ③

1930년대 남만주에서 양세봉의 조선 혁명군이 영릉가, 흥경성에서 일본군을 맞이하여 전과를 올렸다. 북만주에서는 지청천이 이끄는 한국 독립군이 쌍성보, 사도하자 등지에서 일본군을 격파하였다. 이후 일본군의 토벌 작전이 본격화되면서 한국 독립군은 임시 정부의 요청으로 중국 본토로 이동하였다.

16 [광주 학생 항일 운동] ▶ ①

제시된 자료는 광주 학생 항일 운동의 원인과 의의를 정리한 것이다. ① 광주 학생 항일 운동은 광주에서 시작되어, 서울을 비롯한 전국으로 확산되었다.

오답해설 ②,③ 6·10 만세 운동과 관련된 내용이다. ④ 3·1 운동 때의 일이다.

17 [대종교] ▶ ③

제시된 자료는 『유방집』에 기록된 내용으로, 대종교를 창시한 나철의 행적을 서술한 것이다. ③ 나철은 단군 신앙을 바탕으로 대종교를 창시하여 민족의 위기를 극복하기 위해 노력하였다.

오답해설 ① 천도교는 개벽, 신여성, 어린이 등의 잡지를 간행하여 민중의 계몽과 근대 문물의 보급에 기여하였다. ② 배재학당은 기독교(개신교) 선교사인 아펜젤러가 세운 학교이다. ④ 천주교에 대한 설명이다.

18 [6·25 전쟁] ▶ ③

제시된 자료는 6·25 전쟁 당시 피난민의 애환을 담은 이별의 부산 정거장에 대해 서술하고 있다. 6·25 전쟁은 1950년 6월에 발발하여, 1953년 7월 휴전되었다. ③ 제헌 국회는 1948년 9월 친일파 청산을 위해 반민족 행위 처벌법을 제정하였다.

오답해설 ① 1951년 12월 자유당이 창당되었다. ② 1952년 7월의 일이다. ④ 1950년 6·25 전쟁이 발발하자, 미국은 즉각 유엔에 안전 보장 이사회의 소집을 요구하였다. 소련이 불참한 가운데 열린 유엔의 안전 보장 이사회는 북한을 침략자로 규정하고 유엔군 파병을 결의하였다.

19 [김영삼 정부] ▶ ①

제시된 자료는 14대 대통령인 김영삼 대통령의 취임사 내용이다. ① 김영삼 정부 때 경제 협력 개발 기구(OECD)에 가입하였다.

오답해설 ②,③ 전두환 정부 때의 일이다. ④ 김대중 정부 때의 일이다.

20 [농지 개혁법] ▶ ③

밑줄 친 '이 법령'은 남한의 농지 개혁법이다. 농지 개혁법은 이승만 정부 시기인 1949년에 제정되어 1950년부터 실시되었다. ③ 남한의 농지 개혁법에 따라 호당 3정보를 토지 소유의 상한선으로 정하고, 3정보 이하 농지는 매수 대상에서 제외하였다.

오답해설 ① 남한의 농지 개혁은 임야와 산림을 제외한 농지를 대상으로 하였다. ② 북한의 토지 개혁에 대한 설명이다. 남한의 농지 개혁은 유상매수, 유상분배 방식으로 진행되었다. ④ 신한 공사는 광복 직후 미군정 시기에 귀속 재산을 처분하기 위해 설치한 것으로, 농지 개혁이 실시되기 이전에 해체되었다.

2024 공무원 시험 대비 봉투모의고사 3회

한국사 정답 및 해설

3회차 문항분석표

구분	정치	경제	사회	문화
선사				
고대	1, 2, 6		3	
중세	4, 5			7
근세	8, 9			10
근대 태동기	12	11		
근대 개항기	13, 14	15		
일제 강점기	16, 17, 18			
현대	19, 20			

제3회 모의고사

01 ①	02 ②	03 ③	04 ④	05 ③
06 ④	07 ③	08 ②	09 ②	10 ①
11 ②	12 ②	13 ③	14 ①	15 ④
16 ①	17 ①	18 ③	19 ④	20 ③

01 [발해 무왕] ▶ ①

제시된 자료는 발해 무왕 때의 대외 관계와 관련된 내용이다. ① 발해 무왕은 '인안'이라는 독자적인 연호를 사용하였다.

오답해설 ② 발해 문왕에 대한 설명이다. ③ 정효 공주 묘지에서 '황상'이라고 표현한 왕은 발해 문왕이다. ④ 발해 선왕 때의 일이다.

02 [7세기 삼국의 대외 관계] ▶ ②

살수대첩은 612년, 당나라 건국은 618년, 안시성 전투는 645년, 무열왕 즉위는 654년, 백제 멸망은 660년의 일이다. ② 642년 연개소문이 정변을 일으켜 영류왕을 제거하고 보장왕을 왕으로 세웠다.

오답해설 ① 고구려는 631년부터 647년까지 국경에 천리장성을 쌓아 당의 침입에 대비하였다. ③ 675년의 매소성 전투에 대한 설명으로, 문무왕 때의 일이다. ④ 663년 백강 전투에 대한 설명으로, 백제 멸망 이후의 일이다.

03 [6두품] ▶ ③

제시된 자료에서 "붉은 색(비색) 관복을 입을 수 있다, 신분 때문에 대아찬에는 오를 수 없다." 등의 내용을 통해 밑줄 친 인물은 6두품임을 알 수 있다. ③ 진골 출신의 자제들은 화랑이 되어 6두품 이하의 평민들이 포함된 낭도들을 이끌었다.

오답해설 ①,② 6두품에 대한 설명이다. ④ 6두품은 중앙 관부의 장관이나 군대의 장군 등에 오를 수 없는 신분이었다.

04 [원 간섭기의 국왕들] ▶ ④

제시된 자료는 고려의 성리학 수용 과정에 대한 내용이다. (가)는 충렬왕이고, (나)는 충선왕이다. ④ 충선왕 때 개혁의 핵심 기구로 사림원을 설치하여 왕명 출납, 인사 업무를 담당하게 하였다.

오답해설 ① 충목왕의 업적이다. ② 충렬왕 때의 일이다. ③ 공민왕의 업적이다.

05 [고려 예종] ▶ ③

제시된 자료는 고려 예종 때 국자감에 전문 강좌인 7재를 설치한 것과 관련된 내용이다. ③ 숙종은 의천의 건의를 받아들여 화폐 주조기관인 주전도감을 설치하였다.

오답해설 ①,② 예종의 업적이다. ④ 예종 때의 여진 정벌에 대한 설명이다.

06 [근초고왕] ▶ ④

제시된 자료는 4세기 중반에 집권했던 근초고왕 때 백제의 영토 확장을 우려한 고구려의 고국원왕이 치양을 공격한 것과 관련된 내용이다. ④ 근초고왕 때 왕명에 따라 박사 고흥이 역사서인 『서기』를 편찬하였다.

오답해설 ① 침류왕의 업적이다. ② 고이왕의 업적이다. ③ 고이왕 때의 정복 활동에 대한 설명이다.

07 [지눌] ▶ ③

지눌은 수행 방법으로 정혜쌍수와 돈오점수 등을 강조하였다. ③ 지눌이 주장한 돈오점수에 대한 설명이다. 지눌은 깨달은 뒤에도 수행을 게을리 하지 않아야 한다고 하였다(돈오점수).

오답해설 ① 혜심에 대한 설명이다. ② 신라 승려인 원효가 주장한 내용이다. ④ 요세가 주장한 내용이다.

08 [조선 시대의 과거 제도] ▶ ②

제시된 자료는 조선 시대의 문과 시험에 대한 내용이다. 문과 시험에는 3년마다 실시하는 식년시와 부정기 시험인 별시(증광시, 알성시) 등이 있었다. 문과 중 대과는 초시-복시-전시 3단계 시험을 거쳤는데, 국왕 앞에서 실시하는 전시에서 순위를 결정하였다.

09 [무오사화] ▶ ②

제시된 자료는 연산군 때 무오사화와 관련된 내용이다. ② 연산군 때 일어난 무오사화로 김종직의 제자인 김일손을 비롯한 다수의 사림 세력들이 숙청되었다.

오답해설 ① 중종 때의 일이다. ③ 연산군 때의 갑자사화와 관련된 내용으로, 무오사화 이후의 일이다. ④ 명종 때의 정치 상황이다.

10 [조선 성종 때의 문화] ▶ ①

제시된 자료는 조선 성종 때 『국조오례의』 편찬과 관련된 내용이다. ① 성종 때 강희맹이 『금양잡록』을 지어 경기 지방의 농사법을 정리하였다.

오답해설 ② 태종 때의 일이다. ③ 세종 때의 일이다. ④ 간경도감은 세조 때 설치되어 불교 경전을 한글로 번역·간행하였다.

11 [조선 후기의 경제] ▶ ②

제시된 자료는 조선 후기, 신분제의 동요와 관련된 내용이다. ② 저화는 고려 후기 공양왕과 조선 태종 때에 만들어진 지폐로, 시기상 적절하지 않다.

오답해설 ① 조선 후기에 활동한 만상은 의주를 중심으로 대청 무역을 주도하였다. ③ 조선 후기의 광산 경영에 대한 설명이다. ④ 보부상은 조선 전·후기에 활동한 상인이다.

12 [조선 후기의 정치 상황] ▶ ②

㉢ 효종 때 나선 정벌에 대한 설명이다. ㉣ 숙종 때 금위영을 설치하여 5군영이 완성되었다. ㉡ 이인좌의 난은 영조 집권 초기인 1728년에 일어난 변란이었다. ㉠ 정조 때의 일이다.

13 [동학 농민 운동] ▶ ③

(가)는 1894년 1월에 일어난 고부민란에 대한 내용이고, (나)는 1894년 5월에 체결한 전주 화약과 관련된 내용이다. ③ 1차 동학 농민 운동 때의 일이다. 1894년 3월에 전봉준은 손화중 등과 함께 전라도 무장에서 봉기하였다.

오답해설 ① 1894년 6월, 일본군의 기습 공격으로 청·일 전쟁이 발발하였다. ② 1894년 6월, 1차 김홍집 내각이 성립되어 1차 갑오개혁을 추진하였다. ④ 1894년 10월 논산에서 손병희가 이끄는 북접(충청도 동학 농민군)과 전봉준이 이끄는 남접(전라도 동학 농민군)이 집결하였다.

14 [대한제국] ▶ ①

제시된 자료는 1898년 10월 관민공동회에서 발표한 '헌의 6조'의 내용이다. ① 1897년 러시아 공사관에 있던 고종이 경운궁으로 환궁하였다.

오답해설 ② 1899년 대한제국은 청나라와 한·청 통상 조약을 체결하였다. ③ 1903년의 일이다. ④ 대한제국은 1901년 지계아문을 설치하여 토지 소유권 증서인 지계를 발급하였다.

15 [방곡령] ▶ ④

제시된 자료는 1889년 함경도 관찰사의 방곡령 선포와 관련된 내용이다. 조선은 1883년 개정 조·일 통상 장정을 체결하여 방곡령 선포권을 회복하였다. 이에 따라 함경도, 황해도의 지방관들은 방곡령을 선포할 수 있게 되었다. ④ 개항 이후, 일본으로의 곡물 유출이 급증하자, 조선의 곡물 가격이 폭등하였다. 이에 따라 지방관들은 방곡령을 수차례 발동하였다.

16 [대한민국 임시 정부] ▶ ①

임시 정부의 군자금은 만주의 이륭양행이나 부산의 백산 상회를 통하여 전달되었다. 따라서 (가)는 임시 정부를 일컫는다. ① 임시 정부는 미국에 구미 위원부를 두고, 대통령 이승만을 중심으로 외교 활동을 전개하였다.

오답해설 ② 신민회에 대한 설명이다. ③ 서전서숙은 1906년 북간도 지역에서 이상설 등이 세운 학교이다. ④ 대한광복군 정부에 대한 설명이다.

17 [1930년대 이후의 일제 정책] ▶ ①

제시된 (가) 운동은 1932년부터 1940년까지 일제에 의해 진행된 농촌 진흥 운동이다. ① 1938년 일제는 전쟁 동원을 목적으로 국가 총동원법 제정 이후 국민정신 총동원 연맹을 조직하였다.

오답해설 ② 1944년의 일이다. ③ 1911년에 제정된 1차 조선교육령에 규정된 내용이다. ④ 1910년에 제정되어 1920년까지 시행된 회사령에 대한 설명이다.

18 [신간회] ▶ ③

제시된 자료는 민중 대회(광주 학생 항일 운동 진상 보고) 사건의 판결문이다. 신간회는 광주 학생 항일 운동이 일어나자 허헌 등 조사단을 파견하고 민중 대회를 계획했으나, 일본 경찰에게 발각되어 간부들은 체포되었다. ③ 시기상 맞지 않다. 조선학 운동은 1934년부터 전개되었고, 신간회는 1931년에 해체되었다.

오답해설 ①,②,④ 신간회에 대한 설명들이다.

19 [남북 기본 합의서] ▶ ④

제시된 자료는 노태우 대통령 때인 1991년 12월 남북 기본 합의서 체결과 관련된 내용이다. ④ 남북 기본 합의서는 남북한 관계를 통일 과정의 '잠정적 특수 관계'라고 규정하였다.

오답해설 ① 노태우 정부 때 발표되었다. ② 1985년 전두환 정부 때의 일이다. ③ 남북한은 남북 기본 합의서 발표 이전인 1991년 9월 유엔에 동시 가입하였다.

20 [여운형] ▶ ③

제시된 자료는 광복 직전, 여운형의 활동에 대해 서술한 것이다. ③ 여운형은 김규식 등과 함께 통일 정부 수립을 위해 좌우 합작 위원회를 구성하였다.

오답해설 ① 송진우, 김성수 등에 대한 설명이다. ② 김구와 김규식 등은 1948년 4월에 열린 남북 연석회의를 주도하였다. ④ 김구에 대한 설명이다.

2024 공무원 시험 대비 봉투모의고사 4회
한국사 정답 및 해설

4회차 문항분석표

구분	정치	경제	사회	문화
선사	10			
고대	9, 11, 12			
중세	13, 14			15
근세	16, 17, 18			
근대 태동기	19	20		
근대 개항기	2, 7			5
일제 강점기	1, 3, 6			4
현대	8			

제4회 모의고사

01 ③	02 ④	03 ④	04 ①	05 ①
06 ②	07 ③	08 ③	09 ③	10 ①
11 ②	12 ①	13 ④	14 ③	15 ④
16 ④	17 ②	18 ④	19 ③	20 ①

01 [1940년대 정치 상황] ▶ ③
재미 한족 연합 위원회는 1941년 미주에서 결성된 단체이다. ③ 1943년 임시 정부는 영국의 요청으로 인도, 미얀마 전선에 한국광복군을 파견하였다.

오답해설 ① 임시 정부를 고수하려는 김구는 민족 혁명당에 참가하지 않고, 1935년에 한국 국민당을 창당하였다. ② 1937년의 일이다. ④ 1940년 4차 개헌에 대한 설명이다.

02 [신민회] ▶ ④
제시된 자료에서 (가)에 들어갈 단체는 신민회이다. ④ 신민회는 국권의 회복과 공화정체의 국민 국가 건설을 목표로 삼았다.

오답해설 ① 헌정연구회와 대한자강회 등에 대한 설명이다. 신민회는 총독부가 날조한 105인 사건으로 해산되었다. ② 대한자강회에 대한 설명이다. ③ 보안회에 대한 설명이다.

03 [일제의 식민 통치(1920년대)] ▶ ④
제시된 자료는 산미 증식 계획 요강으로, 산미 증식 계획은 1920년부터 1934년까지 추진되었다. ④ 1927년에 조선 질소 비료 공장이 흥남에 세워지면서 중공업에 투자가 활기를 띠기 시작하였다.

오답해설 ① 1937년 일제는 황국 신민 서사를 만들고, 이를 일본어로 암송할 것을 강요하였다. ② 1938년에 제정된 법령이다. ③ 근대 시기인 1906년에 만들어진 법령으로, 외국인의 부동산 소유를 확대한 것이다.

04 [박은식] ▶ ①
제시된 자료는 박은식의 『한국통사』이다. ① 박은식은 1908년에 서북학회의 회장이 되어 기관지 서북학회월보의 주필로 활동하였다.

오답해설 ② 이승만, ③ 백남운, ④ 신채호에 대한 설명이다.

05 [근대의 문물] ▶ ①
① 전환국에 대한 설명이다. 기기창은 근대식 무기를 만드는 공장이었다.

오답해설 ② 정부는 근대적 의료 시설인 광혜원을 세웠는데, 설립 직후 광혜원은 제중원으로 이름을 바꾸었다. 이 병원은 미국인 선교사 알렌이 운영을 담당하였다. ③ 박문국, ④ 원각사에 대한 설명이다.

06 [무장 독립 전쟁] ▶ ②
㉠ 경학사는 1911년 남만주에 설립된 최초의 자치 단체이다. ㉢ 1914년의 일이다. ㉡ 1919년 신흥강습소가 신흥무관학교로 개편되었다. ㉣ 1923년의 일이다.

07 [흥선 대원군] ▶ ③
제시된 자료는 흥선 대원군에 대한 내용이다. 흥선 대원군은 1863년에 집권하여 1873년에 하야하였다. ③ 흥선 대원군 하야 이후인 1881년 민씨 정권에서 추진된 군제 개편에 대한 설명이다.

오답해설 ① 흥선 대원군은 만동묘를 비롯한 폐단이 큰 서원들을 철폐하였다. ② 흥선 대원군 때 실시된 호포법에 따라 군포를 개인이 아닌 호 단위로 거두었다. ④ 흥선 대원군의 재위 기간인 1864년 동학 교주인 최제우를 혹세무민의 죄목으로 처형하였다.

08 [1970년대 정치 상황] ▶ ③
제시된 자료는 1968년에 일어난 북한 측의 대남 도발 사건들을 서술한 것이다. ③ 1964년에 전개된 6·3 항쟁에 대한 설명이다.

오답해설 ① 1972년 7·4 남북 공동 성명에 따라 남북 조절 위원회를 설치하여 통일 문제를 협의하고자 하였다. ② 1979년 YH 무역 사건에 대한 설명이다. ④ 1972년 유신헌법에 따라 통일 주체 국민회의의 의원들이 장충체육관에 모여서 대통령을 선출하였다(1972, 1978). 이러한 선거 방식은 1980년 8차 개헌 때까지 유지되었다.

09 [중원 고구려비] ▶ ③
제시된 자료는 고구려가 남한강 유역 진출을 기념하여 세운 중원 고구려비에 대해 서술한 것이다. 이 비석을 통해 고구려의 신라 압박 사실을 확인할 수 있으며, 고구려가 신라를 동이라고 낮추어 불렀음을 알 수 있다.

10 [여러 나라의 성장(부여)] ▶ ①
밑줄 친 '이 나라'는 부여다. 부여는 고조선에 뒤이은 예맥계 국가다. ① 부여에서는 매년 12월에 영고라는 제천 행사를 열었다.

오답해설 ② 삼한에는 천군이 다스리는 신성한 지역인 소도가 존재하였다. ③ 고구려에 대한 설명이다. ④ 동예에 대한 설명이다.

11 [무령왕] ▶ ②
밑줄 친 '여융'은 백제 무령왕을 일컫는다. ② 무령왕과 성왕 때의 외교 관계에 대한 설명이다.

오답해설 ① 백제 동성왕 때의 일이다. ③ 성왕이 실시한 통치 체제 재정비에 대한 설명이다. ④ 동성왕은 탐라국이 공물을 바치지 않자 출정하여 복속시켰다.

12 [신라 하대의 정치 상황] ▶ ①
(가)는 9세기 전반 헌덕왕 때의 김헌창의 난과 관련된 내용이고, (나)는 9세기 후반 진성여왕 때 일어난 원종과 애노의 난에 대한 내용이다. ① 9세기 중반, 흥덕왕 때 해적 소탕을 위해 완도에 청해진을 설치하였다.

오답해설 ② 문무왕의 업적이다. ③ 7세기 진덕여왕 때 처음으로 당나라 연호를 사용하였다. ④ 8세기 후반, 원성왕의 업적이다.

13 [고려 성종] ▶ ④
제시된 자료는 성종 때 교육 진흥책과 관련된 내용이다. ④ 성종은 중앙 관제를 정비하여 2성 6부제를 토대로 한 통치 조직을 수립하였다.

오답해설 ① 광종 때의 대외 관계에 대한 설명이다. ② 고려 태조 때 청천강 유역에서 영흥만까지 영토를 넓혔다. 성종 때에는 압록강 유역까지 영토를 확장하였다. ③ 3대 국왕인 고려 정종에 대한 설명이다.

14 [고려의 지방 제도] ▶ ③
㉢ 고려는 북쪽 국경 지대에 양계(동계와 북계)를 두어 경계를 강화하였다. ㉣ 고려의 지방 제도에 대한 설명이다.

오답해설 ㉠ 조선 시대의 지방 행정 구역에 대한 설명이다. 조선은 고을을 그 크기에 따라 부, 목, 군, 현으로 나누었다. ㉡ 고려는 일반 행정 구역인 5도에 안찰사를 파견하였다. 병마사는 군사 행정 지역인 양계에 파견되었다.

15 [삼국사기] ▶ ④

제시된 자료는 고려 인종 때 편찬된 『삼국사기』의 서문이다. ④ 김부식의 『삼국사기』에 대한 설명이다.

오답해설 ① 이제현의 『사략』 등에 대한 설명이다. 『삼국사기』는 성리학이 고려에 들어오기 이전에 편찬되었다. ② 『삼국사기』는 통일 신라까지 서술하였다. 발해와 후삼국 시대는 다루지 않았다. ③ 조선 전기에 편찬된 『고려사』에 대한 설명이다.

16 [조선의 건국 과정] ▶ ④

(가)는 1388년의 위화도 회군과 관련된 내용으로 이 사건 직후 우왕은 폐위되고 창왕이 옹립되었다. (나)는 조선 건국 이후 이성계가 1393년 국호를 조선이라고 선포하고, 다음해 한양으로 천도한 것과 관련된 내용이다. ④ 화통도감은 우왕의 재위 기간인 1377년에 최무선이 설치한 기구이다.

오답해설 ① 공양왕 때인 1391년의 일이다. ② 1389년 창왕을 폐하고 공양왕을 왕으로 세웠다. ③ 1392년 조선이 건국되기 직전의 일이다.

17 [태종] ▶ ②

제시된 자료는 이방원(태종)이 주도한 1차 왕자의 난에 대해 서술하고 있다. ② 태종은 낭사를 사간원으로 따로 독립시켜 신권을 견제하도록 하였다.

오답해설 ① 조선 태조 때의 일이다. ③ 세종 때의 영토 확장에 대한 설명이다. ④ 성종의 업적이다.

18 [동인] ▶ ④

선조 때 김효원을 지지하는 세력이 모여 동인을 형성하였다. ④ 선조 때 동인은 김효원 등 신진 사림으로 개혁에 적극적이었다.

오답해설 ①,③ 서인에 대한 설명이다. ② 북인에 대한 설명이다.

19 [숙종] ▶ ③

제시된 자료는 숙종 때 백두산 정계비와 관련된 내용이다. ③ 효종 때 김육의 건의로 대동법을 충청도, 전라도까지 확대하였다.

오답해설 ①,②,④ 숙종 때의 일들이다.

20 [대동법] ▶ ①

제시된 자료는 대동법 실시에 따른 결과와 영향을 서술한 것이다. ① 대동법에 따라 현물 대신 토지 1결당 쌀 12두를 거두었다.

오답해설 ②,③ 균역법에 대한 설명이다. ④ 세종 때 만들어진 공법의 시행 과정에 대한 설명이다.

2024 공무원 시험 대비 봉투모의고사 5회

한국사 정답 및 해설

5회차 문항분석표

구분	정치	경제	사회	문화
선사	1			
고대	2, 3, 6			
중세	4, 5		7	
근세	9, 10	8		
근대 태동기	11			12
근대 개항기	13, 14			15
일제 강점기	16, 17, 18			
현대	19, 20			

제5회 모의고사

01 ③	02 ②	03 ④	04 ①	05 ③
06 ③	07 ④	08 ④	09 ④	10 ④
11 ③	12 ③	13 ①	14 ③	15 ②
16 ④	17 ②	18 ③	19 ①	20 ④

01 [신석기 시대] ▶ ③

제시된 자료의 밑줄 친 '이 시대'는 신석기 시대이다. ③ 부산 동삼동을 비롯한 신석기 시대의 유적지에서는 조개껍데기 가면이 발견되고 있다.

오답해설 ① 홈자귀는 청동기 시대의 농기구이다. ② 청동기 시대의 사회 모습이다. ④ 찍개는 구석기 시대에 사용된 뗀석기의 일종으로, 주로 사냥 도구로 쓰였다.

02 [신라 진흥왕] ▶ ②

제시된 자료는 백제 성왕 때의 관산성 전투와 관련된 내용으로, 이 시기 신라의 국왕은 진흥왕이었다. ② 진흥왕 때 한강 유역 전체를 차지하였다.

오답해설 ① 지증왕 때의 일이다. ③ 법흥왕 때 건립된 울진봉평비를 통해 이 시기에 울진 지역이 새로 영토로 편입되었음을 알 수 있다. ④ 7세기 선덕여왕 때의 일이다.

03 [문무왕] ▶ ④

제시된 자료의 밑줄 친 '국왕'은 신라 문무왕을 일컫는다. ④ 문무왕의 업적에 대한 설명이다. 문무왕은 백제 부흥 운동을 전개하던 주류성 등 여러 성을 함락하였다.

오답해설 ① 신문왕의 업적이다. ② 진흥왕 때의 일이다. ③ 진덕여왕은 오언태평송을 지어 당나라 고종에게 보냈다.

04 [광종] ▶ ①

제시된 자료는 4대 국왕인 광종의 가계도를 서술한 내용이다. ① 광종은 관리들의 위계질서를 확립하기 위해 자・단・비・녹의 공복을 제정하였다.

오답해설 ②,③,④ 모두 성종의 업적이다.

05 [무신정권] ▶ ③

㉣ 1170년 무신정변을 일으킨 정중부, 이의방 등은 의종을 폐위하고 명종을 왕으로 세웠다. ㉠ 서경 유수 조위총은 정중부 집권기인 1174년에 지방군과 농민을 이끌고 반란을 일으켰다. ㉡ 정중부 다음에 집권한 경대승은 신변의 안전을 위해 도방을 처음으로 설치하였다. ㉢ 최충헌 때의 일이다.

06 [흥덕왕] ▶ ③

제시된 자료는 신라 흥덕왕 때의 사치금지령에 대한 내용이다. ③ 흥덕왕 때의 일이다.

오답해설 ① 경덕왕 때의 일이다. ② 진성여왕 때의 일이다. ④ 헌덕왕 때 김헌창은 중앙 정계에서 밀려나 웅천주 도독이 되었다.

07 [고려의 가족 제도] ▶ ④

제시된 자료는 『고려사』의 기록으로, 고려 후기에 박유가 축첩 제도를 건의한 내용이다. 이는 고려 여성들의 반발로 무산되었다. ④ 조선 시대에 대한 설명이다. 고려 시대에는 여성의 재가가 비교적 자유롭게 이루어졌고, 그 소생 자식의 관직 진출에도 차별을 두지 않았다.

오답해설 ① 고려 시대에는 윤회봉사, 분할봉사, 외손봉사가 보편적으로 이루어졌다. ② 고려 시대에는 태어난 차례대로 호적에 기재하여 남녀 차별을 두지 않았다. ③ 고려 시대에는 사위가 처가의 호적에 입적하여 처가에서 생활하는 경우도 적지 않았다.

08 [공법] ▶ ④

밑줄 친 '이 제도'는 세종 때 시행한 공법(貢法)이다. ④ 세종 때 조세 제도를 체계적으로 운영하기 위해 공법(전분 6등법과 연분 9등법)을 만들어 토지 비옥도와 풍흉의 정도에 따라 조세를 거두었다.

오답해설 ① 직전법에 대한 설명이다. ② 공납에 대한 설명이다. ③ 요역과 군역에 대한 설명이다.

09 [조선의 성종] ▶ ④

제시된 자료는 성종 때 조위라는 관리가 작성한 문서로, 밑줄 친 '임금'은 성종을 일컫는다. ④ 성종은 성리학적 향촌 질서를 확립하기 위해 유향소를 부활하였다.

오답해설 ① 세조는 왕권 강화를 위해 의정부 서사제를 폐지하고, 6조 직계제를 부활시켰다. ② 조선 태조 때의 일이다. ③ 태종의 업적이다.

10 [붕당 정치의 전개와 대외 관계] ▶ ④

삼포왜란은 중종 때인 1510년, 임진왜란은 선조 때인 1592년, 병자호란은 1636년이다. ④ 광해군(1608~1623) 때 집권 세력인 북인은 광해군의 실리적 중립외교를 지지하였다.

오답해설 ① (나) 시기의 일로, 광해군 때인 1613년 광해군의 이복동생인 영창대군이 죽임을 당하였다.(계축옥사) ② 병자호란 이후인 영・정조 때의 일이다. ③ (가) 시기의 일로, 선조 때 이조전랑을 둘러싼 문제로 사림이 동인과 서인으로의 분화되었다(을해당론, 1575년).

11 [정조] ▶ ③

제시된 자료는 조선 후기, 서얼의 신분 상승 노력에 대한 내용이다. 정조 때 능력있는 서얼들을 규장각 검서관으로 등용하였다. ③ 정조 때 『대전통편』을 편찬하여 『속대전』 이후의 법전 체계를 정리하였다.

오답해설 ① 영조 때 산림의 존재를 인정하지 않았으며, 서원을 붕당의 근거지로 여겨 대폭 정리하였다. ② 순조 때의 일이다. ④ 세도 정치 시기의 정치 상황이다. 정조는 권력에서 배제되었던 소론과 남인 계열을 중용하였다.

12 [박지원] ▶ ③

제시된 자료는 조선 후기, 박지원이 저술한 『호질전』의 내용이다. 박지원은 주인공인 북곽 선생을 통해 양반들의 부패한 도덕 관념을 풍자하고 비판하였다. ③ 김정희는 제주도에서 유배 생활을 하던 중 「세한도」를 그려 제자인 이상적에게 보내주었다.

오답해설 ① 박지원은 수레와 선박의 이용, 화폐 유통의 필요성 등을 강조하였다. ②,④ 박지원에 대한 설명이다.

13 [대한자강회] ▶ ①

제시된 자료는 대한자강회에서 발표한 설립 취지문의 내용이다. ① 대한자강회는 고종이 강제 퇴위되자 이를 반대하는 활동을 전개하다가, 보안법에 의해 강제로 해산되었다.

오답해설 ② 신민회, ③ 보안회, ④ 신민회에 대한 설명이다.

14 [임오군란] ▶ ③

제시된 자료는 임오군란의 원인이 된 도봉소 사건과 임오군란이 진압된 직후인 1882년 8월 조·청 상민 수륙 무역 장정 체결에 대한 내용이다. 따라서 (가)에는 임오군란 때의 일이 들어가야 적절하다. ③ 1884년 갑신정변의 진압 이후, 청나라와 일본은 톈진 조약을 체결하였다(1885년).

오답해설 ①,④ 임오군란이 일어나자 재집권한 흥선 대원군은 통리기무아문과 별기군을 폐지하고, 5군영과 삼군부를 부활시켰다. ② 임오군란 때 별기군의 일본인 교관이 살해당했으며, 일본 공사관이 불탔다.

15 [대한매일신보] ▶ ②

제시된 자료는 대한매일신보의 특징들을 나열한 것이다. ② 대한매일신보는 치외법권을 누릴 수 있는 영국인 베델을 발행인으로 내세웠기 때문에 일제의 통제에서 어느 정도 자유로울 수 있었다.

오답해설 ① 한성순보, ③ 독립신문, ④ 만세보에 대한 설명이다.

16 [1920년대 일제 정책] ▶ ④

제시된 자료의 밑줄 친 '새로운 정책'은 1920년대 문화 통치 방침에 따라 실시된 정책들을 일컫는다. ④ 1928년 일제는 신은행령을 제정하여 자본 규모가 크지 않은 조선의 은행들을 합병하였다.

오답해설 ① 산미 증식 계획이 중단된 것은 1934년의 일이다. ② 1930년대 민족 말살 정책에 대한 설명이다. ③ 1910년대 무단 통치 시기의 일이다.

17 [이상설] ▶ ②

제시된 자료는 이상설의 활동을 간략히 정리한 것이다. ② 권업회는 연해주에서 이상설, 홍범도, 유인석 등이 한인 사회의 단결과 권익을 위해 조직한 자치 단체이다.

오답해설 ① 최팔용 등 일본 유학생들이 조직한 조선 청년 독립단에 대한 설명이다. ③ 대한 독립군은 1919년 홍범도가 창설한 항일 독립군 부대로, 활발한 국내 진공 작전을 펼쳤다. ④ 지청천, 이범석 등에 대한 설명이다.

18 [토지 조사 사업] ▶ ③

제시된 자료는 1912년에 발표된 토지조사령의 내용으로, 이는 토지 조사 사업과 관련된 법령이다. ③ 대한제국 시기의 경제 정책이다. 대한제국은 지계아문을 설치하여 토지 소유권을 보장하는 문서인 지계를 일부 지역에 발급하였다.

오답해설 ① 토지 조사 사업의 진행 과정에 대한 설명이다. ② 토지 조사 사업의 결과에 대한 설명이다. ④ 일제는 토지 조사 사업이 근대적 토지 소유권을 확립하기 위한 것이라고 선전하였다.

19 [모스크바 3국 외상 회의] ▶ ①

제시된 자료는 1945년 12월에 발표된 모스크바 3국 외상 회의 결정서(한국 문제에 관한 4개항의 결의서)의 내용이다. ① 조선 건국 준비 위원회는 1945년 9월 조선 인민 공화국의 수립을 선포하였다.

오답해설 ② 모스크바 3국 외상 회의 결정문 발표 이후, 신탁 통치 문제를 둘러싸고 좌익과 우익의 갈등이 첨예해졌다. ③ 1946년 7월의 일이다. ④ 1946년과 1947년의 일이다.

20 [대한민국 개헌의 변천 과정] ▶ ④

제시된 자료는 우리나라 대통령 선출 방식의 변천을 정리한 표이다. (가)는 1차 개헌(발췌개헌)이고, (나)는 3차 개헌이다. (다)는 유신 헌법으로 불리는 7차 개헌이다. ④ 유신 헌법에 따라 대통령 중임 제한이 철폐되어 대통령의 영구 집권이 가능해졌다.

오답해설 ① 현행 헌법인 9차 개헌 등에 대한 설명이다. ② 3차 개헌은 허정 과도정부에서 발표하였다. 3차 개헌에 따라 장면 내각이 성립되었다. ③ 1954년 2차 개헌(사사오입 개헌)에 대한 설명이다.

2024 공무원 시험 대비 봉투모의고사 6회
한국사 정답 및 해설

6회차 문항분석표

구분	정치	경제	사회	문화
선사				
고대	1, 2			3
중세	4, 5	6		
근세	9, 11			
근대 태동기	12	7		8
근대 개항기	13, 14, 16			
일제 강점기	17	15		10, 18
현대	19, 20			

제6회 모의고사

01 ②	02 ③	03 ②	04 ③	05 ③
06 ②	07 ③	08 ②	09 ④	10 ②
11 ②	12 ④	13 ④	14 ④	15 ③
16 ③	17 ④	18 ④	19 ①	20 ②

01 [발해 문왕] ▶ ②
제시된 자료는 발해 문왕 때의 대외 관계에 대해 서술한 것이다. ② 발해 문왕은 일본에 보낸 국서에서 천손임을 자랑하였고, 일본과의 관계를 장인과 사위로 비유하여 외교적 마찰을 빚었다.

오답해설 ① 대조영(발해 고왕)에 대한 설명이다. ③ 발해 선왕의 업적이다. ④ 대조영(발해 고왕)에 대한 설명이다.

02 [진평왕] ▶ ③
제시된 자료는 진평왕이 왕명으로 원광에게 걸사표를 짓게 한 내용으로, 밑줄 친 '대왕'은 진평왕을 일컫는다. ③ 진평왕은 왕족은 석가모니 종족의 환생이라는 진종설을 유포하였다.

오답해설 ① 선덕여왕 때의 불교 진흥책에 대한 설명이다. ② 진흥왕의 업적에 대한 설명이다. ④ 집사부가 설치된 것은 진덕여왕 때의 일이다.

03 [의상] ▶ ②
제시된 자료는 의상에 대한 대용이다. 의상은 문무왕이 큰 공사를 일으켜 도성을 새로이 정비하려 할 때 백성을 위해 이를 만류하였다.

04 [고려의 대외 관계(몽골)] ▶ ③
제시된 자료는 고려와 몽골의 첫 접촉에 대해 서술한 것이다. ③ 몽골의 2차 침입 때의 일이다.

오답해설 ① 거란의 2차 침입 때의 일이다. ② 예종 때의 여진 정벌에 대한 설명이다. ④ 고려 말, 왜구의 침입에 대한 설명이다.

05 [공민왕] ▶ ③
(가)에 들어갈 국왕은 고려 후기의 공민왕이다. ③ 충렬왕 때 도병마사를 도평의사사로 개편하였다.

오답해설 ① 공민왕의 업적들이다. 공민왕은 고려의 내정을 간섭하던 정동행성 이문소를 혁파하고, 인사권을 담당하고 있던 정방을 폐지하였다. ② 충렬왕 때 상서성과 중서문하성을 합쳐 첨의부라 하였다. 이후 몇 차례 개편을 거쳐 공민왕 때 첨의부를 다시 중서문하성으로 고치고, 상서성은 따로 설치하였다. ④ 공민왕은 신돈을 전민변정도감의 판사(책임자)로 임명하였다.

06 [고려의 경제] ▶ ②
제시된 자료는 이승장 묘지명의 내용으로, 고려 시대의 여성들이 비교적 자유롭게 재혼을 했으며, 재가한 여성과 그 자녀도 사회적 차별을 받지 않았음을 알 수 있다. ② 조선 후기에는 선대제가 유행하였다. 자본이 풍부한 상인들이 수공업자들에게 자금을 미리 지불하고, 제품을 만들게 한 생산 방식이다.

오답해설 ① 경시서는 고려~조선 전기에 존재했던 기구로, 상행위를 감독하였다. ③ 고려와 조선 전기의 경제 상황에 대한 설명이다. ④ 고려는 국경 지대에 위치한 공식 무역장인 각장에서 거란과 교역을 하였다.

07 [균역법] ▶ ③
제시된 자료는 영조 때 실시한 균역법에 대한 내용이다. ③ 균역법에 따라 군포가 2필에서 1필로 감소하였다. 이에 따른 재정 부족은 결작, 선무군관포, 어염세 등으로 보완하였다.

오답해설 ① 조선 후기인 19세기에 실시된 총액제에 대한 설명이다. ②,④ 대동법에 대한 설명이다.

08 [조선 후기의 국학 연구] ▶ ②
② 『연려실기술』은 한치윤이 아니라 이긍익이 저술한 역사서이다.

오답해설 ① 김정호의 대동여지도에 대한 설명이다. ③ 안정복의 『동사강목』에 대한 설명이다. ④ 한백겸은 『동국지리지』를 통해 고구려의 발상지가 만주 지방이라는 것을 처음으로 고증하였다.

09 [조선 태조] ▶ ④
제시된 자료는 우왕 때의 위화도 회군 과정에 대한 내용으로, 빈칸에 들어갈 인물은 이성계(조선 태조)이다. ④ 태조 때 도첩제를 실시하여 국가에서 승려를 관리하고, 승려의 수를 제한하였다.

오답해설 ① 사병 혁파는 태종(이방원)이 정종 때부터 추진한 정책이다. ② 세종 때의 일이다. ③ 고려 충선왕 때의 일이다.

10 [백남운] ▶ ②
제시된 자료는 백남운이 저술한 『조선사회경제사』의 목차이다. ② 백남운은 한국사도 세계사적인 발전 과정을 따라 자본주의 사회로 발전해왔음을 구체적인 자료와 수치로 보여주면서 식민 사학의 정체성론을 반박하였다.

오답해설 ① 박은식, ③ 신채호에 대한 설명이다. ④ 조선학 운동을 주도한 정인보, 안재홍 등에 대한 설명이다.

11 [인조] ▶ ②
제시된 자료는 인조 때 일어난 이괄의 난과 관련된 내용으로, 밑줄 친 '왕'은 인조를 일컫는다. ② 인조 때 일어난 병자호란에 대한 설명이다.

오답해설 ① 현종 때의 일이다. ③ 영조의 업적이다. ④ 철종 때의 일이다.

12 [정조] ▶ ④
제시된 자료는 정조의 업적들을 나열한 것이다. ④ 순조 때 중앙 관청에 소속된 6만여 명의 공노비를 해방시켰다.

오답해설 ①,②,③ 정조 때의 일이다.

13 [조 · 미 수호 통상 조약] ▶ ④
제시된 자료는 1882년에 체결된 조 · 미 수호 통상 조약에서 거중조정을 규정한 내용이다. ④ 조 · 미 수호 통상 조약은 영사 재판권과 최혜국 대우가 규정된 조약으로, 조선에 불리한 불평등 조약이었다.

오답해설 ① 강화도 조약에 대한 설명이다. ② 조 · 일 수호 조규 부록에 대한 설명이다. ③ 1882년 임오군란 진압 직후에 체결된 제물포 조약에 대한 설명이다.

14 [국권 피탈] ▶ ④
제시된 자료는 1905년 을사늑약의 내용이다. ④ 러 · 일 전쟁이 발발한 것은 1904년의 일이다.

오답해설 ① 1907년 정미 7조약의 부속 각서에 따라 대한제국의 군대가 해산되었다. ② 1907년의 일이다. ③ 1906년의 일이다.

15 [물산 장려 운동] ▶ ③
제시된 자료는 사회주의자 이성태가 물산 장려 운동을 비판하는 내용으로, 밑줄 친 '이 운동'은 물산 장려 운동을 일컫는다. ③ 물산 장려 운동에 대한 설명이다.

오답해설 ① 1920년대 자치 운동에 대한 설명이다. ② 브나로드 운동과 문자 보급 운동에 대한 설명이다. ④ 민립 대학 설립 운동에 대한 설명이다.

16 [1897년의 정치 상황] ▶ ③

제시된 자료는 아관파천 이후, 고종의 환궁을 요청하는 상소의 내용이다. "러시아 공사관으로~해가 바뀌었습니다." 라는 내용을 통해 아관파천 다음 해인 1897년임을 짐작할 수 있다. ③ 1897년 경운궁으로 환궁한 고종은 연호를 '광무'로 고치고, 환구단에서 황제 즉위식을 올렸다.

오답해설 ① 1898년의 일이다. ② 1896년의 일이다. ④ 청·일 전쟁에서 승리한 일본은 1895년 청나라와 시모노세키 조약을 체결하였다.

17 [일제의 정책] ▶ ④

㉢ 토지 조사국이 설치된 것은 1910년의 일이다. ㉠ 1920년 회사령 폐지에 따라 회사 설립이 허가제에서 신고제로 완화되었다. ㉣ 1925년의 일이다. ㉡ 1938년의 일이다.

18 [조선어 학회] ▶ ④

제시된 자료의 밑줄 친 '이 단체'는 조선어 학회이다. ④ 조선어 학회에 대한 설명이다. 일제는 조선어 학회와 이와 관련된 인사들이 항일 독립운동을 전개하였다는 구실로 치안 유지법을 적용하여 총 29명을 구속하였다(조선어 학회 사건). 이에 따라 조선어 학회는 강제로 해산되었다.

오답해설 ① 조선교육회 등에 대한 설명으로, 조선어 학회와는 관련이 없다. ② 1921년에 창립된 조선어 연구회에 대한 설명이다. ③ 주시경은 1914년에 사망했기 때문에, 1931년 조선어 학회 결성에 참여할 수 없었다.

19 [유신 헌법] ▶ ①

제시된 자료는 1972년에 제정된 유신 헌법(제7차 개헌)의 내용이다. ① 유신 헌법은 임기 6년의 대통령은 간선제로 선출하게 하였다.

오답해설 ②,③,④ 유신 헌법에 규정된 내용들이다.

20 [6·15 남북 공동 선언] ▶ ②

제시된 자료는 김대중 정부 때인 2000년 6월에 발표된 6·15 남북 공동 선언의 내용이다. ② 6·15 남북 공동 선언은 1차 남북 정상 회담 때 발표되었다.

오답해설 ①,④ 1972년 7·4 남북 공동 성명에 대한 설명이다. ③ 6·15 남북 공동 선언 발표 이전인 노태우 정부 때의 일이다.

2024 공무원 시험 대비 봉투모의고사 7회
한국사 정답 및 해설

7회차 문항분석표

구분	정치	경제	사회	문화
선사	1			
고대	2, 3	4		
중세	5, 6			
근세	9, 10			
근대 태동기	11			12
근대 개항기	13, 14	15		
일제 강점기	16, 17, 19		20	
현대	18			
통합형	8			7

제7회 모의고사

01 ④	02 ③	03 ④	04 ②	05 ④
06 ②	07 ①	08 ②	09 ③	10 ②
11 ④	12 ④	13 ②	14 ④	15 ④
16 ②	17 ④	18 ④	19 ④	20 ③

01 [동예] ▶ ④
제시된 자료는 철(凸)자형 집터의 사진과 그에 대한 설명으로, 동예의 독특한 주거 양식이다. ④ 동예의 사회 모습에 대한 설명이다.

오답해설 ① 부여에 대한 설명이다. ② 초기 고구려에 대한 설명이다. ③ 부여의 법률에 대한 설명이다.

02 [연개소문] ▶ ③
제시된 자료는 645년 안시성 전투 과정을 서술한 것으로, 밑줄 친 인물은 당시 고구려의 집권자였던 연개소문을 일컫는다. ③ 642년 연개소문은 정변을 일으켜 영류왕을 제거하고 보장왕을 옹립하였다.

오답해설 ① 보장왕에 대한 설명이다. ② 을지문덕에 대한 설명이다. ④ 광개토대왕의 정복 활동에 대한 설명이다.

03 [내물 마립간] ▶ ④
제시된 자료는 신라 내물 마립간의 집권 시기에 대해 서술한 것이다. ④ 내물 마립간은 낙동강 동쪽의 진한 지역을 거의 차지하고, 영토를 크게 확장하였다.

오답해설 ①,② 눌지 마립간의 업적에 대한 설명이다. ③ 법흥왕의 통치 체제 정비에 대한 설명이다.

04 [민정 문서] ▶ ②
제시된 자료는 통일 신라의 민정 문서에 대한 내용이다. ② 민정 문서에서 호(가구)는 상상호에서 하하호까지 9등급으로 나누었다.

오답해설 ① 민정 문서는 3년마다 촌주가 작성하였다. ③ 민정 문서의 모든 자료가 촌락을 기준으로 작성되어 있어 통일 신라는 촌락 단위로 조세를 부과하였음을 알 수 있다. ④ 민정 문서에 기록된 내용이다.

05 [고려 인종] ▶ ④
이자겸은 둘째 딸을 예종의 비로 들였으며, 외손자인 인종에게도 자신의 두 딸을 왕비로 맞이하게 하였다. 따라서 빈칸에 들어갈 국왕은 인종이다. ④ 인종 때 김부식 등이 왕명을 받아 『삼국사기』를 편찬하였다.

오답해설 ① 현종 때의 일이다. ② 예종 때의 관학 진흥책에 대한 설명이다. ③ 성종의 업적이다.

06 [견훤] ▶ ②
제시된 자료는 후백제를 세운 견훤의 성장 과정과 관련된 내용이다. ② 후백제의 견훤은 중국과 외교 관계를 맺고, 오월 · 거란 · 일본 등지에 외교 사절을 파견하였다.

오답해설 ①,③ 왕건에 대한 설명이다. ④ 무태, 수덕만세 등은 궁예가 사용한 연호들이다.

07 [고대~중세의 승려들] ▶ ①
㉠ 성왕 때 겸익은 인도에 가서 율장을 가지고 돌아왔으며, 통일 신라 승려인 혜초는 인도에 들어가 각지를 순례하고 돌아왔다. ㉢ 고려 승려인 요세에 대한 설명이다.

오답해설 ㉡ 원광이 아니라 자장에 대한 설명이다. ㉣ 고려 승려인 혜심이 주장한 유 · 불 일치설에 대한 설명이다.

08 [지역사(평양)] ▶ ②
제시된 자료는 평양 지역에서 전개된 역사적 사실들을 나열한 것이다. ② 안창호는 평양에 대성 학교를 세워 민족 교육을 실시하였다.

오답해설 ① 대구에 대한 설명이다. ③ 부여에 대한 설명이다. ④ 지눌은 전라도 순천에서 수선사 결사를 주도하였다. .

09 [수령] ▶ ③
제시된 자료는 수령 7사에 대한 내용으로, 수령의 주요 임무를 규정한 것이다. ③ 관찰사와 수령에 대한 설명이다. 관찰사나 수령은 권력의 집중과 부정을 방지하고자 자기 출신 지역에 부임할 수 없게 하였다.

오답해설 ①,④ 관찰사에 대한 설명이다. ② 향리에 대한 설명이다.

10 [16세기 정치 상황] ▶ ②
㉢ 1498년, 연산군 때 일어난 무오사화와 관련된 내용이다. ㉣ 1504년, 연산군 때 일어난 갑자사화에 대한 설명이다. ㉡ 중종 때 조광조를 비롯한 사림 세력들이 추진한 정책들이다. ㉠ 명종 때의 정치 상황에 대한 설명이다.

11 [비변사] ▶ ④
제시된 자료는 효종 때 김익희의 상소문으로, 비변사를 혁파하자고 주장하고 있다. ④ 훈련도감과 속오군에 대한 설명이다. 훈련도감과 속오군은 임진왜란 중에 척계광의 『기효신서』를 참고하여 편성되었다.

오답해설 ① 비변사는 을묘왜변을 계기로 상설 기구로 운영되기 시작하였다. ② 비변사에 대한 설명이다. ③ 비변사는 전 · 현직 정승들, 5조 판서와 참판, 각 군영 대장, 대제학 등 주요 관직자들이 참여하는 합좌 기관이었다.

12 [정약용] ▶ ④
제시된 자료는 조선 후기의 실학자인 정약용이 주장한 토지 개혁론인 여전론의 내용이다. ④ 정약용은 박제가와 함께 종두법을 연구하여 『마과회통』을 저술하였다.

오답해설 ① 홍대용, ② 유수원, ③ 이익에 대한 설명이다.

13 [2차 갑오개혁] ▶ ②
제시된 자료는 『고종실록』에 기록된 '칙령 제1호에서 제8호까지 보고하다.'의 내용으로, 2차 갑오개혁에 대한 내용이다. ② 대한제국의 광무개혁에 대한 내용이다.

오답해설 ① 2차 갑오개혁 때의 일이다. ③ 2차 갑오개혁 때 의정부를 내각으로 고치고, 8아문을 7부로 개편하였다. ④ 2차 갑오개혁 때 8도의 행정 구역을 23부로 개편하였다.

14 [정미의병] ▶ ④
제시된 자료는 정미의병의 특징에 대해 서술한 것이다. ④ 정미의병 당시 전국의 의병 부대들은 13도 창의군을 결성하고 서울진공작전을 단행하였다.

오답해설 ①,② 을사의병 때의 일이다. ③ 을미의병에 대한 설명이다.

15 [국채 보상 운동] ▶ ④
제시된 자료는 국채 보상 운동 취지문의 내용이다. ④ 국채 보상 운동은 대구에서 시작되어 전국으로 확대되었다.

오답해설 ① 총독부가 아니라 통감부이다. ② 물산 장려 운동에 대한 설명이다. 사회주의자들은 물산 장려 운동이 자본가의 이익만 위한다고 하며 비판하였다. ③ 물산 장려 운동에 대한 설명이다.

16 [한인애국단] ▶ ②

윤봉길은 한인애국단 소속의 단원이다. ② 한인애국단은 김구가 임시 정부의 침체를 극복하기 위해 1931년 상하이에서 조직된 단체이다.

오답해설 ① 대한 노인단 소속의 강우규는 사이토 총독에게 폭탄을 투척하였다. ③ 조선 의용대에 대한 설명이다. ④ 의열단 단원인 나석주의 의거 활동에 대한 설명이다.

17 [1920년대 무장 독립 전쟁] ▶ ④

(가)는 1920년 청산리 전투, (나)는 1925년 미쓰야 협정에 대한 내용이다. ④ 1937년에 소련 당국은 연해주의 한인들을 중앙아시아로 강제 이주시켰다.

오답해설 ① 봉오동 · 청산리 전투 이후, 무장독립군은 일본의 공세를 피해 소 · 만 국경 지대에 집결하였다. 이들은 대한독립군단을 조직(1920)하고 서일을 총재로 추대하였다. ② 참의부가 조직된 것은 1923년의 일이다. ③ 1923년의 일이다.

18 [4 · 19 혁명] ▶ ④

제시된 자료는 1960년 4 · 19혁명에 대한 대학 교수단의 시국 선언문이다. ④ 4 · 19 혁명의 결과, 이승만 대통령이 하야 성명을 발표하고 대통령에서 물러나 하와이로 망명하였다. 이에 허정을 수반으로 하는 과도 정부가 수립되어 양원제와 내각 책임제를 골자로 하는 3차 개헌이 추진되었다.

오답해설 ① 1980년 5 · 18 광주 민주화 운동 때의 일이다. ② 박정희를 비롯한 일부 군인들이 주도한 5 · 16 군사 정변에 대한 설명이다. ③ 1987년 6월 민주 항쟁에 대한 설명이다.

19 [대한광복회] ▶ ④

제시된 자료는 대한광복회의 강령 내용이다. ④ 신간회에 대한 설명이다.

오답해설 ① 대한광복회는 공화주의를 표방하였다. ② 대한광복회의 활동에 대한 설명이다. ③ 대한광복회는 1915년에 조선국권회복단과 풍기(대한)광복단이 통합되어 결성된 단체이다.

20 [회사령 존속 시기의 사회 모습] ▶ ③

다음 법령은 1910년에 제정되었다가 1920년에 폐지된 회사령이다. ③ 1918년 조선 식산 은행이 조직되었다.

오답해설 ①,②,④ 1920년대 이후의 사회 모습에 대한 설명이다.

2024 공무원 시험 대비 봉투모의고사 8회
한국사 정답 및 해설

8회차 문항분석표

구분	정치	경제	사회	문화
선사	1			
고대	2, 3			4, 10
중세	5, 6			7
근세	8			11
근대 태동기	9		12	
근대 개항기	13, 14	15		
일제 강점기	16, 18			17
현대	19, 20			

제8회 모의고사

01 ③	02 ②	03 ④	04 ③	05 ②
06 ④	07 ①	08 ④	09 ②	10 ①
11 ②	12 ③	13 ②	14 ④	15 ①
16 ④	17 ③	18 ④	19 ①	20 ④

01 [초기 고구려] ▶ ③

제시된 자료는 초기 고구려의 정치 체제에 대한 내용이다. ③ 부여와 초기 고구려는 제가회의에서 국가의 중요한 일을 결정하였다.

오답해설 ① 부여, ② 동예, ④ 고조선에 대한 설명이다.

02 [대가야] ▶ ②

우륵은 대가야의 음악가로서, 신라 진흥왕 때 신라로 투항하였다. ② 대가야의 이뇌왕은 신라 법흥왕과 결혼 동맹을 맺어 백제를 견제하고자 하였다.

오답해설 ①,④ 금관가야에 대한 설명이다. ③ 금관가야가 주도하는 전기 가야 연맹은 고구려 광개토대왕의 공격을 받아 거의 몰락하였다.

03 [경덕왕] ▶ ④

성덕왕부터 경덕왕 때까지를 통일 신라 문화의 전성기로 보고 있다. 따라서 빈칸에 들어갈 왕은 경덕왕이다. ④ 경덕왕 때 실시된 한화 정책에 대한 설명이다. 경덕왕은 중앙 관부와 관직의 이름을 중국식으로 바꾸고, 지방 행정 지역의 명칭도 중국식으로 고쳤다.

오답해설 ① 신문왕의 업적이다. ② 문무왕은 의상으로 하여금 부석사를 창건하게 하였다. ③ 진성여왕 때의 일이다.

04 [돌무지무덤] ▶ ③

고구려와 백제는 초기에는 주로 돌무지무덤을 만들었으나, 점차 굴식 돌방무덤으로 바뀌었다. 따라서 (가)는 돌무지무덤이다. ③ 돌무지무덤은 돌을 쌓아 만든 무덤으로, 청동기 시대부터 삼국 시대까지 만들어졌다.

오답해설 ① 벽돌무덤 등에 대한 설명이다. ② 신라 돌무지 덧널무덤의 구조에 대한 설명이다. ④ 천마총과 호우총은 모두 돌무지 덧널무덤들이다.

05 [고려의 정치 제도] ▶ ②

㉠ 어사대의 관원은 중서문하성의 낭사와 함께 대간이라고 불리며 간쟁과 봉박, 서경 등의 업무를 수행하였다. ㉣ 식목도감은 재신과 추밀이 함께 모여 법을 제정하는 임시 기구이다.

오답해설 ㉡ 중서문하성에 대한 설명이다. 중추원은 밀직사로 격하되었다. ㉢ 고려의 삼사에 대한 설명이다.

06 [무신정권의 붕괴] ▶ ④

제시된 자료는 1270년 원종의 개경 환도와 이에 반발한 삼별초가 반란을 일으킨 것에 대한 내용이다. ④ 정중부 집권기인 1176년에 공주 명학소에서 망이·망소이가 봉기하였다. 이 시기는 최우 집권기로, 고려 고종의 재위 기간이다.

오답해설 ① 1273년 삼별초의 난을 진압한 뒤, 원나라는 제주도에 탐라총관부를 설치하였다. ② 충렬왕 때의 일이다. ③ 공민왕 때 홍건적이 2차 침입하여 개경이 함락되고, 공민왕은 안동으로 피난하였다.

07 [의천] ▶ ①

제시된 자료는 고려 승려인 의천에 대해 서술한 것이다. ① 의천은 숙종 때 교·선의 통합을 위해 해동 천태종을 창시하였다.

오답해설 ② 지눌의 교선 통합에 대한 설명이다. ③ 요세에 대한 설명이다. ④ 균여에 대한 설명이다.

08 [임진왜란] ▶ ④

(가)는 1592년 4월 충주 탄금대 전투에 대한 내용이고, (나)는 1597년 9월의 명량대첩에 대한 내용이다. ④ 이순신이 전사한 노량 해전에 대한 설명으로, 1598년의 일이다.

오답해설 ① 1593년 1월의 일이다. ② 1592년 10월, 진주대첩에 대한 설명이다. ③ 1593년 2월 행주 대첩에 대한 설명이다.

09 [경종] ▶ ②

제시된 자료는 숙종 때의 갑술환국에 대한 내용으로, 밑줄 친 '세자'는 경종을 일컫는다. ② 경종 때 신임사화(소론이 노론을 역모로 몰아 제거한 사건)가 일어나 노론이 대거 숙청되었다.

오답해설 ①,③,④ 영조의 업적이다.

10 [고대의 문화재] ▶ ①

① 영광탑은 발해 시대의 탑이다. 고구려는 주로 목탑을 건립했는데, 현재까지 남아있는 것은 없다.

오답해설 ② 삼국 시대에는 미륵보살 반가상이 많이 만들어졌다. ③ 백제의 정림사지 5층 석탑은 부여에 위치한 탑이다. ④ 선덕여왕은 자장의 건의를 받아들여 황룡사 9층 목탑을 건립했는데, 백제 기술자 아비지의 도움을 받아 세운 목조탑이었다.

11 [동국통감] ▶ ②

제시된 자료는 조선 전기의 역사서인 『동국통감』의 서문이다. ② 『동국통감』은 고조선부터 고려 말까지의 역사를 정리한 역사서로, 단군을 민족의 시조로 인식하고 있다.

오답해설 ① 『동국사략』에 대한 설명이다. 『동국통감』은 성종 때 서거정 등이 편찬하였다. ③ 조선왕조실록에 대한 설명이다. ④ 유득공의 『발해고』에 대한 설명이다.

12 [임술 농민 봉기] ▶ ③

제시된 자료는 철종 때 일어난 임술 농민 봉기와 관련된 내용이다. 임술 농민 봉기가 일어나자, 정부는 사태 수습을 위해 박규수를 안핵사로 파견하였다. ③ 임술 농민 봉기는 경상도 진주 지방에서 시작되어 전국적으로 확대되었다.

오답해설 ①,④ 홍경래의 난에 대한 설명이다. ② 교정청은 근대 시기인 고종 때 설치된 개혁 기구이다. 임술 농민 봉기는 교정청이 아니라 삼정이정청이 설치되는 계기가 되었다.

13 [영남만인소] ▶ ②

제시된 자료는 이만손의 '영남만인소'이다. ② 2차 수신사로 김홍집이 일본에 다녀오며 황준헌이 쓴 『조선책략』이 유포되자 이만손은 『조선책략』과 정부의 개화 정책을 비판을 담은 영남 만인소를 올렸다.

오답해설 ① 강화도 조약의 체결 배경이 된 운요호 사건에 대한 설명이다. ③ 1873년 흥선 대원군이 물러나고 고종이 친정에 나서면서 기존 통상 수교 거부 정책이 완화되었다. ④ 1871년 신미양요에 대한 설명이다.

14 [독립협회] ▶ ④

제시된 자료는 독립협회가 고종에게 올린 헌의 6조의 내용이다. ④ 국가 재정을 탁지아문에서 관할하는 것은 갑오개혁과 관련이 있다. 독립협회가 발표한 헌의 6조에서는 국가 재정을 탁지부에서 관할할 것을 결의하고 있다.

오답해설 ① 독립협회는 고종의 밀명을 받은 황국 협회 회원들과의 충돌을 계기고 해산되었다. ② 독립협회는 자주 국권 운동을 펼쳐 러시아의 절영도 조차 요구를 철회시켰다. ③ 독립협회는 자주 국권 운동과 자유 민권 운동, 자강 개혁 운동을 전개하였다.

15 [화폐 정리 사업] ▶ ①

제시된 자료는 한국 폐제 개혁에 관한 진정서의 내용으로, 1905년에 실시된 화폐 정리 사업과 관련된 내용이다.

16 [북간도 지역의 독립 운동] ▶ ④

제시된 자료는 북간도 지역의 독립 운동을 정리한 보고서이다. ④ 북간도 일대에서 결성된 북로군정서는 서일을 총재로, 김좌진을 군사령관으로 하였다.

오답해설 ①,② 연해주 지역에서 전개된 독립 운동들에 대한 설명이다. ③ 대조선 국민군단은 박용만이 하와이에서 조직한 단체이다.

17 [신채호] ▶ ③

제시된 자료는 신채호의 연보이다. ③ 신채호는 민족 중심의 자주적 역사관을 강조했으며, 『독사신론』을 저술하여 민족주의 역사학의 연구 방향을 제시하였다.

오답해설 ① 박은식은 『한국독립운동지혈사』를 저술하여 일제의 불법적인 침략 행위를 규탄하고, 우리 민족의 독립 운동사를 정리하였다. ② 백남운을 비롯한 사회 경제 사학자들에 대한 설명이다. ④ 정인보에 대한 설명이다.

18 [6 · 10 만세 운동] ▶ ④

제시된 자료는 1926년 6 · 10 만세 운동의 준비 과정을 서술한 것이다. ④ 6 · 10 만세 운동을 계기로 국내에서 민족 유일당 운동이 전개되었다. 6 · 10 만세 운동 당시 민족주의 계열과 사회주의 계열의 협력 경험이 민족 유일당 운동의 기폭제가 된 것이다.

오답해설 ① 광주 학생 항일 운동에 대한 설명이다. ② 3 · 1 운동 때의 일이다. ③ 3 · 1 운동의 진압 과정에 대한 설명이다. 헌병 경찰이 활동한 것은 1910년대 무단 통치 시기이기 때문에 시기상 적절치 않은 문장이다.

19 [조선 건국 준비 위원회] ▶ ①

제시된 자료는 조선 건국 준비 위원회에서 발표한 성명문의 내용이다. ① 여운형과 김규식이 중심이 되어 결성된 좌·우 합작 위원회에 대한 설명이다.

오답해설 ②,③,④ 조선 건국 준비 위원회에 대한 설명이다.

20 [5 · 18 민주화 운동] ▶ ④

제시된 자료는 1980년 5 · 18 민주화 운동과 관련된 내용이다. ④ 관련 기록물이 유네스코 세계 기록 유산으로 등재된 민주화 운동으로는 4 · 19 혁명과 5 · 18 민주화 운동이 있다.

오답해설 ① 1987년 6월 민주항쟁 때의 일이다. ②,③ 1960년 4 · 19 혁명에 대한 설명이다.

2024 공무원 시험 대비 봉투모의고사 1~8회

한국사 빠른 정답 찾기

회										
1회	01 ①	02 ④	03 ③	04 ③	05 ④	06 ③	07 ③	08 ③	09 ②	10 ④
	11 ①	12 ②	13 ②	14 ①	15 ②	16 ③	17 ①	18 ④	19 ④	20 ④
2회	01 ②	02 ③	03 ③	04 ②	05 ④	06 ④	07 ③	08 ②	09 ③	10 ①
	11 ④	12 ①	13 ②	14 ②	15 ③	16 ①	17 ③	18 ③	19 ①	20 ③
3회	01 ①	02 ②	03 ③	04 ④	05 ③	06 ④	07 ③	08 ②	09 ②	10 ①
	11 ②	12 ②	13 ③	14 ①	15 ④	16 ①	17 ①	18 ③	19 ④	20 ③
4회	01 ③	02 ④	03 ④	04 ①	05 ①	06 ②	07 ③	08 ③	09 ③	10 ①
	11 ②	12 ①	13 ④	14 ③	15 ④	16 ④	17 ②	18 ④	19 ③	20 ①
5회	01 ③	02 ②	03 ④	04 ①	05 ③	06 ③	07 ④	08 ④	09 ④	10 ④
	11 ③	12 ③	13 ①	14 ③	15 ②	16 ④	17 ②	18 ③	19 ①	20 ④
6회	01 ②	02 ③	03 ②	04 ③	05 ③	06 ②	07 ③	08 ②	09 ④	10 ②
	11 ②	12 ④	13 ④	14 ④	15 ③	16 ③	17 ④	18 ④	19 ①	20 ②
7회	01 ④	02 ③	03 ④	04 ②	05 ④	06 ②	07 ①	08 ②	09 ③	10 ②
	11 ④	12 ④	13 ②	14 ④	15 ④	16 ②	17 ④	18 ④	19 ④	20 ③
8회	01 ③	02 ②	03 ④	04 ③	05 ②	06 ④	07 ①	08 ④	09 ②	10 ①
	11 ②	12 ③	13 ②	14 ④	15 ①	16 ④	17 ③	18 ④	19 ①	20 ④

2024 공무원 시험 대비 봉투모의고사
정답 및 해설
▌제1회~8회 ▌

응시번호	
성 명	

문제책형

제1과목	국어	제2과목	영어	제3과목	한국사
제4과목		제5과목			

응시자 주의사항

1. **시험시작 전 시험문제를 열람하는 행위나 시험종료 후 답안을 작성하는 행위를 한 사람**은 「공무원임용시험령」 제51조에 의거 **부정행위자**로 처리됩니다.
2. **답안지 책형 표기**는 **시험시작 전** 감독관의 지시에 따라 **문제책 앞면에 인쇄된 문제책형을 확인**한 후, **답안지 책형란에 해당 책형(1개)**을 '●'로 **표기**하여야 합니다.
3. **답안은 문제책 표지의 과목 순서에 따라 답안지에 인쇄된 순서(제1·2·3·4·5과목)에 맞추어 표기**해야 하며, 과목 순서를 바꾸어 표기한 경우에도 **문제책 표지의 과목 순서대로 채점**되므로 유의하시기 바랍니다.
4. 시험이 시작되면 문제를 주의 깊게 읽은 후, **문항의 취지에 가장 적합한 하나의 정답만을 고르며**, 문제내용에 관한 질문은 할 수 없습니다.
5. 답안지의 모든 기재 및 표기 사항은 **컴퓨터용 흑색 싸인펜을 사용**하며, 반드시 <보기>의 **올바른 표기 방식**으로 답안을 작성해야 합니다.

   <보기> 올바른 표기: ● 잘못된 표기: ⓥ ⊗ ◑ ⊙ ⦶ ◌ ③

6. **답안을 잘못 표기하였을 경우**에는 **답안지를 교체하여 작성**하거나 **수정할 수 있으며**, 표기한 답안을 수정할 때는 **응시자 본인이 가져온 수정테이프만을 사용**하여 해당 부분을 완전히 지우고 부착된 수정테이프가 떨어지지 않도록 손으로 눌러주어야 합니다. **(수정액 또는 수정스티커 등은 사용 불가)**
   - **불량한 수정테이프의 사용과 불완전한 수정처리**로 발생하는 **모든 문제는 응시자 본인에게 책임이 있습니다.**
7. **시험시간 관리의 책임은 응시자 본인에게 있습니다.**

   ※ 문제책은 시험종료 후 가지고 갈 수 있습니다.

정답공개 및 이의제기 안내

1. 정답공개: 정답가안 3.23.(토) 13:00, 최종정답 4.1.(월) 18:00 / 사이버국가고시센터
2. 이의제기: 3.23.(토) 18:00 ~ 3.26.(화) 18:00 / 사이버국가고시센터
   - 구체적인 이의제기 방법은 정답가안 공개 시 공지 예정
3. 가산점 등록기간: 3.23.(토) 13:00 ~ 3.25.(월) 21:00
4. 가산점 등록방법: 사이버국가고시센터 → [원서접수 → 가산점 등록/확인]

2024 공무원 시험 대비 봉투모의고사 1회
국어 정답 및 해설

제1회 모의고사

01 ②	02 ①	03 ③	04 ①	05 ③
06 ①	07 ②	08 ③	09 ③	10 ③
11 ④	12 ④	13 ①	14 ②	15 ④
16 ④	17 ②	18 ④	19 ④	20 ②

01 [문법 – 형태론 – 단어의 형성] ▶ ②

㉠ 관형어 '그의'의 꾸밈을 받으므로 '바람'은 명사이다. 따라서 '-ㅁ'은 명사 파생 접사이다.
㉣ '걸음' 사이에 '었'을 넣었을 때 부자연스러우므로 '걸음'은 명사이다. 따라서 '-(음)ㅁ'은 명사 파생 접사이다.
㉥ '달리기' 사이에 '었'을 넣었을 때 부자연스러우므로 '달리기'는 명사이다. 따라서 '-기'는 명사 파생 접사이다.

오답풀이 ㉡ '웃음'은 부사어 '빙그레'의 수식을 받을 수 있고 '그녀가 빙그레 웃었다'와 같이 서술성이 있기 때문에 품사가 동사임을 알 수 있다.
㉢ '꿈'은 목적어 '꿈을'과 호응하므로 '꿈'은 동사임을 알 수 있다. 따라서 '-ㅁ'은 명사형 어미이다.
㉤ '배우기'는 목적어 '한글은'과 호응하므로 '배우기'는 동사임을 알 수 있다. 따라서 '-기'는 명사형 어미이다.

02 [작문 – 문장 고쳐쓰기] ▶ ①

'성과란 것을 ~으로 따진다는 것도'에서도 '~도 문제가 없지는 않다.'에서도 자연스러운 호응을 보인다.

오답풀이 ② '○○시에서 급증하는'은 관형절로, 문장으로 표현해보면 "○○시에서 (생활용수가) 급증한다"로 표현할 수 있다. 즉, 관형절의 의미상의 주어가 '생활용수'인 것이다. 하지만 생활용수가 급증한다는 것은 의미가 매우 어색하다. 따라서 '생활용수의 수요'로 고치는 것이 더 자연스럽다.
③ 접속조사로 대등하게 연결되는 두 말의 구조가 달라서 문제이다. '그는 시화전을 홍보하는 일과 진행하는 일에 아주 열성적이다'로 간결하게 고쳐야 한다.
④ '제외되다'에서 '-되-'는 피동 접미사이므로 앞에 목적어가 올 수 없다. 피동사는 자동사로서 목적어를 갖지 않기 때문이다. 따라서 '제외된'을 목적어와 호응할 수 있는 '제외한'으로 고쳐야 하는 것이 옳다.
☞ '제외되다'는 '…가 …에서 제외되다'의 형태로 쓰여야 한다. '제외하다'의 경우는 '…을 …에서 제외하다'처럼 쓰므로 앞에 목적어가 올 수 있다.

03 [화법 – 말하기 방식] ▶ ③

발표자는 통계나 정확한 숫자를 사용하지 않았으므로 적절하지 않다.

오답풀이 ① '검투사 경기는 콜로세움의 메인 이벤트였습니다.', '다양한 행사가 개최되었던 콜로세움의 모습은 그대로 남아 있습니다.'에서 확인할 수 있다.
② '천 년의 도시, 로마의 건축물'을 주제로 발표하겠다고 소개한 후 소속과 학년을 밝혔으므로 적절하다.
④ '로마의 대표적 건축물인 … 포로 로마노의 활기찬 모습을 상상하며 들어 주시기 바랍니다.'에서 적절한 선지임을 알 수 있다.

04 [독해(비문학) – 빈칸 추론] ▶ ①

㉠의 앞에서는 제1차 세계대전이 군사사 측면에서 매우 중대한 가치를 지닌다고 서술하고 있다. ㉠의 뒤에서는 아시아에서는 제1차 세계대전의 의미를 축소시켜왔다고 서술하고 있으므로 앞의 내용과 반대됨을 의미하는 '하지만'이 오는 것이 적절하다.
㉡은 아시아 국가들은 제1차 세계대전의 의미를 축소시켰다는 앞의 문장과 대비되는 '중요하게 여기고 많은 연구를 지속하고 있다.'는 서술이 나오므로 '이와 반대로'가 오는 것이 적절하다.
㉢의 앞에서 '누가 전쟁의 발발에 중요한 역할을 했는가'라는 서술이 나오고 뒤에서는 '책임론'이라는 단어가 언급되고 있다. 따라서 '이러한'이라는 연결부사가 오는 것이 적절하다.

05 [독해(비문학) – 표현 수정] ▶ ③

㉢ 뒤에 이어지는 '자연 상태에서는 감당 가능한 수 이상의 아이를 가진 부모는 아이들을 충분히 먹이기 어렵기 때문에 자연스럽게 개체 수가 조절되었다.'를 통해 짐작해야 하는 선지이다. 복지국가는 자연 상태와는 다른 시스템임을 추론할 수 있으므로 '매우 부자연적인 실체'로 수정하는 것이 적절하다.

오답풀이 ① ㉠ 뒤의 '다음 세대로 대량 전달되기 어렵다.'라는 서술로 보아, 어른이 될 때까지 살아남는 개체가 거의 없다는 내용이 적절함을 알 수 있다.
② ㉡ 뒤에 '부부가 양육 가능한 수 이상의 아이를 낳더라도 국가에서 개입하여 아이들이 자랄 수 있도록 지원'한다고 하였으므로, 가족의 크기는 부모의 자원에 제한되지 않을 것임을 추론할 수 있다.
④ ㉣ 앞에 '하지만'이라는 역접 접속사가 나오며, 과거에는 아이들이 굶어 죽는다고 해도 아무런 조치를 취할 수 없었다고 하였으므로 현대 사회는 옛날과 달라졌다는 서술이 문맥상 자연스럽다.

06 [독해(비문학) – 내용 추론 긍정 발문] ▶ ①

'인간의 경제적 결정은 재화의 희소성을 고려하며, 비용과 한계 효용 사이에서의 고민을 거쳐 이루어진다.'로 보아 적절한 선지임을 알 수 있다.

오답풀이 ② 다이아몬드가 희소성이 있는 것은 맞지만, 소비자들이 다이아몬드의 실제 가치를 측정할 수 있는지에 관한 서술은 나오지 않으므로 적절하지 않다.
③ '물은 생명 유지에 반드시 필요하지만 … 효용성에 큰 영향을 주지 않는다.'라는 서술로 볼 때 물의 한계 효용은 저장량이 워낙 많기 때문에 다이아몬드보다 낮을 것임을 추론할 수 있다.
④ 다이아몬드 1캐럿의 가격이 물보다 비싼 것은 맞지만, 이것이 과시 욕구 때문이라고 특정할 근거는 없다.

07 [독해(비문학) – 내용 추론 긍정 발문] ▶ ②

'평소에 노비들이 농사와 집안일을 도맡아서 해주었으므로 양반은 경전을 읽고 쓰는 일에 몰두할 수 있었다.'라고 하였으므로 양반이 학업에 몰두하기 위해서는 노비들의 노동이 뒷받침되어야 했음을 확인할 수 있다.

오답풀이 ① 본문에서 확인할 수 없는 선지이므로 적절하지 않다. 본문에는 '평소에 노비들이 농사와 집안일을 도맡아서 해주었으므로'라는 구절이 나오기는 하나 이것이 노비들이 자신이 소유한 땅에서 농사를 지었다는 근거는 아니다.
③ 조선 전기 소작료는 수확량의 절반에 달했고, '조선 후기에 이르러서도 소작료는 수확량의 3분의 1가량'이었다고 했으므로 조선 전기에서 후기로 가면서 소작료가 감소하였음을 알 수 있다.
④ 본문에서 양반이 직접 농사를 지었다는 이야기는 확인할 수 없으므로 적절하지 않다.

08 [상황에 맞는 한자 성어] ▶ ③

용흘대는 계화에게 패하여 죽임을 당했으니 '一敗塗地(일패도지)'가 밑줄과 관련이 있음을 알 수 있다.
一敗塗地(일패도지: 一 한 일 敗 패할 패 塗 칠할 도 地 땅 지): '한 번 패하여 땅에 떨어진다'는 뜻으로, 여지없이 패하여 다시 일어날 수 없게 되는 지경에 이름을 이르는 말

오답풀이 ① 刻骨難忘(각골난망: 刻 새길 각 骨 뼈 골 難 어려울 난 忘 잊을 망) : 입은 은혜(恩惠)에 대한 고마움이 뼈에 사무쳐 잊히지 아니함.
② 滄海一粟(창해일속: 滄 큰 바다 창 海 바다 해 一 한 일 粟 조 속): 아주 많거나 넓은 것 가운데 있는 매우 하찮고 작은 것
= 구우일모(九牛一毛: 九 아홉 구 牛 소 우 一 한 일 毛 터럭 모): 아홉 마리의 소 가운데 박힌 하나의 털이란 뜻으로, 매우 많은 것 가운데 극히 적은 수를 이르는 말.
④ 去頭截尾(거두절미: 去 갈 거 頭 머리 두 截 끊을 절 尾 꼬리 미): 머리와 꼬리를 자름. 요점만 간단히 말함.

09 [독해(비문학) – 제목 추론] ▶ ③

본문은 인간이 이해하지 못하는 것들이 무척 많다는 이야기가 나오며, '20세기 이후 … 우주의 중심은 지구가 아니며 수많은 은하단이 존재한다는 것이 낱낱이 밝혀졌다.'는 서술이 이어진다. 이로 보아 과학이 발전하면서 인간 이해의 한계가 드러났음을 추론할 수 있다.

오답풀이 ① 20세기 이후 '인간의 존재는 우주의 극히 일부라는 사실이 점점 더 많이 알려지게 되었다.'라고 했으므로, 20세기 과학은 인간 중심주의가 지배하는 시대가 아니었을 것이다.
② 본문에 우주의 무한성에 대한 이야기는 나오지 않으므로 적절하지 않다.
④ 본문에 우주적 관점은 나오지 않으므로 적절하지 않다. 또한 인간의 감각이 아니라 인간의 이해에 대한 설명이 나와 있을 뿐이다.

10 [독해 – 빈칸 추론] ▶ ③

빈칸 (가) 앞에 네덜란드의 직물 산업이 호황을 맞고 있다고 하며 동인도 회사 뒤에 '또한'을 의미하는 보조사 '도'가 있으므로 (가)에도 호황의 맥락을 가진 단어가 와야 한다. 따라서 '최고의 상승세'가 오는 것이 옳다.
빈칸 (나) 앞에 '1637년 2월 3일 튤립 시장이 붕괴했고 공황을 거치면서'라는 객관적인 단서를 통해 튤립 투기의 인기가 줄어들었을 것임을 알 수 있다. 따라서 '튤립 투기는 극단적인 튤립 혐오로 바뀌었다.'가 오는 것이 옳다. 참고로 '튤립 가격은 이전보다 급격히 상승하였다.'는 튤립을 원하는 수요가 올라갔을 때에 가격이 상승하는 것이므로 튤립이 인기가 떨어지는 맥락에서는 옳지 않다.

11 [독해(비문학) – 문단 배열] ▶ ④

첫 문단에서 부의 양극화에 대한 이야기가 나왔으며, (가)~(마)는 구체적 사례를 제시하고 있다. (다)에 처음으로 중국 이야기가 나왔으므로 (다)가 처음에 오는 것이 적절하다. (다)에는 중국의 경제 성장률이 그 어떤 국가보다도 높은 수치라는 이야기가 나와 있는데, 뒤에서는 부의 양극화에 대한 설명이 이어지고 있다. 따라서 '부의 양극화 현상이 심각하게 나타나고 있다.'라는 서술이 역접으로 이어진 (가)가 다음에 오는 것이 옳다. (나)의 '이러한'은 (가)의 부의 양극화 현상을 가리키는 것이므로 (가) 다음에는 (나)가 이어져야 한다. (라)에는 1990년대에서 2000년대 초반까지 중국 대학 졸업생의 평균 월급에 대한 설명이 나왔으며, (마)에는 현재 중국 대학 졸업생의 평균 임금 상승에 비해 부동산 가격이 급격히 상승했다는 서술이 이어지고 있다. 따라서 (다) – (가) – (나) – (라) – (마)의 순서가 가장 자연스럽다.

12 [독해(문학) – 현대 운문의 이해] ▶ ④

'오, 버섯이여'에 영탄법이 나온다. 하지만 이는 버섯인 '음지의 꽃'을 예찬하는 것이므로 독기 있는 음지의 꽃에 대한 안타까움을 드러내고 있는 것은 아니다.

오답풀이 ① '그 고통을 순간에 멈추게 하는구나', '뿌리 없는 너의 독기로 채우는구나'를 통해 작가가 버섯을 의인화했음을 알 수 있다.
② '너는 소나기처럼 후드득 피어나'에서 청자를 설정하고 말을 건네는 방식으로 시상을 전개했음을 알 수 있다.
③ '-구나'라는 어미를 반복하여 리듬감을 형성하였으므로 적절하다.

작품 정리 나희덕, 〈음지의 꽃〉

- 갈래: 자유시, 서정시
- 시대: 1990년대
- 제재: 버섯
- 주제: 고통스러운 상황에서도 견뎌내는 생명력
- 특징
  ① 참나무가 죽어가는 상황에서 피어나는 버섯의 생명력을 예찬함
  ② 고난을 극복하는 강인한 희망의 아름다움을 강조함
  ③ '-구나'를 반복하여 운율감을 형성함
  ④ '황홀한 음지의 꽃'에서 역설법을 사용하여 정서를 심화함

13 [문법 – 한글 맞춤법] ▶ ①

'늘리다'는 '수나 분량, 시간 따위를 본디보다 많아지게 하다.'는 뜻을 갖는 동사이다. 그러나 '늘이다'는 주로 '고무줄을 늘이다.'와 같이 '물체의 길이를 더 길게 하다.'는 뜻으로 쓰이므로 확실히 구분해야 한다.

오답풀이 ② 오랜동안(×) → 오랫동안(○): '오래+동안'은 합성어이면서 [오래똥안/오랟똥안]으로 사잇소리 현상이 일어나므로 사이시옷을 표기하게 된 것이다. (단, 띄어 쓰는 경우에는 '오랜 동안'만 가능하다. 관형사 '오랜'이 쓰인 것이다.)
③ 안절부절하는(×) → 안절부절못하는(○): 표준어 규정 제25항의 예시에서 '안절부절못하다'만 표준어로 제시하고 있다. '마음이 초조하고 불안하여 어찌할 바를 모르는 모양'이라는 뜻의 부사 '안절부절'에서 나온 말로서, '안절부절하다'는 표준어가 아니다!
④ 처발랐다(×) → 처발랐다(○): '마구', '많이'의 뜻을 더하는 접두사 '처-'를 활용한 형태이다. 이와 같은 예로 '처대다, 처먹다, 처먹다, 처넣다, 처바르다.' 등이 있다.

14 [독해(문학) – 현대 산문의 내용 이해] ▶ ②

본문의 '이젠 이런 일에 모두 넌덜머리를 낼 만도 하였다.'라는 표현을 통해 가족들이 현 상황에 불만을 갖고 있음을 확인할 수 있다. 하지만 '맏딸이 돌아온다는 고집을 부리면 맞이할 준비들을 해야 하는 것이었다.'라고 하고 있으므로 가족들이 직접적으로 적개심을 드러냈다고 보기는 어렵다.

오답풀이 ① '그런 것이라도 없으면 한집안에서 한 가족이라고 살 명분이 없게 되는 셈이었다.'라는 구절에서 '그런 것'은 가족들이 맏딸을 막연히 기다리는 행위를 의미한다. 이를 통해 늙은 주인을 포함한 가족들이 맏딸을 기다리는 것은 한 가족으로 사는 명분이기도 함을 알 수 있다.
③ '정애는 아직 한 번도 본 일이 없는 맏시누이를'이라는 표현을 통해, 시집 온 정애가 맏딸을 기다리는 행위에 동참하고 있음을 확인할 수 있다.
④ '영희가 신경질적으로 말했다.'를 통해 영희가 불만을 드러내고 있음을 추론할 수 있다.

작품 정리 이호철, 〈닮아지는 살들〉

- 갈래: 현대 소설, 단편 소설
- 배경
  ① 시간: 5월 어느 날
  ② 공간: 폐쇄적인 가정
- 시점: 3인칭 전지적 작가 시점
- 주제: 전쟁이 초래한 분단의 아픔과 상처
- 특징
  ① 쇠붙이 소리를 활용하여 분단의 아픔을 형상화함
  ② 잃어버린 딸을 기다리는 아버지의 슬픈 심정이 드러남
  ③ 무의미한 기다림에 지친 가족들의 고통이 드러남
- 줄거리: 5월의 어느 밤, 가족들은 전쟁 중 잃어버린 큰딸이 자정에 돌아올 것이라는 아버지의 말에 따라 큰딸을 기다린다. 멀리서 꽝당꽝당하는 쇠붙이 소리가 들려오는데 이 소리는 선재가 아직 돌아오지 않았음을 상기시킨다. 이층에 있다가 일층으로 내려온 성식은 가족들에게 왜 자지 않고 기다리고 있냐고 화를 내고 영희는 성식을 비꼰다. 선재가 술에 취한 상태로 귀가하자 영희와 성식은 이층으로 돌아간다. 영희는 쇠망치 소리가 무섭다고 선재의 품에 안겨 있다가 오빠인 성식에게로 가서 선재와 결혼했다고 말하는데, 정작 성식은 아무 반응도 보이지 않는다. 시계가 열두 시가 되었음을 알리고 모두가 아버지를 바라보는데 식모가 나타난다. 영희는 식모를 보고 언니가 정말 왔다며 소리치고 아버지는 허우적거린다. 쇳소리는 밤이 가도록 끊이지 않고 이어진다.

15 [독해(비문학) – 내용 추론 부정 발문] ▶ ④

'이에 따라 개인은 스스로가 자신을 지배하는 지도자여야 한다고 생각하며 안정적 공동체의 구성원으로 살아가는 대신 스스로를 계발하기를 택함으로써 극심한 경쟁에 내몰리게 된다.'라는 서술로 볼 때, 개인은 안정된 공동체의 일원이 되는 것보다 스스로를 계발하는 길을 선택할 것임을 추론할 수 있다.

오답풀이 ① 마지막 문장의 '스스로를 계발하기를 택함으로써 극심한 경쟁에 내몰리게 된다.'를 통해 적절한 선지임을 알 수 있다.
② '신자유주의는 성과를 최고의 가치로 보는 성과 서사를 직조해 낸다.'를 통해 적절한 선지임을 알 수 있다.
③ '성과 서사는 사회의 응집을 방해하고'라는 서술과, '사회에서 공유하는 이야기는 의미를 제공하고 공동체를 지탱하는 가치를 전승하는 역할을 한다.'라는 서술을 통해 적절한 선지임을 알 수 있다.

16 [독해(비문학) – 사례 추론] ▶ ④

본문에서 징계면직은 비자발적 퇴직에 해당한다고 하였다. 위법행위를 저지른 공무원이 사표를 제출한 것은 자발적 퇴직에 해당하므로 적절하지 않다.

오답풀이 ① 장기간 근속자에게 명예로운 퇴직 기회를 부여하는 것이 명예퇴직이므로 20년 이상 근무한 공무원은 명예퇴직 대상자가 될 수 있다. 또한 '앞의 두 제도와는 달리 ㉢과 ㉣은 비자발적 퇴직에 해당한다.'는 표현을 통해 명예퇴직이 자발적 퇴직임을 확인할 수 있다.
② 조기퇴직은 20년 미만 근속한 자가 정년 전에 자진 퇴직하는 제도라고 하였다. 이를 통해 3년차 공무원이 공기업으로 이직한 것은 자발적 퇴사이며, 20년 미만 근속에 해당하므로 조기퇴직임을 확인할 수 있다.
③ 직권면직이 가능한 경우로 '공무원으로서의 업무 지속이 불가능하고 판단될 경우'가 제시되어 있다. '직무 능력이 현저하게 부족하여 근무 성적이 지속적으로 불량한 사례'는 업무 지속이 불가능한 경우에 해당하므로 적절하다. 실제로 2014년 영어 능력이 현저히 떨어지는 교사를 직권면직시킨 것이 정당하다고 판결된 사례가 있다.

17 [2글자 한자 표기] ▶ ②

예단(豫斷: 豫 미리 예 斷 끊을 단): 미리 내린 판단, 지레짐작

오답풀이 ① 배출(排出)이 아니라 배출(輩出)이 옳다.

• 배출(輩出: 輩 무리 배 出 날 출): 인재(人材)가 연달아 많이 나옴. • 배출(排出: 排 밀칠 배 出 날 출): 안에서 밖으로 밀어 내보냄.

③ '偏'은 치우칠 편이므로 옳지 않다.

편철(編綴: 編 엮을 편 綴 엮을 철) : 통신·문건·신문 따위를 정리하여 짜서 철하거나 결음.

④ '부정(不淨: 不 아닐 부 淨 깨끗할 정)'은 조촐하거나 깨끗하지 못함. 더러움을 의미하므로 옳지 않다. '부정(否定)'이 옳다. 예 그 집에 가면 부정(否定)을 탄다는 소문이 있다.

부정(否定: 否 아닐 부 定 정할 정) : 그렇지 아니하다고 단정하거나 옳지 아니하다고 반대하다. 예 그의 대답은 긍정도 부정(否定)도 아니어서 혼란스럽다.

★ 참고: 이외의 '부정'
1. 부정(不正: 不 아닐 부 正 바를 정): 옳지 못함. 예 그는 부정(不正)이나 불의(不義)를 보면 참지 못한다. 2. 부정(不定: 不 아닐 부 定 정할 정): 일정하지 아니함 예 답이 무수히 많은 방정식을 부정(不定) 방정식이라 한다. 3. 부정(不貞, 不 아닐 부, 貞 곧을 정): 부부가 서로의 정조를 지키지 아니하는 일

18 [독해(문학) – 고전 운문의 이해] ▶ ④

화자는 '배꽃 같던 요내 얼굴 호박꽃이 다 되었네'라는 표현을 통해 결혼 후 외모가 상했음을 이야기하고 있다. 따라서 용모가 아름다워졌으나 드러낼 일이 없다는 선지는 적절하지 않다.

오답풀이 ① 화자는 '시집살이 어떱데까'라는 사촌 동생의 물음에 '이애 이애 그 말 마라 시집살이 개집살이'라고 답함으로써 결혼을 만류하고 있으므로 적절하다.

② '아홉 솥에 불을 때고 열두 방에 자리 걷고'에서 과장법이 사용되었음을 알 수 있다.

③ 시아버니, 시어머니, 동세, 시누, 시아지비를 부정적으로 표현하고 있으므로 적절하다.

작품 정리 작자 미상, 〈시집살이 노래〉

- 갈래: 민요, 노동요
- 시대: 조선 시대
- 제재: 시집살이
- 주제: 시집살이의 어려움 하소연
- 특징
  ① 평민 층에서 구전된 것으로 4음보 율격이 드러남
  ② 언어유희를 활용하여 해학성이 드러남
  ③ 고통스러운 시집살이와 한의 정서가 드러남
  ④ 진솔한 어조로 시집살이의 어려움을 진솔하게 표현함

19 [독해(문학) – 고전 산문의 이해] ▶ ④

'이 때 어려서부터 닦아 온 천문지리가 누구보다 능통한 이 부인이 천기를 보고 있던 터라, 남편이 이런 사실을 깨닫고는 놀라움을 금치 못하더라.'라는 서술로 모아 이 부인의 남편은 이 부인이 비범한 능력을 지닌 인물임을 알지 못했을 것임을 확인할 수 있다.

오답풀이 ① '이 부인은 생각 끝에 결연히 일어서더니, 달마국 전장으로 달려가 병을 앓는 남편을 구하고 이 싸움을 결단 지으리라 결심하더라.'를 통해 서술자가 인물의 심리를 직접적으로 서술하였음을 알 수 있다.

② 여성인 이 부인이 사회에서 활약하는 것은 여성의 역할에 제약이 있었던 당대 사회상을 반영한 것으로, 여성들이 이러한 작품을 통해 만족감을 얻었을 것임을 추론할 수 있다.

③ 이 부인이 남장을 하는 것은 여성의 사회 진출이 어려웠던 조선 후기 사회를 반영한 것이므로 적절하다.

작품 정리 작자 미상, 〈장국진전〉

- 주제: 장국진의 영웅적 면모와 충성심
- 줄거리: 명나라 때, 전 승상 장경구는 늦도록 자식이 없다가 부처께 발원하여 장국진을 얻는다. 7세 때 장국진은 달마국의 침입으로 부모를 잃고 술집에서 말을 먹이는 등의 고생을 하는데, 이때 달마국의 백원도사가 장국진의 영웅성을 보고는 잡아다가 강물에 던져 죽이려고 한다. 그러나 청의동자의 구함을 얻어 여학도사의 제자가 되어 경서와 도술을 익힌다. 7년 후 속세로 돌아와 수소문 끝에 부모와 상봉하고 천상배필인 이창옥의 딸 계양에게 구혼하지만 거절당한다. 이후 국진은 장원급제하여 천자의 주선으로 계양과 혼인하고 병부상서 유봉의 딸과도 혼인한다. 국진은 서주어사가 되어 백성들을 진휼하고, 달마왕의 침입을 물리친다. 천자가 승하하여 태자가 즉위하자 장국진은 이참의 참소로 유배를 가다가 달마국에 끌려가 갇힌다. 달마왕이 재차 침입하나, 국진이 탈출하여 막는다. 이때 국진이 병이 들어 위험에 처하자 계양이 남장을 하고 나아가 남편의 병을 고치고 적군과 싸워 승리를 거둔다. 개선하여 국진은 호왕에 봉해지고, 두 부인은 왕비로 봉해져 행복한 삶을 산다.
- 해제: 중국 명나라를 배경으로 하는 조선 후기의 영웅 소설이다. 일반적인 군담 소설과 같이 주인공 장국진이 외적(달마국)이 쳐들어 온 위기의 상황에서 나라를 지키고 부귀공명을 누린다는 구조로 이루어져 있다. 이 작품에서 특히 주목할 점은 장국진의 아내인 이 부인이 남편이 위기에 처하자, 남장을 하고 전장에 나아가 도술과 뛰어난 무예로 남편을 구하는 것인데, 이를 통해 이 작품이 여성 영웅 소설의 형성과 밀접한 관련이 있음을 알 수 있다. 특이한 점은 장국진의 부인인 이 부인이 여자의 몸으로 영웅적인 활약을 한다는 데 있으므로 이에 초점을 맞춰서 감상할 필요가 있다. 이는 남성 중심의 영웅 소설과 여성 중심의 영웅 소설의 중간 단계에 이 작품을 놓을 수 있는 근거가 된다. 주로 남성 중심인 영웅 소설에서 여성이 영웅처럼 등장하는 것은 당시 사회에서 여성의 지위가 상승되고 있었음을 의미하기도 한다. 이 작품이 창작된 조선 시대는 남성 중심의 가부장적 사회로, 여성의 사회 진출이 제한되던 시기였다. 이러한 상황에서 이 부인의 영웅적 활약상은 당대 여성들의 사회 진출 욕구가 반영된 것임을 짐작할 수 있다.

20 [독해(비문학) – PSAT 추론] ▶ ②

ㄱ. 본문의 '그는 인간의 욕망은 끝이 없어서 기존의 욕구가 충족되는 순간의 기쁨과 행복은 오래 지속되지 않고, 곧바로 권태를 느낀다고 주장하였다.'를 통해 욕망에서 기인한 감정은 오래 지속되기 어려움을 추론할 수 있다.

ㄴ. '상대적 박탈감을 해소하고자 하는 강렬한 열망에 시달리는 사람은 … 물질적이고 외형적인 가치에 집착할 수 있다.'라는 서술로 미루어 보아 적절한 선지임을 추론할 수 있다.

오답풀이 ㄷ. 쇼펜하우어가 내부요인과 외부요인을 비교한 적 자체가 없다. 비교 혼동의 오류이다.

2024 공무원 시험 대비 봉투모의고사 2회
국어 정답 및 해설

제2회 모의고사

01 ②	02 ④	03 ③	04 ①	05 ①
06 ①	07 ③	08 ③	09 ②	10 ④
11 ④	12 ②	13 ④	14 ②	15 ①
16 ③	17 ①	18 ②	19 ②	20 ④

01 [화법 – 의사소통 방식] ▶ ②

반대 팀은 '청소년들의 게임 시간을 제한하고 감독하는 것은 필요합니다.'라고 말했다. 이것이 게임 자체를 금지해야 한다는 주장은 아니다.

오답풀이 ① 찬성 팀은 '게임은 스트레스 해소와 창의력 신장에 도움이 됩니다.'라고 말함으로써 게임의 긍정적 효과를 강조하였다. 또한 '게임을 다루는 방식이 문제라고 생각'한다고 말함으로써 게임을 대하는 사용자의 태도가 중요하다는 시각을 드러냈다.
③ 찬성 팀과 반대 팀이 '게임 시간 제한'을 주제로 자신의 입장을 표현하고 있으므로 적절하다.
④ 찬성 팀은 '학업과 게임은 별개의 문제라고 생각합니다.'라고 말함으로써 반대 팀의 의견을 고려했음을, 반대 팀은 '그것은 너무나 낙관적인 시각입니다.'라고 말함으로써 찬성 팀의 의견을 고려했음을 드러냈다.

02 [문법 – 표준어 규정] ▶ ④

'옷매무시'란 '옷을 입을 때, 매고 여미는 등의 뒷단속을 하는 일.'을 의미하므로 옳다. 참고로 이와 구분해야 하는 '매무새'는 '옷, 머리 따위를 수습하여 입거나 손질한 모양새.'로, 완성된 것을 의미한다.

오답풀이 ① 떨어먹다(×) → 털어먹다(○): '재산이나 돈을 함부로 써서 없애다.'를 의미하는 것은 '털어먹다'이다. '떨어먹다'는 아예 존재하지 않는 비표준어이다.
② 광우리(×) → 광주리(○), 설겆이(×) → 설거지(○)
③ 보조개의 복수 표준어는 '볼우물'이다.
강남콩(×) → 강낭콩(○): '강낭콩'은 어원에서 멀어진 형태로 굳어져서 널리 쓰이는 것이므로 '강남콩'은 표준어가 아니다.

03 [독해(비문학) – 사례 추론] ▶ ③

'전체주의'는 해결 방안이 비윤리적이라고 하더라도 자신에게 책임이 따르지 않으므로, 이를 반기게 되는 것이라고 하였다. 특정 종교를 개인적으로 싫어하는 사례는 집단에 동조한 것이 아니므로 전체주의라고 보기 어렵다.

오답풀이 ① 학생들이 집단 따돌림에 동조한 것은 비윤리적인 일임에도 집단에 동조한 것이므로 적절하다.
② 이주민을 집단적으로 혐오하는 사례는 소속된 집단에 문제가 생겼을 때 무비판적으로 비윤리적 행위에 동조한 것이므로 적절하다.
④ 흉년이 들자 마녀의 탓이라고 화형한 사례는 흉년이라는 위기 상황 속에서 화형이라는 비윤리적 해결 방안을 택한 것이므로 적절하다.

04 [독해(문학) – 고전 운문의 이해] ▶ ①

화자는 '설빈화안 어디 두고 면목가증 되거고나 / 내 얼골 내 보거니 어느 임이 날 괼소냐'라는 표현을 통해, 자신을 사랑할 사람이 없을 것이라는 생각을 드러내고 있다. 따라서 화자는 자신을 사랑해 줄 사람이 있다고 믿는다는 서술은 적절하지 않다.

오답풀이 ② '이 얼골 이 태도로 백년기약하였더니 / 연광이 훌훌하고 조물이 다시하여' 를 통해, 화자가 사랑하는 사람을 만났으나 함께하지 못하는 상황임을 알 수 있다.
③ '봄바람 가을 물이 베오리에 북 지나듯'에 여성의 노동 도구인 베틀과 북이 나와 있으며, 봄바람과 가을을 통해 세월이 빠르게 흘렀음이 드러난다.
④ '내 얼골 내 보거니 어느 임이 날 괼소냐'라는 설의적 표현에서, 화자가 자신을 사랑할 사람이 없을 것이라 생각하여 슬퍼함을 짐작할 수 있다. 따라서 화자가 설의법을 사용하여 슬픈 심정을 드러낸 것으로 볼 수 있다.

작품 정리 허난설헌, 〈규원가〉

- 갈래: 서정가사, 규방가사
- 시대: 조선 시대
- 제재: 불행한 결혼 생활
- 주제: 남편에게 버려진 여인의 한탄
- 특징
  ① 여성 작가에 의해 창작된 여류 가사임
  ② 남존여비 사상 속에서 고통받았던 여인의 슬픔이 드러남
  ③ 섬세한 표현과 대구의 기법으로 여성의 한(恨)을 드러냄
  ④ 품격 있는 표현을 사용하였으며 문학적 가치가 뛰어난 작품임

05 [문법 – 통사론 – 높임 표현] ▶ ①

주체 높임법은 '주어'를 높이는 것을 확인하면 된다. 여기서 주어인 '철수'를 높이지 않고 있으므로 '[주체-]'이다.
객체 높임법은 '목적어'나 '부사어'를 높이는 것인데 부사어인 '할머니'를 높임의 부사격 조사 '께'와 객체 높임 어휘 '드리다'로 높이고 있다. 따라서 '[객체+]'이다.
상대 높임법은 상대(청자)를 높이거나 낮추는 것인데, 여기서 청자 철수를 높이지 않고 아주 낮춤인 '드렸다'인 해라체를 쓰고 있다. 따라서 '[상대-]'이다.

06 [독해(비문학) – 설명 방식] ▶ ①

설명 방식 문제를 풀기 위해서는 본문의 흐름을 빠르게 파악하는 것이 좋다. 개미집단 최적화 알고리즘은 개미들의 행동을 토대로 그래프에서 최적의 경로를 탐색하는 방법을 탐색한 것이라고 했다. 따라서 이는 개미들의 행동이라는 자연현상을 프로그래밍 기술 발전에 활용한 사례라고 추론할 수 있다.

오답풀이 ② 본문에서 자연현상과 프로그래밍의 차이점은 나오지 않는다. 개미들의 경로 탐색 과정을 프로그래밍의 에이전트, 노드, 경로 선택의 가중치로 대응시키고 있으므로 유사성을 탐색한 것에 가깝다.
③ 구체적 예시라고 말하기 위해서는 실제 문제 해결에 개미집단 최적화 알고리즘이 적용된 사례가 나와야 한다. 본문에서는 개미집단 최적화 알고리즘이 무엇인지만 소개하고 있으며 실생활의 문제는 언급하지 않았다.
④ 알고리즘의 단점은 나오지 않는다. 미언급한 것을 언급한 것처럼 표현한 오류이다.

07 [독해(비문학) – 내용 추론 부정 발문] ▶ ③

'표면적인 원인은 오스트리아 황태자 암살 사건인데, 이 사건을 계기로 오스트리아와 독일이 러시아를 상대로 선전포고했다.'라는 서술로 볼 때 러시아가 참전한 이유는 황태자 암살 사건 때문임을 알 수 있다. 따라서 산업화 문제 때문에 러시아가 세계대전에 참전한 것이라고 보기 어렵다. 주체 혼동의 오류로 '러시아'가 아닌 '독일'에 해당하는 선지이다.

오답풀이 ① '러시아가 전쟁에 휘말리자 … 동아시아에서는 일본이 제국주의를 확장하고자 전쟁에 뛰어들면서'를 통해 각 국가의 이해관계가 복잡하게 얽혀있는 상황이 전쟁 확산에 영향을 주었음을 추론할 수 있다.
② '일본이 제국주의를 확장하고자 전쟁에 뛰어들면서'를 통해 적절한 선지임을 알 수 있다.
④ '독일이 전쟁을 원하고 있었다는 것이 세계대전의 본질적인 이유다.'를 통해 적절한 선지임을 알 수 있다.

08 [독해(비문학) – 제목 추론] ▶ ③

본문은 환자가 의료에서 자기 결정권을 인정받기 위해서는 인지능력이 있음을 증명해야 하며, 사이비 종교에 빠진 사람의 인지능력을 판단하기 어려움을 이야기하고 있다. 또한 부모가 사이비 종교일 경우 아동이 치료받을 권리가 침해될 수 있음을 드러내었다. 따라서 '사이비 종교와 의료 거부: 자기 결정권과 아동 보호의 간극'이 제목으로 가장 적절하다.

오답풀이 ① 본문에 사이비 종교 이야기가 나오기는 하나 대안적 치료 방법에 관한 서술은 없으므로 적절하지 않다.
② 본문은 종교를 근거로 치료를 거부하는 사례를 제시했으나, 종교와 의학의 공존 가능성을 탐색하지는 않았다.
④ 본문은 부모 때문에 아동이 치료받을 권리를 침해받을 수 있다고 이야기했을 뿐, 아동의 의료 자기 결정권이 부모를 배제한다는 내용은 아니므로 제목으로 적절하지 않다.

09 [독해(문학) – 고전 산문의 이해] ▶ ②

㉡ 영조는 사도세자의 아버지이며, 세손이 빌어도 소용없음을 말하긴 했으나, 이는 세손이 있는 곳으로 간 것이 아니다. 세손이 영조가 있는 휘령전으로 들어가 빈 것이므로 이 선지는 옳지 않다. 세손이 있는 곳으로 간 사람은 영조가 아니라 경모궁(사도세자)이다.

오답풀이 ① '모자의 인정을 어려이 끊고 대의를 잡아 말씀을 아뢰시고 바로 가슴을 치며 혼절하시니라.'를 통해 ㉠ 선희궁은 사도세자의 어머니임을 알 수 있으며 자신의 아들로 인해 가슴을 치는 것을 통해 속 썩여 하고 있음을 추론할 수 있다.

③ ㉢ 세손이 경모궁을 '아비'라고 부르고 있으며 "아비를 살려주소서."라고 말하고 있으니 옳은 선지임을 알 수 있다.

④ 세손이 영조에게 아비를 살려달라고 애원했지만 그것이 받아들여지지 않아 세손은 가게 되었다. '세손을 내보낸 후 하늘이 무너지고 해와 달이 빛을 잃으니, ㉣ 내 어찌 한때나마 세상에 머물 마음이 있으리오.'를 통해 일이 해결되지 않자 세상에 살고 싶은 생각을 잃고 있음을 알 수 있다.

작품 정리 혜경궁 홍씨, 〈한중록〉

- 갈래: 궁정 수필, 한글 수필
- 성격: 회상적, 애상적, 자전적
- 배경
  - ① 시간: 조선 영조, 정조 시기
  - ② 공간: 조선의 왕궁
- 주제: 남편을 잃은 혜경궁 홍씨의 한스러운 삶
- 특징
  - ① 사도세자의 죽음을 둘러싼 내막을 규명하고자 하는 의도가 드러남
  - ② 실제 사건을 분석하여 진상을 밝히고자 함
  - ③ 궁중에서 쓰는 용어가 빈번하게 사용되었으며 우아한 필치가 드러남
- 줄거리: 한중록은 네 편으로 구성된 작품으로 혜경궁 홍씨가 세자빈이 된 후 남편 사도세자를 잃기까지의 경험을 회고적으로 기록한 것이다. 영조는 사도세자가 공부를 게을리하고 무예에 몰두하자 세자와 사이가 악화되었다. 사도세자는 아버지에 대한 두려움에 사로잡혀 정신병적 증세를 보이고 방탕하게 생활한다. 그러자 영조는 신하들의 종용에 따라 세자를 뒤주에 가두어 버리는데 9일 만에 세자는 사망한다. 한중록에서 혜경궁 홍씨는 뒤주에 세자를 가둔 것은 자신의 친정아버지가 아니라 영조의 생각이었음을 밝힘으로써 사건을 둘러싼 의혹을 소명하고 진상을 드러냈다.

10 [독해(비문학) – 내용 일치 부정 발문] ▶ ④

'하지만 프랑스 파리에서는 … 인상주의가 무르익고 있었던 것이다.'로 보아 오스트리아가 아니라 파리에서 인상주의가 잉태되었을 것임을 짐작할 수 있다.

오답풀이 ① '클림트는 빈 미술가 협회에서 완전히 분리된 분리주의 그룹을 만들었다.'를 통해 적절한 선지임을 확인할 수 있다.

② '이러한 분위기 속에서 1980년대부터 … 유겐트스틸 운동이 확산되었다.'를 통해 적절한 선지임을 확인할 수 있다.

③ '빈 미술가 협회는 … 고전적인 양식과 기술이 진리라고 말하며 새로운 시도는 예술로 인정하지 않았다.'를 통해 적절한 선지임을 확인할 수 있다.

11 [독해(비문학) – 문단 배열] ▶ ④

첫 문단에는 일본의 기대 수명이 가파르게 늘어났으며, 마지막 문단에는 일부 부유층을 제외하고는 대부분이 현역으로 일하던 시절 모아놓은 자산에 의존해야 했다는 이야기가 나온다. (다)의 '이처럼 늘어난 기대 수명'은 일본의 기대 수명이 늘어났다는 이야기를 재진술한 것이므로 (다)가 처음에 와야 한다. 또한 (다)의 '노후에 대한 공포'는 (나)의 노후 파산, 고독사에 대한 두려움이 확산되었다는 이야기를 가리키므로 (나)가 이어져야 한다. (가)의 '이러한 구체적인 두려움'은 (나)의 내용을 재진술한 것이므로 (가)가 이어져야 한다. (라)에는 고령화에 대한 공포가 저축을 증가시키기만 한 것이 아니라는 이야기가 나오며 이는 마지막 문단의 '대부분은 현역으로 일하던 시절 모아놓은 자산에 의존해야 했다.'와 호응한다. 따라서 (다) – (나) – (가) – (라)의 순서가 가장 자연스럽다.

12 [문법 – 의미론 – 문맥적 의미] ▶ ②

밑줄 친 부분의 '감추다'는 「3」【…을】 어떤 사물이나 현상 따위가 없어지거나 사라지다.'를 의미한다. ②에서 수박이라는 '사물'이 없어지는 의미를 가지므로 '모습을 감추다'의 '감추다'가 같은 문맥적 의미가 있음을 알 수 있다.

오답풀이 나머지는 문맥적 의미가 다르다.

①③ 「2」【…에/에게 …을】 어떤 사실이나 감정 따위를 남이 모르게 하다.

④ 「1」 【…을 …에】 【…을 …으로】 남이 보거나 찾아내지 못하도록 가리거나 숨기다.

13 [독해(문학) – 현대 산문의 이해] ▶ ④

'그런 가난 속에서도 가난을 결코 겉에 나타내지 않고 학교에 나온 기표'라는 표현으로 볼 때, 반 친구들이 기표의 사정을 짐작하기 어려웠을 것임을 추론할 수 있다.

오답풀이 ① '이렇게 서두를 잡은 형우는 … 기표네 가정 형편을 반 아이들한테 이야기하기 시작했다.'라는 서술을 통해 형우의 발화가 기표의 사정을 드러내는 기능을 했음을 알 수 있다.

② '나에게 얘기를 들려줄 때의 그런 적대감'으로 보아, 형우는 기표에게 적대감을 지니고 있었음을 추론할 수 있다.

③ '나에게 얘기를 들려줄 때의 그런 적대감은 씻은 듯 감추고'라는 표현으로 볼 때, '나'는 반장인 형우를 통해 기표의 사정을 들었을 것임을 알 수 있다.

작품 정리 전상국, 〈우상의 눈물〉

- 갈래: 단편 소설, 성장 소설
- 성격: 비판적, 풍자적
- 배경
  - ① 시간: 1970년대 말
  - ② 공간: 고등학교
- 시점: 1인칭 관찰자 시점
- 주제: 호의로 포장한 기만적 폭력성
- 특징
  - ① '형우'와 '담임'을 통해 위선적 태도를 비판함
  - ② 합법적으로 기능하는 것처럼 보이는 권력이 지닌 폭력성을 고발함
- 줄거리: '나'는 고등학교 2학년 임시 반장이 되고 심각한 괴롭힘을 당한다. 담임은 '나'에게 반장으로서 학급의 일들을 고자질해달라고 말하지만 '나'는 거부한다. 임형우가 반장이 되자 그는 담임과 협력하며 반을 운영해 나간다. 반에서 폭력을 일삼던 최기표는 반장과 담임의 주도면밀한 계획하에 가난한 형편에도 아버지를 돌보는 효자로 미화되고, 이 이야기가 언론에 알려지기에 이른다. 학급 학생들이 최기표를 겁내지 않게 되면서 최기표는 권력을 잃고 만다. 최기표의 이야기가 영화화될 기회가 생겼는데 그는 가출해 버리고 담임은 계획이 틀어졌다며 화를 낸다.

14 [독해(비문학) – 내용 추론 부정 발문] ▶ ②

'더 높은 학력과 학위, 더 많은 경험을 가진 사람만이 채용될 기회를 잡을 수 있다.'라고 하였으므로 기업들은 구직자의 학력과 경험을 중요하게 고려할 것임을 짐작할 수 있다. 그리고 '학력과 경험' 그리고 '창의력과 혁신 능력'을 비교한 것도 언급된 적이 없으므로 미언급의 오류이다.

오답풀이 ① 첫 문장의 '자부심을 갖고 일할 수 있는 직업은 모든 사람이 무척 탐을 내는 것이기에, 지속 불가능하다.'를 통해 적절한 선지임을 추론할 수 있다.

③ '너무나 적은 자리를 두고 많은 사람이 동시에 경쟁할 경우'에서 직업의 인기도와 경쟁의 강도가 유의미한 상관관계를 가질 것임을 추론할 수 있다.

④ '노동자가 더 나은 임금과 근무 조건을 쟁취하기 위해 권익을 옹호하려 하면, 그 자리를 얻고 싶어 하는 다른 누군가가 등장한다.'를 통해 적절한 선지임을 알 수 있다.

15 [독해(비문학) – 내용 일치 긍정 발문] ▶ ①

1문단의 '공공재 무임승차에 대한 언급은 1950년대부터 나오게 되었지만'을 통해 공공재 무임승차라는 개념은 1930년에는 존재하지 않았음을 추론할 수 있다.

오답풀이 ② 인과의 오류이다. 원인과 결과가 뒤바뀌었다. 1문단을 통해 공공재 공급에서 무임승차가 일어났기 때문에 시장이 실패했음을 알 수 있다.

③ 2문단의 '이러한 무임승차의 개념은 행정학, 정책학, 교육학 등 다양한 분야에서 활용되고 있다.'를 통해 교육학에서만 쓰인다는 것은 극단의 오류임을 알 수 있다.

④ 객체 혼동의 오류이다. 교육학에서는 팀 학습의 효과성 저하 문제를 해결할 방안으로 '죄수의 딜레마'가 아니라 '무임승차'를 연구하고 있다.

16 [어휘 – 관용 표현] ▶ ③

'개밥에 도토리'는 '무리 가운데에 뛰어난 사람'이 아니다. '개밥에 도토리'는 '개는 도토리를 먹지 아니하기 때문에 밥 속에 있어도 먹지 아니하고 남긴다는 뜻에서, 따돌림을 받아서 여럿의 축에 끼지 못하는 사람을 비유적으로 이르는 말'이다.

17 [독해(문학) – 현대 운문의 이해] ▶ ①

이 작품은 가을 아침의 정경을 보고 느낀 감동을 드러내고 있을 뿐 가을이 가는 아쉬움을 표현하지는 않았으므로 적절하지 않다.

오답풀이 ② '햇발이 처음 쏘아오아 / 청명은 갑자기 으리으리한 관을 쓴다'를 통해 비유적 표현을 활용하여 아름다운 풍경을 묘사했음을 알 수 있다.

③ '오! 그 빛남 그 고요함'에서 영탄적 표현으로 화자의 정서를 압축적으로 드러냈음을 알 수 있다.

④ '호르 호르르 호르르르 가을 아침'에서 청각적 심상을 통해 가을 아침에 대한 인상을 표현했음을 알 수 있다.

작품 정리 김영랑, 〈청명〉

- 갈래: 자유시, 서정시
- 시대: 1930년대
- 제재: 가을
- 주제: 가을 아침의 자연에서 느끼는 정서
- 특징
  ① 맑고 순수한 이미지가 드러남
  ② 시각적, 청각적 심상이 사용됨
  ③ '–나니'라는 감탄의 종결 어미를 반복하여 운율을 형성함

18 [2글자 한자 표기] ▶ ②

경제(經濟: 經 지날 경 濟 건널 제): 인간 생활에 필요한 재화나 용역을 생산·분배·소비하는 모든 활동 또는 그것을 통하여 이루어지는 사회적 관계

오답풀이 ① '富'는 '부유할 부'이므로 옳지 않다. 기체나 액체 속에 있는 물체가 그 물체에 작용하는 압력에 의하여 중력(重力)에 반하여 위로 뜨려는 힘인 '부력(浮力: 浮 뜰 부 力 힘 력(역))'이 옳다.

③ '과거(過去: 過 지나갈 과 去 갈 거)'는 '이미 지나간 때'를 의미하므로 문맥상 옳지 않다. 옛날 문무관을 뽑을 때에 보던 시험인 '과거(科擧: 科 과목 과 擧 들 거)'가 옳다.

④ '格'은 '격식 격'이므로 옳지 않다. 빈부·임금·기술 수준 따위의 동떨어진 차이인 '격차(隔差: 隔 사이 뜰 격 差 다를 차)'가 옳다.

19 [독해(비문학) – 빈칸 추론] ▶ ②

본문은 1990년대 세계 유일의 패권 국가로 자리 잡은 미국을 소개하고, 1960년대까지의 미국은 모든 계층이 엄청난 소득 증가를 경험할 수 있었으나 1990년대 이후에는 그 양상이 달라졌음을 소개하고 있다. ㉠ 앞에는 '1990년대 이후 세계화로 시작된 미국의 경제 회복세는 1960년대의 호황과 크게 달랐다.'라는 구절이 나오므로, 1960년대와 반대되는 상황이 나와야 한다. 따라서 ②가 가장 적절하다.

오답풀이 ① 최상위 부유층과 서민들 모두에게 이익을 가져다 준 것은 1960년대 까지만 지속되었던 상황이므로 적절하지 않다.

③ 세계화로 중국의 경제가 성장하기는 했으나, 이는 ㉠ 앞의 '미국의 경제 회복세는 1960년대의 호황과 크게 달랐다.'는 문장과 호응하지 않으므로 적절하지 않다.

④ 부유층이 자산을 분배했다는 이야기는 나오지 않으므로 적절하지 않다.

20 [독해(비문학) – 내용 추론 부정 발문] ▶ ④

1문단의 '이때 비판이라는 말은 잘못을 지적한다는 것이 아니라,'를 통해 '비판은 잘못을 지적하여'라는 부분이 잘못되었음을 알 수 있다.

오답풀이 ① '비트겐슈타인에 따르면 인간의 언어 습관은 혼란스러운데 … 혼란스러운 점을 찾아내어 밝히는 것이 철학의 임무라고 주장하였다.'를 통해 비트겐슈타인의 견해와 합치함을 알 수 있다.

② '철학은 이론들의 덩어리가 아니라 생동감 있게 살아 움직이는 활동이다.'라는 서술과, '임마누엘 칸트의 저서 『순수 이성 비판』에 나오는 '비판'도 이와 유사한 의미다.'를 통해 비트겐슈타인의 견해와 합치함을 알 수 있다.

③ '그렇기 때문에 철학을 배운다는 것은 이론을 배우는 것이 아니라, 하나의 활동 방식을 익히는 일이다.'를 통해 적절한 선지임을 알 수 있다.

2024 공무원 시험 대비 봉투모의고사 3회
국어 정답 및 해설

제3회 모의고사

01 ③	02 ③	03 ②	04 ②	05 ①
06 ④	07 ③	08 ①	09 ①	10 ③
11 ①	12 ②	13 ④	14 ③	15 ②
16 ④	17 ①	18 ④	19 ④	20 ②

01 [화법 – 말하기 방식] ▶ ③

'메탄가스의 영향은 정확하게 추산되고 있지 않지만, 관련 연구가 활발히 전개되고 있습니다.'라는 서술로 보아 메탄가스로 인한 부작용이나 악영향에 대한 연구는 아직 진행 중인 것으로 볼 수 있다. 따라서 적절하지 않은 선지이다.

오답풀이 ① '지구온난화가 초래할 심각한 기후위기는 되돌릴 수 없기 때문에 여러분의 적극적인 관심과 노력이 필요합니다.'라는 표현에서 발표자가 청중의 관심과 노력을 촉구하고 있음을 알 수 있다.

② 발표자는 '우리극지연구소는 북극의 동시베리아 해저 면에서 커다란 구멍을 발견했습니다.'라고 말하였다. 이는 신뢰할 만한 기관인 우리극지연구소를 인용하여 청중들에게 상황의 심각성을 역설한 것이므로 적절하다.

④ 발표자는 'XX대학교 기후변화연구소 이영민 연구원'이라고 자신의 소속을 밝힌 후 발표를 시작하였으므로 적절하다.

02 [문법 – 음운론 – 음운 변동] ▶ ③

모음 축약이 일어났으므로 음운 변동 후의 음운 개수는 하나가 줄어드므로 음운 개수가 다르다는 것은 옳다.

오답풀이 ① [갔다 → (음절의 끝소리 규칙, 된소리되기) → 갇따]의 과정을 보인다. '음절의 끝소리 규칙, 된소리되기' 모두 음운이 1 : 1로 교체되는 것이므로 '교체'라는 유형만 일어난 것이다. 따라서 두 가지 유형이 아니라 한 가지 유형의 음운 변동이 일어난 것이다.

② ②는 음절의 끝소리 규칙(교체)에 대한 설명이다. 하지만 '끓니'는 겹받침 'ㅀ'에서 자음군 단순화(탈락)가 일어난 후 유음화가 일어나 [끌리]가 된 것이므로 음절의 끝소리 규칙(교체)과 관련이 없다.

④ '같이'는 구개음화 현상이 일어나 [가치]로 발음된다. 'ㅣ' 앞에서 'ㄷ, ㅌ'이 경구개음 'ㅈ,ㅊ'으로 변하는 현상을 구개음화 현상이라고 한다. 인접한 음인 'ㅣ'의 조음 위치가 경구개이므로 'ㄷ, ㅌ'이 'ㅣ'와 비슷한 조음 위치인 경구개음인 'ㅈ, ㅊ'으로 동화(교체)되는 것이다. 따라서 조음 방법이 아니라 조음 위치가 비슷해지는 동화 현상이다.

03 [문법 – 한글 맞춤법 – 혼동 어휘] ▶ ②

- '붉은 빛을 띄다'가 틀리다. '붉은 빛을 띠다'로 고쳐야 한다. '감정이나 기운 따위를 나타내다.'를 의미하는 경우에는 '띠다'를 써야 한다.
- '간격을 띄우다, 띄다('띄우다'의 준말)'는 옳다.
  '띄다'는 '간격을 띄다, 눈에 띄다'에만 쓰인다. 이 경우 이외의 나머지는 모두 '띠다'이다.

오답풀이 ① • 졸이다(○) : 속을 태우다시피 조바심하다.
• 조리다(○) : 양념을 배게 하다.

③ • 반듯이(○) : '반듯하게'의 의미로 옳다.
• 반드시(○) : '꼭. 틀림없이'의 의미로 옳다.

④ • 지그시(○) : 「1」 슬며시 힘을 주는 모양
• 지긋이(○) : 나이가 비교적 많아 듬직하게

04 [독해(비문학) – 내용 고쳐쓰기] ▶ ②

㉡ 뒤에 이어지는 '소셜미디어는 … 상호작용 시스템에 적극적으로 참여하는 주체가 되게 만든다.'라는 서술로 보아 소셜미디어가 개인들이 적극적으로 참여하여 상호작용하는 공간임을 알 수 있다. 따라서 '개인적 공간이라기보다는 사회적 공간'으로 수정하는 것이 적절하다.

오답풀이 ① ㉠ 앞에 'Z세대의 참여가 증대'되었다는 서술이 나오며, 'SNS의 영향력이 커졌기 때문'이라는 서술이 이어지고 있으므로 상호작용이 축소된 것이 아니라 활발히 전개되었음을 알 수 있다. 따라서 기존의 표현을 유지하는 것이 자연스럽다.

③ ㉢ 뒤에 '꾸준히 업데이트', '문화적 자본을 획득하고 표출하는 과정에 적극적으로 참여'한다는 표현이 나오므로 SNS를 매력적이고 차별적인 공간으로 만들기 위해 개인들이 노력할 것임을 짐작할 수 있다. 따라서 기존의 서술을 유지하는 것이 자연스럽다.

④ ㉣ 앞의 '개인들은 소셜미디어에 전시회, 음악 연주회에 다녀온 경험을 올리'고 있다고 했으므로, 문화적 자본의 풍부성을 홍보하려 할 것임을 알 수 있다. 따라서 기존의 서술을 유지하는 것이 자연스럽다.

05 [독해(비문학) – 빈칸 추론] ▶ ①

이 글은 2030세대의 주택 매수가 증가했으며, 이들 중 대다수가 과도한 부채를 토대로 주택을 구입했다는 이야기이다. (가)는 2030 청년세대의 상황을 서술한 것으로, '주택을 구입하기 위하여 과도한 대출이 필요했을 것'이라는 뒤의 서술로 미루어 보아 청년세대는 윗세대보다 보유 자산이 적고 소득수준도 낮을 것임을 짐작할 수 있다. (나)는 청년세대가 무리하게 주택을 구입한 배경을 서술하는 부분이다. (나) 뒤에 '경제주체의 주택가격 상승에 대한 기대의 형성 조건'이라는 표현이 나왔으므로 '주택가격이 상승할 것이라는 기대'가 들어가는 것이 가장 적절하다.

06 [독해(문학) – 현대 산문의 이해] ▶ ④

주어진 부분에서 황만근이 죽은 이유가 마을 사람들의 이기심 때문이라는 이야기는 나오지 않는다. '경운기도 돌아왔다. 수레는 떼어내고 머리 부분만 트럭에 실려 돌아왔다.'라는 서술로 보아 황만근이 경운기 사고로 사망했을 것임을 짐작할 수 있다.

오답풀이 ① '황만근이 있었으면 군말 없이 했을 일이었다. 늘 그렇듯이 벙글벙글 웃으면서'라는 서술로 보아 황만근이 마을 사람들에게 도움을 주던 인물이었음을 짐작할 수 있다.

② '황 선생은 어리석게 태어났는지는 모르지만 해가 가며 차츰 신지가 돌아왔다.'라는 서술과, '스스로 땅의 자손을 자처하여 늘 부지런하고 근면하였다.'라는 서술로 보아 황만근이 어리석지만 근면한 인물일 것임을 짐작할 수 있다.

③ '그리하여 후년에는 그 누구보다 지혜로웠다.'라는 서술로 보아 서술자가 황만근을 긍정적으로 평가하고 있음을 알 수 있다.

작품 정리 성석제, 〈황만근은 이렇게 말했다〉

- 갈래 : 단편 소설, 현대 소설
- 성격 : 해학적, 풍자적, 향토적
- 배경
  ① 시간 : 1990년대 말
  ② 공간 : 경상도 농촌마을
- 시점 : 전지적 작가 시점
- 주제 : 황만근의 생애와 행적
- 특징
  ① 인정을 잃어가는 농촌의 현실과 이기적인 현대인의 삶을 고발함
  ② 사투리를 그대로 사용하여 향토적 특성을 드러냄
  ③ 어리숙하지만 인정이 있는 황만근을 통해 이상적 인간상을 드러냄
- 줄거리 : 황만근은 마을의 궂은일을 맡아서 하던 사람이다. 그가 실종되었다는 소식에 사람들이 황만근의 집으로 모이지만 정작 황만근을 걱정하는 사람은 없다. 농민 궐기 대회를 위해 마을의 이장은 황만근에게 경운기를 타고 군청까지 오라고 이야기한다. 황만근은 경운기를 몰고 돌아오다가 경운기가 길 밖으로 빠져 죽고 민 씨는 황만근을 기린 후 도시로 떠난다.

07 [빈칸 추론 – 한자 성어] ▶ ③

열심히 합격을 위해 노력하는 철수의 모습을 통해 빈칸에는 '발분망식(發憤忘食)'이 들어가야 함을 알 수 있다.

발분망식(發憤忘食 : 發 필 발 憤 분할 분 忘 잊을 망 食 밥 식) : 끼니까지도 잊을 정도로 어떤 일에 열중하여 노력함.

오답풀이 ① 삼순구식(三旬九食 : 三 석 삼 旬 열흘 순 九 아홉 구 食 밥 식)
: '삼십 일 동안 아홉 끼니만 먹는다'는 뜻으로 몹시 가난함.

② 기호지세(騎虎之勢 : 騎 말 탈 기 虎 범 호 之 갈 지 勢 형세 세)
: '호랑이를 타고 달리는 형세'라는 뜻으로, 이미 시작한 일을 중도에서 그만둘 수 없는 경우를 이르는 말

④ 사면초가(四面楚歌: 四 넉 사 面 낯 면 楚 초나라 초 歌 노래 가)
: '사면(四面)에서 들리는 초나라의 노래'라는 뜻으로, 아무에게도 도움을 받지 못하는, 외롭고 곤란한 지경에 빠진 형편을 이르는 말
= 진퇴양난(進退兩難: 進 나아갈 진 退 물러날 퇴 兩 두 양 難 어려울 난), 진퇴유곡(進退維谷:進 나아갈 진 退 물러날 퇴 維 벼리 유 谷 골 곡)

08 [독해(비문학) – 내용 추론 부정 발문] ▶①

'대만 기업은 중국 본토에 투자하는 방식으로 생산시설을 확보하고 있는데 1991년 직접 투자가 허용된 이래로 2020년까지 중국에 투자하는 금액의 규모는 점차 증가해 왔다'를 통해 1991년 전에도 중국 본토에 투자한 적이 있음을 알 수 있으므로 1991년 이전에 대만은 중국에 투자를 한 적이 없었다는 것은 옳지 않다.

오답풀이 ② '미중 무역 갈등이 격화되는 상황 속에서 적절한 관계를 유지하는 것이 무척 중요한 외교 문제'라는 서술로 미루어 보아 이것이 대만의 생존 전략일 것임을 추론할 수 있다.
③ '의존도는 100%, 수출 의존도는 50%에 육박하는데 이는 대만 경제가 수출 없이 지탱하기 어려운 구조임을 보여주는 것이다.'를 통해 대만 경제는 수출에만 집중된 편향된 양상을 보이는 문제점이 있음을 알 수 있다.
④ '대중(對中) 수출 비중이 40%에 육박'한다고 하였으며 '대만과 중국 사이의 경제적 교류 협력의 수위는 꽤 높은 수준'이라는 서술로 볼 때 대만 정부가 중국의 입지를 간과하기 어려울 것임을 알 수 있다.

09 [독해(비문학) – 내용 일치 긍정 발문] ▶①

'국가 차원에서 적극적으로 브라질 이주를 장려한 덕분에 오늘날 일본인이 가장 많이 살고 있는 국가는 브라질이다.'를 통해 일본인이 가장 많이 살고 있는 국가는 브라질임을 알 수 있다.

오답풀이 ② '국가 차원에서 적극적으로 브라질 이주를 장려한 덕분에'라는 구절을 통해 '개인적 이유'가 아니라 '국가 차원의 이유'로 브라질 이주를 하게 되었음을 알 수 있다.
③ 주체 혼동의 오류이다. '브라질 사회'가 아닌 일본 이주민들이 브라질 사회에 혁신적인 농업 경영 방식을 전파한 것이었다.
④ '1900년대 일본인들은 가난한 농민들을 지원하기 위하여'라는 구절을 통해 부유한 계층이 아니라 가난한 농민들이 브라질 이민을 떠났음을 알 수 있다.

10 [독해(문학) – 고전 운문의 이해] ▶③

'아희야 무릉(武陵)이 어디오(질문) 나는 옌가 ᄒᆞ노라.(답변)'을 통해 설의법이 아니라 문답법이 쓰였음을 알 수 있다. 아름다운 자연을 예찬하고 있으므로 자연 친화적 삶을 강조하는 것은 옳다.

오답풀이 ① (가) '하하 허허'라는 음성 상징어를 통해 어이가 없어 웃음이 나는 부정적인 세태를 풍자하고 있음을 알 수 있다.
② (나) '오백년(五百年) 왕업(王業)이 목적(牧笛)에 부쳐시니'에서 '오백년(五百年) 왕업(王業)'은 고려의 역사를 의미한다. 고려의 역사가 목동의 피리소리에 부쳐 있다고 하는 것을 통해 청각적 심상을 통해 고려 왕조의 멸망을 드러내고 있음을 알 수 있다.
④ (다) '무릉'이 활용된 것을 통해 무릉도원 고사를 인용하여 이상적인 자연을 예찬하고 있음을 알 수 있다.

작품 정리

(가) 권섭, 〈하하 허허 한들〉
- 갈래: 평시조, 연시조
- 시대: 조선 시대
- 제재: 쓴웃음
- 주제: 진실한 삶의 자세
- 특징
  ① 당대 정치 현실에 대한 냉소적 태도를 드러냄
  ② 의성어를 활용하여 시상을 전개함
  ③ 설의법, 과장법이 드러남
  ④ 정제되지 않은 표현이 드러남

(나) 원천석, 〈흥망(興亡)이 유수(有數)ᄒᆞ니〉
- 주제: 고려를 회고하며 무상감을 느낌.
- 시적 상황: 고려 멸망으로 조선이 건국되었을 시기
- 정서와 태도: 고려의 멸망에 애통함을 느낌.
- 특징
  ① 고려 멸망의 무상감을 청각적 이미지를 사용하여 표현함.
  ② 영탄법을 통해 안타까움을 강조함.
  ③ 은유법(만월대=추초)을 사용해 주제를 구체화함.
  ④ '석양(夕陽)'은 '해가 진다, 고려 멸망'의 의미를 가지므로 중의법이 나타남.

(다) 조식, 〈두류산(頭流山) 양단수(兩端水)를〉
- 주제: 지리산 양단수에 와서 느낀 자연 풍경을 찬양함.
- 시적 상황: 지리산 양단수에서 자연을 누리고 있음.
- 정서와 태도: 아름다운 자연의 풍경을 보면서 마치 무릉도원에 온 듯하다고 느낌.
- 특징
  ① 문답법을 통하여 자연의 아름다움에 매료된 화자의 정서를 드러냄.
  ② 종장의 '무릉(武陵)'은 『도화원기(桃花園記)』의 고사를 인용하여 이상적인 세상으로 지리산 양단수의 아름다움을 표현한 것임.

11 [어휘] ▶①

'자충수(自充手: 自 스스로 자 充 채울 충 手 손 수)'란 『체육』 바둑에서, 자충이 되는 수로 스스로 행한 행동이 결국에 가서는 자신에게 불리한 결과를 가져오게 됨을 비유적으로 이르는 말이므로 '유리한 결과'라고 하는 것은 옳지 않다.

오답풀이 ② ㉡ 반추(反芻: 反 돌이킬 반 芻 꼴 추): 「1」 〔동〕 소나 양 따위가 먹은 것을 되내어 씹는 짓. 새김질. 되새김. 「2」 어떤 일을 되풀이하여 음미하고 생각함.
③ ㉢ 답사(踏査: 踏 밟을 답 査 조사할 사): 현장에 가서 보고 듣고 조사함.
④ ㉣ 사자후(獅子吼: 獅 사자 사 子 아들 자 吼 울부짖을 후): 크게 부르짖어 열변을 토함.

12 [독해(비문학) – 내용 추론 부정 발문] ▶②

비산먼지의 정의를 확인하면 적절하지 않은 선지임을 알 수 있다. 비산먼지는 특정 오염원에서 배출되는 것이 아니라 다양한 오염원에서 발생한다고 했으므로 특정 오염원에서 집중적으로 배출되는 것이라고 보기 어렵다.

오답풀이 ① '과거의 연구는 분석 대상 포함 여부를 연구자의 주관적 판단에 따라 결정'했다고 했으므로 연구자의 자의적 판단에 의존하는 경향이 있었음을 추론할 수 있다.
③ 첫 문장에서 '최근 대기오염물질이 촉발하는 사회문제가 대두되고 있다.'고 했으므로 적절한 선지이다.
④ 두 번째 문장에서 '미세먼지 발생량 중 절반을 차지하는 비산먼지'라는 말이 나온다. 따라서 비산먼지가 미세먼지 발생량 중 큰 비중을 차지한다고 볼 수 있다.

13 [독해(비문학) – 내용 일치 긍정 발문] ▶④

'폴 고갱은 그만의 예술 세계를 개척함으로써 누가 보더라도 그의 작품임을 알 수 있도록 만들고자 했다.'라는 서술로 보아 고갱이 자신만의 예술 세계를 구축하기 위해 노력했음을 확인할 수 있다.

오답풀이 ① '<예배 뒤의 환상>을 보면 … 당대 미술계에 없었던 예술사조를 만들어 냈다.'라는 서술로 보아 이 작품은 당대 전통적인 미술 사조를 충실히 따른 것이 아니라, 새로운 예술사조를 만들어 낸 것임을 알 수 있다.
② '하지만 고갱의 작품은 당대 사회에서 인정받지 못했고 죽기 3년 전부터 비로소 조금씩 인정받기 시작했는데'라는 서술로 보아 그의 작품이 고갱 생전에는 널리 인기를 얻지는 못했을 것임을 알 수 있다.
③ '고갱은 자신만의 회화를 완성할 공간을 찾아다녔고 프랑스 북서부 브르타뉴 지방의 퐁타방을 택했다.'라는 서술로 보아 그가 프랑스 북부 지역에서 영감을 받았을 것임을 짐작할 수 있다. 또한 고갱이 프랑스 남부 지방에 갔다는 이야기는 나오지 않으므로 적절하지 않다.

14 [독해(비문학) – 문단 배열] ▶③

본문은 유로화가 새로운 기축통화가 될 것으로 기대되었으나 유럽에 경제위기가 닥치면서 경제문제 해결이 어려워졌음을 설명하고 있다. 따라서 2002년에 달러에 도전하기 위해 유로화라는 통화가 등장했다는 (다)가 가장 처음에 와야 한다. (가)의 '이러한 유로화의 등장'은 (다)의 내용을 재진술한 것이므로 (다) 다음에는 (가)가 이어지는 것이 자연스럽다. (가)에는 독일과 스페인, 그리스, 포르투갈 등의 국가가 유로화에 힘입어 성장했다는 이야기가 나오며 (라)에는 '유로화를 필두로 한 경제성장은 유로화를 새로운 기축통화의 지위에 올려줄 것으로 기대되었다.'라는 설명이 이어지고 있다. 이때 '경제성장'은 (가)의 독일, 스페인, 그리스, 포르투갈의 성장을 재진술한 것이므로 (다) – (가) – (라)가 이어져야 한다. (나)는 유로화의 몰락과 유로존 국가의 경제정책 실패를 다루고 있으므로 마지막에 오는 것이 가장 자연스럽다.

15 [상황에 맞는 한자 성어] ▶②

'關'은 '관계 관'이므로 옳지 않다.

관점(觀點: 觀 볼 관 點 점 점): 사물을 관찰할 때, 그 사람이 보는 입장이나 생각하는 각도(角度)

오답풀이 나머지는 모두 옳다.

① ㉠ 맥락(脈絡: 脈 줄기 맥 絡 이을 락(낙)): 사물이 서로 이어져 있는 관계나 연관.

③ ㉢ 평가(評價: 評 평할 평 價 값 가): 사물의 가치나 수준 따위를 평함. 또는 그 가치나 수준.

④ ㉣ 지배(支配: 支 지탱할 지 配 나눌 배): 다른 사람·집단·사물 등을 자기 의사대로 복종시켜 부림.

16 [독해(문학) – 고전 산문의 이해] ▶④

이 작품은 이첨의 가전체 소설로 3인칭 전지적 작가 시점에서 쓰인 것이다. 따라서 작중 상황을 다양한 인물의 시각에서 쓴 것은 아니며 작가의 시각에서 서술되어 있음을 알 수 있다.

오답풀이 ① 한 인물의 일대기를 다루는 가전은 서두 – 선계 – 사적 – 종말 – 후계의 구성을 취하는 것이 일반적이다. '서두'는 주인공의 신원을 소개하는 부분이며 '선생의 성은 저요, 이름은 백이다.'라고 신원이 소개되고 있으므로 적절하다.

② 마지막 부분에 주인공 자손의 사적을 밝히는 것은 '후계'에 해당한다. 위 작품 마지막 부분에 '자손이 아주 많았으니 어떤 부류는 사씨로 대를 이루었고, 또 어떤 부류는 시인 집안으로 문벌을 이루었으며'라고 자손들의 행적이 나와 있으므로 적절하다.

③ 저생은 종이를 의인화한 인물이므로 사물을 의인화하여 사건을 전개하고 있는 것으로 볼 수 있다.

작품 정리 이첨, 〈저생전〉

- 갈래: 가전(假傳)
- 성격: 교훈적, 경세적
- 배경
  - ① 시간: 고려시대 말
  - ② 공간: 중국 대륙
- 주제: 종이의 생애를 통해 올바른 정치를 권함
- 특징
  - ① 종이를 의인화한 가전체 소설임
  - ② 부패한 관리들에게 경고하는 의도를 드러냄
  - ③ 중국의 역사에 대한 이해를 바탕으로 저생의 생애를 중국 왕조의 흐름과 연계하여 기술함
- 줄거리: 저생은 한나라 때 벼슬을 하게 되었는데 진나라 때에 이르러 높은 자리에 오르기도 하였다. 수나라, 당나라, 송나라, 원나라, 명나라 대에 걸쳐서 벼슬을 하였다. 그의 후손들 또한 저생의 뜻을 이어받아 본분을 지켜나간 것으로 전해진다.

17 [독해(비문학) – 내용 추론 부정 발문] ▶①

'대단한 성공이나 자아실현은 차치하더라도 사회적으로 인정받고자 하는 욕구와 '중산층'이 되고자 하는 욕망 속에서 사람들은 지금 이 순간에도 고통받고 있다.'라는 서술을 통해 사람들은 내적 성취보다 외적 성취를 중시할 것임을 알 수 있다.

오답풀이 ② '자신이 원하는 것이 무엇인지는 알지 못한 채로 세상을 숫자로 환산 가능한 외적 조건으로 수치화하는 데 익숙해지게 된다.'라는 서술로 보아 적절한 선지이다.

③ '사람들은 항상 가진 것들을 비교하면서 불행해지게 된다.'라는 서술로 보아 적절한 선지임을 알 수 있다.

④ '오직 눈에 보이는 가치를 바탕으로 자신의 사회적 위치와 지위를 확인하는 사회에서는 선택의 첫 번째 기준이 '그 행동이 돈이 되는지' 여부다.'라는 서술을 통해 적절한 선지임을 알 수 있다.

18 [독해(문학) – 현대 운문의 이해] ▶④

'그 사람도 이 세상을 설움으로 살았던지 어쨌던지'로 보아 화자는 사랑하는 대상이 행복하게 살다 갔다고 생각하지는 않을 것임을 확인할 수 있다.

오답풀이 ① '서러운 노을빛'이라는 표현에서 화자가 자신의 서러움을 노을빛에 이입하고 있으므로 적절하다.

② 화자의 사랑하는 마음을 담은 열매가 '제대로 벋을 데는 저승밖에 없을 것 같고'라는 표현에서 화자가 사랑하는 대상이 저승에 있음이 드러난다.

③ '그 열매 빛깔이 / 전생의 내 전 설움이요 전 소망인 것을 / 알아내기는 알아낼는지 몰라!'라는 표현에서 화자가 상대가 자신의 마음을 눈치채지 못할까 불안해하고 있음을 알 수 있다.

작품 정리 박재삼, 〈한〉

- 갈래: 자유시, 서정시
- 시대: 1950년대
- 제재: 임의 죽음
- 주제: 임에 대한 그리움과 한(恨)
- 특징
  - ① 죽은 임을 그리워하는 간절한 한의 정서가 드러남
  - ② 영탄적 어조를 사용하여 화자의 정서를 강조함
  - ③ 유사한 표현을 반복하여 운율을 형성함
  - ④ 감나무 가지가 뻗어가는 것을 통해 그리운 임에게 닿고 싶은 마음을 드러냄

19 [화법 – 말하기 방식] ▶④

최 주무관은 임 주무관의 의견에 대해 '너무 포괄적인 분류 아닐까요?'라는 설의적 표현으로 응답함으로써, 우회적으로 자신의 생각을 말하고 있다.

오답풀이 ① 최 주무관이 임 주무관에게 공감을 표현한 것은 맞지만, 상대의 의견을 재진술하지는 않았다.

② '직접 질문'은 의문문일 때 성립하는 것이다. 임 주무관은 '어디부터 설명해야 할지 고민이에요.'라고 말함으로써 간접 화법으로 공손하게 질문하고 있다.

③ 임 주무관은 최 주무관의 제안을 수용하고 자신의 의견을 전개하고 있을 뿐, 비판을 제기한 것은 아니다.

20 [독해(비문학) – 내용 추론 긍정 발문] ▶②

ㄱ. 본문의 '그리스도교는 이 시기 여러 종교에서 힘의 원천이 되는 요소들을 찾아서 결합하기 시작했다.'라는 서술을 통해 그리스도교가 다른 종교들로부터 영향을 받았을 것임을 알 수 있다.

ㄴ. '1261년 이후 콘스탄티노플은 교황의 영향권 밖에 있게 되었으며', '또한 부유한 상인 계급이 출연하고 지식인이 증대된 분위기 또한 교황의 입지를 위협하였다.' 등의 서술로 보아 교황의 권위가 약화한 배경에는 당대의 정치적, 사회적 맥락이 작용했을 것임을 알 수 있다.

오답풀이 ㄷ. '또한 부유한 상인 계급이 출연하고 지식인이 증대된 분위기 또한 교황의 입지를 위협하였다.'라고 했으므로 부유한 상인 계급과 지식인들은 교황을 지지하는 것이 아니라 교황을 위협하는 존재였을 것임을 알 수 있다. 따라서 적절하지 않다.

2024 공무원 시험 대비 봉투모의고사 4회
국어 정답 및 해설

제4회 모의고사

01 ②	02 ③	03 ②	04 ③	05 ②
06 ①	07 ④	08 ④	09 ③	10 ③
11 ③	12 ②	13 ①	14 ④	15 ①
16 ④	17 ②	18 ④	19 ④	20 ①

01 [화법 – 의사소통 방식] ▶ ②

서연은 경수의 질문에 예시를 들어 자세하게 설명하고 있지만, 자신의 경험을 토대로 한 것은 아니므로 적절하지 않다.

오답풀이 ① 경수는 '혹시 구체적 예시를 이야기해 줄 수 있어?'라고 말함으로써 추가 정보를 요청하고 있으므로 적절하다.

③ 서연은 '정확해. 자신이 정한 계획에 따라 행동하고 그 과정에서 자기 자신을 점검하는 거야.'라고 말함으로써 경수의 답변이 정확함을 확인시켜 주고 추가 설명하고 있으므로 적절하다.

④ '아하, 그럼 어떤 것이든 계획을 세우고 거기에 맞춰서 스스로 관리한다는 거구나.'라는 경수의 대사에서 경수가 서연의 말을 자신의 언어로 재진술 함으로써 이해 정도를 확인하고 있음을 알 수 있다.

02 [독해(비문학) – 사례 추론] ▶ ③

이 글은 현대인들이 시간을 절약해서 활용하는 사례가 많음을 이야기한 것이다. '발품을 포기함으로써 확보한 시간'이란 시간을 들여서 돈을 절약하는 대신, 돈을 들여서라도 내 시간을 절약하는 것이다. 직장 점심시간에 헬스를 다녀온 사례는 자투리 시간을 활용한 것일 뿐 돈을 들여서 시간을 절약한 것은 아니므로 적절하지 않다.

오답풀이 ① 중고 거래 플랫폼에서 맛집 줄서기 아르바이트가 거래되는 사례는 타인에게 줄을 서게 함으로써 기다리는 시간을 절약한 것이다. 따라서 발품을 포기함으로써 시간을 확보한 것에 해당한다.

② 통근 시간을 줄이기 위해 직장 근처에 세 들어 사는 것은 비용을 더 많이 들이더라도 시간을 아낀 사례에 해당하므로 적절하다.

④ 강아지 산책 및 자녀 등하교 서비스는 시간을 들이는 대신 서비스를 구매함으로써 개인 시간을 확보한 것이므로 적절하다.

03 [문법 – 표준어 규정] ▶ ②

- 윗비(×): '아랫비'가 없기 때문에 '윗비'이 아니라 '웃비(= 좍좍 내리다가 그친 비.)'가 표준어이다. '위/아래'의 대립이 없는 경우에는 '웃-'이 붙는다.
- 삵괭이(×): '삵, 살쾡이'만 표준어이다.
- 애닯다(×): '애닯다'는 조선시대에 쓰이고 없어진 사어(死語)이므로 '애달프다'는 표준어이고 '애닯다'는 표준어가 아니다.

오답풀이 ① • 아둥바둥(×): '아등바등'만 표준어로 삼는다.
- 추켜올리다=추어올리다, 치켜올리다: 옷이나 물건, 신체 일부 따위를 위로 가뜬하게 올리다. 실제보다 과장되게 칭찬하다.
- 두리뭉실하다: 2011년에 '두리뭉실하다'가 표준어로 인정되어 '두루뭉술하다(○)/두리뭉실하다(○)' 모두 현재 표준어이다. '말이나 태도 따위가 확실하거나 분명하지 아니하다.'의 의미이다.

③ • 께름직하다=께름칙하다, 꺼림직하다, 꺼림칙하다: 마음에 걸려서 언짢고 싫은 느낌이 꽤 있다.
- 우뢰(×): '우뢰(雨雷)'는 예전에 표준어였으나 현재는 표준어가 아니고 고유어 '우레'가 표준어이다.
- 예쁘디예쁘다-이쁘디이쁘다(추가): '이쁘다'는 2015년 새로 인정된 복수 표준어이다. '이쁘장스럽다, 이쁘장스레, 이쁘장하다, 이쁘디이쁘다'도 표준어로 인정하였다.

④ • '계면쩍다', '겸연쩍다' 모두 표준어이다. '멋쩍다'와 마찬가지로 [쩍]으로 소리나면 소리나는 대로 적는 경우이다.
- '섧다': '서럽다, 섧다'는 복수 표준어이다.
- 삐지다: 2014년 새로 인정된 복수 표준어로 '삐치다'와 함께 표준어이다.

04 [문법 – 형태론 – 용언의 활용] ▶ ③

㉠ '(라면이) 붇다'는 모음 어미가 올 때 어간 'ㄷ'이 'ㄹ'로 교체되므로(불어, 불으니, 불은) 이는 ㉠ 어간만이 불규칙적으로 바뀌는 것이라고 볼 수 있다.

㉡ '(하늘이) 파랗다'는 모음 어미가 올 때 어간 'ㅎ'이 탈락되고 모음 어미가 'ㅣ'로 교체되므로(파래, 파래서, 파랬다) 이는 ㉡ 어간과 어미 모두가 불규칙적으로 바뀌는 것이라고 볼 수 있다.

오답풀이 ① • '(길을) 걷다'는 모음 어미가 올 때 어간 'ㄷ'이 'ㄹ'로 교체되므로(걸어, 걸으니, 걸은) 이는 ㉠ 어간만이 불규칙적으로 바뀌는 것이라고 볼 수 있다.
- '(얼굴이) 곱다'는 모음 어미가 올 때 어간 'ㅂ'이 'ㅗ'로 교체되므로(고와, 고우니, 고운) 이는 ㉡이 아니라 ㉠ 어간만이 불규칙적으로 바뀌는 것이라고 볼 수 있다.

② • '(목적지에) 이르다'는 모음 어미가 '러'로 교체되므로(이르러, 이르러서, 이르렀다) 이는 ㉠이 아니라 어미만이 불규칙적으로 바뀌는 것이라고 볼 수 있다.
- '(하늘이) 누렇다'는 모음 어미가 올 때 어간 'ㅎ'이 탈락되고 모음어미가 'ㅣ'로 교체되므로(누레, 누레도, 누렜다) 이는 ㉡ 어간과 어미 모두가 불규칙적으로 바뀌는 것이라고 볼 수 있다.

④ • '(병이) 낫다[癒]'는 모음 어미가 올 때 어간 'ㅅ'이 탈락되므로(나아, 나았다, 나으니) 이는 ㉠ 어간만이 불규칙적으로 바뀌는 것이라고 볼 수 있다.
- '(잎이) 누르다'는 모음 어미가 '러'로 교체되므로(누르러, 누르러서, 누르렀다) 이는 ㉡이 아니라 어미만이 불규칙적으로 바뀌는 것이라고 볼 수 있다.

05 [독해(문학) – 고전 산문의 이해] ▶ ②

특정 인물의 일대기를 보여 주는 것이 아니라 일곱 가지 바느질 도구를 의인화하여 인간의 이기적인 세태를 풍자한 것이다.

오답풀이 ① 제시된 부분에서 인물들의 심리가 구체적으로 드러나지 않았으므로 관찰자적 시각에서 서술한 것으로 볼 수 있다.

③ 칠우가 바느질에 있어 각자 자신의 공이 크다고 주장하는 장면을 통해 인간 세상을 풍자하고자 하였음을 확인할 수 있다.

④ 척 부인의 대사에서 '길고 짧음, 넓고 좁음'은 자신이 아니면 어찌 이루겠냐고 말하고 있으므로 '자'임을 추론할 수 있다. 또한 교두 각시의 대화에서 '베어내지 않으면 모양이 제대로 되겠느냐'는 부분을 보면 '가위'임을 알 수 있다.

작품 정리 작자 미상, 〈규중칠우쟁론기〉

- 갈래: 고전 수필, 한글 수필
- 성격: 풍자적, 교훈적, 우화적
- 배경
  - ① 시간: 조선 시대
  - ② 공간: 규방
- 시점: 전지적 작가 시점
- 주제: 자신의 공만 강조하는 이기심을 풍자함
- 특징
  - ① 한글로 창작된 수필로 작자가 알려지지 않음
  - ② 규방에서 부인이 사용하는 도구를 의인화하여 인간 세상을 풍자함
  - ③ 자신의 능력을 인정받고 싶었던 조선 후기 여성들의 욕망이 드러남
- 줄거리: 규중 부인이 바느질하다 잠들자 일곱 도구는 서로 자신의 공이 뛰어나다고 주장하며 싸운다. 그러다가 부인이 잠에서 깨어나 칠우를 꾸중하고 다시 잠드는데 이번에는 일곱 도구들이 신세를 한탄하고 부인에 대한 불평을 늘어놓는다. 부인이 다시 잠에서 깨어나 꾸중하고 일곱 도구를 쫓아내는데 감투 할미가 나서서 사죄하여 용서받는다.

06 [독해(비문학) – 빈칸 추론] ▶ ①

빈칸 앞에서는 '기후 위기 문제와 식량 생산 문제를 동시에 해결'해야 한다고 하였다. 또한 본문에 농업에 사용되는 막대한 에너지를 저탄소 에너지로 전환하고 비료를 줄이는 등의 노력이 필요함이 서술되어 있다. 이는 '탄소중립 시나리오'를 이행하기 위한 노력이며, 민간의 투자에 기대기는 어려우므로 '민간과 국가가 협력하여 농업 분야의 탄소중립 계획을 실천하는 동시에 생산량을 유지하는 방안을 검토해야 한다.'가 가장 적절하다.

오답풀이 ② 본문에서 강조한 것은 다양한 주체의 협력을 통해 기존의 농업방식을 벗어나는 것이다. 따라서 민간만의 노력을 강조하는 것은 시행되기 어려우며 문맥상 적절하지 않다.

③ 본문은 처벌보다는 변화와 혁신을 통한 해결책을 모색하는 데 초점을 맞추고 있으므로 본문의 흐름과 부합하지 않는다.

④ 가축 사육 두수를 줄이는 것이 메탄가스 방출 감축의 방법일 수는 있지만, 본문에서는 보다 포괄적인 접근과 변화를 강조하고 있다. 또한 가축 사육 두수를 줄일 경우 '식량 생산 문제' 해결이 어려워지므로 부적합하다.

07 [독해(문학) – 고전 운문의 이해] ▶ ④

'끈이야 끊어지리까 나난'과 '신이야 끊어지리까 나난'에서 화자는 극한 상황에서도 임에 대한 믿음과 사랑이 변하지 않을 것이라는 마음을 드러내고 있다. 따라서 화자가 임에 대한 자신의 마음이 변할지 모른다고 우려하는 것은 아니다.

오답풀이 ① '배 내어 아즐가 배 내어 놓느냐 사공아'에서 구체적 청자가 나오며, '배 타 들면 아즐가 배 타 들면 꺾으리이다' 라는 표현에서 사공이 배를 띄우지 말 것을 요구하는 내용이 전개된다.

② '이별할 바엔 이별할 바엔 길쌈베 버리고'에서 화자가 생계수단마저도 버리고 임을 좇아가겠다는 적극적 태도를 드러내고 있다.

③ '서경이 / 서경이 / 서울이지마는', '괴시란대 / 괴시란대 / 울면서 좇겠나이다' 등에서 3음보의 율격이 드러났음을 확인할 수 있다.

작품 정리 작자 미상, 〈서경별곡〉

- 갈래: 고려 속요
- 시대: 고려 시대
- 제재: 임과의 이별
- 주제: 이별의 정한(情恨)
- 특징
  ① 이별의 정한을 직설적으로 드러냄
  ② 의미 없는 여음구와 후렴구를 통해 리듬감을 형성함
  ③ 반복법, 설의법, 비유법이 드러남
  ④ 이별의 공간으로 '대동강'을 설정하여 공간 구조로 시상을 전개함

08 [독해(비문학) – 빈칸 추론] ▶ ④

빈칸 추론 문제를 풀 때에는 본문의 핵심 내용을 파악해야 한다. 본문에서 이란 시민들이 페이스북 페이지에 히잡을 벗은 모습을 보내기 시작한 것을 계기로, 이것이 자유와 인권에 대한 문제가 될 수 있음을 이야기하였다. 또한 ㉠의 앞에서 '이란의 시민들은 자신의 경험을 소셜미디어를 통해 공유'한다고 하였으므로 '소셜미디어의 발전이 이란 시민사회운동의 동력이 되고 있음을 보여준다.'는 ④가 가장 적절하다.

오답풀이 ① 인권 문제가 경제난에 대한 비판으로 이어졌다는 이야기는 나오지만, 이것이 경제 문제를 해결해야만 인권 문제를 해결할 수 있다는 이야기라고 보기는 어렵다.

② 극단적 선택지가 나오면 주의해야 한다. 본문에서 이란 여성들의 히잡 착용 여부가 논란이 된 것이 '표현의 자유'를 얻기 위한 투쟁이라고 볼 수는 있지만, 이것이 그 어떤 가치보다 중요한 것이라고 보기는 어렵다.

③ 비교 구문의 오류이다. 본문에서 온라인 공간에서의 연대가 이란의 시민사회운동으로 이어졌다는 이야기는 나와 있지만, 이것이 오프라인 공간에서의 연대가 더 중요하다는 근거라고 보기는 어렵다.

09 [독해(문학) – 현대 산문의 내용 이해] ▶ ③

본문의 마지막 부분에서 '동리 사람들도 그것을 단지 시일 문제로 알고 있었던 것이나, 그래도 이 신전 집의 몰락은, 역시 그들의 마음을 한때, 어둡게 해 주었다.'라는 표현이 등장한다. 이를 통해 신전 집의 낙향이 동리 사람들에게 심리적 영향을 주었음을 알 수 있다.

오답풀이 ① 본문에서 신전 집의 온 가족은 별로 남들의 주의를 끄는 일도 없이 동리에서 사라졌다고 하였다. 따라서 신전 집 사람들이 마을 사람들에게 낙향 계획을 미리 알렸을 것이라고 보기 어렵다.

② 의과 대학을 마친 둘째 아들이 얼마 안 되어 '공의'가 되어 서울을 떠나고 말았다고 하였으므로 취직한 상태임을 알 수 있다. 또한 그는 충청북도 어느 지방으로 갔다고 했으므로 가족들과 함께 낙향한 것도 아니다.

④ 본문과 불합치하는 선지이다. 신전 집 사람들은 언제라도 서울을 떠날 수 있도록 준비한 후 주인 영감의 명령만을 기다렸다고 했으므로 가족 간의 회의를 통해 낙향 날짜를 정했을 것이라고 보기 어렵다.

작품 정리 박태원, 〈천변 풍경〉

- 주제: 1930년대 청계천 주변에서 살아가는 서민층 삶의 애환
- 줄거리: 이 소설은 삽화식 구성으로 일정한 줄거리는 없으며 1년 동안 청계천변에 사는 약 70여 명의 인물들의 일상사를 그린 것이 주된 내용이다. 작품 속에 등장하는 민 주사, 한약국집 가족, 포목전 주인을 제외한 재봉이, 창수, 금순이, 만돌이 가족, 이쁜이 가족, 점룡이 모자(母子) 등은 모두 청계천변에 사는 가난한 사람들이다. 동네 아낙네들은 빨래터에 모여 수다를 떨고 이발소집 사환인 재봉이는 이런 풍경을 보며 권태로움을 느끼지 않는다. 민 주사는 이발소 거울에 비친 늙어 가는 자신의 모습을 인지하면서도 돈이 최고라는 생각에 흐뭇해하는 인물이다. 이 외에 여급 하나꼬의 일상, 한약국집에 사는 젊은 내외의 외출, 한약국집 사환인 창수의 어제와 오늘, 이쁜이의 결혼, 신전 집의 몰락 등 다양한 에피소드들이 전개된다.
- 해제: 이 작품은 청계천변에서 살아가는 사람들의 여러 에피소드를 50개의 절로 나누어 제시한 세태 소설이다. 일반적인 소설의 구성법을 따르지 않고, 다양한 등장인물을 주인공으로 삼아 이들과 관련한 일화들을 특별한 순서 없이 나열하는 삽화식 구성 방식을 취하고 있다. 대도시 서울을 배경으로 1930년대 서민층의 일상적 생활 양상을 사실적이고 세밀하게 재현한 작품으로, 특정 대상을 확대해 보는 '클로즈업 기법'과 카메라가 이동하며 촬영하는 듯한 '카메라아이 기법' 두 가지의 영화적 기법을 도입한 것이 특징이다.

10 [독해(비문학) – 문장 배열] ▶ ③

문장 삽입 유형을 풀 때는 <보기>에 지시어가 있는지 확인해야 한다. <보기>에 '이는' 이라는 지시어가 등장하므로 이것이 가리키는 대상을 확인하는 것이 필요하다. <보기>에서 장애인들이 사회·공간적 제약으로 인해 활동이 어려워질 수 있다는 이야기를 하고 있으므로 이와 유사한 이야기가 처음 등장하는 부분은 ㉢ 앞부분의 '이러한 현상은 장애인이 영위하는 일상 공간이나 환경 속에서 그들을 보이지 않는 존재로 만들 수 있다는 위험성을 내포한다.'이다. 따라서 <보기>의 문장은 ㉢에 들어가는 것이 가장 적절하다.

11 [화법 – 말하기 방식] ▶ ③

비언어적 표현이란 언어가 아닌 몸짓, 손짓, 표정, 시선, 자세 등으로 생각이나 느낌을 나타내는 것이다. A는 눈썹을 찌푸리며 B의 업무 수행 방식이 적절하지 않다는 의견을 우회적으로 전달하고 있으므로 적절하다.

오답풀이 ① A는 '이번 프로젝트 계획을 이번 주 안에 정리해서 팀원들에게 보내주세요.'라고 이야기했으므로 업무를 명료하게 전달한 것으로 봐야 한다.

② B는 'PPT 형식은 너무 간략해서 프로젝트의 세부 내용을 전달하기에 부족할 수 있겠네요.'라고 말함으로써 A의 의견을 수용하는 태도를 보여주고 있음을 알 수 있다.

④ 위의 대화에서 A와 B가 논쟁하는 내용은 나오지 않으므로 적절하지 않다.

12 [어휘 – 고유어] ▶ ②

'마음에 들 만하다'는 '마뜩하다'이므로 '마뜩잖다'의 뜻이 잘못 연결된 것이다. '마뜩잖다'는 '마음에 들 만하지 아니하다.'를 의미한다.

13 [독해(비문학) – 내용 일치 긍정 발문] ▶ ①

'실제로 자살 시도자의 50% 가까이가 자살 시도 당시에 음주 상태였던 것으로 보고되었다.'라는 서술로 보아 음주가 자살 시도와 밀접한 관련이 있음을 알 수 있다. 따라서 음주 문제는 절망사, 특히 자살과 연관될 가능성이 있으므로 적절한 선지이다.

오답풀이 ② 본문에서 '의학의 발달로 기대수명이 증가하고 있음에도 불구하고 중년 백인들의 약물 중독과 자살, 알코올성 간질환에 의한 사망률이 높아져 결과적으로 미국인의 기대수명 증가세가 둔화'된다고 하였다. 따라서 기대수명과 절망사는 연관이 있으므로 적절하지 않은 선지이다.

③ 본문은 '중년 백인들의 약물 중독과 자살, 알코올성 간질환에 의한 사망률이 높아져'라고 언급하고 있으므로 절망사는 중년층에게서 관찰되는 현상이다.

④ '과거 마약 청정국으로 알려져 있었던 한국은 … 마약 청정국의 지위도 상실하게 되었다.'라는 서술로 보아 한국이 이미 마약 청정국의 지위를 상실했음을 알 수 있다.

14 [문법 – 의미론 – 반의 관계] ▶ ④

'무겁다/가볍다'의 경우 두 단어를 동시에 긍정하거나(혜선 쌤은 무겁기도 하고, 가볍기도 하다) 부정해도(혜선 쌤은 무겁지 않기도 하고 가볍지 않기도 하다) 모순이 발생하지 않는다. '무겁다/가볍다'가 정도(등급) 반의어'이기 때문이다. 정도(등급) 반의어란 정도나 등급의 대립 관계를 나타내는 말의 관계이다. 따라서 중간 영역이 존재하기 때문에 반의 관계의 두 단어를 모두 부정할 수 있다. 두 단어를 동시에 긍정하거나 부정하면 모순이 발생하는 것은 '상보 반의어'이다. 상보 반의어란 중간 영역이 없기 때문에, 반의 관계의 두 단어를 모두 부정할 수 없다. 예를 들어 '남자/여자'가 있다. 남자도 아니고 여자도 아닌 것은 있을 수 없어 모순이 발견된다.

오답풀이 ① '낮다'의 의미가 '높지 않다'를 함의하므로, ①의 설명은 옳다.

② '오지 않았다'가 '가지 않았다'와 모순되는 점이 없이 말이 된다. 따라서 ②의 설명은 옳다. 이들을 방향의 극단을 보여 주는 '방향 반의어'라고 한다.

③ '출석이 아니다'는 '결석이다'를 함의하며 '결석이 아니다'는 '출석이다'를 함의하므로, ③의 설명은 옳다. 이들을 중간 영역이 존재하지 않는 '상보 반의어'라고 한다. 예를 들어, '합격–불합격, 기혼–미혼, 추상–구상, 살다–죽다, 성공하다–실패하다, 참–거짓, 알다–모르다' 등이 있다.

★ '함의하다'의 의미

→ '아버지는 남자다.'라는 문장에서 '아버지'는 '남자'임을 함의한다.
함의란, 'p이면 q이다'에서 보면 p가 q의 의미를 '포함'한다고 말할 수 있다. '함의하다'라는 말이 어렵다면, '포함하다'로 바꾸어 읽어도 된다.

★ 반의어의 종류

<table>
<tr><td rowspan="7">종류</td><td rowspan="2">모순 관계
: 중간 항 없는 관계</td><td rowspan="2">상보 반의어</td><td>개념</td><td>반의 관계의 두 단어를 동시에 부정할 수 없음.
예 살다 : 죽다, 남자 : 여자,
처녀 : 총각, 기혼 : 미혼,
합격 : 불합격,
알다 : 모르다</td></tr>
<tr><td>특성</td><td>① 절대적 개념으로 사용됨.
② 정도 부사의 수식 받지 못함.
그는 매우 합격했다(×)
③ 한 쪽 단어의 부정이 다른 쪽 단어의 긍정이 됨.</td></tr>
<tr><td rowspan="4">반대 관계
: 중간 항 있는 관계</td><td rowspan="2">정도(등급) 반의어</td><td>개념</td><td>정도나 등급의 대립 관계를 나타내는 말의 관계
예 길다 : 짧다, 기쁨 : 슬픔,
무겁다 : 가볍다, 높다 : 낮다</td></tr>
<tr><td>특성</td><td>① 중간 항이 존재하므로 상대적 개념으로 사용됨.
② 중간 영역이 존재하기 때문에 반의 관계의 두 단어를 모두 부정할 수 있음.
예 역공녀의 얼굴은 크지도 않고 작지도 않다.
③ 측정 형용사가 주를 이룸.</td></tr>
<tr><td rowspan="2">방향 반의어</td><td>개념</td><td>방향의 대립 관계를 나타내는 말의 관계
예 위 : 아래,
오다 : 가다,
오르다 : 내리다,
우등생(優等生) : 낙제생(落第生)</td></tr>
<tr><td>특성</td><td>한 단어의 부정이 다른 쪽 단어의 부정과 모순되지 않음.
예 그녀가 위에 없다.
그녀가 아래에 없다.
→ 방향 사이에는 여러 중간 항이 있기 때문에 말이 된다.</td></tr>
</table>

15 [독해(비문학) – 문단 배열] ▶ ①

첫 문단에 할리우드 작가들이 콘텐츠 스트리밍 시대에 맞는 수익금 보상 체계 개편을 요구했다는 구체적 사례가 나온다. 따라서 자동차 노조와 스타벅스 노조의 요구사항을 구체적으로 서술한 (다)가 다음에 이어지는 것이 적절하다. 또한 (나)의 '이러한 흐름은 기술의 인간적이고 윤리적인 차원이 시대의 과제로 떠오른 것으로 풀이'된다는 서술로 미루어 보아 (다) 다음에 (나)가 이어지는 것이 적절함을 알 수 있다. (나)의 '인간이 필요하지 않은 사회가 올 수 있음을 시사한다.'라는 표현은 (가)의 '리처드슨과 같은 학자들은 이러한 변화를 … 인류 절멸의 시대라고 표현하고 있다.'와 호응하므로 (다) - (나) - (가)의 흐름이 가장 자연스럽다.

16 [독해(문학) – 현대 운문의 이해] ▶ ④

이 작품의 새는 꽃이 좋아 산에서 사는 존재일 뿐이며 화자의 기쁨이 투영된 대상이라고 볼 근거는 없으므로 적절하지 않다.

오답풀이 ① '저만치 혼자서 피어 있네'라는 서술에서 꽃이 혼자 피는 고독한 존재로 표현되었음을 알 수 있다.
② '갈 봄 여름 없이'의 '갈'은 가을을 축약한 것으로, 시어를 변형하여 말소리의 느낌과 리듬감을 살린 것이다.
③ '피네'와 '지네'를 반복함으로써 운율감을 형성하였으므로 적절하다.

작품 정리 김소월, 〈산유화〉

- 갈래 : 자유시, 서정시
- 시대 : 1920년대
- 주제 : 존재의 근원적인 고독감
- 특징
  ① 화자의 외로운 정서를 새에 이입함
  ② 자연의 섭리인 생성과 소멸에 대한 화자의 생각을 드러냄
  ③ 유사한 종결 어미를 반복하여 운율감을 형성함
  ④ 1연과 4연에서 수미상관 표현법이 드러남

17 [독해(비문학) – 설명 방식] ▶ ②

본문은 걸프 산유국이 아랍 국가에서 비아랍 무슬림 국가에까지 해외원조 제공 폭을 넓혀가고 있음을 서술하기는 하였으나, 장기적 목표와 비전을 설명하지는 않았으므로 적절하지 않다.

오답풀이 ① '이들은 석유 지대 경제를 바탕으로 창출한 막대한 부를 누리며'에서 걸프 산유국 부의 출처가 기술되었음을 알 수 있다.
③ '걸프 산유국들의 해외원조 방식은 동일한 민족이나 종교 정체성에 기반을 둔 국가에 집중하는 방식이다.'에서 걸프 산유국들이 해외원조 대상 국가를 선택하는 기준이 제시되었음을 알 수 있다.
④ '이러한 원조의 이면에는 자국의 정치적 이해에 부합하는 국가들에만 원조를 집중한다는 한계가 있다.'라는 서술을 통해 적절한 선지임을 알 수 있다.

18 [독해(비문학) – 내용 추론 부정 발문] ▶ ④

본문에서는 '정부가 적극적으로 개입해서 시장의 문제점을 해결할 것을 제안하였다.'라는 서술 이후 '시장 실패로 발생했던 경제 대공황은 빠르게 안정되어 갔다.'라는 서술이 이어지고 있다. 이로 보아 대공황은 자연스러운 시장의 매커니즘에 의해 회복되는 데에는 한계가 있으며, 오히려 정부의 적극적인 개입이 대공황 회복에 중요한 역할을 함을 추론할 수 있다.

오답풀이 ① '정부는 세금을 높이고 적극적인 규제 정책을 시행함으로써 시장 실패를 막으려 하였다.'라는 서술로 보아 정부가 적극적으로 시장에 개입하였음을 알 수 있다.
② '20세기 영국의 경제학자 케인스는 초기 자본주의가 시장이 스스로 조절할 수 있다고 믿는 것은 잘못된 생각임을 지적하였다.'라는 서술로 보아 케인스의 이론은 시장의 자율적 조절에 대한 회의를 반영한 것임을 추론할 수 있다.
③ '각고의 노력으로 미국은 소련과의 체제경쟁에서 자본주의를 효과적으로 보호할 수 있었다.'라는 서술로 보아 적절한 선지임을 알 수 있다. 이는 체제 경쟁 상황에서 미국이 취한 경제 정책의 방향성을 보여주는 것이다.

19 [2글자 한자 표기] ▶ ④

- 쇄도(殺到: 殺 빠를 쇄, 到 이를 도) : 「1」 전화, 주문 따위가 한꺼번에 세차게 몰려듦. 「2」 어떤 곳을 향해 세차게 달려듦.

오답풀이 ① 感 느낄 감, 想 생각 상(×) → 鑑 거울 감, 賞 상줄 상(○)
- 감상(感想: 感 느낄 감, 想 생각 상) : 마음속에서 일어나는 느낌이나 생각.
- 감상(鑑賞: 鑑 거울 감, 賞 상줄 상) : 주로 예술 작품을 이해하여 즐기고 평가함.

문맥상 그의 취미는 음악을 듣고 즐기는 것임을 의미하므로 '감상(感想)'보다 '감상(鑑賞)'이 더 적절하다.
② '忍' 참을 인은 옳지 않다.
- 날인(捺印: 捺 누를 날, 印 도장 인) : 도장을 찍음.

③ '列' 나열할 열은 옳지 않다.
- 균열(龜裂: 龜 터질 균, 裂 찢을 열) : 「1」 거북의 등에 있는 무늬처럼 갈라져 터짐. 「2」 친하게 지내는 사이에 틈이 남. 「3」 추위 따위로 손발이 터짐.

20 [독해(비문학) – PSAT 추론] ▶ ①

ㄱ. 어떤 기록이 어떤 사건을 설명하지 못한다는 것은 그 기록물이 신빙성이 없다는 것을 의미한다. 만약 기록물이 다수이고, 기록물 간 내용의 일관성이 있다면, 그 기록물들은 신빙성이 있다. ~설명 → ~신빙성 [=신빙성 → 설명], 일관성 → 신빙성이므로, 일관성 → 설명이 도출된다. 그런데 성경을 포함한 각각의 기록들은 예수의 부활에 대해 일관성 있는 진술을 담고 있다. 즉 성경은 일관성이 있으므로, 예수의 부활을 설명할 수 있다.

오답풀이 ㄴ. 어떤 사건을 기록한 기록물에 신빙성이 있다면, 그 사건을 설명할 수 있다. 하지만 어떤 사건을 설명할 수 있다는 것은 어떤 사건을 입증할 수 있는 필요조건은 되지만 충분조건은 되지 않는다. 즉 입증 → 설명이 될 뿐 역은 성립하지 않는다. 따라서 어떤 사건을 기록한 기록물에 신빙성이 있어 설명을 할 수 있다고 해도, 그 사건이 경험적으로 입증된다고 말할 수는 없다.
ㄷ. 어떤 사건이 사실임을 입증하기 위해서는 그 사건을 경험적으로 검증할 수 있어야 한다. 경험적 검증은 실험적으로 동일한 원인으로 동일한 사건을 반복적으로 발생시킬 수 있는 경우에만 가능하다. 즉 입증 → 경험적 검증 → 반복 발생이 성립한다. 그리고 어떤 사건을 경험적으로 검증할 수 없다면, 그 사건에 대한 설명은 과학의 영역이 아니라 믿음의 영역으로 보아야 할 것이다. 즉 ~경험적 검증 → 믿음의 영역이다. 선지에서는 부활을 반복 발생시키고 있으므로, 경험적으로 검증할 수 없다고 단정 지을 수 없으며, 따라서 믿음의 영역으로 보아야 한다는 결론도 도출할 수 없다.

2024 공무원 시험 대비 봉투모의고사 5회
국어 정답 및 해설

제5회 모의고사

01 ②	02 ①	03 ④	04 ②	05 ②
06 ③	07 ③	08 ④	09 ②	10 ①
11 ②	12 ③	13 ①	14 ③	15 ③
16 ④	17 ④	18 ④	19 ①	20 ④

01 [화법 – 말하기 방식] ▶ ②

'반영하기'는 '상대의 현재 상태에 감정 이입을 하여 의미를 재구성하는 방법'이라고 하였다. '날씨 때문에 걱정이 되는구나.'라는 표현은 걱정하는 상대의 감정을 표현함으로써 상대를 이해하고 있음을 드러내고 있으므로 반영하기에 해당한다.

오답풀이 ① '비가 와도 경시대회는 진행될 거야.'라는 표현은 상대의 이야기를 일부 재진술한 것이긴 하지만 감정 이입은 아니므로 적절하지 않다.
③ '비가 오면 학교 운동장이 미끄럽겠네.'라는 표현은 감정 이입에 해당하지 않으므로 적절하지 않다.
④ '날씨를 걱정하는 것보다 대회 준비에 집중해야지.'라는 표현은 상대의 생각을 수용하지 않은 것이므로 적절하지 않다.

02 [문법 – 한글 맞춤법 – 사이시옷] ▶ ①

- 키값(×) → 킷값(○): [키깝]으로 사잇소리 현상이 일어나면서 '키, 값'이 고유어이므로 사이시옷을 표기하여 '킷값'으로 써야 한다.
- 노자돈(×) → 노잣돈(○): 한자어 '노자(路資)'와 고유어 '돈'이 결합하면서 '[노자똔/노잗똔]'으로 된소리가 난다. 따라서 사이시옷을 받치어 '노잣돈'으로 써야 한다.
- 수랏간(×) → 수라간(○): '수라간(水剌間)'처럼 한자어로만 된 합성어인 경우에는 사이시옷을 적을 수 없다. 따라서 '수라간'이 옳다. 사이시옷이 표기되려면 적어도 하나는 고유어여야 한다.

오답풀이 ② 갯수(×) → 개수(○): '개수'는 한자어에도 사이시옷이 붙는 예외 6개에 포함되지 않으므로 사이시옷이 표기되지 않는다.
③ 홧병(×) → 화병(○): '화병(火兵)'은 2글자 한자어이므로 사이시옷을 표기할 수 없다. 2글자 한자어의 경우 표기할 수 있는 것은 6개 단어밖에 없다. (툇간, 곳간, 셋방, 찻간, 횟수, 숫자)
④ 모두 사이시옷 표기가 옳다.

03 [독해(작문) – 내용 고쳐쓰기] ▶ ④

본문의 전체적인 내용으로 볼 때 나무의 나이테를 통해 나무의 생장환경을 추론할 수 있음을 알 수 있다. '비슷한 두께의 나이테가 연속된다면 나무가 생장하기에 적합한 날씨가 지속되었을 것임'이라는 서술로 볼 때, 날씨나 자연환경이 안정화됐다는 서술과 호응하기 위해서는 ㉣에 '어느 시점부터 규칙성을 회복했다면'이 오는 것이 적절하다.

오답풀이 ① ㉠ 뒤에 나이테의 두께가 비슷하다면 나무가 생장하기에 적합한 날씨가 지속되었을 것이라는 서술이 나오므로, '나이테의 두께가 전반적으로 일정하다면'이라는 표현을 그대로 유지하는 것이 적절하다.
② ㉡ 뒤에 '나무의 발달이 고르지 못했다'는 서술이 이어지고 있으며, 앞부분을 통해 나이테의 너비가 규칙적이라는 것은 나무가 생장하기에 적합한 환경이었음을 의미한다는 것을 알 수 있다. 따라서 '나이테의 너비가 불규칙하다면'이라는 기존 서술을 유지하는 것이 적절하다.
③ ㉢ 뒤에 '이렇듯 나무가 생장하기 어려운 배경에는'이라는 서술이 나오므로, '나무의 생장 환경이 나무에게 비우호적이었음'이라는 서술을 유지하는 것이 적절하다.

04 [독해(문학) – 현대 산문의 이해] ▶ ②

제시된 부분에서 감각적 묘사로 공간을 세밀하게 묘사하는 장면은 나오지 않는다. 응칠과 응오 형제를 통해 당대 농촌의 현실을 드러내고 있을 뿐이므로 적절하지 않다.

오답풀이 ① '만무방'은 일제 강점기 이후 열심히 농사를 지어도 가난해지는 당대 농민들의 생활상을 드러낸 작품이므로 적절하다.
③ 서술자가 자신을 '나'라고 지칭하지 않고 있으므로 '작품 밖'에 있음을 알 수 있다. 또한 '형은 너무 꿈속 같아서 멍하니 섰을 뿐이다.'라는 표현에서 서술자가 인물의 내면 심리를 묘사하였음을 알 수 있으므로 적절하다.
④ '내 것 내가 먹는데 누가 뭐래?'라는 응오의 대사를 통해 주인이 도둑이 되어 생산물을 훔쳐야만 하는 당대 농촌의 모순을 고발하고 있으므로 적절하다.

작품 정리 김유정, 〈만무방〉

- 갈래: 단편소설
- 성격: 토속적, 비판적, 반어적
- 배경
  ① 시간: 1930년대 가을
  ② 공간: 강원도 산골 마을
- 시점: 전지적 작가 시점
- 주제: 식민지 농촌 사회의 가혹함과 그 피해상
- 특징
  ① 응오가 자신이 애써 가꾼 벼를 도적질해야 하는 반어적 상황이 드러남
  ② 식민지 농촌 경제 체제의 가혹함을 고발함
  ③ '만무방'이라는 제목은 독자에게 염치없이 막돼먹은 존재가 누구인지 고민하게 하는 계기가 됨
- 줄거리: 응칠은 성실하게 농사를 지었으나 부랑자로 몰락하여 마을을 떠났다가 그리운 마음에 아우인 응오를 찾아 고향에 온다. 성실한 농사꾼인 응오는 벼를 베지 않고 있다가 벼를 도둑맞게 되고, 응칠은 전과자인 자신이 도둑으로 의심받을 것을 우려하여 직접 도둑을 잡으려 한다. 응칠은 응오의 논에 잠복하다가 벼를 훔치러 온 도둑을 잡는다. 하지만 그 도둑이 응오였음을 알고 자신의 것을 훔칠 수밖에 없는 응오의 처지에 비통해한다.

05 [작문 – 문장 고쳐 쓰기] ▶ ②

문장 성분의 호응이 잘되는 문장이다.

오답풀이 ① '되었으면 합니다.'에 호응되는 주어를 추가해야 하므로 주어 '이것이'를 추가해야 한다.
③ 조사가 잘못 사용되었다. '다솜이가'로 고쳐야 서술어 '제출한'과 호응이 된다.
④ '구워진 빵, 나에 의해서 골라졌다.'는 과도한 피동 표현이므로 옳지 않다. '나는 새롭게 구운 빵을 골랐다'로 고쳐야 한다.

06 [독해(비문학) – 빈칸 추론] ▶ ③

이 글은 생성형 인공지능의 등장으로 초래될 노동시장의 변화를 다루고 있다. (가) 뒤의 '전 세계적으로 상품과 서비스의 가치를 한 단계 더 끌어올리는 계기가 될 것'이라는 서술로 보아 생성형 인공지능의 등장이 '노동시장의 주요한 진전이며'가 오는 것이 적절함을 알 수 있다. (나) 뒤의 '사무 및 경영 분야에 비해 대체율이 낮다.'라는 서술로 보아 일반사무 업무보다는 육체노동 업무의 자동화율이 낮을 것임을 알 수 있다. 따라서 (나)에 '육체노동 업무는'이 오는 것이 적절하다.

07 [독해(문학) – 현대 운문의 이해] ▶ ③

위 작품에 공간의 이동은 드러나지 않으므로 적절하지 않다. 밤에서 아침으로의 시간의 이동에 따라 시상이 전개된 것으로 보아야 한다.

오답풀이 ① '낳고', '아침이면'의 반복을 통해 운율감을 형성하였으므로 적절하다.
② '털고', '움직이어'라는 서술어를 통해 동적인 이미지를 드러내고 있으므로 적절하다.
④ '어둠은 새를 ~ 꽃을 낳는다'에 의인법이 나타난다. 또한 '금으로 타는 태양의 즐거운 울림'에 공감각적 심상이 드러난다. 이러한 표현법은 대상을 생생하게 드러낸다.

작품 정리 박남수, 〈아침 이미지 1〉

- 갈래: 현대시, 자유시, 서정시
- 시대: 1960년대
- 제재: 아침을 통하여 느끼는 이미지
- 주제: 즐겁고 생동감 넘치는 아침의 이미지
- 특징
  ① 시간의 흐름에 따라 시상이 전개됨
  ② 아침을 맞는 물상들의 모습을 감각적으로 드러냄
  ③ 아침의 밝고 활기찬 분위기를 공감각적 심상으로 드러냄

08 [독해(비문학) – 내용 일치 부정 발문] ▶ ④

'최근의 노동정책은 정부가 직접 일자리를 제공하고 직업훈련을 제공하는 등 적극적 노동정책으로 변화하고 있다.'라는 서술로 보아 정부의 적극적 노동정책이 확대되고 있음을 알 수 있다. 또한 소극적 노동정책과 적극적 노동정책의 비율은 본문에 명시되어 있지 않으므로 판단할 수 없는 선지이다.

오답풀이 ① '실제로 선진국일수록 사회의 불평등이 고착화되므로, 젊은 세대들의 직업 선택은 소득을 기준으로 이루어지는 경향을 보인다.'를 통해 사회 불평등 고착화가 젊은이들의 직업 선택 가치관 변화에 영향을 줌을 추론할 수 있다.
② '1990년대 말의 IMF와 2009년 글로벌 금융위기를 거치면서 … 안정적인 직업으로 쏠리기 시작했다.'를 통해 경제위기가 젊은 세대가 안정적인 직업을 추구하는 요인이 되었음을 추론할 수 있다.
③ '정보는 노동시장에 직접 관여하는 동시에 민간기업, 비영리 기업과 같은 다양한 경제 주체와 협업함으로써'를 통해 정부가 민간 기관과도 협력함을 알 수 있다.

09 [빈칸 추론 – 한자 성어] ▶ ②

방삼복은 미군의 권위를 이용해 떵떵거리며 살고 있으므로 빈칸에는 호가호위(狐假虎威)가 들어가야 함을 알 수 있다.

> 호가호위(狐假虎威 : 狐 여우 호 假 거짓 가 虎 범 호 威 위엄 위)
> : '여우가 호랑이의 위세를 빌려 호기를 부린다'는 뜻으로,
> 남의 권세를 빌려 위세를 부림의 비유.

오답풀이 ① 수구초심(首丘初心: 首 머리 수 丘 언덕 구 初 처음 초 心 마음 심)
: '여우가 죽을 때 머리를 자기가 살던 굴 쪽으로 둔다'는 뜻으로, 고향을 그리워하는 마음을 일컫는 말.
③ 수오지심(羞惡之心: 羞 부끄러울 수 惡 미워할 오 之 갈 지 心 마음 심)
: 옳지 못함을 부끄러워하고 착하지 못함을 미워하는 마음.
④ 남부여대(男負女戴: 男 사내 남 負 질 부 女 여자 녀(여) 戴 일 대)
: '남자는 지고 여자는 인다'는 뜻으로, 사람들이 살 곳을 찾아 세간을 이고 지고 이리저리 떠돌아다님.

10 [독해(비문학) – 내용 일치 부정 발문] ▶ ①

현대 도시 위기가 과거보다 전면적이라는 이야기가 나온 후 '슈퍼스타 도시는 세계를 선도하는 고부가가치 산업과 첨단기술을 토대로 정상급 인재들을 끌어들이지만'이라는 서술이 이어지고 있다. 이로 미루어 보아 현대 도시 위기의 원인은 슈퍼스타 도시가 기술과 고급 인력을 끌어들이는 것이라고 추론할 수 있으므로 세금 수입 감소라고 보기는 어렵다.

오답풀이 ② '하지만 새로운 도시 위기는 과거보다 훨씬 더 심각하고 전면적이다.'라는 서술을 참고할 때 적절한 선지임을 알 수 있다.
③ '과거의 도시문제는 … 도시가 경제적 기능을 상실 … 중심부가 비어버리는 도심공동화 현상'이라는 서술로 미루어 보아 적절한 선지임을 알 수 있다.
④ '슈퍼스타 도시는 세계를 선도하는 고부가가치 산업과 첨단기술을 토대로 정상급 인재들을 끌어들이지만'에서 적절한 선지임을 알 수 있다.

11 [독해(문학) – 고전 운문의 이해] ▶ ②

이 작품은 화자가 임을 기다리다가 주추리 삼대의 그림자를 보고 임으로 착각했다는 내용으로, 임에 대한 그리움과 애틋한 마음이 드러나 있다. 화자는 '주추리 삼대가 살뜰히도 날 속였구나'라고 말했을 뿐, 이것이 오지 않는 임을 원망하는 것이라고는 볼 수 없다. 임이라고 기대했으나 임이 아닌 것에 대한 실망감을 해학적으로 표현하고 있을 뿐이다.

오답풀이 ① 이 작품은 조선 후기에 창작된 사설시조로, 조선 후기 사설시조는 중장의 길이가 길어졌다는 특징이 있다. 중장에서 기존의 3장 6구 45자의 형식이 와해되었음을 알 수 있으므로 적절하다.
③ '곰비임비 임비곰비 천방지방 지방천방'에서 임으로 착각했던 대상에게 달려가는 모습이 과장되어 나타나 있으므로 적절하다.
④ 화자는 '거머희뜩 서 있거늘 저것이 임이로구나.'라고 착각하고 대상에게 달려가고 있다. 이는 임을 그리워하는 애틋한 마음에서 유발된 행동이므로 적절하다.

작품 정리 작자 미상, 〈임이 오마 하거늘〉

- 주제 : 애타게 임을 기다리는 초조한 마음
- 정서와 태도
  ① 임에 대한 간절함과 그리움을 드러냄
  ② 서민적인 진솔함이 드러남
- 표현상 특징
  ① 임을 기다리는 마음을 음성 상징어를 통해 과장되게 묘사함
  ② 자연물을 임으로 착각하는 화자의 모습을 해학적으로 표현함
- 해제 : 이 작품은 님에 대한 그리움과 안타까운 심정이 앞뒤를 생각할 겨를도 없이 달려 나가는 행동으로 구상화하여 드러내고 있다. 하지만 '주추리 삼대 살뜰히도 날 속였구나'라는 표현은 임에 대한 그리움이 한꺼번에 무너지는 듯한 아쉬움을 보여준다. 형식면에서 초장과 중장은 가사투의 사설조가 길게 늘어져 평시조가 전장 45조 내외인 것보다 길어져 조선 후기 산문정신의 반영을 드러내고 있다. 또한 종장은 사설시조에서 보여준 전형적인 문구와 형식을 갖추고 있다.

12 [문법 – 표준 발음법] ▶ ③

"제5항 다만 3. 자음을 첫소리로 가지고 있는 음절의 'ㅢ'는 [ㅣ]로 발음한다."에 의해 '띔'은 무조건 [띰]으로만 발음된다.

오답풀이 ① 2. 'ㅎ(ㄶ, ㅀ)' 뒤에 'ㅅ'이 결합되는 경우에는, 'ㅅ'을 [ㅆ]으로 발음한다.
: [낳습니다 → (제12항 2.) → 나씁니다 → (비음화) → 나씀니다]의 과정을 거치므로 [난씀니다]는 옳지 않다. 음절의 끝소리 규칙이 일어나서는 안 된다.
② [닫혀 → (자음 축약) → 다텨 → (구개음화) → 다쳐 → (제5항 다만1) → 다처]의 과정을 거친다. 용언의 활용형에 나타나는 '져, 쪄, 쳐'는 [저, 쩌, 처]로 발음하므로 [다쳐]가 아니라 [다처]가 옳다.
④ '예, 례' 이외의 'ㅖ'는 [ㅔ]로도 발음하므로 '예, 례'는 [예], [례]로만 발음해야 한다. 따라서 [차레]가 아니라 [차례]로 발음해야 한다.

13 [독해(비문학) – 일반 추론 긍정 발문] ▶ ①

본문에서 캄보디아의 초등교육 등록률 및 입학률은 상승했지만 기초학력이 낮고 학습량이 부족하므로 교육의 질을 제고해야 한다고 하였다. 따라서 '등록률 및 입학률'이라는 양적 지표가 향상되었으나 교육의 질은 향상되지 않았음을 추론할 수 있다.

오답풀이 ② 비교구문의 오류이다. 본문에서 '교사의 교수수행 수준은 금전적 지원 및 보상을 통한 외적 동기보다, 내적 동기와 이타적 동기에 더욱 유의미한 영향을 받는다'고 했으므로 금전적 보상에 집중해야 한다는 말은 적절하지 않다.
③ 미언급의 오류이다. 본문에서 캄보디아 교육 시스템 개발 방향은 나와 있지 않으며, 내부적으로 정부가 교육정책 개선을 위해 힘쓰고 있다고만 이야기하였다.
④ 극단적 선지가 나오면 주의해야 한다. 본문에서 '공교육의 핵심인 교사를 중심으로 한 국제개발협력의 적극적 지원이 더욱 절실'하다고 하였으므로 캄보디아 교육 문제의 해결을 위해서 국내·외의 협력이 모두 필요함을 알 수 있다.

14 [독해(비문학) – 내용 추론 부정 발문] ▶ ③

본문에 '초과근무 수당을 요구하거나 받을 법적 권리도 전무했다.'라는 구절이 나오기는 하지만, 초과근무 수당에 대한 구체적 언급은 없으므로 본문의 정보만으로는 노동자들이 초과근무 수당을 받기 시작한 시기를 추론할 수 없다.

오답풀이 ① '전 영역에 걸쳐 대규모 해고가 일어나는 상황에서 모든 노동자는 자신의 상사와, 비효율을 점검하러 나온 컨설턴트들에게 자신의 가치를 증명해야 했다.'라는 구절로 보아, 경제적 어려움이 노동자들이 자신의 가치를 증명할 필요성을 강화했음을 추론할 수 있다.
② '하지만 1970년대 중반 이후 경제가 어려워지기 시작하면서 노동자들이 일터에서 보내는 시간은 점점 늘어났다.'라는 서술로 보아 경제위기가 노동시간 증가에 영향을 미쳤을 것임을 추론할 수 있다.
④ '지식 노동자의 노동 결과와 생산물은, 공장에서 생산하는 제품과는 다르게 객관적인 실적을 측정하기 어려웠다.'라는 서술로 보아 노동 생산물의 가치 측정의 어려움이 연봉제 계약에 영향을 주었음을 추론할 수 있다.

15 [독해(비문학) – 내용 추론 부정 발문] ▶ ③

1960년대의 시대적 배경은 '전쟁의 상흔'을 어루만지는 것을 넘어 새로운 사회적 이슈를 만드는 데에 기여했다고 서술되어 있다. 따라서 1960년대 서정문학에서 전쟁을 다루었을 것이라고 추론할 수 있다.

오답풀이 ① 1960년대의 시대적 배경이 새로운 사회적 이슈를 만드는 데에 기여했다고 서술되어 있으므로, 새로운 패러다임의 토대가 되었음을 짐작할 수 있다.
② 1960년대는 한국전쟁 직후 새로운 국가를 건설해야 하는 시대적 과제를 수행하는 시기이자, 4.19 혁명이 좌절되는 시기였다고 나온다. 또한 문학의 사회참여적 역할이 적극적으로 논의되었다고 하고 있으므로 시대적 배경이 반영된 것으로 볼 수 있다.
④ 문학의 사회참여적 역할이 논의되고 있고 김수영, 신동엽, 신경림, 조태일, 최하림, 이성부 등이 참여시를 창작했다는 표현이 드러나 있다. 따라서 시인들이 지식인으로서의 의무감을 가지고 있었다고 추론할 수 있다.

16 [독해(문학) – 고전 산문의 이해] ▶ ④

승상 부부는 이웃들의 반응을 보고 김원이 아들임을 확신한 것이 아니라 김원의 말을 듣고 '그제야 원을 안고 등을 어루만지며' 아들임을 인정했음을 알 수 있다.

오답풀이 ① '남두성이 옥황상제께 득죄하여 십 년 동안 허물을 쓰고 세상을 보지 못하게 하였는데'라는 서술을 통해, 김원이 죄를 지어 십 년 동안 허물 속에 갇혀 있었음을 알 수 있다.

② '붉은 도포를 입은 선관이 내려와' 김원에게 이야기했다는 서술로 보아, 김원이 천상계와 관련 있는 인물일 것임을 알 수 있다.

③ '남두성이 옥황상제께 득죄하여 십 년 동안 허물을 쓰고 세상을 보지 못하게 하였는데'를 통해 10년 동안 허물 속에 갇힌 소년이 '남두성'과 동일 인물임을 추론할 수 있다.

작품 정리 작자 미상, 〈김원전〉

- 주제: 공주를 구출하는 과정을 통한 김원의 영웅적 활약
- 줄거리: 김원은 김수와 그의 부인 유씨 사이에서 둥근 모양으로 태어나 10년 만에 허물을 벗고 미남자가 된다. 그 후 김원은 병마대원수도총독을 제수받고 괴물에게 납치된 세 공주를 구하기 위하여 지하국으로 내려가서 괴물을 소탕하고 세 공주와 부녀자들을 구해 주지만 김원의 공을 시기한 부원수가 줄을 끊고 구멍을 메워 버린다. 황제는 김원을 찾기 위해 수색대를 보내지만 찾지 못하고, 셋째 공주는 김원의 집으로 가 그의 부모를 모시고 산다. 한편 김원은 굴속을 헤매다가 용왕의 아들을 구해 주고 용궁에서 용녀와 결혼하게 된다. 몇 년 후 김원은 용왕으로부터 연적을 선물받아 인간 세계로 나온다. 하지만 고향으로 돌아가던 도중 연적을 노린 주점 주인에게 피살되고 만다. 이때 용녀는 고양이로 변해 연적을 물고 달아나 셋째 공주에게 연적을 전해주고, 선녀가 나타나 주점 주인이 김원을 죽인 사정을 고하고 황제가 주점 주인을 참수한 후 선녀의 지시대로 김원을 환생시킨다. 황제는 김원을 부마로 삼아 좌승상 겸 동백후 부마도위에 봉하고, 용녀를 정숙공주에 봉한다. 이후 김원과 공주와 용녀는 함께 즐거움을 누리다 승천한다.
- 해제: 이 작품은 탈각(脫却) 설화, 용궁 설화, 연적 설화, 재생 설화 등 다양한 설화를 바탕으로 이루어진 영웅 소설이다. 주인공의 타고난 운명이 불행했으나, 이를 극복하기 위해 노력을 하는 과정에 조력자가 나타나고 마침내 행복을 얻는 전형적인 영웅 소설의 구조를 따르고 있다. '지하국 대적 퇴치 설화'에 영향을 받은 것으로 보이며, '금령전'과 상관관계가 있는 작품으로 평가된다. '지하국'이라는 공간은 근본적으로 인간 세계와는 분리되어 있지만 완전히 인간 세계와 고립된 공간이 아니라 넘나들 수 있는 공간인데, 김원은 이곳에서 아귀를 퇴치하고 배우자를 만나게 되며, 지하국은 영웅이 거쳐야 할 일종의 통과 의례적 공간으로 이해할 수 있다.

17 [독해(비문학) – 문단 배열] ▶ ④

본문은 자본주의 사회에서 능력주의가 공정한 것으로 여겨졌으나, 최근 능력주의를 비판하는 목소리가 늘어났다고 이야기하고 있다. (라)에 1870년대 능력으로 직업을 얻는 사회가 열렸다는 서술이 나오며, (나)에 '이러한 능력주의'라는 지시어가 나오는 것으로 보아 (나)는 (라)의 내용을 재진술하는 것임을 알 수 있다. (가)는 '하지만'이라는 역접의 접속사가 나온 이후 능력주의를 비판하는 이야기가 이어지고 있으며 (다)에는 능력주의 비판의 주요 근거가 상술되어 있다. 따라서 (라) – (나) – (가) – (다)의 순서가 가장 자연스럽다.

18 [독해(비문학) – 내용 추론 부정 발문] ▶ ④

'이들은 꿈을 좇기를 요구받았고 정치적 안정 속에서 앞선 세대보다 풍족한 유년 시절을 보냈으나, 외환위기와 금융위기 앞에서 현실과 이상의 간극을 체감하게 되었다.'라는 서술로 보아 밀레니얼 세대는 정치적 위기가 아니라 경제위기 때문에 불안정을 경험했음을 알 수 있다. 또한 '이들은 ~ 정치적 안정 속에서 앞선 세대보다 풍족한 유년시절을 보냈으나'에서도 밀레니얼 세대는 정치적 안정 속에서 자랐음을 알 수 있다.

정답해설 ① '밀레니얼 세대는 안정적인 직장을 얻지 못하거나, 미래를 보장받지 못하면 파산할 것이라는 공포감을 갖고 있다.'라는 서술을 통해 미래의 불확실성이 밀레니얼 세대가 꿈을 실현하기 어렵다고 느끼는 요인이 됨을 알 수 있으므로 적절하다.

② '역대 최고의 대학 입학률 속에서 꿈은 생활 영역 밖으로 밀려났고 최악의 청년 실업률과 스펙 경쟁'이라는 서술로 보아 밀레니얼 세대는 취업의 어려움을 경험했을 것임을 추론할 수 있다.

③ '그저 안정적인 생존을 위한 직업을 얻고자 몰두하는 일도 '꿈을 좇는다'는 말로 포장할 수 있었다.'라는 문장을 통해 적절한 선지임을 확인할 수 있다.

19 [2글자 한자 표기] ▶ ①

㉠ 응집(凝集: 凝 엉길 응 集 모을 집): 한군데에 엉겨 뭉침.

오답풀이 ② '祭'는 '제사지낼 제'이므로 옳지 않다. 아래의 표기가 옳다.
㉡ 제공(提供: 提 끌 제 供 이바지할 공): 갖다 주어 이바지함. 쓰라고 줌.

③ '指'는 '가리킬 지'이므로 옳지 않다. 아래의 표기가 옳다.
㉢ 지탱(支撐: 支 지탱할 지 撐 버틸 탱): 오래 버티거나 배겨 냄.

④ '戰'는 '싸울 전'이므로 옳지 않다. 아래의 표기가 옳다.
㉣ 전승(傳承: 傳 전할 전 承 이을 승): 문화・풍속・제도 따위를 이어받아 계승함.

20 [독해(비문학) – PSAT 추론] ▶ ④

ㄱ. 1문단 마지막 문장에서 주인이 있는 동물은 간접적인 도덕적 지위가 있다고 언급되어 있다. 따라서 이의 대우 관계인 '간접적인 도덕적 지위가 없는 동물은 주인이 없는 동물일 것이다.'인 명제는 참이다.

ㄴ. 2문단에서 관계 맺음이 없는 동물을 함부로 대하는 것은 도덕적 문제를 발생시키지 않는다고 언급하고 있다. 따라서 이의 대우 관계인 '법적, 도덕적 문제가 발생했다면 해당 동물은 주인이 있는 동물임을 알 수 있다.'인 명제는 참이다.

ㄷ. 데카르트는 동물이 마음이 없기 때문에 직접적인 도덕적 지위가 발생하지 않는다고 보았다. 그렇다면 마음이 없는 존재는 직접적인 도덕적 지위를 갖지 못하는 존재일 것이다.

2024 공무원 시험 대비 봉투모의고사 6회

국어 정답 및 해설

제6회 모의고사

01 ②	02 ④	03 ③	04 ④	05 ②
06 ④	07 ②	08 ③	09 ③	10 ③
11 ②	12 ④	13 ①	14 ①	15 ④
16 ①	17 ①	18 ①	19 ③	20 ①

01 [화법 – 의사소통 방식] ▶②

박 팀장은 워크샵 구성에 대한 고민을 이야기하고 있을 뿐 이 대리의 의견에 대한 반대 입장을 표명한 것은 아니므로 적절하지 않다.

오답풀이 ① 이 대리는 박 팀장의 워크샵 제안과 관련하여 '맞아요. 스트레스 관리에 대한 관심이 높아지고 있는 것 같다'는 의견을 제시하고 있으므로 적절하다.
③ 이 대리는 '어떤 정보를 수집하는 게 좋을까요?'라고 물어봄으로써 워크샵 구성에 필요한 데이터를 수집할 방안을 질문하고 있으므로 적절하다.
④ 박 팀장은 '업무 강도, 근무 환경, 직급 등을 조사해 봅시다.'를 통해 구체적 조사 항목을 제안하고 있으므로 적절하다. 문장의 종류는 '청유문'이면서 발화 의도 또한 '청유문'이므로 직접 발화이다.

02 [문법 – 통사론 – 문장의 짜임새] ▶④

㉣의 안은문장의 목적어인 '밥을'과 '영자가 (밥을) 만들어준'에서의 목적어 '밥을'은 동일하다. 그래서 안긴문장의 '밥을'이 생략된 것이므로 이 선택지는 옳지 않다.

> ㉠ 부장님은 [넥타이이가 멋있으시다].
> → 서술절을 안은 문장 (절 표지: 없음)
> ㉡ 그 여자는 미용실로 갔다.
> → 홑문장
> ㉢ 그녀는 [광수가 공무원임]을 알았다.
> → 명사절을 안은 문장 (절 표지: 명사형 어미 -ㅁ)
> ㉣ 광수는 [영자가 (밥을) 만들어준] 밥을 먹었다.
> → 관형절을 안은 문장 (절 표지: 관형사형 어미 -ㄴ)

오답풀이 ① ㉠에서 안은문장의 주어는 '부장님은'이고, '안긴문장'의 주어는 '넥타이가'이므로 다르다는 설명은 옳다.
② '그(관형어) 여자는(주어) 미용실로(부사어) 갔다(서술어)'로서 주어와 서술어가 한 번씩만 나오므로 홑문장이다.
③ ㉢에는 안긴문장(광수가 공무원임) 뒤에 목적격 조사 '을'이 결합되어 있으므로 안긴문장이 목적어 기능을 한다고 볼 수 있다. ㉣에는 안긴문장(영자가 (밥을) 만들어준)이 뒤의 '밥'이라는 체언을 꾸미므로 관형어의 기능을 한다고 볼 수 있다.

03 [독해(작문) – 개요] ▶③

㉢의 '플라스틱 사용 줄이기 캠페인과 대체재 개발'은 플라스틱 쓰레기 문제를 해결하기 위한 방안이므로 'Ⅱ-3'과 부합한다. 따라서 'Ⅱ-1'의 '플라스틱 쓰레기의 폐해' 하위 항목으로 옮기는 것은 적절하지 않다.

오답풀이 ① Ⅱ.2라의 '폐수 처리장에서 흘러나오는 미세 플라스틱'에 1:1 대응이 되도록 ㉠의 하위 항목으로 '플라스틱 쓰레기로 인한 지하수 오염'을 추가하는 것은 옳다.
② '텀블러와 에코백 사용 빈도 증가'는 '플라스틱 쓰레기의 발생 원인'이 아니므로 삭제하는 것이 적절하다.
④ '지하수 보호를 위한 현장 위생 시스템 강화'는 플라스틱 쓰레기 문제를 해결하기 위한 방안에 해당하며, 'Ⅱ-2-라' 항목과도 대응하므로 적절하다.

04 [독해(비문학) – 내용 일치 긍정 발문] ▶④

'1930년대 한글 맞춤법 통일안이 제정된 이후 방언을 배제하고 표준어를 사용하여야 한다는 것이 은연중에 규범처럼 자리 잡기 시작하였다.'라는 서술로 보아 적절한 선지임을 알 수 있다.

오답풀이 ① '16세기 영어 화자들은 희랍어나 라틴어가 가장 이상적이고 완벽한 언어라고 여겼다.'라는 서술로 보아 영어는 당대 지식인들에게 라틴어보다 열등한 언어로 인식되었을 것임을 알 수 있다.
② 미언급의 오류이다. 본문에 방언의 위상이 표준어보다 높았다는 서술은 나오지 않으므로 제시된 정보만으로 판단할 수 없는 선지이다.
③ '그러다 보니 수도권 이외 지역에서도 한국어 화자들은 지역 방언 사용을 자제하기 시작했으며'라는 서술로 보아 본문의 내용과 반대되는 선지임을 알 수 있다.

05 [독해(문학) – 현대 산문의 이해] ▶②

'그러나 여기 어디 불을 찾으려는 정열이 있으면 뛰어들 불이 있느냐. 없다.'라는 서술을 통해 '나'가 현실을 극복하고자 하는 의지보다는 암울함을 느끼고 있음을 알 수 있으므로 적절하지 않다.

오답풀이 ① 이 작품은 이상이 여름날 산골에서 생활하며 창작한 수필로, 일상적 체험과 그로 인해 느끼는 심정을 드러낸 것이다. 작가는 권태를 자각하고 삶에 대해 고민하고 있으므로 적절하다.
③ '불나비라는 놈은 사는 법을 아는 놈이다'를 통해 불나비는 자신과 달리 정열이 있으며 목표가 있는 삶을 살고 있음을 긍정적으로 드러내고 있다.
④ '나는 어떻게 지냈던가', '나태를 즐기는 방법도 있지 않느냐.', '뛰어들 불이 있느냐.' 등에서 의문문이 사용되었음을 알 수 있다.

작품 정리 _ 이상, 〈권태〉

- 갈래: 현대 수필
- 성격: 사념적, 지적
- 배경
  ① 시간: 1930년대 여름
  ② 공간: 평안북도 성천
- 주제: 환경의 단조로움과 일상 생활 속에서 느끼는 권태로움
- 특징
  ① 주관적이고 개성적인 관점에서 대상을 바라봄
  ② 자연과 대상을 통해 작가의 내면 세계를 드러냄
  ③ 삶이 의미를 찾지 못해 권태롭고 답답함을 느끼는 작가의 심정이 드러남
  ④ 시골 마을은 농민들이 무감각하게 살아가는 곳이라는 작가의 인식이 드러남
  ⑤ 일제 강점기 암울한 현실에 좌절한 지식인의 심정이 드러남

06 [제시문에 맞는 한자 성어] ▶④

두 나라 사이에 어려움을 겪는 내용이므로 관련된 한자성어는 '간어제초(間於齊楚)'임을 알 수 있다.

간어제초(間於齊楚: 間 사이 간 於 어조사 어 齊 가지런할 제 楚 초나라 초)
: '약한 자가 강한 자들 사이에 끼여 괴로움을 받음'을 이르는 말. 중국의 주나라 말엽 등나라가 제나라와 초나라 사이에 끼어서 괴로움을 겪었다는 데서 유래한다.

오답풀이 ① 담소자약(談笑自若: 談 말씀 담 笑 웃음 소 自 스스로 자 若 같을 약)
: 위험(危險)에 직면(直面)해도 변(變)함없이 평상시와 같은 태도를 가짐.
② 간담상조(肝膽相照: 肝 간 간 膽 쓸개 담 相 서로 상 照 비칠 조)
: '간과 쓸개를 내놓고 서로에게 내보인다'라는 뜻으로, 서로 마음을 터놓고 친밀(親密)히 사귐
③ 주마간산(走馬看山: 走 달릴 주 馬 말 마 看 볼 간 山 메 산)
: '말을 타고 달리며 산천을 구경한다'는 뜻으로, 자세히 살피지 아니하고 대충대충 보고 지나감을 이르는 말.

07 [독해(비문학) – 내용 추론 부정 발문] ▶②

'현재의 시점에는 순수예술과 대중예술에 관한 논쟁은 무의미하다.'라는 서술로 보아 순수예술과 대중예술 사이의 논쟁이 현재에도 주요한 논점으로 남아 있다고 추론하는 것은 적절하지 않음을 알 수 있다.

오답풀이 ① '이러한 순수예술과 다르게 실천적이고 일상적인 삶과 관련된 대중예술은 저급한 것으로 폄훼되었고 두 예술 간의 격차는 점점 뚜렷해졌다.'라는 서술로 보아 순수예술과 대중예술 사이의 격차가 존재해왔음을 알 수 있다.
③ '하지만 19세기에 이르러 대중예술이 순수예술의 아성을 무너뜨리면서 독자적인 영역을 구축하기 시작했다.'라는 서술로 보아 대중예술이 독자적 영역을 형성하며 발전했음을 알 수 있다.
④ '대중예술의 수용성이 확대되고 미적 가치가 인정받고 있는 상황에서 순수예술 분야에서도 오히려 대중예술의 방법론을 수용하고자 하는 움직임이 일어나고 있다.'라는 서술로 보아 순수예술과 대중예술을 융합하려는 시도가 늘어나고 있음을 추론할 수 있다.

08 [독해(문학) – 고전 산문의 이해] ▶③

이 작품은 전지적 작가 시점에서 창작되었으며 '어찌 아니 명관(名官)인가'에서 편집자적 논평이 드러나 있다. 이는 서술자의 의견이 작품에 직접 반영된 것으로, 작품 외부 서술자가 객관적 입장에서 서술했다고 보기 어렵다.

오답풀이 ① '등을 밀쳐 내니 어찌 아니 명관(名官)인가.'라는 표현은 사또를 비꼬는 풍자적 표현으로, 부패한 관리를 비판하고자 하는 의도가 반영된 것이다.

② '등을 밀쳐 내니 어찌 아니 명관인가'에 편집자적 논평이 드러나, 잔칫날에 배고픈 이들에게 베풀지 않는 사또의 탐욕을 풍자하고 있다. 참고로 편집자적 논평이란 전지적 서술자가 인물이나 사건에 대한 자신의 주관적인 판단, 감정, 생각을 드러내는 서술 방식을 의미한다.

④ '운봉 영장의 갈비를 가리키며, "갈비 한 대 먹고지고."'라는 표현에서 사람의 갈비뼈와 음식 갈비를 활용하여 언어유희를 통한 해학성을 드러냈음을 알 수 있다.

작품 정리 작자 미상, 〈춘향전〉

- 갈래: 판소리계 소설
- 성격: 해학적, 풍자적
- 배경
  ① 시간: 조선 후기
  ② 공간: 전라남도 남원
- 시점: 전지적 작가 시점
- 주제: 신분적 제약을 극복한 초월적 사랑, 백성을 수탈하고 아녀자를 괴롭힌 탐관오리의 징벌
- 특징
  ① 판소리로 불리다가 소설로 정착된 판소리계 소설임
  ② 다양한 계층에서 향유되었으며 문체와 주제 면에서 다양한 계층의 특성이 드러남
  ③ 신분에서 벗어난 평등한 인간 존재를 추구하는 소망을 드러냄
  ④ 어사출두 장면에서 다양한 언어유희를 사용해 풍자와 해학을 드러냄
  ⑤ 남녀 간의 이별과 신분제에 따른 차별로 인한 한의 정서가 드러남
- 줄거리: 남원 사또의 자제 이몽룡과 기생의 딸 성춘향은 첫눈에 반해 백년가약을 맺는다. 몽룡의 아버지가 한양으로 부임하게 되면서 몽룡은 다시 돌아오겠다는 약속을 하고 남원을 떠난다. 남원에 새로 온 변 사또는 춘향에게 수청을 강요하고 춘향은 이를 거절한다. 춘향은 변 사또에 의해 옥에 갇히고, 과거에 급제한 몽룡은 신분을 숨기고 거지꼴로 남원에 돌아온다. 변 사또의 생일잔치에 걸인 차림으로 나타난 몽룡이 변 사또의 학정을 고발하는 한시를 지은 뒤 어사출두하여 변 사또를 벌하고 춘향과 재회한다. 춘향은 몽룡과 함께 한양으로 가고, 정렬부인에 봉해진다.

09 [독해(비문학) – 사례 추론] ▶③

본문에 따르면 포퓰리즘은 정치에 관한 특정한 도덕적 상상이다. 또한 마지막 문장에 따르면 포퓰리스트들은 '정책이 가져올 재정건전성 악화에는 관심을 두지 않고 오로지 권력을 획득하는 데에만 치중'한다고 하였다. 북유럽 복지국가에서 복지를 축소하기 시작한 사례는 재정건전성을 고려한 것이므로 포퓰리즘에 해당한다고 보기 어렵다.

오답풀이 ① 근로자층의 임금을 올리고 복지를 과도하게 늘린 사례는 '권력을 획득하는 데에만 치중'한 것에 해당하므로 포퓰리즘에 해당한다.

② 베네수엘라에서 빈민지원 프로젝트를 무리하게 추진한 것은 '재정건전성 악화에는 관심을 두지 않'은 것이므로 포퓰리즘에 해당한다.

④ 독일 나치 세력이 정치범을 분류한 것은 '자신이 공동선을 실행할 수 있는 유일한 주체'라고 본 것이므로 포퓰리즘에 해당한다.

10 [문법 – 한글 맞춤법 – 혼동 어휘] ▶③

깃들여(○): '깃들어'의 기본형은 '깃들다'이다. '깃들다'는 '아늑하게 서려 들다. / 감정, 생각, 노력 따위가 어리거나 스미다.'를 의미하는 것이므로 '사찰이 깃들다'라는 말은 어색하다. 이 문장에는 '사람이나 건물 따위가 어디에 살거나 그곳에 자리 잡다.'를 의미하는 '깃들이다'를 사용하여 '사찰이 깃들여 있다.'라고 하는 것이 옳다.

오답풀이 ① '설레이는'은 옳지 않은 표기이다. '설레이다'라는 말은 이 세상에 없기 때문이다. 대신 '설레다'가 있다. 따라서 '설레는'으로 고쳐야 한다. '설레는, 설레고, 설렘' 등으로 활용한다.

② '와중'은 '일이나 사건 따위가 시끄럽고 복잡하게 벌어지는 가운데'를 의미하므로 옳지 않다. 집에 가는 것이 시끄럽고 복잡하지는 않으므로 '중에'를 사용해야 한다.

④ '여위다'는 몸의 살이 빠져 파리하게 되다는 뜻이므로 옳지 않다. '부모나 사랑하는 사람이 죽어서 이별하다'를 의미하는 것은 '여의다'를 사용해야 한다.

11 [독해(비문학) – 일반 추론 긍정 발문] ▶②

'하지만 명문대 입시가 강조되는 상황에서 외국어고등학교 학생들은 일반 인문계 학생들보다 더욱 큰 상대적 열등감을 경험한다.'를 통해 적절한 선지임을 알 수 있다. 더욱 큰 상대적 열등감을 경험한다는 것을 통해 높은 스트레스가 발생할 수 있음을 추론할 수 있다.

오답풀이 ① 본문에서 특수목적 고등학교의 대표적 사례로 외국어고등학교를 언급하고 있으므로 이공계 인재 양성뿐만 아니라 어문계열 인재도 양성하고 있음을 확인할 수 있다. 따라서 적절하지 않은 선지이다.

③ 비교 구문의 오류이다. 본문에서 특목고 학생들과 외국어고등학교 학생들의 스트레스 정도를 비교하는 구절은 등장하지 않는다.

④ 본문 내용과 반대되는 선지이다. 외국어고등학교 학생들은 '높은 입학 경쟁률 속에서 중학교 학업성적과 시험을 거쳐 선발'된다고 했으므로 이들이 중학생 시절에도 학업 성취 압력을 경험했음을 추론할 수 있다.

12 [독해(비문학) – 내용 추론 부정 발문] ▶④

'그의 발상 전환은 … 모든 모더니즘 회화의 기본 정신으로 이어졌다.'라는 서술로 보아 모더니즘 회화로의 이행은 마네의 예술적 실천을 수용하는 방향으로 이루어졌음을 추론할 수 있다. 따라서 마네의 예술적 실천에서 독립하는 방향으로 전개되었다고 보기 어렵다.

오답풀이 ① '2차원의 벽과 캔버스를 3차원 공간으로 만드는 원근법'이라는 서술로 보아 전통적 원근법은 입체감을 강조하는 것이었음을 추론할 수 있다.

② '그는 단순함이 아름답다는 신념을 토대로 근대미술이 발전할 토대를 다졌으며'라는 서술로 보아 마네의 혁신이 후대 미술 사조의 발달에 영향을 주었음을 알 수 있다.

③ '르네상스 시대의 화가들은 현실에 존재하지 않는 이상적인 미를 구현하기 위하여 철저히 계산한 그림을 그렸다.'라는 서술로 보아 르네상스 화가들은 계산을 토대로 그림을 그렸음을 알 수 있다.

13 [문법 – 의미론 – 문맥적 의미] ▶①

밑줄 친 '죽자고'와 ①의 '죽어라' 모두 '「10」((주로 '죽도록', '죽어라 (하고)', '죽자고' 따위의 꼴로 쓰여)) 있는 힘을 다한다는 뜻을 이르는 말.'을 의미한다.

오답풀이 ② 「1」 생명이 없어지거나 끊어지다

③ 「6」 움직이던 물체가 멈추어 제 기능을 하지 못하다.

④ 「4」 성질이나 기운 따위가 꺾이다.

14 [독해(비문학) – 문단 배열] ▶①

(가), (나)에는 한국의 경제성장 관련 서술이, (다), (라)에는 한국의 성장 모델이 지속되기 어려워졌다는 서술이 이어지고 있다. (가)에 '또한'이라는 접속사가 나와 있으므로 한국의 경제성장을 처음으로 이야기한 (나)가 처음에 와야 한다. 그리고 '또한 한국 기업들은 … 글로벌 경쟁 우위를 지속적으로 강화하였다.'라는 (가)가 이어지는 흐름이 자연스럽다. (다)는 '하지만'이라는 역접의 접속사로 시작하여 기존의 성장 모델이 지속되기 어려워졌다는 이야기를 하고 있으며, (라)에 '아시아 국가들이 저렴한 인건비를 토대로 제조업에 뛰어든 것도'라는 추가 설명이 이어지고 있으므로 (나) – (가) – (다) – (라)의 순서가 가장 자연스럽다.

15 [독해(문학) – 고전 운문의 이해] ▶④

객관적 상관물이란 객관적인 사물을 통해 주관적인 감정을 간접적으로 전달하게 하는 시어를 의미한다. 사월을 안 잊고 오는 '㉣ 꾀꼬리 새'와 나를 잊고 계신 녹사님을 대조하고 있으므로 '임과 대조되는 객관적 상관물'이라고 볼 수 있다.

오답풀이 ① ㉠ '감정이입의 대상'이 되려면 표면적인 감정이 나와야 하며 화자의 감정과 일치하여야 한다. 하지만 '㉠ 나릿물'은 얼고 녹고 있는 존재이므로 외로운 화자와 대조되는 존재이다. 따라서 '㉠ 나릿물'을 감정이입의 대상이라고 보기 어렵다.

② ㉡ '아으 동동다리'는 조선 시대에 궁중 음악으로 불리기 위해 후대인들이 인위적으로 넣은 후렴구이므로 주제와 밀접하게 관련 있는 후렴구라고 볼 수 없다. 주제는 '임에 대한 그리움'이지만 후렴구는 경쾌하기 때문이다.

③ '㉢ 달래꽃'은 '임을 사랑하는 화자 자신'이 아니라 '임'의 빼어난 모습을 비유한 것이므로 옳지 않다.

작품 정리 작자 미상, 〈동동〉

- 갈래: 고려 가요
- 시대: 고려 시대
- 제재: 달마다 행하는 민속
- 주제: 송축과 고독의 비애 또는 임에 대한 영원한 사랑

• 특징
① 후렴구를 사용하여 연을 구분하고 음악적 흥취를 고조함
② 임과 화자의 모습이나 처지를 다양한 사물에 빗대어 표현함
③ 1연과 나머지 연의 정서가 이질적임
④ 민간에서 불리다가 궁중으로 유입된 것으로 추정됨
⑤ 각 연의 시상이 일관되지 않음

16 [독해(비문학) – 내용 추론 부정 발문] ▶ ①

본문은 '공동체는 다양한 구성원의 사회적 유대와 참여를 기반으로 형성'된다고 이야기하고 있으며, '발전된 사회일수록 사람들은 일정한 공동체를 형성하고 서로 협력하며 살아가야 한다.'라고 이야기하였다. 이는 현대사회에서 공동체의 역할이 감소하고 있다는 주장과는 상반되므로 ①은 적절하지 않다.

오답풀이 ② '공동체는 자연적으로 발생하는 것이 아니므로 경제적, 문화적 자원을 의도적으로 투입해야 한다.'라고 하였으므로, 공동체 형성에 의도적인 자원 투입이 필요함을 알 수 있으므로 적절하다.
③ 본문의 '공동체가 목적을 달성하고 유지되기 위해서는 구성원 사이의 신뢰와 규범에 대한 순응, 결집력, 가치의 공유 등이 필요하다.'라는 서술을 통해 구성원 사이의 가치 공유가 공동체 유지에 필수적임을 알 수 있으므로 적절하다.
④ '이러한 공동체를 이끄는 정신을 공동체 정신이라고 부른다.'라는 문장은 공동체 정신이 구성원들의 상호 협력을 증진할 수 있음을 시사하므로 적절하다.

17 [독해(문학) – 현대 운문의 이해] ▶ ①

공간의 이동이 성립하기 위해서는 화자의 위치가 바뀌거나 화자가 공간을 이동해야 하며, 시선의 이동이 성립하기 위해서는 화자가 바라보는 대상이 변화해야 한다. 위 작품에서 시선이나 공간의 이동은 나타나지 않으므로 적절하지 않다.

오답풀이 ② '싸그락 싸그락', '난분분 난분분' 시어를 반복하여 리듬감을 형성하고 있다.
③ 설의법이란 누구나 다 아는 사실을 의문 형식으로 제시하여 독자가 스스로 결론을 내리게 하는 표현법이다. '눈은 얼마나 많은 도전을 멈추지 않았으랴'라는 표현에서 설의법이 쓰였음을 확인할 수 있다.
④ 의인법은 사람이 아닌 동물, 식물, 사물을 사람처럼 말하고 행동하는 대상처럼 나타내는 것이다. 이 작품에서는 눈이 '눈꽃'을 피우기 위해 도전하고 노력하는 존재인 것처럼 표현되었다.

작품 정리 고재종, 〈첫사랑〉

• 주제: 아름다운 사랑을 맺기 위한 시련과 고난 및 헌신
• 정서와 태도: 경탄과 예찬의 어조가 드러남
• 특징
① 음성 상징어를 활용하여 리듬감을 강화함
② 역설적 표현으로 독자의 관심을 환기함
• 해제: 이 작품은 나뭇가지를 향한 눈의 헌신적 사랑을 그리고 있다. 눈은 바람이 불면 날아가 버리지만, 사랑을 이루기 위해서 헌신적으로 노력하는 존재이다. 이러한 눈의 헌신적 노력으로 봄이 되면 나뭇가지는 아름다운 꽃을 피운다. 이를 통해 헌신적으로 꽃을 피워내는 사랑의 고귀함을 전하고 있다.

18 [2글자 한자 표기] ▶ ①

교정(校正: 校 학교(바로 잡을) 교 正 바를 정): 『매체』 교정쇄와 원고를 대조하여 오자, 오식, 배열, 색 따위를 바르게 고침.

오답풀이 ② 熱 더울 열(×) → 勢 형세 세(○)
권세(權勢: 權 권세 권 勢 형세 세): 권력과 세력.
③ 戒 경계할 계(×) → 界 지경 계(○)
정계(政界: 政 정치 정 界 지경 계): 정치에 관련된 일에 종사하는 조직체나 개인의 활동 분야.
④ 政 정치 정(×) → 情 뜻 정(○)
정황(情況: 情 뜻 정 況 상황 황): 「1」 일의 사정과 상황. 「2」 인정상 딱한 처지에 있는 상황.

19 [독해(작문) – 내용 고쳐 쓰기] ▶ ③

㉢ 뒤에 '개인적 역사 기록과 해석은 더욱 용이해졌다.'라는 서술이 나오므로 개인의 기록에 대한 접근성이 확대되었음을 추론할 수 있다. 따라서 '개인의 기록이 온라인상에 제약 없이 공유되면서'로 수정하는 것이 더욱 자연스럽다.

오답풀이 ① 본문의 '스마트폰과 SNS가 발달함에 따라 … 소셜네트워크서비스에서 활발하게 이루어지고 있다.'등의 서술을 통해 사진 기록이 대중적인 행위가 되었음을 추론할 수 있다.
② 사진 기록이 대중적 행위가 되었을 것이므로 특정 계층만의 전유물이 아니라, 다양한 계층의 사람들이 역사 기록에 참여할 가능성이 높아졌을 것임을 추론할 수 있다.
④ '사진가는 특정 장면을 포착할 때 … 대상의 존재와 부재의 의미를 동시에 해석할 여지가 생긴다.'라는 서술을 통해 사진은 사진가의 시선과 밀접한 관련이 있음을 추론할 수 있다.

20 [독해(비문학) – PSAT 추론] ▶ ①

ㄱ. '완벽한 자율 주행이 되려면, 자동차가 인간의 개입이 없어야 한다.'라는 제시문의 내용을 통해 인간의 개입이 있는 경우에는 완벽한 자율 주행이 될 수 없음을 알 수 있다.

오답풀이 ㄴ. 서울시 심야 자율 주행 버스에 인간의 개입이 없어진다고 하더라도 기술적 문제와 사회적 수용성 문제도 해결해야 하므로 완벽한 자율주행의 시대를 맞이할 수 있다고 보기 어렵다.
ㄷ. 기술적 문제와 사회적 수용성은 완벽한 자율 주행 조건이 되기 위해 필요한 조건일 뿐 충분한 조건이라고 보기에 어려우므로 ㄷ은 옳지 않다.

2024 공무원 시험 대비 봉투모의고사 7회
국어 정답 및 해설

제7회 모의고사

01 ④	02 ④	03 ③	04 ①	05 ③
06 ①	07 ④	08 ③	09 ④	10 ②
11 ①	12 ④	13 ④	14 ③	15 ③
16 ①	17 ②	18 ②	19 ①	20 ③

01 [독해(화법) – 대화] ▶ ④

상혁은 미팅 때의 분위기 등 비언어적 표현을 바탕으로 자신의 제안서가 승낙되었을 것이라고 추정하였다. 따라서 '발화 내용'을 바탕으로 평가한 것이 아니며 '거절'되었을 것이라고 추정한 것도 아니다.

오답풀이 ① 상혁은 미팅 이후 고객사가 자신의 제안을 승낙할 것이라고 생각한 반면, 희재는 고객사가 상혁의 제안을 거절한 것이라고 추정하고 있다. 따라서 적절한 선지이다.

② 희재는 '오프라인 마케팅은 효과적이지 않을 것 같다.'는 고객사 담당자의 발언을 근거로 거절의 의미라고 해석하고 있다. 따라서 적절하다.

③ 비언어적 표현이란 언어가 아닌 몸짓, 손짓, 표정, 시선, 자세 등으로 생각이나 느낌을 나타내는 것이다. 상혁은 담당자의 표정이 좋았다고 이야기했으므로 비언어적 표현을 바탕으로 고객의 의사를 추정한 것이라고 볼 수 있다.

02 [문법 – 형태론 – 품사] ▶ ④

- 부사 '충분히'가 수식하는 '잠'은 동사이다.
- '누워 자기'의 '자기'는 동사 '누워(서)' 뒤에 이어져 있는데, '누워(서)'의 어미 '-어(서)'는 수단이나 방법을 나타내는 연결 어미이므로 '누워(서)'의 뒤에는 품사가 동일한 용언이 이어져야 한다. 따라서 '자기'는 동사이다.

오답풀이 ① ㉠ '첫째'는 수의 의미를 가지는 것이 아니라 '맏이(사람)'를 의미하므로 수사가 아니라 명사이다.

㉡ '첫째'는 뒤에 오는 명사 '주'를 수식하고 있으므로 관형사이다.

② ㉠ '생김새가 어떻다'에서 형용사 어간 '어떻-'에 관형사형 전성 어미 '-ㄴ'이 붙어 ㅎ이 탈락된 것이므로 이는 불변어인 관형사가 아니라 가변어인 형용사이다.

㉡ '어떤'은 형태를 바꿀 수 없는 불변어이므로 관형사이다.

③ ㉠ '내일, 오늘, 어제(의) 시험'으로 관형격 조사가 생략되어 '내일, 오늘, 어제'는 명사임을 알 수 있다. '내일, 오늘, 어제'가 뒤의 명사 '시험'을 꾸미고 있다.

㉡ '내일, 오늘, 어제'가 뒤의 서술어 '보기로 하였다'를 수식하므로 '내일, 오늘, 어제'는 부사이다.

03 [독해(작문) – 내용 고쳐쓰기] ▶ ③

㉢ 뒤의 '사회적 위험이 증가하는 시기에는 그렇지 않다.'라는 서술로 보아 자연 공간이 전염병이 창궐하는 시기에는 가장 위험한 공간이 된다는 서술이 자연스러움을 알 수 있다. 따라서 '가장 위험한 공간'으로 수정하는 것이 적절하다.

오답풀이 ① ㉠ 뒤의 '이러한 공간들은 모두 공동으로 사용하는 곳'이라는 서술로 보아 자연을 만날 수 있는 공간 대부분이 공공장소일 것임을 알 수 있다. 따라서 기존 서술을 유지하는 것이 자연스럽다.

② ㉡ 뒤의 '최소한의 외출 준비를 하고 나가야만 자연을 볼 수 있다.'라는 말은 자연에 대한 접근성이 떨어지는 것이므로 기존의 서술을 유지하는 것이 적절하다.

④ ㉣ 앞의 '외출이 불가해질 경우'라는 서술로 보아 자연과 친화적인 상황보다는 자연과 격리된 상황에 가까울 것임을 알 수 있다.

04 [어휘 – 관용 표현] ▶ ①

'경을 치다'는 '호된 꾸지람이나 나무람을 듣거나 벌을 받다.'를 의미하므로 '하던 일이 망할 것이다.'는 적절하지 않다.

오답풀이 나머지는 모두 옳은 의미이다.

② ㉡ 머리가 세다 : 복잡하거나 안타까운 일에 너무 골몰하거나 걱정하다.

③ ㉢ 눈에서 황이 나다 : 몹시 억울하거나 질투가 날 때 이르는 말.

④ ㉣ 개발에 (주석) 편자 : 옷차림이나 지닌 물건 따위가 제격에 맞지 아니하여 어울리지 않음을 비유적으로 이르는 말.

05 [독해(비문학) – 내용 추론 부정 발문] ▶ ③

'비정규직과 정규직의 구분 … 고용 형태에 따른 복지혜택의 차이는 점차 가시적으로 드러나는 중이다.'라는 서술로 보아 정규직과 비정규직의 복지혜택 격차가 있을 것임을 추론할 수 있다. 따라서 비정규직 노동자들이 정규직에 준하는 복지혜택을 받는다는 서술은 적절하지 않다.

오답풀이 ① '소득에 기반한 연금제도 등은 불평등을 촉진하는 동시에 복지 체제의 안착이 어렵게 만드는 요인이 되고 있다.'라는 서술로 보아 국민연금제도의 구조는 저소득층에게 불리하게 작용할 수 있음을 알 수 있다.

② '하지만 국내 대기업 일자리가 전체 일자리에서 차지하는 비중은 매우 낮은 편이므로'라는 서술로 보아 적절하다.

④ '1997년의 IMF 이후 한국 노동계의 불평등은 심화되었다.'에서 확인할 수 있다.

06 [독해(문학) – 고전 운문의 이해] ▶ ①

화자는 세속적 삶을 거부하면서 자연 속에 은둔하고자 하는 마음을 드러내고 있으나, 이것이 안분지족하는 삶이라고 보기는 어렵다. 안분지족(安分知足)은 편안한 마음으로 제 분수를 지키며 만족할 줄 안다는 뜻이다.

오답풀이 ② '미친 듯 내뿜어'를 통해 물의 역동적 이미지를 그려내고 있음을 알 수 있다.

③ '봉우리에 울리니 사람 말소리야 지척에서도 분간하기 어렵네'라는 표현을 통해, 물소리가 커서 사람 소리를 분간하기 어려운 상황임을 짐작할 수 있다.

④ 화자는 시비의 소리가 난무하는 어지러운 세상을 등지고 싶어 물소리를 통해 자신을 세상과 격리하고 있다.

작품 정리 최치원, 〈제가야산독서당〉

- 주제 : 세상과 단절하고 산속에 은거하고 싶은 마음
- 정서와 태도
  - ① 지식인으로서의 고뇌와 좌절
  - ② 자연에 격리되어 은둔하고자 하는 마음
- 특징
  - ① 물의 이미지를 활용하여 시상을 전개함
  - ② 대조를 통해 주제를 형상화함
- 해제 : 이 작품은 통일 신라 말기 최치원이 지은 7언 절구의 한시이다. 제목은 가야산의 독서당에서 창작했다는 의미이며, 신라 말기 혼란한 시대 상황 속에서 육두품 지식인으로서의 한계를 경험한 작가가 해인사에 은거하며 지은 것이다. 화자는 거센 물소리로 인해 가까운 곳의 말소리도 들리지 않는 깊은 산속에 은거하고 있다. 이를 세상의 시비하는 소리가 들릴까 걱정하여 물로 온 산을 둘러 버렸다고 표현하고 있다. 세상의 시비 소리와 물소리를 대조함으로써 세상과 격리되어 자연에 은둔하고자 하는 시적 화자의 의지를 드러낸 것이다. 이처럼 세상으로부터 단절되고 싶어 하는 마음의 기저에는 신라 말 어지러운 현실 속에서 절망할 수밖에 없었던 지식인으로서의 고뇌와 좌절이 깔려 있다.

07 [독해(작문) – 조건에 부합하는 선지 찾기] ▶ ④

빈칸에 들어가야 하는 다양한 삶이 조화롭게 어울리는 사회를 지향하는 내용을 담고, '다름'과 '틀림'이라는 어휘를 대비하였으며 사회를 꽃에 비유하고 설의법(다름과 틀림은 과연 같을까요?)도 쓰였으므로 ④가 가장 적절하다.

오답풀이 ① 조화를 이루어야 한다는 내용이 나오지도 않고 있다. 익숙함과 올바름을 대비하고는 있으나 비유법도 설의법도 나오지 않는다.

② 설의법(언제까지 편을 가르고 서로 배척하실 건가요?)과 비유법(다양한 개성들이 더불어 사는 사회, 우리의 아름다운 미래를 밝혀줄 등불입)은 나타난다. 또한 더불어 사는 사회를 살자는 내용도 빈칸에 들어갈 만하다. 하지만 두 어휘를 대비하는 부분이 나오지 않는다.

③ '다양한 생각을 존중하는 사회, 우리가 지향할 사회입니다.'라고 하며 조화를 강조하는 내용은 빈칸에 들어갈 만하다. 그러나 설의법도 두 어휘를 대비하는 부분도 나오지 않는다.

08 [독해(문학) – 고전 산문의 이해] ▶ ③

'전에 대군께서 명령하시기를 궁녀가 문을 나가거나 바깥사람이 궁녀의 이름을 알면 죽을 것이라고 했으니'에서, 사회적으로 억압받던 당대 궁녀의 생활상을 확인할 수 있다.

오답풀이 ① 금련이 주역을 펴 놓고 점을 치는 장면이 등장하므로 객관적 증거가 아니라 미신에 의존하고 있음을 알 수 있다.

② 금련의 발화는 점을 친 내용이므로, 대군이 운영을 가까이하지 못한 이유는 확인할 수 없다.

④ '자란은 일이 그르친 것을 알고 상심하여 어두운 얼굴로 자리에서 일어나려고 했지요.'라고 나와 있을 뿐, 적극적으로 현실의 억압에 저항하는 장면은 등장하지 않으므로 적절하지 않다.

작품 정리 작자 미상, 〈운영전〉

- 주제: 궁녀의 비극적인 사랑
- 줄거리: 임진왜란 직후 '유영'이라는 선비는 안평 대군의 사저였던 수성궁에 놀러 갔다가 취몽 중에 '운영'과 '김 진사'를 만나 그들의 슬픈 사랑 이야기를 듣는다. 13세에 궁녀로 입궁한 운영은 안평 대군을 찾아온 김 진사라는 선비를 보고 사랑을 느끼고, 이후 두 사람은 시를 전하며 사랑하는 사이가 된다. 두 사람의 사랑은 다른 궁녀들과 김 진사의 하인인 특의 도움을 받아 수성궁의 담을 넘나들며 더욱 깊어 간다. 운영이 지은 시에 임을 그리워하는 마음이 있는 것을 안 안평 대군이 이를 추궁하자, 운영이 궁을 탈출하고자 하지만 김 진사의 하인 특의 배신으로 두 사람의 밀회는 들통난다. 운영은 이에 스스로 목을 매어 죽고, 김 진사도 따라 죽는다. 이야기를 다 들은 유영은 그들이 기록한 책자를 들고 돌아와 감추고 산천을 두루 돌아다녔는데, 그 마침은 알 수 없다.
- 해제: 이 작품은 궁녀와 선비의 비극적 사랑을 그리고 있는 소설로, '수성궁 몽유록', '유영전'으로도 불린다. 몽유록의 특징인 액자 구조가 드러나 있으며, 이야기에 따라 서술자가 교체된다는 점과 비극으로 이야기가 끝난다는 점이 다른 고전 소설과 구별되는 특징이라 할 수 있다. 주인공들의 사랑이 신분 제도에 의해 억압받는다는 점에서 당대 신분 제도를 비판한 작품으로도 이해할 수 있다.

09 [독해(비문학) – 논증의 구조] ▶ ④

㉡은 ㉠과 같은 판단을 가능케 하는 근거이며, ㉢은 위 논지의 전환으로 ㉣의 논거가 된다.

10 [문법 – 통사론 – 사동, 피동] ▶ ②

'받아들이다'는 '남의 말이나 요구 따위를 들어주다.'를 의미하므로 '당하다'를 의미하는 피동사가 아니다. 따라서 뒤에 피동 표현 '-어지다'가 붙어도 이중 피동 표현이라고 볼 수 없다. 참고로, 이와 비슷하게 이중 피동이 아닌 단어들로는 '여겨지다, 밝혀지다, 알려지다, 읽혀지다'가 있다.

오답풀이 ① '예상+되(피동 접미사)+어지(피동 보조 용언)+ㅂ니다'는 이중 피동이므로 옳지 않다. 따라서 '예상됩니다'로 고쳐야 한다.

③ '뜯+기(피동 접미사)+어지(피동 보조 용언)+ㄴ'은 이중 피동이므로 옳지 않다. 따라서 '뜯긴' 혹은 '뜯어진'으로 고쳐야 한다.

④ '덮이다'는 '덮다'에 피동 접미사 '-이-'가 결합한 형태이므로 피동 보조 용언 '어지다'가 또 한 번 결합된 '덮여진'은 이중 피동이므로 옳지 않다. 따라서 '덮인' 혹은 '덮어진'으로 고쳐야 한다.

11 [독해(문학) – 현대 산문의 이해] ▶ ①

'그것을 계기로 부락민들도 와 몰려갔다.'라는 서술로 보아 부락민들이 황거칠의 행동에 동조하고 있음을 알 수 있다. 따라서 부락민들은 황거칠의 행동이 아니라, '집달리들'의 행동이 부당하다고 생각하여 황거칠과 함께 행동한 것으로 보아야 한다.

오답풀이 ② '황거칠 씨는 더 참을 수가 없었다. 그는 거의 발작적으로 일어섰다.'라는 서술과 이후 이어지는 대사로 보아 황거칠이 상대방에 대한 분노를 직접 표현하고 있음을 알 수 있다.

③ '마삿등 사람들이 애써 만들어 놓은 다섯 개의 수도용 우물이 집달리가 데리고 온 인부들의 괭이에 무참히 헐리고 … 황거칠 씨는 더 참을 수가 없었다.'라는 서술로 보아 우물이 철거되면서 갈등이 심화되었음을 짐작할 수 있다.

④ '공무 집행 방해에다, 산주의 권리 행사 방해'라는 서술로 보아 적절한 선지임을 알 수 있다.

작품 정리 김정한, 〈산거족〉

- 갈래: 현대 소설
- 성격: 현실 비판적
- 배경
  ① 시간: 1960년대
  ② 공간: 낙동강 인근 마삿등
- 시점: 전지적 작가 시점
- 주제: 소외계층의 저항과 사회적 모순 고발
- 특징
  ① 공간을 통해 사회의 모순을 드러냄
  ② 민중의 저항을 의지를 지닌 인물을 통해 드러냄
- 줄거리: 황거칠은 마을의 수도가 끊기자 물을 직접 끌어와서 물을 공급하고자 하였다. 황거칠은 산에서 물을 끌어오려고 했는데 호동수는 황거칠이 물을 대는 산은 자기 것이므로 수도시설을 철거하라고 한다. 황거칠은 호동수와의 재판에서 패소하고 결국 수도시설을 빼앗겨버린다. 황거칠이 국가의 소유인 산에서 물을 끌어오려고 하지만 국유지인 산을 불하받았다는 사람이 나타나 또다시 마삿등 사람들은 물을 끌어올 길이 없어져 버린다. 황거칠은 마을 사람들과 함께 물을 마실 권리를 되찾기 위해 투쟁할 것을 다짐한다.

12 [독해(비문학) – 문단 배열] ▶ ④

본문은 미국 미시간주에서 가장 큰 도시인 디트로이트가 한때는 번영했으나 지금은 극심한 빈곤과 범죄에 시달리는 도시가 되었다는 이야기를 다루고 있다. 첫 문장에서 '디트로이트는 자동차 도시라는 별명으로도 잘 알려져 있다.'라고 했으므로 이와 호응하는 내용이 뒤에 이어져야 한다. (다)는 '유명한 자동차 회사들은 모두 디트로이트에서 공장을 운영하였다.'라는 내용을 담고 있으므로 (다)가 처음에 오는 것이 적절하다. (가), (나), (라)는 모두 디트로이트의 쇠퇴와 관련된 이야기를 다루고 있는데 (가)는 '하지만'이라는 역접 뒤에 디트로이트의 쇠퇴를 서술하고 있다. 따라서 (다) - (가)의 순서가 적절하다. 또한 (나)에 디트로이트에 지자체 파산 이야기가 나오며, (라)에 공무원들이 파산 때문에 연금을 받을 길이 막혔다는 서술이 나오므로 (다) - (가) - (나) - (라)의 순서가 가장 자연스럽다.

13 [독해(비문학) – 내용 일치 부정 발문] ▶ ④

본문의 '하지만 고전문학의 맥락에서 보면 여성문학이란 사대부 남성 중심이었던 한문 사회에서 여성에 의해 창작된 작품을 지칭하는 용어가 된다.'라는 서술로 보아 적절하지 않은 선지임을 알 수 있다.

정답해설 ① '광의의 여성문학은 작가의 성별이나 작품 주제의 지향성과 관계없이 여성에 관련된 문학을 지칭하는 의미로도 쓰일 수 있다.'라는 서술로 보아 적절하다.

② '통상적으로 여성문학은 여성 작가가 창작한 작품을 지칭하는 좁은 의미로 국한하여 사용된다.'라는 서술로 보아 적절함을 알 수 있다.

③ '그런데 고전여성문학사를 연구한 자료는 아직 충분하지 않은 실정이며'라는 서술로 보아 적절함을 알 수 있다.

14 [문법 – 한글 맞춤법 – 혼동 어휘] ▶ ③

받치다: 2「1」 어떤 일을 잘할 수 있도록 뒷받침해 주다.

오답풀이 ① 체로 받혀서(×) → 체로 밭쳐서(○)

☞ 받히다: (받다의 피동사) 머리나 뿔 따위에 세차게 부딪히다.
밭치다: (밭+치(강조의 접미사)+다) 건더기와 액체가 섞인 것을 체나 거르기 장치에 따라서 액체만을 따로 받아 내다.

② 홍미를 부치는(×) → 홍미를 붙이는(○)

☞ 부치다: 힘이 모자라거나 미치지 못하다.
붙이다: 마음에 당기게 하다.

④ 종이로 받혀서(×) → 종이로 받쳐서(○)

☞ 받히다: '받다'의 피동사 머리나 뿔 따위에 세차게 부딪히다.
받치다: 어떤 물건의 밑이나 안에 다른 물건을 대다.

15 [독해(문학) – 현대 운문의 이해] ▶ ③

'㉢ 풀벌레 소리'라는 청각적 심상을 '발길로 차며'라는 시각적인 심상으로 전이한 것이므로 시각적 심상을 청각적 심상으로 전이했다는 것은 옳지 않다.

오답풀이 ① ㉠ '폴란드 망명 정부의 지폐'라는 이국적 소재로 가을에 느끼는 화자의 쓸쓸함을 잘 드러내고 있다. '가을'이라는 것은 '낙엽'을 통해 알 수 있다.

② '공장'은 현대 문명을 상징하는데 살아 있지 않은 공장이 살아 있는 것처럼 이빨을 드러낸다고 하고 있으므로 이는 활유법을 활용한 것임을 알 수 있다. 현대 문명을 공격적인 모습으로 표현한 것을 통해 부정적으로 그리고 있음을 알 수 있다.

④ '포플라 나무의 근골', '공장의 지붕은 흰 이빨' 등에서 1930년대 도시화되는 이국적 풍경을 보고 느끼는 심정이 드러나 있다. 또한 '고독한 반원을 긋고 잠기어 간다'에서 화자의 고독감이 드러남을 확인할 수 있다. 따라서 이는 선경후정의 시상 전개가 드러남을 알 수 있다.

작품 정리 김광균, 〈추일서정〉

- 주제 : 가을날의 황량한 풍경과 고독감
- 정서와 태도
  - ① 가을의 애상감과 공허함이 드러남
  - ② 황량한 가을날의 고독감과 쓸쓸함이 드러남
- 특징
  - ① 낯선 비유와 대상에 대한 객관적 묘사를 통해 상황을 드러냄
  - ② 선경후정의 방식으로 시상을 전개함
- 해제 : 이 작품은 황량한 도시의 풍경을 통해 삶의 고독과 비애를 그려내고 있다. 1930년대 모더니즘의 특징인 회화적 이미지가 잘 드러난 것이 특징이다. 이 시에 나타난 자연은 우리의 마음을 달래주는 포근한 대상이 아니라, 메마르고 황폐한 도시에서 원래 모습을 상실한 채 문명화되어 버린 모습이다. 작품의 후반부에서 시적 화자는 허공에 돌을 던지는데 이는 도시의 '황량한 생각'으로부터 벗어나기 위한 몸부림이라고 볼 수 있다. 하지만 그 돌조차도 기울어진 풍경의 저쪽으로 잠기어 갈 뿐이다. 즉 현실의 고뇌를 벗어나고자 하는 화자의 마음을 극복하는 단계까지는 나아가지 못했음을 알 수 있다.

16 [독해(비문학) – 일반 추론 부정 발문] ▶ ①

비교 구문의 오류이다. 본문에서 학생들이 스포츠 활동을 통해서 스트레스 해소에 도움을 받았다는 말은 나오지만, 체력 향상에 더 큰 도움을 받았다는 말은 나오지 않는다. 따라서 이런 유형의 문제를 풀 때에는 비교 대상이 적절한지 확인해야 한다.

오답풀이 ② 본문에서 스포츠 활동과 스트레스 간의 관계를 규명하는 연구가 늘어나고 있고, 체육활동이 스트레스 해소에 긍정적 영향을 준다는 결과가 다수 나오고 있다고 했으므로 적절한 선지이다.

③ 마지막 두 문장을 통해 확인할 수 있다. 연구를 위해서는 개념을 수량화 가능한 지표로 변형하는 것이 필요하며, 사회과학 연구에서는 이런 과정이 필수적이라고 했으므로 적절하다.

④ '이에 따라 특정 종목을 주제로 연구할 필요성이 생겼고 축구를 주제로 '자아실현'에 미치는 영향을 규명하였다'를 통해 적절함을 알 수 있다.

17 [독해(비문학) – 빈칸 추론] ▶ ②

이 글은 홍콩이 아시아에서 가장 잘 사는 도시 중 하나이지만, 빈부격차 문제가 매우 심각하다는 이야기를 다루고 있다. (가) 뒤의 '부의 쏠림 현상'이라는 서술로 보아 홍콩의 빈부격차가 매우 클 것임을 알 수 있다. 따라서 (가)에는 '빈부격차가 가장 큰'이 와야 한다. 또한 (나) 앞에는 '따라서 기업이 감당할 세금이 매우 적었기에'라는 이야기가 나오는데, 이로 보아 세금 수입이 충분하지 못할 것임을 추론할 수 있다. 따라서 (나)에는 '세금이 부족하다 보니'가 와야 한다.

18 [독해(비문학) – 내용 추론 부정 발문] ▶ ②

'하지만 2010년대 중반이 되면서 일본의 청년실업률은 다시 한 자릿수로 떨어졌다'라는 서술로 보아 일본의 청년실업률이 감소하여 현재 두 자릿수를 유지하고 있지 않음을 알 수 있다. 따라서 적절하지 않다.

오답풀이 ① '2018년 기준 일본의 유효 구인배율은 평균 2.5 정도에 달한다'는 서술을 통해 일본의 취업 시장이 구직자들에게 유리하게 형성되었음을 알 수 있으므로 적절한 선지임을 알 수 있다.

③ '이에 따라 한국의 취업준비생들 사이에서 일본 취업 붐이 일어나기 시작하였다.'라는 서술을 통해 한국의 취업준비생들 사이에서도 일본 취업에 대한 관심이 증가하고 있음을 알 수 있으므로 적절한 선지임을 알 수 있다.

④ '한국과 중국은 극심한 청년실업에 시달리는 반면 일본은 청년실업이 아니라 오히려 고용난에 시달리고 있는 국가이다.'라는 서술을 통해 일본은 고용난을 겪고 있으며 한국과 중국은 청년실업 문제를 겪고 있음을 알 수 있으므로 적절한 선지임을 알 수 있다.

19 [2글자 한자 표기] ▶ ①

㉠ 속성(屬性: 屬 무리 속 性 성품 성) : 사물의 특징이나 성질.
㉡ 유감(遺憾: 遺 남길 유 憾 섭섭할 감) : 마음에 차지 아니하여 섭섭하거나 불만스럽게 남아 있는 느낌.
㉢ 인식(認識: 認 알 인 識 알 식) : 사물을 분별하고 판단하여 앎.
㉣ 인상(印象: 印 도장 인 象 코끼리 상) : 어떤 대상에 대하여 마음속에 새겨지는 느낌.

오답풀이 나머지는 문맥상 옳지 않다.
㉠ 속성(俗性: 俗 풍속 속 性 성품 성) : 속된 성질.
㉡ 유감(有感: 有 있을 유 感 느낄 감) : 느끼는 바가 있음.
㉢ 인식(人識: 人 사람 인 識 알 식) : 없는 단어이다.
㉣ 인상(印相: 印 도장 인 相 서로 상)
: 「1」 새긴 모양에 따라 길흉이 결정된다는 도장(圖章)의 모양. 「2」 부처가 자기의 내심(內心)의 깨달음을 나타내기 위하여 열 손가락으로 만든 갖가지 표상(表象).

20 [독해(비문학) – PSAT 추론] ▶ ③

ㄱ. 본문에서 '사람들이 관행이나 전통을 따르는 경우 대부분 그것을 좋아하기 때문이라기보다는 다른 사람들도 관행을 따르고 있기 때문일 가능성이 높다.'라고 하여, 사회적 관행이나 전통에 대한 대중의 지지가 실제보다 과대평가될 수 있음을 나타낸다. 이는 '다원적 무지'와 관련이 있다.

ㄷ. 본문에서 '사람들의 행동을 바꾸고자 하는 것은 생각보다 간단한 작업일지도 모른다. 다른 사람들이 사회의 주된 관습에 동의하고 있지 않으며, 의문을 품고 있다는 사실만 알려주면 되기 때문이다.'라고 하여, 다원적 무지를 이해하고 활용하면 시민들의 긍정적 행동을 유도할 수 있음을 설명한다.

오답풀이 ㄴ. 본문에서는 '사람들이 관행이나 전통을 따르는 경우 대부분 그것을 좋아하기 때문이라기보다는 다른 사람들도 관행을 따르고 있기 때문일 가능성이 높다.'라고 하여, 사회적 관행에 대한 지지가 반드시 그 관행이 좋기 때문이라고 보는 것에 대해 의문을 제기한다. 따라서 ㄴ은 본문과 부합하지 않는다.

2024 공무원 시험 대비 봉투모의고사 8회

국어 정답 및 해설

제8회 모의고사

01 ①	02 ④	03 ②	04 ③	05 ③
06 ③	07 ①	08 ①	09 ②	10 ③
11 ①	12 ④	13 ③	14 ②	15 ②
16 ④	17 ④	18 ④	19 ④	20 ②

01 [독해(화법) – 말하기 방식] ▶ ①

'제조업체가 보다 명확하고 투명하게 정보를 제공해야 한다고 봅니다. 소비자 교육도 중요하지만'이라는 지훈의 발언을 통해 지훈이 제조업체의 정보 제공 책임과 소비자 교육을 모두 중시하고 있음을 알 수 있다.

오답풀이 ② 지훈의 '현실적으로 소비자가 모든 위험성을 인지하기는 어렵습니다.'라는 발언과 현아의 '소비자가 라벨을 확인하는 것이 중요하기는 하지만 안전한 식품을 만들어 문제를 예방하는 것이 최우선 과제라고 봅니다.'라는 서술로 보아 지훈과 현아가 식품 안전사고의 일차적 책임이 소비자에게 있다고 보지는 않을 것임을 추론할 수 있다.

③ 지훈의 '제조업체가 보다 명확하고 투명하게 정보를 제공해야 한다고 봅니다.'라는 발언과, 현아의 '무엇보다 중요한 것은 제조업체가 안전한 식품을 생산하는 것'이라는 발언을 통해 지훈과 현아 모두 기업의 노력이 소비자의 노력보다 중요하다고 볼 것임을 추론할 수 있다.

④ 현아가 '안전한 식품을 만들어 문제를 예방하는 것이 최우선 과제라고 봅니다.'라고 발언하기는 했으나, 제조업체 처벌을 주장하지는 않았으므로 적절하지 않다.

02 [문법 – 음운론 – 음운 변동] ▶ ④

[맑니 → (자음군 단순화) → 막니 → (비음화) → 망니]의 과정을 거친다. '자음군 단순화'는 탈락이며, '비음화'는 대치(=교체)이므로 ④은 옳다.

오답풀이 ① [직행열차 → (자음 축약, ㄴ첨가) → 지캥녈차]의 과정을 거친다. 따라서 '대치, 첨가'가 아니라 '축약, 첨가' 현상이 옳으므로 ①은 틀리다.

② [밝도 → (음절의 끝소리 규칙) → 박도 → (된소리되기) → 박또]의 과정을 거친다. '음절의 끝소리 규칙'은 대치(=교체)이며, '된소리되기'는 대치(=교체)이므로 '밝도'가 대치, 축약 현상이라고 한 ②는 틀리다.

③ [맑게 → (자음군 단순화, 된소리되기) →말께]의 과정을 거친다. '자음군 단순화'는 탈락이며, '된소리되기'는 대치(=교체)이므로 '맑게'가 탈락, 첨가 현상이라고 한 ③은 틀리다.

03 [독해(작문) – 개요] ▶ ②

㉡은 목디스크 질환의 증상이므로 'Ⅱ-2'의 하위 항목으로 두는 것이 자연스럽다.

오답풀이 ① '목을 앞으로 내밀고 공부하는 습관'은 'Ⅱ-1-나' 항목과 유사하므로 목디스크 질환의 원인으로 추가할 수 있다.

③ '방사선 검사를 통한 목디스크 진단'은 치료 방법이 아니라 진단 방법에 해당하므로 삭제한다.

④ 'Ⅱ-1-다. 외부 충격으로 인한 손상'이 목디스크 질환의 원인이라고 서술되어 있으므로 '물리 치료와 약물 치료 병행'은 목디스크의 치료 방법으로 적절함을 추론할 수 있다.

04 [독해(비문학) – 내용 추론 부정 발문] ▶ ③

본문의 '해금 이후에 이러한 영인본과 복사본은 근대문학을 복원하는 토대가 되었다.'라는 서술로 보아 해금 이후에도 영인본과 복사본이 연구 자료로 활발하게 활용되었을 것임을 짐작할 수 있다. 따라서 복사본과 영인본의 유통이 완전히 사라졌을 것이라고 보기 어렵다.

오답풀이 ① '1980년대 초반에 대학의 정문과 후문에는 사회과학 분야 도서를 전문적으로 취급하는 서점이 여럿 자리 잡고 있었다.'라는 서술로 보아 적절한 선지임을 알 수 있다.

② '한국은 당시 파리 신문에서 선정한 해적출판 세계 1위 국가였는데 … 대학가에서 쉽게 구할 수 있었다.'라는 서술로 보아 적절한 선지임을 알 수 있다.

④ '당시 유통되었던 영인 자료집은 남북을 넘나드는 것이었고 … 근대문학을 복원하는 토대가 되었다.'라는 서술에서 적절한 선지임을 알 수 있다.

05 [어휘 – 한자 성어, 속담] ▶ ③

'각자무치(角者無齒: 角 뿔 각 者 사람 자 無 없을 무 齒 이 치)'는 뿔이 있는 짐승은 이가 없다는 뜻으로, 사람이 여러 가지 복을 겸하지 못함을 의미한다. 따라서 '임시변통은 될지 모르나 그 효력이 오래가지 못할 뿐만 아니라 결국에는 사태가 더 나빠짐.'을 의미하는 '언 발에 오줌 누기'는 잘못 연결된 것임을 알 수 있다.

'각자무치(角者無齒)'와 관련된 속담은 다음과 같다.

무는 호랑이는 뿔이 없다: 한 사람이 여러 가지 재주나 복을 다 가질 수 없다는 말

오답풀이 나머지는 모두 잘 연결되었다.

① • 목불식정(目不識丁: 目 눈 목 不 아닐 불 識 알 식 丁 고무래 정)
: 아주 간단한 글자인 '丁' 자를 보고도 그것이 '고무래'인 줄을 알지 못한다는 뜻으로, '글을 읽을 줄 모름. 또는 그런 사람'을 이르는 말. 일자무식(一字無識).
• 낫 놓고 기역자도 모른다: 기역자 모양으로 생긴 낫을 놓고도 기역자를 모른다는 뜻으로, 사람이 글자를 모르거나 아주 무식함을 비유적으로 이르는 말.

② • 망양보뢰(亡羊補牢: 亡 망할 망 羊 양 양 補 기울 보 牢 우리 뢰(뇌)): '양을 잃고서 그 우리를 고친다'는 뜻으로,
1) 실패한 후에 일을 대비함.
2) 이미 어떤 일을 실패한 뒤에 뉘우쳐도 소용이 없음.
• 소 잃고 외양간 고친다: 소를 도둑맞은 다음에서야 빈 외양간의 허물어진 데를 고치느라 수선을 떤다는 뜻으로, 일이 이미 잘못된 뒤에는 손을 써도 소용이 없음을 비유적으로 이르는 말

④ • 교각살우(矯角殺牛: 矯 바로잡을 교 角 뿔 각 殺 죽일 살 牛 소 우)
: 소의 뿔을 바로잡으려다가 소를 죽인다는 뜻으로, 결점이나 흠을 고치려다가 수단이나 정도가 지나쳐 일을 그르침.
• 빈대 잡으려다 초가삼간 태운다: 손해를 크게 볼 것을 생각지 아니하고 자기에게 마땅치 아니한 것을 없애려고 그저 덤비기만 하는 경우 = 빈대 미워 집에 불 놓는다.

06 [독해(비문학) – 빈칸 추론] ▶ ③

먼저 빈칸의 위치를 확인하니 맨 뒤에 있으며 결론을 의미하는 '이렇듯'이라는 접속 부사가 사용되었음을 알 수 있다. 이를 통해 앞 내용의 결론이 ㉠에 이어질 것임을 추론할 수 있다. 앞의 내용을 요약하면 답을 찾을 수 있다.

1문단에서는 식민지 경성 영화관이 북촌과 남촌으로 나누어져 있었음을, 2문단에서는 발성영화의 등장에 따라 북촌과 남촌 모두에서 서양 발성영화를 상영하게 되었음을 알 수 있다. 따라서 '시간이 지나면서 남촌 영화관은 북촌의 영향을 받아 상영 기조를 변화시켰다.'가 정답이다.

오답풀이

① 북촌 영화관과 남촌 영화관의 '상영 기조'가 유사해진 것은 맞으나, 이것을 영화관의 통합이라고 보기는 어렵다.

② 1930년대 들어 발성영화가 유행하기 시작한 것은 맞지만, 2문단에서 '무성영화'가 언급되지 않았다고 해서 1930년 이후에 무성영화가 완전히 사라졌다고 보기는 어렵다.

④ 본문에서 남촌과 북촌 영화관의 상영 작품이 다소 달랐다는 이야기가 나오기는 하지만, 이것이 식민지 경성의 민족 간의 갈등이라고 보기는 어렵다.

07 [독해(비문학) – 내용 일치 부정 발문] ▶ ①

'이렇듯 기본소득은 소득재분배 효과가 없는 현금 지급책에 불과하다.'라는 서술이 나온다. 그러므로 ①은 적절하지 않다.

오답풀이 ② 본문에서 '이들에게 기본소득을 지급하면서 발생하는 손실분은 다른 영역의 복지비를 줄여 확보해야 한다.'라고 하였으므로, 기본소득 제도 시행을 위해서 다른 복지예산을 줄여야 할 수 있다는 서술은 적절하다.

③ '모든 국민에게 매달 일정한 현금을 지급한다는 기본소득 제도'라는 서술로 보아 적절하다.

④ '코로나19 재난지원금을 지급함에 따라 … 일부 업종에서 일시적으로 매출이 증가하는 가시적 효과도 발생하였다.'라는 서술로 보아 적절하다.

08 [어휘 – 다른 표현으로 바꾸기] ▶ ①

'불하(拂下 : 拂 떨칠 불 下 아래 하)'는 국가 또는 공공 단체의 재산을 개인에게 팔아넘기는 일이므로 단체에게 팔아넘기는 일이라는 것은 옳지 않다.

오답풀이 ② '쇄신(刷新 : 刷 인쇄할 쇄 新 새 신)'은 '그릇된 것이나 묵은 것을 버리고 새롭게 함.'을 의미하므로 옳다.

③ '간주(看做 : 看 볼 간 做 지을 주)'는 '상태, 모양, 성질 따위가 그와 같다고 봄. 또는 그렇다고 여김.'을 의미하므로 옳다.

④ '부의(附議 : 附 붙을 부 議 의논할 의)'는 '토의에 부침.'을 의미하므로 옳다.

09 [독해(문학) – 고전 운문의 내용 이해] ▶ ②

(나)의 '님이 혜아려 보소서'라는 표현을 통해 화자가 님에게 주변의 이야기만 듣지 말고 스스로 생각할 것을 요청하고 있음을 알 수 있다.

오답풀이 ① (가)에서 화자는 '내 몸의 할 일만 닦고 닦을 뿐이언정'이라고 했으므로 외면으로 관심의 범위를 확장했다고 보기 어렵다.

③ (다)의 화자는 반복을 통해 어버이에게 가기 어려운 상황임을 강조하고 있다. 따라서 어버이를 만날 수 있다는 희망을 이야기한 것이라고 보기 어렵다.

④ (라)의 화자는 어버이를 그리워하면서도 임금을 그리워함을 드러내고 있다. 따라서 어버이 대신 임금을 택한 것이라고 보기 어렵다.

작품 정리 윤선도, 〈견회요〉

- 주제 : 임금에 대한 변함없는 충성심
- 정서와 태도
  ① 임금을 향한 변함없는 충성
  ② 임금과 어버이를 향한 그리움
- 특징
  ① 자연물에 감정을 이입하여 화자의 정서를 드러냄
  ② 설의법을 통해 화자의 확고한 의지를 드러냄
- 해제 : 이 작품은 작가가 1616년 광해군 때 권신 이이첨의 횡포를 비판하는 상소를 올렸다가, 유배되었을 때에 창작한 것이다. 임금을 향한 변함없는 충성심과 부모님을 그리워하는 간절한 심정이 절실히 드러나 있다. 시의 제목에 등장하는 '견회(遣懷)'는 시름을 쫓고 마음을 달랜다는 뜻이다. 따라서 화자가 자신의 마음을 달래기 위해 지은 노래라고 해석할 수 있다. 또한 화자는 작품에서 자신의 행위가 임금을 위한 것이었음을 밝힘으로써 결백을 호소하고 있다.

10 [독해(화법) – 공손성의 원리] ▶ ③

공손성의 원리에 대한 문제이다. ㉢은 동의의 격률인데 이는 다른 사람에 대한 비방을 최소화하고 칭찬을 극대화하는 것이다. 민재는 상대방의 말에 동의하지 않고 있으므로 동의의 격률이라고 보기 어렵다.

오답풀이 ① ㉠은 요령의 격률에 해당한다. 민재는 상대방이 부담을 갖지 않도록 "내일쯤 확인하려 했다."고 말함으로써 상대방의 부담을 줄여주고 있다.

② ㉡은 겸양의 격률에 해당한다. 민재는 "제가 워낙 실수가 많아서"라고 말함으로써 자신을 낮추고 상대의 부담을 줄여주고 있다.

④ ㉣은 관용의 격률에 해당한다. 이는 의사소통 상황에서 상대방이 지는 부담을 대신 지라는 것이다. 민재는 "귀가 안 좋아서"라는 표현을 통해 문제를 자신의 탓으로 돌리고 서영에게 다시 말할 것을 요청하고 있다.

11 [독해(문학) – 현대 산문의 이해] ▶ ①

이 작품은 일제강점기 도시빈민의 생활을 드러내고 있으며 '오라질년' 등 하층민이 사용하는 용어를 그대로 사용하여 도시빈민의 생활을 현실적으로 드러내고 있다.

오답풀이 ② 작품 밖 전지적 서술자가 김 첨지의 비극적인 이야기를 독자에게 전달하는 것이므로 적절하지 않다.

③ 이 작품의 제목인 '운수 좋은 날'은 반어적 표현이다. 김 첨지는 아내가 죽은 것을 보고 '괴상하게도 오늘은 운수가 좋더니만'이라고 말하고 있는데, 이로 보아 운수가 좋은 날이 아니라 김 첨지에게 비참한 날이었음을 짐작할 수 있다.

④ 아내는 이미 죽은 상태이므로 적절하지 않다.

작품 정리 현진건, 〈운수 좋은 날〉

- 갈래 : 현대 소설
- 성격 : 반어적, 비극적
- 배경
  ① 시간 : 1920년대
  ② 공간 : 서울 동소문
- 시점 : 전지적 작가 시점
- 주제 : 일제 강점기 도시빈민의 비참한 삶
- 특징
  ① 제목에서 반어적 아이러니가 드러남
  ② 급변하는 시대에 소외된 계층의 삶이 드러남
  ③ 하층민의 생활상을 드러내는 용어를 사용하여 현실감을 강화함
- 줄거리 : 김 첨지는 중병을 앓는 아내가 있는 인력거꾼이다. 그의 아내는 아픈 와중에 설렁탕을 먹고 싶다고 말하지만 김 첨지의 벌이로는 설렁탕을 사주기가 쉽지 않다. 김 천지는 운수 좋은 날이 되어 아침부터 평소보다 큰돈을 벌게 되고 아내에게 줄 설렁탕을 사 들고 집에 돌아간다. 하지만 아내는 이미 죽어버린 뒤이고 김 첨지의 운수 좋은 날은 운수가 나쁜 날이었음이 드러난다.

12 [독해(비문학) – 설명 방식] ▶ ④

본문에서 북한인권정보센터가 국내 탈북민을 대상으로 연구조사를 실시했다고 했으므로 현지 조사가 이루어졌다고 보기 어렵다. 위 글에서 '현지 조사'가 성립하기 위해서는 북한에 직접 방문해서 조사한 내용이 나와야 한다.

오답풀이 ① 본문 마지막 부분에서 마약을 투약하여 실형을 살게 된 탈북민의 사례를 언급하고 있다. 따라서 구체적 사례를 통해 사회문제의 심각성을 이야기한 것으로 볼 수 있다.

② 유엔식량농업기구(FAO)의 연구 결과를 토대로 고난의 행군 이후 경제가 몰락한 것이 마약 중독 문제의 원인이 되었음을 추론할 수 있다.

③ 1990년대에서 2010년대에 이르기까지 북한에서 마약을 접촉한 비율이 점점 증가했음을 확인할 수 있으므로 사회문제의 지속적 심화를 드러냈음을 알 수 있다.

13 [독해(문학) – 고전 산문의 내용 이해] ▶ ③

충렬이 나오기를 고대한다는 부분 뒤에 원수가 나오고 있으므로 원수가 곧 충렬임을 알 수 있다. 그리고 충렬의 대사에서 "불효자 충렬이 남적을 소멸하고 오는 길에 ~ 모친을 만나 모시고 돌아왔습니다!"가 있으므로 '원수 충렬'은 남적을 소멸하고 오는 길에 가족을 재회하였음을 추론할 수 있다.

오답풀이 ① '천자도 이 말을 들으시고 후회가 막급하나'라는 표현을 통해 '천자'가 자신의 행동을 후회하고 있음을 알 수 있다.

② '충렬'의 아버지 유심은 억울하게 모함을 당하여 결국 귀양을 간 것은 사실이다. 하지만 뒷부분에서 '한편 이미 장안으로 돌아와 연왕이 된 유심은'을 통해 유심이 죽지 않고 살아있음을 알 수 있다.

④ '천자'는 '강 승상'을 귀양 보낸 것이 자신의 잘못임을 시인하고는 있으나 천자의 대사에서 "그러나 이미 지나간 일이니 잘잘못을 따지지 말기 바라오."를 보면 자신이 모두 바로잡아 주겠다고 하는 것은 아님을 알 수 있다.

작품 정리 작자 미상, 〈유충렬전〉

- 주제 : 유충렬의 고난과 영웅의 행적, 국가와 가정의 위기를 극복한 유충렬의 영웅적 일대기
- 줄거리 : 명나라 충신 유심은 자식이 없어 슬퍼하다가 치성을 드리고 태몽을 꾼 뒤 아들을 낳아 충렬이라고 이름 짓는다. 정한담과 최일귀 등의 간신은 토번과 가달과의 전쟁을 반대하는 유심의 태도를 문제 삼아서 그를 귀양 보내고 충렬 모자를 살해하려 하지만 충렬은 천우신조로 살아난 후 강희주를 만나 사위가 된다. 강희주는 유심을 구하기 위해 상소를 올렸다가 정한담에 의해 귀양을 가고, 강희주의 가족들은 뿔뿔이 흩어진다. 주인은 부인과 이별한 후 백용사의 노승을 만나 도술을 배우는 사이, 남적이 명나라를 쳐들어오자 정한담은 남적에 합세하여 천자를 공격하기에 이른다. 이에 유충렬이 천자를 구한 후 정한담을 응징하고, 황후와 태후, 태자를 구한 후에 헤어졌던 가족과도 재회하여 부귀공명을 누린다.
- 해제 : 이 작품은 '유충렬'이라는 영웅의 일대기를 그린 조선 후기의 대표적 군담 소설이자 영웅 소설이다. 천상에서 지상으로 적강한 유충렬이 고난과 역경을 극복한 후 위기에 처한 나라와 가문을 구한다는 것이 주된 내용으로, 전통적인 영웅 서사의 구조를 계승하고 있다. 이 작품은 주전파와 주화파의 대립, 인조의 남한산성 피란, 병자호란의 패배로 인해 대군과 비빈이 청나라로 잡혀간 사건 등 병자호란과 관련된 당대 시대상이 반영되어 있다. 공간적 배경이 중국의 명나라인 것, 주인공인 유충렬이 두 번에 걸쳐서 호국을 정벌하는 것은 병자호란의 패배로 상처받은 민족의 자존심 회복 열망을 반영한 것이다.

14 [독해(비문학) – 문단 배열] ▶ ②

이 글은 흑사병의 발원지를 밝히는 연구가 나왔으며, 이 연구에는 어떠한 한계가 있는지를 밝히고 있다. 흑사병에 대하여 처음으로 서술한 (나)가 가장 처음에 오는 것이 자연스러우며, '인류 최악의 질병'이라는 서술을 보충하는 '치명률은 30~60%에 이르렀을 것으로 추정'된다는 내용의 (가)가 다음에 이어지는 것이 자연스럽다. 또한 (가)의 마지막에 '흑사병의 발원지는 지금까지 명확하게 밝혀지지 않았다.'라는 서술이 나오며 (다)의 '이러한 궁금증'은 (가)의 내용을 재진술하는 것이다. 또한 '흑사병의 발원지'에 대한 구체적 서술이 나오는 (라)가 다음에 오는 것이 자연스럽다. (마)는 '하지만'이라는 역접으로 시작하여 흑사병의 발병 원인을 규명하지는 못했다는 한계를 진술하고 있으므로 (나) – (가) – (다) – (라) – (마)의 순서가 되어야 한다.

15 [문법 – 표준 발음법] ▶ ②

모두 발음 표기가 옳다.

• 밭을[바틀](○): 받침 뒤에 모음 형식 형태소가 오면 그대로 연음되므로 [바츨]은 옳지 않고 [바틀]이 옳은 발음이다.

• 은혜[은혜](○): [은혜(원칙)/은헤(허용)]

오답풀이 ① • 설익다[서릭따](×): [설익다 → (ㄴ첨가, 된소리되기) → 설닉따 → (유음화) → 설릭따] 복합어 '설+익다'에서 앞말이 받침으로 끝나고 뒷말이 'ㅣ, ㅑ,ㅕ,ㅛ,ㅠ,'로 시작하는 경우에는 ㄴ첨가가 일어난다. 그 이후에 유음화가 일어나므로 [서릭따]가 아니라 [설릭따]가 옳다.

• 의견란[의:결란](×): 3음절 한자어이면서 의미 구성이 2+1인 경우에는 유음화 환경이더라도 비음화가 일어나 'ㄹ'이 'ㄴ'으로 교체된다. [의:결란]이 아니라 [의:견난]이 옳다.

③ • 반창고[반창꼬](×): '반창(어근)+고(어근)'의 합성어이면서 앞말의 끝소리가 울림소리(ㅇ)이고 뒤의 소리가 예사소리(ㄱ)인 단어이다. 이 경우 사잇소리 현상으로 인해 [반창꼬]로 발음되는 것이 맞을 것 같지만! 사잇소리 현상은 수의적인 현상이므로 환경이 일치하는데도 일어나지 않을 수 있다. 따라서 [반창고]가 옳다.

• 인기척[인기척](○): 한자 '人'에 우리말 '기척'이 더해진 말로 사잇소리 현상의 된소리되기가 일어나 [인끼척]으로 발음된다. 다만, 2017년에 발음이 개정되어 이제 [인기척]도 표준 발음이 되었음을 반드시 기억하여야 한다.

④ • 피읖에[피으베](○): 한글 자모의 이름은 음절의 끝소리 규칙이 적용된 채로 받침소리를 연음한다. [피으베]가 옳다. 다만, 음절의 끝소리 규칙에 따라 [ㄷ] 받침으로 발음나는 한글 자음은 모두 [ㅅ]이 연음된다.

• 이글이글[이글이글](×): ㄴ첨가 후 유음화가 된 [이글리글]이 옳다. [이글이글 → (ㄴ첨가) → 이글니글 → (유음화) → 이글리글] 다만, 허용 발음으로 연음이 된 [이그리글]도 옳다.

★ ㄴ첨가(원칙)/연음(허용)
이죽–이죽[이중니죽/이주기죽] 검열[검:녈/거:멸] 금융[금늉/그뮹], 야금–야금[야금냐금/야그먀금] 욜랑–욜랑[욜랑뇰랑/욜랑욜랑] 이글이글 [이글리글/이그리글]

16 [독해(비문학) – 사례 추론] ▶ ④

주인공이 승리하는 장면은 감정이 고조되는 것일 뿐, ㉡에 해당하는 미심쩍었던 부분이 해소되거나 평소 자신이 모르던 것을 알게 될 때와는 관련이 없다.

오답풀이 ① 사연을 접하고 공감하여 운 후, 감정이 후련해졌다고 했으므로 ㉠의 예로 볼 수 있다.

② 고대인의 솜씨를 처음 알게 되고 나서 느낀 경외감이기 때문에 ㉡의 사례로 적절하다고 볼 수 있다.

③ 그림을 보고 평온한 마음 상태를 회복했기 때문에 ㉠의 사례로 적절하다.

17 [독해(비문학) – 설명 방식] ▶ ④

이 글은 볼셰비키의 '생활공간 이데올로기적 재구성'을 소개한 글이다. 본문에서 '1918년 모스크바주의 탈돔(Taldom)을 레닌스크(Leninsk)로 개칭한 것을 시작으로'라는 구체적 사례가 나와 있으므로, 구체적인 예를 드는 서술 방식인 예시를 활용했음을 알 수 있다.

오답풀이 ① 문제 해결은 어떤 현상에 대한 문제점의 원인을 파악하고 문제를 해결하는 서술 방식이다. 본문에 문제를 파악하고 해결하는 내용은 나오지 않으므로 적절하지 않다.

② 유추는 유사한 점에 기초하여 다른 개념을 더 쉽게 설명하는 것이다. 본문에 '생활공간의 이데올로기적 재구성'과 유사한 개념은 나오지 않는다.

③ 문답이란 중심 대상에 대해 질문하고 그에 대한 답을 서술하는 방식이다. 본문에 질문하는 형태의 서술은 나오지 않으므로 적절하지 않다.

18 [독해(비문학) – 표현 수정] ▶ ④

㉣ 뒤에는 객관적인 사망자 수치가 제시되어 있으므로 주관적(主觀的)으로 확인할 수 있다는 선지는 본문의 내용과 부합하지 않는다. 따라서 객관적(客觀的)으로 수정하는 것이 적절하다.

오답풀이 ① 전후 맥락으로 미루어 보아 이라크는 종교적 다양성이 존재하는 사회임을 알 수 있다. 따라서 분리(分離)가 아니라 뒤섞여있다는 뜻인 혼재(混在)로 고치는 것이 적절하다.

② ㉡ 전후로 이라크 내의 사회 갈등과 폭력적 사건을 소개하고 있다. 따라서 불안정(不安定)을 초래한다고 서술하는 것이 적절하므로 그대로 유지하는 것이 옳다.

③ ㉢의 완화(緩和)는 긴장이 이완되는 것을 뜻하는 단어이다. 그러므로 어떤 일이 일어나게 된다는 유발(誘發)로 고치는 것이 적절하다.

19 [독해(비문학) – 내용 추론 긍정 발문] ▶ ④

본문에는 '일본은 무역에서 손실을 입기 시작하자 금융 완화법을 시행하여 은행 이자율과 대출 기준을 대폭 낮추었다.'라는 표현이 나오며, 이어 '그 결과 일본의 경제는 황금기를 맞이하였는데 이 시기는 버블경제로 평가된다.'고 언급되어 있다. 이를 통해 금융 완화 정책이 일본 경제에 황금기, 즉 버블경제에 영향을 주었음을 추론할 수 있다.

오답풀이 ① 본문에서는 '일본 제품이 미국을 비롯한 세계 시장에서 인기를 끌기 시작하자 미국의 제품들이 상대적 우위를 잃기 시작하였다.'라고 언급되어 있다. 이는 미국 제품이 일본 제품의 등장으로 인해 절대적 우위를 유지하지 못했음을 나타낸다.

② '1985년에 이르러 미국은 이러한 상황을 타개하고자 플라자 합의를 통해 달러의 가치를 낮추고자 하였다.'라는 부분과 '이에 따라 달러의 가치는 낮아지고 엔화의 가치는 높아졌는데, 이러한 조치로 인해 일본은 수출 경쟁력을 잃고 말았다.'라는 표현으로 미루어 플라자 합의가 일본의 수출 경쟁력을 강화하기보다는 약화시켰음을 알 수 있다.

③ 본문에서는 '미국에 비하여 저렴한 가격과 우수한 품질은 1960년대 일본이 수출 중심 경제에서 성장하는 배경이 되었다.'라고 언급되어 있어, 일본의 수출 중심 경제성장이 주로 고가제품 판매에 의존했다고 보기 어렵다.

20 [독해(비문학) – PSAT 추론] ▶ ②

ㄴ. 건강한 소통과 공격적 소통은 자신의 의사를 분명하게 표현한다. 그리고 건강한 소통은 문제 해결을 목적으로 하는 소통인 데 비해, 공격적 소통은 승패를 목적으로 하는 소통이다. 즉, '건강한 소통 V 공격적 소통 → 의사 분명하게 표현', '건강한 소통 → 문제 해결을 목적으로 하는 소통'이다. 따라서 '건강한 소통 → 의사 분명하게 표현 Λ 문제 해결을 목적으로 하는 소통'이라는 추론이 가능하다.

ㄷ. 의사소통은 건강한 소통, 공격적 소통, 수동적 소통으로 구분된다. 이 중 공격적 소통과 수동적 소통은 승패를 목적으로 하는 소통이다. 그리고 승패를 목적으로 하는 소통은 이분법적 사고를 지니는 소통이다. 이를 기호화하면, '건강한 소통 V 공격적 소통 V 수동적 소통', '공격적 소통 V 수동적 소통 → 승패를 목적으로 하는 소통', '승패를 목적으로 하는 소통 → 이분법적 사고'이다. 대우를 취하면, '~이분법적 사고 → ~승패를 목적으로 소통 → ~공격적 소통 Λ ~수동적 소통 → 건강한 소통'이 도출된다. 따라서 어떤 소통이 이분법적 사고를 지니는 소통이 아니라면, 건강한 소통에 해당한다는 추론이 가능하다.

오답풀이 ㄱ. 수동적 소통의 경우 상대를 회피하는 태도가 나타날 수 있지만, 마지막 문장에서 언급된 바와 같이, 건강한 소통인 경우에도 표면적으로 수동적 소통으로 보이는 회피하는 방식을 사용할 수 있다. 따라서 어떤 사람이 회피의 방식으로 자신의 의사를 표현한다면, 상대방 대신 자신을 공격하고 있는 수동적 소통일 수도 있지만, 건강한 소통인 경우일 수도 있다. 따라서 '어떤 사람이 회피의 방식으로 자신의 의사를 표현한다면 상대방 대신 자신을 공격하고 있는 것이다'라고 추론할 수는 없다.

2024 공무원 시험 대비 봉투모의고사 1~8회

국어 빠른 정답 찾기

1회	01 ②	02 ①	03 ③	04 ①	05 ③	06 ①	07 ②	08 ③	09 ③	10 ③
	11 ④	12 ④	13 ①	14 ②	15 ④	16 ④	17 ②	18 ④	19 ④	20 ②

2회	01 ②	02 ④	03 ③	04 ①	05 ①	06 ①	07 ③	08 ③	09 ②	10 ④
	11 ④	12 ②	13 ④	14 ②	15 ①	16 ③	17 ①	18 ②	19 ②	20 ④

3회	01 ③	02 ③	03 ②	04 ②	05 ①	06 ④	07 ③	08 ①	09 ①	10 ③
	11 ①	12 ②	13 ④	14 ③	15 ②	16 ④	17 ①	18 ④	19 ④	20 ②

4회	01 ②	02 ③	03 ②	04 ③	05 ②	06 ①	07 ④	08 ④	09 ③	10 ③
	11 ③	12 ②	13 ①	14 ④	15 ①	16 ④	17 ②	18 ④	19 ④	20 ①

5회	01 ②	02 ①	03 ④	04 ②	05 ②	06 ③	07 ③	08 ④	09 ②	10 ①
	11 ②	12 ③	13 ①	14 ③	15 ③	16 ④	17 ④	18 ④	19 ①	20 ④

6회	01 ②	02 ④	03 ③	04 ④	05 ②	06 ④	07 ②	08 ③	09 ③	10 ③
	11 ②	12 ④	13 ①	14 ①	15 ④	16 ①	17 ①	18 ①	19 ③	20 ①

7회	01 ④	02 ④	03 ③	04 ①	05 ③	06 ①	07 ④	08 ③	09 ④	10 ②
	11 ①	12 ④	13 ④	14 ③	15 ③	16 ①	17 ②	18 ②	19 ①	20 ③

8회	01 ①	02 ④	03 ②	04 ③	05 ③	06 ③	07 ①	08 ①	09 ②	10 ③
	11 ①	12 ④	13 ③	14 ②	15 ②	16 ④	17 ④	18 ④	19 ④	20 ②